樊崇义教授八十华诞著作系列 16

刑事诉讼程序的改革与发展

樊崇义 著

中国人民公安大学出版社
·北 京·

图书在版编目（CIP）数据

刑事诉讼程序的改革与发展 / 樊崇义著. —北京：中国人民公安大学出版社，2020. 1

（樊崇义教授八十华诞著作系列；16）

ISBN 978 - 7 - 5653 - 3616 - 4

Ⅰ. ①刑… Ⅱ. ①樊… Ⅲ. ①刑事诉讼 - 诉讼程序 - 研究 - 中国 Ⅳ. ①D925. 218. 04

中国版本图书馆 CIP 数据核字（2019）第 092673 号

刑事诉讼程序的改革与发展

樊崇义 著

出版发行：中国人民公安大学出版社
地　　址：北京市西城区木樨地南里
邮政编码：100038
经　　销：新华书店
印　　刷：天津盛辉印刷有限公司

版　　次：2020 年 1 月第 1 版
印　　次：2020 年 1 月第 1 次
印　　张：18. 25
开　　本：787 毫米 × 1092 毫米　1/16
字　　数：305 千字

书　　号：ISBN 978 - 7 - 5653 - 3616 - 4
定　　价：82. 00 元

网　　址：www. cppsup. com. cn　www. porclub. com. cn
电子邮箱：zbs@ cppsup. com　zbs@ cppsu. edu. cn

营销中心电话：010 - 83903254
读者服务部电话（门市）：010 - 83903257
警官读者俱乐部电话（网购、邮购）：010 - 83903253
公安业务分社电话：010 - 83905672

总　序

樊崇义教授是我国著名法学家，是刑事诉讼法学、证据法学的领军者，在国际上享有崇高声誉和威望。在长期的法学教育和科研工作中，樊崇义教授笔耕不辍，著述鸿博，成果丰硕，他出版著作、教材近四十部，发表论文三百五十余篇，主持国家级、省部级以上科研课题十余项，有多部著作获司法部、教育部等省部级以上科研奖。他主编的《迈向理性刑事诉讼法学》一书获得第一届中国出版政府奖提名奖；主编的《刑事诉讼法学》和《证据法学》多次再版，被司法部、教育部列为法学高等教育国家级规划教材。

追求真理是樊崇义教授的学术使命。樊崇义教授拥有认知事物、辨别真理的大智慧，在长期的法学理论和实务研究中，积极主张我国刑事诉讼程序的科学化与民主化，证据法学的哲理化与现代化，开创性地提出了许多奠定我国刑事诉讼法学和证据法学学科及其理论基础的重要学术理论和研究方法，在法学界和实务界得到了广泛的认同。早在 1996 年，他在证明标准上提出了“法律真实观”；2000 年年初，提出了“诉讼认识论”和“刑事诉讼法律观的转型”；2002 年，提倡“刑事诉讼人本主义”，倡导实证研究方法；近年来，又率先提出部门法学哲理化，首倡刑事诉讼法哲理思维。这些都对我国刑事诉讼和证据理论及其应用产生了深远影响。

学以致用体现了樊崇义教授的使命担当。樊崇义教授长期投身于我国法治现代化建设，积极参与刑事诉讼法修改和司法体制改革，为国家立法建言献策，将自己的学术主张变为立法现实，为我国法治建设作出了杰出贡献。例如，樊崇义教授主持了侦查讯问中的录音、录像和律师在场等三项制度项目研究，其成果——全程录音、录像制度在 2012 年刑事诉讼法修改时被正式确立为一项诉讼制度；2018 年刑事诉讼法修正案确立的值班律师制度也是该项目研究成果——律师在场的重要体现。2012 年刑事诉讼法修改时将“证据确实、充分”的证明标准解释为“排除合理怀疑”，这是对樊崇义教授提出的“法律真实观”的接受和肯认。此外，樊崇义教授还经常走出校门，到实务部门讲学，播撒最前沿的法学知识，提升司法人员业务素质，直接推动我国法治文明的进步。

适逢樊崇义教授八十华诞之际，应学界同仁及同门弟子盛情相邀，获中国人民公安大学出版社鼎力支持，我们编辑出版了“樊崇义教授八十华诞著作系列”，该著作系列共二十部，包括四部分：

一是樊崇义教授近年来独著、合著或主编的理论价值较高、在法学界和实务界影响较大的学术著作的重新编辑出版，共十四部，包括《刑事诉讼法实施问题与对策研究》《刑事诉讼法再修改理性思考》《正当法律程序研究——以刑事诉讼程序为视角》《刑事审前程序改革实证研究——侦查讯问程序中律师在场（试验）》《迈向理性刑事诉讼法学》《侦查讯问程序改革实证研究——侦查讯问中律师在场、录音、录像制度试验》《部门法学哲理化研究》《检察制度原理》《诉讼原理》《刑事诉讼法哲理思维》《刑事证据制度发展与适用》《论检察》《刑事证据规则研究》《底线——刑事错案防范标准》。这些著作的重新出版基本上保持了书稿原貌，只是校正原书中的错字、漏字、衍字及明显有误的标点符号，订正错误的引注。这些著作出版时间跨度较大，其间刑事诉讼法经过两次大修，《宪法》《律师法》和其他法律法规、司法解释也有修改，为避免不必要的混乱，原书中涉及或者援引的法律条文序号及内容保持不变。一方面，书中有很多内容是针对原法条的不足和缺陷提出的分析和修改完善意见，保持原样可以更好地体现当时的学术讨论与争鸣的原貌；另一方面，读者可以从法条内容的前后变化和书中修改完善意见的比较中发现樊崇义教授对于我国刑事诉讼和证据立法的贡献。

二是樊崇义教授近十年来发表的主要学术论文，按照研究的内容及其内在的逻辑关系，整理编辑形成四部新的学术专著，包括《刑事诉讼法学方法论》《刑事诉讼程序的改革与发展》《证据法治与证据理论的新发展》《司法制度与司法改革》。所选论文均是樊崇义教授七十华诞后至今公开发表的论文，具有很强的思想性、时代性和创新性，反映了樊崇义教授的理论思想、创新思维和研究范式，同时也展现了樊崇义教授最近十年的学术历程。所选论文原则上保持了发表时的原貌，对于有些论题相同或者相近的论文，为避免内容重复，在充分考虑原文整体性和逻辑性的前提下，对部分论文进行了内容整合、适当删节和编辑加工；有些论文发表时有中英文“摘要”“提要”“关键词”等，收录本书时全部予以删除；部分论文是樊崇义教授与学生合作发表的成果，收录本书时均标有题注，标明了合著作者的姓名、论文发表的报刊或其他出版物的名称、时间等。

三是樊崇义教授主编的一部新作《法律援助制度研究》。该书围绕我国法律援助制度及其实施过程中的历史发展、基本理论、性质定位、功能设置、制度建设、立法建言等若干重大问题展开研究，旨在进一步推动我国当前正在进行的法律援助立法工作、法律援助制度的现代化发展及其优化实施。

四是樊崇义教授指导的学生为其八十华诞撰写的庆贺文集《刑事诉讼法哲理思考》。该文集收录七十一篇文章，内容涉及樊崇义教授学术思想、理论贡献、为人师表以及长期关注或者当前司法改革的重要理论和实践问题等方面，同门弟子以各自不同的方式表达了对樊崇义教授杰出的学术成就、高尚的品格和他对高级法学人才培养等方面所作贡献的崇高敬意！

樊崇义教授是始终走在时代前列的法学家，在学术上所取得的成就是巨大的，对于我国刑事诉讼法学和证据法学的理论贡献是有目共睹的，而谦虚谨慎的人格和锐意进取的精神更能展示出他作为一个真正学者的伟大品质。老骥伏枥，志在千里。八十高龄的樊崇义教授依然身先士卒地活跃在刑事诉讼法学研究的前沿，躬行求索在推进中国刑事诉讼法治化进程的道路上，以不倦的学术追寻引领中国法学前行！

衷心祝愿樊崇义教授学术人生不老，思想之树常青！

樊崇义教授八十华诞著作系列编辑小组
2019 年 8 月

编写说明

本书属于带有专题性的论文集，它收集了樊崇义教授从2008年至2018年这10年间有关刑事诉讼程序改革与发展的一系列文章，较为全面地体现了樊崇义教授在这10年间有关刑事诉讼程序改革与发展的思考与观点，同时也从侧面反映了我国近10年来刑事诉讼程序改革与发展的过程与成果。该书虽属论文集，但又不完全是论文集，因为该书不仅按专题或主题将相关文章进行了有序编排，还将不同文章的重复内容进行了必要的整合与修改。

本书根据刑事诉讼的不同阶段按照从宏观到微观、从一般到具体的逻辑将相关文章整理编辑为以下几章：第一章“刑事诉讼法的进步与发展”，主要对2012年刑诉法和2018年刑诉法修正案的主要变化进行了理性解读和深入分析，为学界和实务界准确把握新刑诉法的立法精神和具体适用提供了重要参考。第二章“刑事诉讼审前程序”，以人权司法保障为视角，侧重于对侦查程序和刑事强制措施的研究，结合大数据时代提出了职务犯罪侦查模式的新要求。第三章“刑事诉讼审判程序”，密切联系十八届四中全会提出的“推进以审判为中心的诉讼制度改革”的理论命题，深入探讨了认罪认罚从宽制度、刑事案件速裁程序等司法改革前沿问题，研究了新时代量刑程序、简易程序、审判监督程序与冤错案件防范等热点难题。第四章“刑事和解程序”，通过实证研究与理论思辨的科学方法对刑事和解程序进行了专业分析，有理有据，令人信服。第五章“刑事诉讼执行程序”，针对减刑假释程序中存在的一些不公平、不透明的现象，重点研究了减刑假释程序的规范化和正当化问题，并对服刑人员申诉权保障和社区矫正立法工作提出了有价值的学理分析与可行性建议。

由于该书所收集的文章有一定跨度，原文所援引的一些法律法规可能已有修改，为了更好地体现原文的讨论语境与所针对的问题，我们在整理编辑该书时尽量保留了原文的内容、观点与表达方式，原文所援引的法律法规条文均未作修改，均是作者成文时所援引的法律法规条文，特此说明。

本书由刘文化博士负责整理编辑。

樊崇义教授八十华诞著作系列编辑小组

2019 年 8 月

目 录
CONTENTS

第一章　刑事诉讼法的进步与发展

一、2012 年刑事诉讼法的修改与完善①

《中华人民共和国刑事诉讼法修正案（草案)》于2011 年8 月25 日在第十一届全国人民代表大会常务委员会第二十二次会议上进行了初审，并公布于众，在全国范围内征求意见。向社会公开征集修改意见，这种立法方式在我国刑事诉讼法立法史上尚属首次。社会各界对修正案草案高度关注，许多条文引起了热烈的讨论，甚至是争议。公众对许多条文提出了中肯的修改意见，这充分显示人民群众的法律意识越来越走向成熟和理性。对此，作为一名诉讼法学工作者，我心潮起伏，十分喜悦。在综合考量多方的修改意见之后，2012 年 3 月 14 日，第十一届全国人民代表大会第五次会议通过了《关于修改〈中华人民共和国刑事诉讼法〉的决定》。这部多达一百多条的修正案在公众的热烈讨论中，也遇到了一个十分尖锐而又敏感的问题，就是这次刑事诉讼法修正案是进步了还是倒退了，甚至个别人在微博中抓住一点，否定全盘，说“修正案是历史的倒退”，等等。我认为这种看法是片面的，甚至是不符合事实的。作为一名多次参与修正案论证的学者，我认为修正案集中反映了“我国刑事诉讼制度的进步与发展”，“倒退说”是没有根据的。本文拟从修正案的各个部分的具体内容说明其进步与发展。

（一）刑事证据制度的进步与发展

1. 证据概念和种类的发展和完善

1996 年《刑事诉讼法》第 42 条第 1 款规定，“证明案件真实情况的一切事

① 原文发表于《中国政法大学学报》2013 年第 2 期。

实，都是证据”。对于这一规定普遍认为有两项缺陷：一是关于“真实”二字的称谓。证据材料进入诉讼阶段，有真有假，所以第42条第三款还规定，“以上证据必须经过查证属实，才能作为定案的根据”。因此，把证据笼统定义为“真实”，于客观情况不符，所以，这次《刑事诉讼法》的修改，已达成共识，把“真实”二字从概念中删去。二是将证据说成是“一切事实”，也已落后于时代的发展了。社会进步，科学技术水平提高，尤其是电子数据证据的出现，各类各种信息资料都可以在诉讼中运用，因此，修正案把“一切事实”，修订为“案件事实的材料”。基于以上两点变化，把证据的概念修订为“可以用于证明案件事实的材料，都是证据”。

鉴于科学技术的发展，各种信息资料在诉讼中的运用，证据的表现形式及种类呈不断扩大之势，将电子数据证据列为一种证据，把刑事证据的八种形式增至九种。另外还考虑到，辨认笔录、勘验、检查笔录、侦查实验笔录等诉讼进程中现成的各种材料，起到明显的证据作用，因此，在证据种类中明确加以规定。关于“鉴定结论”证据的称谓，鉴于司法实务中，鉴定人怎么说就怎么定，重鉴定结论轻其他证据的适用，把鉴定结论神秘化、绝对化，还鉴于鉴定结论的科学性、准确性受到科学技术发展和设备的制约，因此，将鉴定结论的名称修订为“鉴定意见”或曰“鉴定人的意见”。综上所述，关于对证据的概念和种类的修订意见，使我国刑事证据的概念更加科学，种类更加齐全而又完备，这是我国刑事证据制度的一大发展。

2. 证明标准更加明确、完善

1996年《刑事诉讼法》第46条规定：“对一切案件的判处都要重证据，重调查研究，不轻信口供。只有被告人供述，没有其他证据的，不能认定被告人有罪和处以刑罚；没有被告人供述，证据确实充分的，可以认定被告人有罪和处以刑罚。”至于何谓“确实”，何谓“充分”，全案证据的综合运用标准是什么？办案人员的自由裁量权与全案证据的关系是什么？对于这些问题一直是公、检、法办案人员的一大难题。即使理论研究方面，也未能破解。在这一次修改中，在第53条中，把上述规定“确实、充分”列为以下三条：“（一）定罪量刑的事实都有证据证明；（二）据以定案的证据均经法定程序查证属实；（三）综合全案证据，对所认定事实已排除合理怀疑”。

这一规定破解了三大难点，第一，明确了用证据加以证明的范围和对象，即定罪量刑的事实，不仅包括定罪事实，还包括量刑事实，一改过去实际工作中重定罪轻量刑的习惯做法，强调定罪与量刑都有证据加以证明。这一规定，不仅凸现了证据裁判原则，而且对“充分”的标准更加细化了。所谓定罪量刑的事实范围，应当包括“何人、何事、何时、何地、何方、何因、何果”等定罪事实的“七何要素”，以及有关量刑的法定从重、从轻和酌定的事实情节，都要有证据加以证明。第二，强调作为定案根据的证据，必须经法定程序调查属实。这就是说证据问题也是程序问题，凸现程序的价值，凸现庭审的价值，凸现证据的本质属性，即客观性，也就是“确实”这一标准的注解。第三，对全案证据的运用和认定，有了一个明确的标准——已排除合理怀疑。也就是本案证据与证据之间，全案证据与案件事实之间必须具备关联性，必须互相印证，排除了矛盾，就法官的认定案件事实的过程必须符合经验和逻辑规则，要达到排除合理怀疑的程度。

我们认为，修正案关于诉讼证明标准的上述规定和要求，在我国刑事诉讼证据的发展史上还是第一次，它不仅总结了我们自己的经验，而且还吸收了人类证据历史发展中的先进文明的成果，把“排除合理怀疑”的证明标准第一次写进我国的刑事诉讼法典，应当认为这是一个历史性进步。

3. 非法证据排除规则的确立

世界上任何一个法治国家，确立非法证据排除规则，严格依法办案，都是必须做的一件事，是依法治国的一个重要的条件和里程，只是时间早晚而已。我国在建国 60 年后确立这一规则，已经是比较快的国家之一。

同美国相比，1776 年 7 月 4 日，美国发表《独立宣言》，1914 年通过的“威克斯”案正式在联邦确立了非法证据排除规则，认为通过违反宪法第四修正案的不合理的搜查扣押所取得的证据不能在联邦法庭上使用反对被告人。这一规定直至 1961 年的“马普”案中，美国最高法院将违反宪法第四修正案而导致的非法证据排除规则全面适用于联邦和各州。

1964 年通过“马修”案，明确在对抗诉讼中，如果未经被告同意在律师不在场的情况下进行讯问所取得的口供，被认为侵犯了律师帮助权，为非法证据，要予以排除。

直至1966年“米兰达规则”的产生[①]。1966年，美国最高法院审理了“米兰达诉亚利桑那州”案，创建了“米兰达警告”，也可称之为“米兰达规则”。该规则确认了非法证据排除规则也适用于非法取得的言词证据。1966年6月13日，宣布了对“米兰达诉亚利桑那州”案的判决。美国最高法院撤销了原判，开创了对犯罪嫌疑人在第一次被讯问时必须明确给米兰达警告的先例，即明确告诉被逮捕人：（1）你有权保持沉默；（2）你所讲的一切都可以在法庭上作为不利于你的证据；（3）你有权获得律师帮助，讯问时律师可以在场；（4）如果没有钱委托律师，我们将为你指定一名律师。违背以上四条之一的，均为非法证据。美国的非法证据排除规则，从1914年产生到真正推广执行，经历了一百多年的历史，真正执行也是近五十年的事情，即从20世纪50年代的“正当程序革命”开始，重申了“人权保障原则”而展开的。

非法证据排除规则并非美国所独有，1984年12月10日，第三十九届联合国第九十三次全体会议通过了《禁止酷刑和其他残忍、不人道或有辱人格的待遇或处罚公约》。该公约第15条要求：“每一缔约国应确保在任何诉讼程序中，不得援引任何业经确定系以酷刑取得的口供为证据，但这类口供可用作被控施用酷刑者刑讯逼供的证据。”但在美国的定义和要求有所不同，2003年美国《乔治敦大学法律杂志》第32版刑事诉讼年度评论认为，排除规则的具体要求是：通过直接或间接违反第四、第五或者第六修正案而获得的证据，控方不得在审理中用来证明被告人有罪。当法庭不恰当地采纳了违反排除规则的证据，将会导致判决的被撤销，除非能够排除合理怀疑的证明该错误属于无害错误。根据这一定义，美国非法证据排除的法律依据是美国联邦宪法第四、第五和第六修正案，其适用范围仅限于刑事诉讼，并且在刑事诉讼中也只是“不得在审理中”作为“用来证明被告人有罪”的实体依据，但是这一规则不仅适用于违反宪法权利所直接获得的证据，也适用于通过违法证据得到的其他证据。

由此可以看出，任何一个法治国家，在刑事诉讼法中确立非法证据排除规则，势在必行。非法证据排除规则的确立，标志着民主与法治的进程与进步，更是诉讼民主、诉讼文明的必然要求。

就我国民主与法治的进程而言，确立非法证据排除规则，其历史意义和现实

① 杨宇冠：《非法证据排除规则研究》，中国人民公安大学出版社2002年版，第29页。

意义更为显现。人民群众关心的刑讯逼供问题屡禁不止，导致冤假错案时有发生，从云南的“杜培武”案到河南的“赵作海”案，还有湖北的“佘祥林”案，近十年来出现的这些错案，一个根本的原因就是由侦查讯问时的刑讯逼供引起的，刑事诉讼中的刑讯逼供问题已经形成一种顽症，这个问题已经关系到公安司法机关的公信力问题，关系到执政党的公信力问题。因此，近年来伴随着非法证据排除规则的确立，在新修订的《刑事诉讼法》中，已经形成治理刑讯逼供这一顽疾的证据科学体系。其内容有三项：一是在刑事诉讼法修正案中确立了“不得强迫任何一个公民自证其罪”的原则；二是确立非法证据排除规则；三是实施侦查讯问时的全程同步全面录音、录像。总之，伴随着非法证据排除规则的确立和实施，我国刑事证据制度可以称作“有了一个跨越式”的发展，其历史意义不可低估。

诚然，已经确立的非法证据排除规则，尚存多处不尽人意、不很完善的地方，诸如，非法证据排除的范围有限，排除的方法措施还不太完善，排除非法证据的配套措施还未出台等。但是，笔者认为，瑕不掩瑜，任何一个国家对非法证据排除问题，都经历了一个从“确立到完善”的发展过程。我们应当首先肯定确立非法证据排除规则的历史意义，然后再通过实践，针对问题找出不断完善的方法与措施，包括出台各种配套措施。那种全盘否定的态度和做法，我认为是不符合时宜的。

4. 完善证人、鉴定人出庭制度

全国人民代表大会常务委员会法制工作委员会副主任郎胜在关于《中华人民共和国刑事诉讼法修正案（草案）》的说明中指出：“证人出庭作证对于查明案情、核实证据、正确判决具有重要意义。在司法实践中，证人、鉴定人应当出庭作证而不出庭的问题比较突出，影响审判的公正性，需要进一步予以规范。”

证人出庭作证制度，新修订的《刑事诉讼法》从三个方面作出规定：一是明确证人出庭作证的范围。《刑事诉讼法》第 187 条第 1 款明确规定：“公诉人、当事人或者辩护人、诉讼代理人对证人证言有异议，且该证人证言对案件定罪量刑有重大影响，人民法院认为证人有必要出庭作证的，证人应当出庭作证。”二是规定了强制出庭的制度。《刑事诉讼法》第 188 条第 1 款规定：“经人民法院通知，证人没有正当理由不出庭作证的，人民法院可以强制其到庭，但是被告人的配偶、父母、子女除外。”关于强制出庭作证制度中，立法免除了被告人的配偶、父母、子女的强制到庭作证的义务，这一规定只是对传统的免证特权制度有所吸收，不是对“大义灭亲”制度彻底废除，作证仍是每一个公民的义务，只是免除了被告人配偶、父母、子女的强制到庭的义务。三是规定了对证人作证的保护制度，以及没有正当理由拒绝作证的惩罚措施。《刑事诉讼法》第 62 条规定：“对于危害国家安全犯罪、恐怖活动犯罪、黑社会性质的组织犯罪、毒品犯罪等案件，证人、鉴定人、被害人因在诉讼中作证，本人或者其近亲属的人身安全面临危险的，人民法院、人民检察院和公安机关应当采取以下一项或者多项保护措施：（一）不公开真实姓名、住址和工作单位等个人信息；（二）采取不暴露外貌、真实声音等出庭作证措施；（三）禁止特定的人员接触证人、鉴定人、被害人及其近亲属；（四）对人身和住宅采取专门性保护措施；（五）其他必要的保护措施。证人、鉴定人、被害人认为因在诉讼中作证，本人或者其近亲属的人身安全面临危险的，可以向人民法院、人民检察院、公安机关请求予以保护。”同时，《刑事诉讼法》第 63 条规定：“证人因履行作证义务而支出的交通、住宿、就餐等费用，应当给予补助。证人作证的补助列入司法机关业务经费，由同级政府财政予以保障。有工作单位的证人作证，所在单位不得克扣或者变相克扣其工资、奖金及其他福利待遇。”这些规定都是为了解除证人作证的后顾之忧，以保证证人出庭作证。在解除其后顾之忧的同时，对于应当出庭而拒不到庭作证的，新修订的《刑事诉讼法》除了规定强制到庭外，还在第 188 条第 2 款进一步规定：“证人没有正当理由拒绝出庭或者出庭后拒绝作证的，予以训诫，情节严重的，经院长批准，处以十日以下的拘留。被处罚人对拘留决定不服的，可以向上一级人民法院申请复议。复议期间不停止执行。”从以上三个方面规定的内容可以看出，新修订的《刑事诉讼法》根据我国当前证人作证难、出庭难的情况，有针对性地对证人作证制度作出了比较完善的规定，这些规定已形成了一套科学、完善的证人作证的机制。

关于鉴定人出庭问题，新修订的《刑事诉讼法》第 187 条第 3 款明确规定：“公诉人、当事人或者辩护人、诉讼代理人对鉴定意见有异议，人民法院认为鉴定人有必要出庭的，鉴定人应当出庭作证。经人民法院通知，鉴定人拒不出庭作证的，鉴定意见不得作为定案的根据。”这就是说关于鉴定人出庭难的问题，这一次也给予了比较完善的解决。值得一提的是，我国鉴定制度的改革，在这次《刑事诉讼法》的修改中，不仅完善了鉴定人出庭制度，还吸收和引进了专家证人制度，在第 192 条第 2 款规定："公诉人、当事人和辩护人、诉讼代理人可以申请法庭通知有专门知识的人出庭，就鉴定人作出的鉴定意见提出意见。"这一规定，也是我国鉴定制度的一个历史性的进步。

（二）刑事辩护制度的进步与发展

近现代刑事诉讼是由三大诉讼职能构成的，即控诉职能、辩护职能和审判职能。由此可见辩护职能的完善和加强已经成为一个国家诉讼制度进步与民主的重要标志。因此，《刑事诉讼法》修正案关于完善我国的辩护制度迈出了新步伐。

1. 规定在侦查阶段可以委托律师作辩护人

我国的辩护律师介入诉讼的时间问题，第一部刑事诉讼法典 1979 年《刑事诉讼法》规定在开庭前七天介入，1996 年修正为提前到审查起诉阶段，在侦查阶段只能聘请律师提供法律帮助，这一次又将其提前到侦查阶段可以委托律师作为辩护人为其提供法律帮助，把律师从一般的法律咨询变为实实在在的辩护人，充分肯定了律师在侦查阶段的辩护人的地位。新修订的《刑事诉讼法》第 33 条明确规定："犯罪嫌疑人自被侦查机关第一次讯问或者采取强制措施之日起，有权委托辩护人；在侦查期间，只能委托律师作为辩护人。被告人有权随时委托辩护人。侦查机关在第一次讯问犯罪嫌疑人或者对犯罪嫌疑人采取强制措施的时候，应当告知犯罪嫌疑人有权委托辩护人……"第 36 条还明确规定："辩护律师在侦查期间可以为犯罪嫌疑人提供法律帮助；代理申诉、控告；申请变更强制措施；向侦查机关了解犯罪嫌疑人涉嫌的罪名和案件有关情况，提出意见。"

2. 完善辩护律师会见权

1996 年《刑事诉讼法》第 96 条规定，在侦查阶段，对于涉及国家秘密的案件，犯罪嫌疑人聘请律师和律师会见在押的犯罪嫌疑人，均应经侦查机关批准。修订后的《律师法》作出了不同的规定，规定律师凭律师执业证书、律师事务所证明和委托书或者法律援助公函，有权会见犯罪嫌疑人、被告人。律师会见犯罪嫌疑人、被告人，不被监听。新修订的《刑事诉讼法》第 37 条吸收了新《律师法》的内容增加规定，"辩护律师持律师执业证书、律师事务所证明和委托书或者法律援助公函要求会见在押的犯罪嫌疑人、被告人的，看守所应当及时安排会见，至迟不得超过四十八小时"。"辩护律师会见在押的犯罪嫌疑人、被告人，可以了解案件有关情况，提供法律咨询等；自案件移送审查起诉之日起，可以向犯罪嫌疑人、被告人核实有关证据。辩护律师会见犯罪嫌疑人、被告人时不被监听"。

至于完善会见权的同时，又考虑到对于少数涉及国家安全和重大利益的案件，律师的会见，事先还要经过侦查机关同意，其主要理由是当前实际斗争的需要。少数涉及国家重大利益的案件性质严重，加上侦查手段的缺失，以口供为本的侦查模式仍很盛行，对涉及国家重大利益的少数案件加以限制，各个方面也达成了共识。因此，新修订的《刑事诉讼法》第37条第3款规定："危害国家安全犯罪、恐怖活动犯罪、特别重大贿赂犯罪案件，在侦查期间辩护律师会见在押的犯罪嫌疑人，应当经侦查机关许可。上述案件，侦查机关应当事先通知看守所。"

3. 完善律师的阅卷权

1996年《刑事诉讼法》第36条规定，辩护律师在审查起诉阶段可以查阅、摘抄、复制本案的诉讼文书、技术性鉴定材料，在审判阶段可以查阅、摘抄、复制本案所指控的犯罪事实的材料。修订后的《律师法》扩大了律师阅卷的范围。新修订的《刑事诉讼法》第38条规定："辩护律师自人民检察院对案件审查起诉之日起，可以查阅、摘抄、复制本案的案卷材料。"这一规定对新《律师法》的规定基本上加以吸收，把阅卷的范围限定在本案的案卷材料，基本上满足了辩护职责的需要。但是，其不足之处在于根据1996年《刑事诉讼法》第35条的规定，"辩护人的责任是根据事实和法律，提出证明犯罪嫌疑人、被告人无罪、罪轻或者减轻、免除其刑事责任的材料和意见"。显然，这一规定有明显不足之处，不应只限制在所指控的犯罪事实材料。因此，新修订的《刑事诉讼法》第39条增加规定："辩护人认为在侦查、审查起诉期间公安机关、人民检察院收集的证明犯罪嫌疑人、被告人无罪或者罪轻的证据材料未提交的，有权申请人民检察院、人民法院调取。"这一申请调取证据的规定，对以上不足是一个补充。

4. 扩大了法律援助的范围

新修订的《刑事诉讼法》第34条明确规定："犯罪嫌疑人、被告人因经济困难或者其他原因没有委托辩护人的，本人及其近亲属可以向法律援助机构提出申请。对符合法律援助条件的，法律援助机构应当指派律师为其提供辩护。犯罪嫌疑人、被告人是盲、聋、哑人，或者是尚未完全丧失辨认或者控制自己行为能力的精神病人，没有委托辩护人的，人民法院、人民检察院和公安机关应当通知法律援助机构指派律师为其提供辩护。犯罪嫌疑人、被告人可能被判处无期徒刑、死刑，没有委托辩护人的，人民法院、人民检察院和公安机关应当通知法律援助机构指派律师为其提供辩护。"按照这一规定，同原来《刑事诉讼法》相比，法律援助的范围已经扩大到犯罪嫌疑人、被告人可能被判处无期徒刑、死刑的案件均可以为其提供法律援助。这对保护犯罪嫌疑人、被告人的辩护权，扩大司法民主的意义极其深远，也是一个历史性的进步。

5．完善律师的执业保障权

为了完善律师的执业保障权，新修订的《刑事诉讼法》除了继续保留加强律师自身的执业要求外，在第47条明确规定："辩护人、诉讼代理人认为公安机关、人民检察院、人民法院及其工作人员阻碍其依法行使诉讼权利的，有权向同级或者上一级人民检察院申诉或者控告。人民检察院对申诉或者控告应当及时进行审查，情况属实的，通知有关机关予以纠正。"

（三）刑事强制措施制度的完善与发展

刑事诉讼中的强制措施关系到刑事诉讼的顺利进行，关系到诉讼中的人权保障，关系到宽严相济的刑事改革的贯彻执行等一系列重大问题。它是诉讼民主，诉讼文明、进步水平的直接体现。因此，在刑事诉讼法的修改中，备受立法机关和广大群众的关注。

1．逮捕条件的完善与细化

1996年《刑事诉讼法》第60条规定，对有证据证明有犯罪事实，可能判处徒刑以上刑罚的犯罪嫌疑人、被告人，采取取保候审、监视居住等方法，尚不足以防止发生社会危险性，而有逮捕必要的，应即依法逮捕。为解决司法实践中对逮捕条件理解不一致和不易操作的问题，将"发生社会危险性，而有逮捕必要"的原则规定，进一步细化。新修订的《刑事诉讼法》第79条在原来第60条关于逮捕规定的基础上进一步增加规定："……尚不足以防止发生下列社会危险性的，应当予以逮捕：（一）可能实施新的犯罪的；（二）有危害国家安全、公共安全或者社会秩序的现实危险的；（三）可能毁灭、伪造证据，干扰证人作证或者串供的；（四）可能对被害人、举报人、控告人实施打击报复的；（五）企图自杀或者逃跑的。对有证据证明有犯罪事实，可能判处十年有期徒刑以上刑罚的，或者有证据证明有犯罪事实，可能判处徒刑以上刑罚，曾经故意犯罪或者身份不明的，应当予以逮捕。被取保候审、监视居住的犯罪嫌疑人、被告人违反取保候审、监视居住规定，情节严重的，可以予以逮捕。"

2．进一步完善审查批捕程序

由于逮捕是最严厉的强制措施，它直接关系到对人身自由的限制问题。因此，在诉讼程序上必须严格加以规定。新修订的《刑事诉讼法》对审查批准程序从三个方面加以强化：一是增加讯问犯罪嫌疑人程序；二是听取辩护律师的意见；三是加强检察机关对羁押必要性的审查程序。新修订的《刑事诉讼法》第86条规定："人民检察院审查批准逮捕，可以讯问犯罪嫌疑人；有下列情形之一的，应当讯问犯罪嫌疑人：（一）对是否符合逮捕条件有疑问的；（二）犯罪嫌疑人要求向检察人员当面陈述的；（三）侦查活动可能有重大违法行为的。人民检察院审查批准逮捕，可以询问证人等诉讼参与人，听取辩护律师的意见；辩护律师提出要求的，应当听取辩护律师的意见。"第93条规定："犯罪嫌疑人、被告人被逮捕后，人民检察院仍应当对羁押的必要性进行审查。对于不需要继续羁押的，应当建议予以释放或者变更强制措施。有关机关应当在十日以内将处理情况通知人民检察院。"

3. 完善监视居住措施

监视居住和取保候审都是限制人身自由的措施，但限制的性质不同。1979年以及1996年《刑事诉讼法》对此未加区分而规定了相同的条件，在这次修正中，对两者适用条件加以区别，把监视居住定位于减少羁押的替代措施，并规定了不同于取保候审的条件。新修订的《刑事诉讼法》第72条规定："人民法院、人民检察院和公安机关对符合逮捕条件，有下列情形之一的犯罪嫌疑人、被告人，可以监视居住：（一）患有严重疾病、生活不能自理的；（二）怀孕或者正在哺乳自己婴儿的妇女；（三）系生活不能自理的人的唯一扶养人；（四）因为案件的特殊情况或者办理案件的需要，采取监视居住措施更为适宜的；（五）羁押期限届满，案件尚未办结，需要采取监视居住措施的。对于符合取保候审条件，但犯罪嫌疑人、被告人不能提出保证人，也不交纳保证金的，可以监视居住。"

新修订的《刑事诉讼法》第73条对监视居住的地点问题也作了详细规定，以体现对监视居住的定位。第73条规定："监视居住应当在犯罪嫌疑人、被告人的住处执行；无固定住处的，可以在指定的居所执行。对于涉嫌危害国家安全犯罪、恐怖活动犯罪、特别重大贿赂犯罪，在住处执行可能有碍侦查的，经上一级人民检察院或者公安机关批准，也可以在指定的居所执行。但是，不得在羁押场所、专门的办案场所执行。指定居所监视居住的，除无法通知的以外，应当在执行监视居住后二十四小时以内，通知被监视居住人的家属。"在这一条的规定中，关于在指定居所执行问题，主要考虑到此三类犯罪在其住处执行可能有碍侦查，规定经上一级司法机关批准，可以在指定的居所执行，以保证案件的侦查。但同时规定了严格的执行措施：一是规定检察机关的监督；二是规定的指定居所不得在羁押场所和专门的办案场所执行；三是规定了通知家属、律师会见等救济措施；四是明确规定监视居住的期限应当折抵刑期等。

4. 强化取保候审措施的监管与执行

取保候审作为刑事诉讼中的强制措施之一，在司法实践中突出的问题是监管不严，执行不力，尤其是羁押期限届满，案件尚未办结，需要采用取保候审的，变更了强制措施，而采用了取保候审措施后，基本上等于无人监管，执行不力，导致案件久拖不决，甚至是重新犯罪，给社会治安带来严重的危害。针对这种情况，新修订的《刑事诉讼法》第 69 条在原来规定的基础上，增加规定了强制执行令的措施，即“人民法院、人民检察院和公安机关可以根据案件情况，责令被取保候审的犯罪嫌疑人、被告人遵守以下一项或者多项规定：（一）不得进入特定的场所；（二）不得与特定的人员会见或者通信；（三）不得从事特定的活动；（四）将护照等出入境证件、驾驶证件交执行机关保存。被取保候审的犯罪嫌疑人、被告人违反前两款规定，已交纳保证金的，没收部分或者全部保证金，并且区别情形，责令犯罪嫌疑人、被告人具结悔过，重新交纳保证金、提出保证人，或者监视居住、予以逮捕。对违反取保候审规定，需要予以逮捕的，可以对犯罪嫌疑人、被告人先行拘留。”

另外，鉴于实际工作中对于保证金额的确定和适用的混乱状况，新修订的《刑事诉讼法》也进一步作了补充规定，第 70 条规定：“取保候审的决定机关应当综合考虑保证诉讼活动正常进行的需要，被取保候审人的社会危险性，案件的性质、情节，可能判处刑罚的轻重，被取保候审人的经济状况等情况，确定保证金的数额。提供保证金的人应当将保证金存入执行机关指定银行的专门账户。”第 71 条规定：“犯罪嫌疑人、被告人在取保候审期间未违反本法第六十九条规定的，取保候审结束的时候，凭解除取保候审的通知或者有关法律文书到银行领取退还的保证金。”

5. 适当延长拘传（包括传唤）的时间，严格规定拘留、逮捕羁押场所

1996 年《刑事诉讼法》第 92 条规定：“传唤、拘传持续的时间最长不得超过十二小时。”经过多年的实践，侦查机关普遍认为时间太短，难以完成侦查讯

问任务。针对各方面意见对12小时的讯问时间有限制地适当延长，并规定应当保证其必要的饮食、休息时间。新修订的《刑事诉讼法》第117条第2款、第3款规定：“传唤、拘传持续的时间不得超过十二小时；案情特别重大、复杂，需要采取拘留、逮捕措施的，传唤、拘传持续的时间不得超过二十四小时。不得以连续传唤、拘传的形式变相拘禁犯罪嫌疑人。传唤、拘传犯罪嫌疑人，应当保证犯罪嫌疑人的饮食和必要的休息时间。”针对拘捕后对犯罪嫌疑人在非羁押场所讯问所发生的一些刑讯现象，本次修订明确规定了拘留或逮捕后的羁押场所，以及严格规定了押送的期间。第116条第2款规定：“犯罪嫌疑人被送交看守所羁押以后，侦查人员对其进行讯问，应当在看守所内进行。”第83条规定：“公安机关拘留人的时候，必须出示拘留证。拘留后，应当立即将被拘留人送看守所羁押，至迟不得超过二十四小时。除无法通知或者涉嫌危害国家安全犯罪、恐怖活动犯罪通知可能有碍侦查的情形以外，应当在拘留后二十四小时以内，通知被拘留人的家属。”第91条规定：“公安机关逮捕人的时候，必须出示逮捕证。逮捕后，应当立即将被逮捕人送看守所羁押。除无法通知的以外，应当在逮捕后二十四小时以内，通知被逮捕人的家属。”关于以上两条中规定的有碍于侦查24小时内不通知家属的问题，同1996年《刑事诉讼法》规定的适用范围相比，缩小到涉嫌国家安全犯罪、恐怖活动犯罪等严重的犯罪，不能不说这是一个进步。但是，笔者认为，24小时后的通知家属问题，也应当有个底限，至迟到什么时间。这在进一步修正中应予重视。

（四）侦查程序的完善与发展

2011年8月24日，全国人民代表大会常务委员会法制工作委员会副主任郎胜在第十一届全国人民代表大会常务委员会第二十二次会议上，关于《中华人民共和国刑事诉讼法修正案（草案）》的说明中指出：“随着经济社会的发展和犯罪情况的变化，一方面，要完善侦查措施，赋予侦查机关必要的侦查手段，加强打击犯罪的力度；另一方面，也要强化对侦查措施的规范、制约和监督，防止滥用。”经济社会的发展，科学技术的发展，刑事犯罪的攀升与犯罪手段的智能化、技术化，已经成为不可争议的现实。这一现实告诉我们，不仅侦查观念要更新，而且侦查模式、技术手段更需要更新；另外，在侦查行为方面，由于不规范导致的冤假错案也时有发生，收集证据中的违法乱纪现象，滥用侦查权的问题，一直比较突出，侦查权运行的现状亟待加强制约和监督。针对以上两个方面的问题，

《刑事诉讼法》修正案在侦查程序方面，作了如下的修改与完善。

1. 赋予侦查机关技术侦查、秘密侦查手段

第一，根据侦查犯罪的需要，经过严格批准，可以采取技术侦查措施。新修订的《刑事诉讼法》第148条规定："公安机关在立案后，对于危害国家安全犯罪、恐怖活动犯罪、黑社会性质的组织犯罪、重大毒品犯罪或者其他严重危害社会的犯罪案件，根据侦查犯罪的需要，经过严格的批准手续，可以采取技术侦查措施。人民检察院在立案后，对于重大的贪污、贿赂犯罪案件以及利用职权实施的严重侵犯公民人身权利的重大犯罪案件，根据侦查犯罪的需要，经过严格的批准手续，可以采取技术侦查措施，按照规定交有关机关执行。追捕被通缉或者批准、决定逮捕的在逃的犯罪嫌疑人、被告人，经过批准，可以采取追捕所必需的技术侦查措施。"这些规定明确了采用技术手段侦查犯罪案件的范围、决定的权限、批准的程序和执行机关。新修订的《刑事诉讼法》第149条还进一步规定了批准决定应当确定采用技术侦查措施的种类和适用对象，还规定适用的期限，至迟每次不得超过3个月。

第二，规定公安机关可以决定由特定人员实施秘密侦查，可以依照规定实施控制下的交付。新修订的《刑事诉讼法》第151条规定："为了查明案情，在必要的时候，经公安机关负责人决定，可以由有关人员隐匿其身份实施侦查。但是，不得诱使他人犯罪，不得采用可能危害公共安全或者发生重大人身危险的方法。对涉及给付毒品等违禁品或者财物的犯罪活动，公安机关根据侦查犯罪的需要，可以依照规定实施控制下交付。"

第三，明确规定采用技术侦查、秘密侦查措施控制下交付收集的材料可以作为证据使用。但是，新修订的《刑事诉讼法》第152条规定："……如果使用该证据可能危及有关人员的人身安全，或者可能产生其他严重后果的，应当采取不暴露有关人员身份、技术方法等保护措施，必要的时候，可以由审判人员在庭外对证据进行核实。"

对于采用技术侦查、秘密侦查手段与公民个人隐私的矛盾和冲突问题，公众极为关心。对此，新修订的《刑事诉讼法》第150条已作出明确规定："采取技术侦查措施，必须严格按照批准的措施种类、适用对象和期限执行。侦查人员对采取技术侦查措施过程中知悉的国家秘密、商业秘密和个人隐私，应当保密；对采取技术侦查措施获取的与案件无关的材料，必须及时销毁。采取技术侦查措施

获取的材料，只能用于对犯罪的侦查、起诉和审判，不得用于其他用途。公安机关依法采取技术侦查措施，有关单位和个人应当配合，并对有关情况予以保密。”这一规定表明：(1) 采用技术侦查手段要严格批准，严格依法进行；(2) 使用这种手段过程中涉及的国家、商业、个人的秘密必须保密；(3) 收集到的材料只能用于本案诉讼，不得用于其他用途。

2. 完善了侦查监督的规定

第一，进一步加强人民检察院对侦查活动的监督。修订后的《刑事诉讼法》第55条明确规定：“人民检察院接到报案、控告、举报或者发现侦查人员以非法方法收集证据的，应当进行调查核实。对于确有以非法方法收集证据情形的，应当提出纠正意见；构成犯罪的，依法追究刑事责任。”

第二，赋予诉讼中所有利害关系人对违法侦查行为的申诉、控告，并由人民检察院依法查处。新修订的《刑事诉讼法》第115条规定：“当事人和辩护人、诉讼代理人、利害关系人对于司法机关及其工作人员有下列行为之一的，有权向该机关申诉或者控告：(一) 采取强制措施法定期限届满，不予以释放、解除或者变更的；(二) 应当退还取保候审保证金不退还的；(三) 对与案件无关的财物采取查封、扣押、冻结措施的；(四) 应当解除查封、扣押、冻结不解除的；(五) 贪污、挪用、私分、调换、违反规定使用查封、扣押、冻结的财物的。受理申诉或者控告的机关应当及时处理。对处理不服的，可以向同级人民检察院申诉；人民检察院直接受理的案件，可以向上一级人民检察院申诉。人民检察院对申诉应当及时进行审查，情况属实的，通知有关机关予以纠正。”这一规定，对侦查活动中强制措施的适用与解除，保证金的退还，涉案财物的搜查、查封、扣押与解除，辩护人的执业保障等一系列权力的行使，均采用以权利制约权力的法律措施，尤其是加强了人民检察院的法律监督，赋予检察机关受理申诉和控告，并进行调查核实，对情况属实的，依法予以纠正。

第三，为了规范侦查中讯问犯罪嫌疑人的行为，推出了一系列举措。一是侦查讯问时全程录音、录像。新修订的《刑事诉讼法》第121条规定：“侦查人员在讯问犯罪嫌疑人的时候，可以对讯问过程进行录音或者录像；对于可能判处无期徒刑、死刑的案件或者其他重大犯罪案件，应当对讯问过程进行录音或者录像。录音或者录像应当全程进行，保持完整性。”二是严格讯问的时间和地点。新修订的《刑事诉讼法》第117条第2款、第3款规定：“传唤、拘传持续的时间不得超过十二小时；案情特别重大、复杂，需要采取拘留、逮捕措施的，传唤、拘传持续的时间不得超过二十四小时。不得以连续传唤、拘传的形式变相拘禁犯罪嫌疑人。传唤、拘传犯罪嫌疑人，应当保证犯罪嫌疑人的饮食和必要的休息时间。”第 116 条第 2 款规定：“犯罪嫌疑人被送交看守所羁押以后，侦查人员对其进行讯问，应当在看守所内进行。”新修订的《刑事诉讼法》不仅严格规定了讯问地点，对犯罪嫌疑人羁押的场所也作了比较严格的规定和要求。如前文所述，必须立即送交看守所羁押，不得在非羁押的办案场所。

第四，侦查终结要听取辩护律师的意见。新修订的《刑事诉讼法》第 159 条规定：“在案件侦查终结前，辩护律师提出要求的，侦查机关应当听取辩护律师的意见，并记录在案。辩护律师提出书面意见的，应当附卷。”这一规定同辩护律师介入侦查阶段的规定一起，可以证明我国刑事诉讼制度，尤其是侦查结构的一个历史性的变化，它是在不断完善控、辩、审三种职能对诉讼进程的介入，以逐步地消除一元化的，或一家说了算的诉讼模式。

（五）加强诉讼中的法律监督职能和提起公诉程序的完善与发展

新修订的《刑事诉讼法》根据党中央司法改革关于加强权力的制约、制衡和监督的指示精神，在司法职权的优化配置方面，采取了一系列措施，加强检察机关的法律监督职能，把 1996 年《刑事诉讼法》第 8 条规定的“依法对刑事诉讼实行法律监督”这一抽象而原则的规定，转变为具体的监督措施。如前文所述，新修订的《刑事诉讼法》第 86 条、第 94 条关于审查批捕中的监督程序，第 140 条关于涉案财产的处理监督，第 54 条关于对证据的收集过程中违法事实的查处程序，第 256 条关于对监狱、看守所暂予监外执行程序的监督。还有《刑事诉讼法》在“特别程序”中规定的检察机关职权的行使等，均体现了法律监督的加强，体现了以权力制约权力的制衡与监督。

除此之外，在提起公诉程序中，新修订的《刑事诉讼法》第 170 条增加了听取辩护人及被害人与诉讼代理人的意见，并将他们的意见附卷的规定，体现了起诉程序民主性的加强。

（六）第一审、第二审程序和死刑复核程序的完善与发展

1. 开庭前的一项重要准备活动

新修订的《刑事诉讼法》第 182 条第 2 款增加规定：“在开庭以前，审判人员可以召集公诉人、当事人和辩护人、诉讼代理人，对回避、出庭证人名单、非

法证据排除等与审判相关的问题，了解情况，听取意见。”对于这一规定，由审判人员召集控、辩双方参加，解决出庭证人名单等问题，属于开庭前的一项重要的准备活动。但这一准备活动的名称值得研究，有人称“庭前会议”，有人称“预备庭”，域外有的国家叫“处理庭”等。笔者认为，不是一个一般的行政会议，既然增加这一内容，其程序设置，尤其是是否设法律文书，适用什么样的文书，这一文书的法律效力等，均应解决。

2. 规定了诉讼中止制度

新修订的《刑事诉讼法》第200条规定：“在审判过程中，有下列情形之一，致使案件在较长时间内无法继续审理的，可以中止审理：（一）被告人患有严重疾病，无法出庭的；（二）被告人脱逃的；（三）自诉人患有严重疾病，无法出庭，未委托诉讼代理人出庭的；（四）由于不能抗拒的原因。中止审理的原因消失后，应当恢复审理。中止审理的期间不计入审理期限。”

3. 完善了简易程序

对刑事简易程序的规定，是《刑事诉讼法》修改的一个亮点。它体现了提高诉讼效率、节约诉讼成本的价值追求，也适应了当前诉讼“爆炸”、案件急速增多的要求，更是诉讼分流原理在诉讼程序中的体现。新修订的《刑事诉讼法》关于刑事简易程序规定的内容有：一是扩大了简易程序的适用范围。新修订的《刑事诉讼法》第208条规定：“基层人民法院管辖的案件，符合下列条件的，可以适用简易程序审判：（一）案件事实清楚、证据充分的；（二）被告人承认自己所犯罪行，对指控的犯罪事实没有异议的；（三）被告人对适用简易程序没有异议的。人民检察院在提起公诉的时候，可以建议人民法院适用简易程序。”同时在第209条规定了不能适用简易程序的案件：“有下列情形之一的，不适用简易程序：（一）被告人是盲、聋、哑人，或者是尚未完全丧失辨认或者控制自己行为能力的精神病人的；（二）有重大社会影响的；（三）共同犯罪案件中部分被告人不认罪或者对适用简易程序有异议的；（四）其他不宜适用简易程序审理的。”从这些规定中可以看出，我国的简易程序的适用范围从原来《刑事诉讼法》规定的可能判处3年以下有期徒刑，拘役、管制，单处罚金的公诉案件，已经扩大到无期徒刑（不含）以下的所有案件，当然还要符合第208条和第209条的条件。二是由于适用简易程序的案件范围较大，在审判组织方面，又进一步作了区分。第210条规定：“适用简易程序审理案件，对可能判处三年有期徒刑以下刑罚的，可以组成合议庭进行审判，也可以由审判员一人独任审判；对可能判处的有期徒刑超过三年的，应当组成合议庭进行审判。”三是对审理程序作了一些有别于普通程序的规定。第 211 条规定了审理的重点：“适用简易程序审理案件，审判人员应当询问被告人对指控的犯罪事实的意见，告知被告人适用简易程序审理的法律规定，确认被告人是否同意适用简易程序审理。”第 213 条和第 214 条规定了简易程序审理的案件的送达和审理期限。“适用简易程序审理案件，不受本章第一节关于送达期限、讯问被告人、询问证人、鉴定人、出示证据、法庭辩论程序规定的限制。但在判决宣告前应当听取被告人的最后陈述意见。”“适用简易程序审理案件，人民法院应当在受理后二十日以内审结；对可能判处的有期徒刑超过三年的，可以延长至一个半月。”

4. 对于第二审程序，为了保证案件的公正审理，针对其开庭审判的范围、反复发回重审的现象，作出了明确规定

新修订的《刑事诉讼法》第 223 条规定：“第二审人民法院对于下列案件，应当组成合议庭，开庭审理：（一）被告人、自诉人及其法定代理人对第一审认定的事实、证据提出异议，可能影响定罪量刑的上诉案件；（二）被告人被判处死刑的上诉案件；（三）人民检察院抗诉的案件；（四）其他应当开庭审理的案件。第二审人民法院决定不开庭审理的，应当讯问被告人，听取其他当事人、辩护人、诉讼代理人的意见。”在第 225 条第 2 款针对反复发回重审的问题增加规定：“原审人民法院对于依照前款第三项规定发回重新审判的案件作出判决后，被告人提出上诉或者人民检察院提出抗诉的，第二审人民法院应当依法作出判决或者裁定，不得再发回原审人民法院重新审判。”

5. 针对实践中一些重大、复杂案件审限不足，影响办案质量的问题，适当地延长了第一审、第二审审理期限

新修订的《刑事诉讼法》第 202 条增加规定：“……因特殊情况还需要延长的，报请最高人民法院批准。”第 232 条对第二审审限修改为：“第二审人民法院受理上诉、抗诉案件，应当在二个月以内审结。对于可能判处死刑的案件或者附带民事诉讼的案件，以及有本法第一百五十六条规定情形之一的，经省、自治区、直辖市高级人民法院批准或者决定，可以延长二个月；因特殊情况还需要延长的，报请最高人民法院批准。”

6. 对于死刑复核程序的修改，鉴于死刑的严厉性，为进一步保证死刑复核

案件的质量，从以下三个方面进行了修改

一是最高人民法院对于不核准死刑的案件，可以发回重新审判或提审改判(参见第239条)；二是死刑复核程序增加讯问被告人和听取辩护人的意见（参见第240条)；三是加强检察监督，在复核死刑案件过程中，最高人民检察院可以向最高人民法院提出意见（参见第240条)。

(七) 执行程序的完善

根据执行中出现的问题，尤其是公众对执行程序所关心的监外执行问题，以及公众如何参与执行，改善社会管理的新举措，执行程序着重从以下三个方面进行了修改：

1. 进一步完善监外执行程序

将监外执行的对象扩大到被判无期徒刑罪犯中怀孕或正在哺乳自己婴儿的妇女；进一步明确监外执行的批准程序；增加规定通过不正当手段被监外执行的制约措施。新修订的《刑事诉讼法》第254条规定：“……对罪犯确有严重疾病，必须保外就医的，由省级人民政府指定的医院诊断并开具证明文件。在交付执行前，暂予监外执行由交付执行的人民法院决定；在交付执行后，暂予监外执行由监狱或者看守所提出书面意见，报省级以上监狱管理机关或者设区的市一级以上公安机关批准。”第257条规定：“对暂予监外执行的罪犯，有下列情形之一的，应当及时收监：(一) 发现不符合暂予监外执行条件的；(二) 严重违反有关暂予监外执行监督管理规定的；(三) 暂予监外执行的情形消失后，罪犯刑期未满的。对于人民法院决定暂予监外执行的罪犯应当予以收监的，由人民法院作出决定，将有关的法律文书送达公安机关、监狱或者其他执行机关。不符合暂予监外执行条件的罪犯通过贿赂等非法手段被暂予监外执行的，在监外执行的期间不计入执行刑期。罪犯在暂予监外执行期间脱逃的，脱逃的期间不计入执行刑期。罪犯在暂予监外执行期间死亡的，执行机关应当及时通知监狱或者看守所。”

2. 加强检察机关对监外执行、减刑、假释的监督

新修订的《刑事诉讼法》第255条和第262条第2款进一步规定：“监狱、看守所提出暂予监外执行的书面意见的，应当将书面意见的副本抄送人民检察院。人民检察院可以向决定或者批准机关提出书面意见。”“被判处管制、拘役、有期徒刑或者无期徒刑的罪犯，在执行期间确有悔改或者立功表现，应当依法予以减刑、假释的时候，由执行机关提出建议书，报请人民法院审核裁定，并将建

议书副本抄送人民检察院。人民检察院可以向人民法院提出书面意见。”

3．明确规定社区矫正

新修订的《刑事诉讼法》第258条规定：“对被判处管制、宣告缓刑、假释或者暂予监外执行的罪犯，依法实行社区矫正，由社区矫正机构负责执行。”社区矫正成为刑罚的执行主体，这是我国刑罚执行依靠人民群众的一项重要的原则，体现了专门机关与群众相结合的刑罚执行方法，这一创新性的规定具有深远的历史意义。

（八）增设特别程序

刑事犯罪情况复杂，刑事诉讼法律关系呈多元态势，反映在诉讼程序的设置上，必须区别对待。例如，未成年人犯罪案件处理程序与成年人犯罪案件处理程序的区别，公诉案件引进和解程序如何处理，反腐斗争中贪官逃匿或死亡违法财产如何处理，实施暴力行为的精神病人要否强制医疗等，许多国家的立法都按照有别于普通程序和简易程序而设置特别程序。我国刑事诉讼立法第一次将这些问题的处理，在《刑事诉讼法》中单设一编，称特别程序。其主要内容有以下四个方面：

1．未成年人犯罪案件的诉讼程序

针对未成年人犯罪案件的特点，对办理未成人犯罪案件的方针、原则、各个诉讼环节均作出有别于成年人犯罪案件的程序规定。新修订的《刑事诉讼法》第266条对未成年人犯罪案件的处理方针、原则、权利保障作出了明确规定；第267条规定了对未成年人犯罪案件的法律援助；第269条规定了对未成年人犯罪案件严格适用逮捕以及捕后与成年人分管、分押、分别教育；第270条规定了对未成年人案件的特别讯问程序，即必须通知其法定代理人到场，也可以通知其成年近亲属、所在学校、单位或者其他未成年人保护组织的代表到场等；第271条规定了对未成年人犯罪案件可以适用附条件不起诉的决定，详细地规定了适用附条件不起诉决定的范围、条件和程序；第275条还规定了对未成年人犯罪案件犯罪记录封存制度。这些规定充分地体现了我国刑事诉讼的人文精神。

2．当事人和解的公诉案件处理程序

刑事和解程序是贯彻“诉讼分流”节约成本的重要措施，更为重要的是通过和解程序对建构和谐社会，创建平和、文明司法具有十分深远的意义。新修订的《刑事诉讼法》详细地规定了刑事和解程序适用的条件和案件范围（参见第

277 条），第 278 条规定了和解程序由公、检、法机关主持进行；第 279 条规定了达成和解协议后的案件从宽从轻处理程序。

3. 犯罪嫌疑人、被告人逃匿、死亡案件违法所得的没收程序

为了严厉打击腐败犯罪和恐怖活动犯罪，对犯罪所得及时采取冻结和追缴措施，同我国已加入联合国反腐败公约以及有关反恐怖问题的决议相衔接，按照公约和决议的要求，对于贪污贿赂犯罪、恐怖活动犯罪等重大犯罪案件的违法所得必须作出相应处理，设置这一程序对加大反腐、反恐力度，以及执行我国已签署的国际公约，具有非常重要的意义。

新修订的《刑事诉讼法》第 280 条规定了这一程序适用的条件和提起程序，以及查封、扣押、冻结申请没收程序，即："对于贪污贿赂犯罪、恐怖活动犯罪等重大犯罪案件，犯罪嫌疑人、被告人逃匿，在通缉一年后不能到案，或者犯罪嫌疑人、被告人死亡，依照刑法规定应当追缴其违法所得及其他涉案财产的，人民检察院可以向人民法院提出没收违法所得的申请。……没收违法所得的申请应当提供与犯罪事实、违法所得相关的证据材料，并列明财产的种类、数量、所在地及查封、扣押、冻结的情况。人民法院在必要的时候，可以查封、扣押、冻结申请没收的财产。"第 281 条规定了违法所得的人民法院审理程序，即："没收违法所得的申请，由犯罪地或者犯罪嫌疑人、被告人居住地的中级人民法院组成合议庭进行审理。人民法院受理没收违法所得的申请后，应当发出公告。公告期间为六个月。犯罪嫌疑人、被告人的近亲属和其他利害关系人有权申请参加诉讼，也可以委托诉讼代理人参加诉讼。人民法院在公告期满后对没收违法所得的申请进行审理。利害关系人参加诉讼的，人民法院应当开庭审理。"第 282 条和第 283 条规定了人民法院经过审理对违法所得的处理程序以及诉讼终止程序，即："人民法院经审理，对经查证属于违法所得及其他涉案财产，除依法返还被害人的以外，应当裁定予以没收；对不属于应当追缴的财产的，应当裁定驳回申请，解除查封、扣押、冻结措施。对于人民法院依照前款规定作出的裁定，犯罪嫌疑人、被告人的近亲属和其他利害关系人或者人民检察院可以提出上诉、抗诉。""在审理过程中，在逃的犯罪嫌疑人、被告人自动投案或者被抓获的，人民法院应当终止审理。没收犯罪嫌疑人、被告人财产确有错误的，应当予以返还、赔偿。"

4. 对实施暴力行为的精神病人的强制医疗程序

由于对实施暴力行为的精神病人进行强制医疗，涉及人身自由、人权保障这

一重大原则问题，立法必须严格、认真对待。所以，《刑事诉讼法》修正案规定了严格的鉴定确认程序和审理裁决程序。

新修订的《刑事诉讼法》第284条规定了严格的鉴定程序，即："实施暴力行为，危害公共安全或者严重危害公民人身安全，经法定程序鉴定依法不负刑事责任的精神病人，有继续危害社会可能的，可以予以强制医疗。"新修订的《刑事诉讼法》第285条规定了人民法院的审理程序，规定："……公安机关发现精神病人符合强制医疗条件的，应当写出强制医疗意见书，移送人民检察院。对于公安机关移送的或者在审查起诉过程中发现的精神病人符合强制医疗条件的，人民检察院应当向人民法院提出强制医疗的申请。人民法院在审理案件过程中发现被告人符合强制医疗条件的，可以作出强制医疗的决定。对实施暴力行为的精神病人，在人民法院决定强制医疗前，公安机关可以采取临时的保护性约束措施。"第288条规定了严格的执行、评估和解除程序，即："强制医疗机构应当定期对被强制医疗的人进行诊断评估。对于已不具有人身危险性，不需要继续强制医疗的，应当及时提出解除意见，报决定强制医疗的人民法院批准。被强制医疗的人及其近亲属有权申请解除强制医疗。"最后在《刑事诉讼法》修正案第289条还规定了对这一程序的执行活动是否合法的检察监督程序。

综上所述，笔者认为，新修订的《刑事诉讼法》以吸收和巩固我国司法改革成果为重点，进行了比较全面的修改，所涉诉讼程序包括上述八个方面，在1996年《刑事诉讼法》规定的基础上，有了比较大的进步和发展。尽管一些程序的细节规定得比较粗或需要进一步补充，但我认为瑕不掩瑜，应该在充分肯定其进步与发展的前提下，再作必要的修改或补充。这就是一位诉讼法学者的学习体会与心声。

二、2018年刑事诉讼法修正案及其理性解读①

第十三届全国人大常委会第六次会议于2018年10月26日在京闭幕。会议以170票赞成、2票弃权，表决通过了《全国人民代表大会常务委员会关于修改〈中华人民共和国刑事诉讼法〉的决定》。作为规范刑事诉讼制度的一部基本法

① 本文刊发于《中国法律评论》2018年第6期。

律，我国《刑事诉讼法》迎来自1979年制定后的第三次修改。刑事诉讼法修正案分别于2018年4月28日十三届全国人大常委会第二次会议进行一审、8月29日十三届全国人大常委会第五次会议进行二审、10月22日十三届全国人大常委会第六次会议进行三审，共作出26项决定，对2012年《刑事诉讼法》的18个条款进行了修改，新增条款为18条。目前我国《刑事诉讼法》从290条，增加到308条。对于本次刑事诉讼法修正案，正如全国人大常委会副委员长王东明所说："内容虽然不多，但是意义很大。"

与前两次全面修改相比，2018年刑事诉讼法修改是部分性的，是一次有限的修改、应急性的修改，主要是为应对司法改革的迫切需要，可以说是一次"针对性"修法。以修正案的方式及时对刑事诉讼法进行修改，以适应社会发展的需要，其特点之一就是及时性，不同于全面修法，需要等较长周期才产生一次全面修法。《宪法》第67条为全国人大常委会修改刑事诉讼法这一基本法提供法律依据。[①] 这次修改对进一步完善中国特色刑事诉讼制度、推进国家治理体系和治理能力现代化具有十分重要的意义。[②]

（一）刑事诉讼法修正案的立法背景及理论根据

1. 刑事诉讼法修正案的立法背景

（1）落实党中央系列重大决策部署。习近平总书记强调，凡属重大改革都要于法有据。2018年是贯彻党的十九大精神的开局之年，也是改革开放40周年，做好改革工作意义重大。在整个改革过程中，要高度重视运用法治思维和法治方式，发挥法治的引领和推动作用，加强对相关立法工作的协调，确保在法治轨道上推进改革。[③] 党的十八大以来，以习近平总书记为核心的党中央协调推进"四个全面"战略布局，在深化国家监察体制改革、反腐败追逃追赃、深化司法体制改革等方面作出了一系列重大决策部署，取得了重大成果和进展。为落实党中央

---

① 《中华人民共和国宪法》第六十七条："全国人民代表大会常务委员会行使下列职权：……（三）在全国人民代表大会闭会期间，对全国人民代表大会制定的法律进行部分补充和修改，但是不得同该法律的基本原则相抵触；……"。

② 全国人大常委会法工委刑法室主任王爱立表示："这次修改对进一步完善中国特色刑事诉讼制度、推进国家治理体系和治理能力现代化具有十分重要的意义"，http：//www. npc. gov. cn/npc/zhibo/zzzb30/2018－10/26/content_2064208. htm，最后访问日期：2018年10月26日。

③ 2018年1月23日下午，中共中央总书记、国家主席、中央军委主席、中央全面深化改革领导小组组长习近平主持召开中央全面深化改革领导小组第二次会议并发表重要讲话。

这一系列重大决策部署，根据《宪法》和《监察法》，对《刑事诉讼法》进行修改完善是十分必要的。

（2）2018年3月，第十三届全国人民代表大会第一次会议通过了《中华人民共和国宪法修正案》。本次宪法修改共有21条修正案，有11条和国家监察体制改革相关。深化国家监察体制改革是一项事关全局的重大政治体制、监督体制改革，是强化党和国家自我监督的重大决策部署。宪法修正案在宪法第三章国家机构第六节后增加一节，专门就监察委员会作出规定，以宪法的形式明确国家监察委员会和地方各级监察委员会的性质、地位、名称、人员组成、监督方式等等，为监察委员会行使职权提供了宪法依据。这些规定，体现了中国特色社会主义政治发展道路和法治发展道路的一致性，为监察委员会履职尽责提供了依据和遵循，是国家治理体系的重大完善，也是国家治理能力现代化的重大进步。针对《宪法》的修改，作为下位法《刑事诉讼法》应当及时调整以保证与根本大法相一致。

（3）2018年3月20日，第十三届全国人大第一次会议正式通过了《中华人民共和国监察法》。自国家监察体制改革启动以来，监察法制定工作一直备受关注。中共中央政治局常委、中央深化国家监察体制改革试点工作领导小组组长王岐山强调：监察委员会实质上是反腐败机构，监察体制改革的任务是加强党对反腐败工作的统一领导，整合行政监察、预防腐败和检察机关查处贪污贿赂、失职渎职以及预防职务犯罪等工作力量。① 自《监察法》颁行以来，全国各地监察机关相继落实本法，办理了一批监察案件，这些案件到目前为止陆陆续续进入到了检察机关审查起诉的环节，有的已经到了人民法院审理的环节，并且有部分案件作出了判决，实施过程中逐渐暴露出一个非常突出的问题，《监察法》和《刑事诉讼法》如何更好的衔接问题，都亟待刑事诉讼法修正案解决。②

2．刑诉法修正案的理论根据、指导思想

（1）惩罚犯罪和保障人权相结合。惩罚犯罪和保障人权是刑事诉讼目的不可分割的两个方面，片面地注重一方面而忽略另一方面，必然违背刑事诉讼法的

---

① 王岐山：“实现对公职人员监察全覆盖，完善党和国家的自我监督”，载《人民日报》2016年11月25日，第001版。

② 樊崇义：“简说监察法与刑诉法的衔接”，载《人民法治》2018年15期。

根本宗旨。刑事犯罪是一种对国家、社会及其个人危害最大的违法行为，如果有罪不究，必定导致国家安全得不到保障，社会动荡不安，人民无法安居乐业。在严厉打击犯罪、惩治腐败的法治环境中，刑事诉讼法不能仅仅成为追究犯罪的有力武器，还应当成为保障公民人权的重要法宝。保障有罪的人受到公正的惩罚，做到程序合法、定罪正确、量刑适当。保障人权与惩罚犯罪从根本上说是完全一致，并无矛盾。刑诉法修正案中缺席审判制度、与监察法衔接以及值班律师制度等所有规定，都应当保障当事人的合法权益，防止国家滥用刑罚权，彰显我国法治文明进步。

（2）程序正义原理。马克思曾说过，“程序法不只是法律的生命形式，也是法律的内部生命的表现。”[①] 诉讼程序的自身价值之一在于给诉讼参与人以公正、人权、法治的感受和教育，程序正义能够最大程度地保障实体正义。在任何案件中，如果程序不公正，即使最终实体结果是正确的，也不会产生积极的社会效果。在刑诉法修正案中，无论是缺席审判制度、值班律师制度、认罪认罚从宽制度等都必须遵守程序正义原理，正如法谚所云，“正义不仅应得到实现，而且要以人们看得见的方式加以实现”。

（3）诉讼分流、繁简分流原理。繁简分流的理论基础衍生于法律价值之间衡量，刑事程序的繁简分流是化解案多人少矛盾、提高诉讼效率的重要途径，是推进以审判为中心的诉讼制度改革的重要配套机制。纵观世界，大多数国家的刑事诉讼案件并非对所有刑事案件都无差别地适用同一诉讼程序，而是基于诉讼分流、繁简分流原理针对不同的案件适用不同的诉讼程序，以便合理利用司法资源，正确处理刑事案件和解决刑事纠纷。本次刑诉法修正案吸收认罪认罚从宽制度，将速裁程序与简易程序、普通程序并列，旨在以合乎理性的规范使案件各入其道，使普通程序的正当化在司法资源与司法需求的剧烈冲突中获得现实可能性。

（4）区别对待、宽严相济。区别对待、宽严相济是党和国家的一贯坚持的刑事政策。刑事诉讼中对认罪认罚的当事人予以从宽处罚，便是“宽严相济”刑事政策的直接体现，通过“宽”“严”的相互协调，既追究犯罪分子的刑事责任，又保障被追诉人合法权益，改变以往“坦白从宽、牢底坐穿；抗拒从严，回

---

① 《马克思恩格斯全集》（第1卷），第178页。

家过年”的恶习。认罪认罚从宽制度为宽严相济这一刑事政策指明了新的发展方向，建构司法程序公正的制度和模式。

（二）刑事诉讼法修正案的主要内容

刑事诉讼法修正案贯彻党中央重大决策部署的重要举措，充分吸收人大常委会审议意见和各方面的意见，为推进全面依法治国作出应有贡献。刑诉法修正案完善与监察法的衔接机制，保障监察体制改革顺利进行；建立缺席审判制度，加强境外追逃工作力度和手段；总结认罪认罚从宽制度、速裁程序试点工作经验，以立法的形式巩固和推广实践证明行之有效的改革成果。刑诉法修正案对刑事诉讼程序进行多项修改，笔者将其归纳为以下五个重点内容展开探讨。

1. 调整检察职能，为改革和完善国家监察体制提供了法律依据

修正案中，删去原刑诉法第 18 条规定的由人民检察院管辖的“贪污贿赂犯罪、国家工作人员的渎职犯罪”，转隶为国家监察委管辖。与此同时，为保障案件管辖的转隶，对刑事诉讼法与国家监察法的衔接问题，修正案也作了详细的规定。包括：

（1）基本原则的衔接。《监察法》第 4 条规定了监察机关办理职务犯罪案件，应当与审判机关、检察机关、执法部门互相配合，互相制约。笔者认为，监察委在调查案件过程中，与审判机关、检察机关、执法部门处于相互配合、制约的关系，监察法、刑事诉讼法应当遵守刑事基本原则。

（2）管辖衔接。《监察法》第 11 条规定监察委对涉嫌贪污贿赂、滥用职权、玩忽职守、权力寻租、利益输送、徇私舞弊以及浪费国家资财等职务犯罪进行监督、调查。为了与《监察法》的内容相衔接，刑诉法修正案第 2 项将原刑诉法第 18 条修改为第 19 条，删去由人民检察院管辖的“贪污贿赂犯罪、国家工作人员的渎职犯罪”，转隶为国家监察委管辖，这两类犯罪涉及刑法规定的六大类案件：①贪污贿赂犯罪；②滥用职权犯罪；③玩忽职守犯罪；④徇私舞弊犯罪；⑤重大责任事故犯罪；⑥公职人员的其他犯罪。

（3）强制措施的衔接。强制措施的衔接主要涉及监察机关向检察机关移送审查起诉案件中已经采取留置措施的案件。刑诉法修正案第 12 项规定：“对于监察机关移送起诉的已采取留置措施的案件，人民检察院应当对犯罪嫌疑人先行拘留，留置措施自动解除。人民检察院应当在拘留后的十日以内作出是否逮捕、取保候审或者监视居住的决定。在特殊情况下，决定的时间可以延长一日至四日。

人民检察院决定采取强制措施的期间不计入审查起诉期限。”①

（4）审查起诉的衔接。为了跟《监察法》更好地衔接，刑诉法修正案第12项规定：人民检察院对于监察机关移送起诉的案件，依照本法和监察法的有关规定进行审查。人民检察院经审查，认为需要补充核实的，应当退回监察机关补充调查，必要时可以自行补充侦查。②《监察法》第47条对移送给人民检察院的案件，其强制措施的适用以及审查起诉后的处理，规定如下：一是对监察机关移送的案件，人民检察院依照《中华人民共和国刑事诉讼法》对被调查人采取强制措施。二是人民检察院经审查，认为犯罪事实已经查清，证据确实、充分，依法应当追究刑事责任的，应当作出起诉决定。三是人民检察院经审查，认为需要补充核实的，应当退回监察机关补充调查，必要时可以自行补充侦查。对于补充调查的案件，应当在一个月内补充调查完毕。补充调查以二次为限。四是人民检察院对于有《中华人民共和国刑事诉讼法》规定的不起诉的情形的，经上一级人民检察院批准，依法作出不起诉的决定。监察机关认为不起诉的决定有错误的，可以向上一级人民检察院提请复议。

（5）证据的运用和要求的衔接。《监察法》第33条规定：“监察机关在收集、固定、审查、运用证据时，应当与刑事审判关于证据的要求和标准相一致”，以及“以非法方法收集的证据应当依法予以排除，不得作为案件处置的依据”。刑诉法修正案第25项③明确规定：对于贪污贿赂犯罪案件，以及需要及时进行审判，经最高人民检察院核准的严重的危害国家安全犯罪、恐怖活动犯罪案件，犯罪嫌疑人、被告人潜逃境外，监察机关、公安机关移送起诉，人民检察院认为犯罪事实已经查清，证据确实、充分，依法应当追究刑事责任的，可以向人民法院提起公诉。移送到人民检察院的案件，其证据标准仍然是“犯罪事实已经查清，证据确实、充分”，方能提起公诉。即调查终结、移送起诉、提起公诉和法庭裁判均适用统一的证明标准，司法机关必须遵守刑事诉讼法规定的证明标准来审查监察委提供的证据。

（6）关于涉案财产的处置。《监察法》第46条明确规定关于涉嫌犯罪取得

① 《刑事诉讼法》第一百七十条第二款。

② 《刑事诉讼法》第一百七十条第一款。

③ 《刑事诉讼法》第二百九十一条。

的财物处置，应当移送人民检察院。刑诉法修正案第 17 项[1]规定：“人民检察院决定不起诉的案件，应当同时对侦查中查封、扣押、冻结的财物解除查封、扣押、冻结。对被不起诉人需要给予行政处罚、处分或者需要没收其违法所得的，人民检察院应当提出检察意见，移送有关主管机关处理。有关主管机关应当将处理结果及时通知人民检察院。”

根据以上总结的六个方面，人民检察院和人民法院在两法衔接中，应当注意：第一，坚决拥护国家监察体制改革，严格执行衔接的有关法律规定，实现平稳过渡。第二，人民公安、人民检察院、人民法院三机关的司法工作人员作为国家公职人员，必须认真接受监察机关的监察和监督。第三，对于监察机关调查终结、移送起诉的案件，要坚持我国刑诉法规定的任务、原则和程序，以保障移送案件的质量，防范错案发生，以维护和推进监察体制改革的成果。

随着《监察法》的推行，人民检察院法律监督的地位和重要性渐成共识，但问题与挑战仍不减，这就对我国检察制度的当代发展迎来新的挑战和契机。检察机关是宪法规定的专门法律监督机关，这是检察机关的根本属性，是检察改革的生命线，是检察制度现代化建设的基本坐标。在此背景下，应当坚持检察机关法律监督的宪法定位不动摇，确保检察机关在新形势下依法独立行使检察监督权，区分检察监督、诉讼监督、法律监督和监察监督概念，不能相互替代，更不能混为一体。[2]

此外，在学习这些新增法律规定时，很多人提出了疑问，如刑诉法修正案为什么要与《监察法》衔接，为什么监察委调查环节没有律师参与辩护等等。这两部法律都是刚出台不久的新法，有这些疑问均属正常现象，但首先对这一系列改革要有最基本的共识：理解监察体制设计的初衷，理解国家对监察制度设计的思路，认同国家监察体制改革。在《监察法》公布实施之前，普通刑事案件与职务犯罪案件在各诉讼阶段确实有不同之处，在职务犯罪案件中，刑事辩护等工作确实有它固有的难处，现在是这样，过去也是这样，只不过以往的问题延续到今天而已，大家不能一叶障目，把冲突、矛盾全指向《监察法》的具体规定。《监察法》刚刚颁行，两法的衔接必然有一个磨合过程，难免出现一些冲突、矛

---

① 《刑事诉讼法》第一百七十七条。

② 樊崇义：“检察机关深化法律监督发展的四个面向”，载《中国法学评论》2017 年第 5 期。

盾，我们应该积极看待这些问题。随着《监察法》深入贯彻落实，其与刑事诉讼法的衔接必然会暴露出一系列的问题，尚须进一步观察、研究并适时地加以解决。

2. 建构了缺席审判制度

2014 年，中央反腐败协调小组会议提出了建立刑事缺席审判制度的任务。2016 年 7 月，全国人大常委会法工委提出了关于建立刑事缺席审判制度的研究报告。2018 年 10 月，全国人大常委会第六次会议通过了修改刑诉法的决定，从立法层面确立了缺席审判制度，这是我国诉讼制度改革中具有里程碑意义的重大事件。党中央高度重视反腐败和国际追逃追赃的法律制度建设，将缺席审判制度专章写入刑事诉讼法，是落实党的十九大精神，全面推进依法治国、推进反腐败国家立法、推进国际追逃追赃工作的需要。从立法上确立缺席审判制度是我国刑事诉讼制度的重大创新，对切实加大反腐败斗争的力度、维护国家安全、树立司法权威、提高诉讼效率都具有十分重要的意义。

在刑诉法修正案公布实施之前，由于缺席审判制度的缺失，一些贪污贿赂等刑事案件的嫌犯、被告人潜逃境外躲避法律制裁，严重地影响了反腐惩治和打击力度。刑事缺席审判制度的建立，加强了境外追逃工作的力度和手段，对贪污贿赂、危害国家安全、恐怖活动犯罪的嫌犯和被告人形成了强力震慑。如今，通过建立缺席审判程序，外逃贪官即使逃到天涯海角，也将受到应有的法律制裁。全国人大常委会法工委刑法室主任王爱立回答《法制日报》记者提出的问题时说，建立刑事缺席审判制度，对推动司法机关积极履职、丰富惩治犯罪的手段、促进反腐败国际追逃工作来讲，都有着积极的意义，可以使一些案件得到及时的处理和及时固定一些证据，避免因为时间过长，证据灭失情形的发生。同时，对外逃的犯罪分子及时作出法律上的否定评价，可以彰显法治权威，维护国家和社会公众利益。①

刑事诉讼法修正案专章规定缺席审判程序，做到了既严厉打击贪污受贿的腐败犯罪，又充分保护诉权，尤其是辩护权的保障；既严格地控制缺席审判的范围，又严格缺席审判的程序。缺席审判程序是刑事诉讼中的特别程序，人民法院在案件入口审查上应严格把关。除了审查起诉书是否具有明确的指控犯罪事实

① “缺席审判制度正式写入刑事诉讼法”，载《法制日报》2018 年 10 月 26 日，第 001 版。

外，还应当对是否符合缺席审判程序适用条件进行审查。由于缺席审判，使被告人失去了亲临法庭的权利，因此对缺席审判作出了严格的控制。

（1）适用缺席审判的范围控制

缺席审判是被告人不到庭仍进行审理的特殊诉讼制度，这个制度已经打破了对席审判的常态，是普通诉讼程序的一个例外情况，应当严格控制适用缺席审判的案件范围。

刑诉法修正案第25项专章规定缺席审判制度。《刑事诉讼法》第291条第1款规定："对于贪污贿赂犯罪案件，以及需要及时进行审判，经最高人民检察院核准的严重的危害国家安全犯罪、恐怖活动犯罪案件，犯罪嫌疑人、被告人在境外，监察机关、公安机关移送起诉，人民检察院认为犯罪事实已经查清，证据确实、充分，依法应当追究刑事责任的，可以向人民法院提起公诉。人民法院进行审查后，对于起诉书中有明确的指控犯罪事实，符合缺席审判程序适用条件的，应当决定开庭审判。"根据这一规定，缺席审判的范围严格限制在贪污贿赂犯罪、危害国家安全犯罪和恐怖活动犯罪，并附了三个不可缺少的条件：①犯罪嫌疑人、被告人已经潜逃境外；②危害国家安全犯罪和恐怖活动犯罪的案件必须经最高人民检察院批准；③案件事实已经查清，证据确实、充分。此外，刑诉法修正案第25项还增加了对被告人患有严重疾病中止审理六个月后仍无法出庭，被告人及其法定代理人、近亲属申请或者同意恢复审理的，人民法院可以在被告人不出庭的情况下缺席审理，依法作出判决。第297条还规定，"被告人死亡的，人民法院应当裁定终止审理，但有证据证明被告人无罪，人民法院经缺席审理确认无罪的，应当依法作出判决。"当然，结合学习各国缺席审判制度，我国对刑事缺席审判适用的案件范围值得大家继续研究，以期对下一步立法工作完善此项制度的适用范围提供宝贵意见。

（2）缺席审判程序的控制

由于缺席审判是法庭审判的例外情形，除适用范围要严加控制外，适用程序也应当进行严格控制。

根据刑诉法修正案第25项的规定①，缺席审判案件由犯罪地、被告人离境前居住地或者最高人民法院指定的中级人民法院组成合议庭进行审理，对审级进行

① 《刑事诉讼法》第二百九十一条第二款、第二百九十二条。

了控制。对于缺席审判的案件，人民法院应当将起诉书副本以及传票通过司法协助方式送达，只有送达后被告未按要求到案的，方可缺席审判，并处理其违法所得财产，这是对送达方式的控制。除此之外，刑诉法修正案第25项①还规定了被告人享有委托辩护律师或者近亲属代为委托辩护律师的权利，有提出上诉的权利，还有到案后获得重新审判的权利，对生效裁判执行以前还可以提出异议的权利等。

缺席审判制度作为此次刑事诉讼法修改新确立的制度，还有很多理论与实践问题值得进一步研究、探讨。例如，刑诉法修正案只规定了人民法院审理缺席审判案件时，应当把传票、起诉书副本送达被告人，笔者认为还不足以达到保障被告人得到公正审判的基本前提。接下来的立法工作应该完善缺席审判制度中犯罪嫌疑人、被告人的知情权、辩护权等，如可以考虑先行向上述人员送达权利告知书，保障当事人知晓放弃出席庭审可能给自己带来的法律后果等。此外，在对外逃人员实行缺席审判问题上，应当坚持刑事诉讼的最低保障标准，把知晓相关刑事诉讼情况确定为基本条件，并把这种知晓确定为启动缺席审判程序的前提条件，在潜逃的犯罪嫌疑人、被告人查无下落或者完全不可能向其发出诉讼通知的情况下，检察机关不应当向人民法院提起公诉。②

（3）辩护权的保障

联合国《公民权利和政治权利国际公约》第14条第3款（丁）将被告人“出席受审并亲自或经由他所选择的法律援助进行辩护”规定为“在判定对他提出的任何刑事指控时，人人完全平等地有资格享有的”最低限度的保证。刑诉法修正案在设计刑事缺席审判制度时，充分重视缺席审判案件中被告人的辩护权，刑诉法修正案第25项规定：“人民法院缺席审判案件，被告人有权委托辩护人，被告人的近亲属可以代为委托辩护人。被告人及其近亲属没有委托辩护人的，人民法院应当通知法律援助机构指派律师为其提供辩护。”

回顾本次刑诉法的修改过程，对缺席审判被告人的权利保障贯穿始终，③ 缺席审判案件实现了辩护律师的全覆盖，但有社会人士提出质疑：“红通人员”都

① 《刑事诉讼法》第二百九十三条、第二百九十四条。

② 黄风：“对外逃人员缺席审判需注意的法律问题”，载《法治研究》2018年第4期。

③ “公平正义永不缺席——聚焦刑事缺席审判制度”，http：//m. xinhuanet. com/2018 - 10/26/c_1123620735. htm，最后访问日期：2018年11月3日。

跑掉了，为什么还要让国家为其指派法律援助律师。笔者理解这种说法，但是我们应该从更加理性的角度去思考、看待这个问题。其核心理由之一是，如果不这样规定，我国缺席审判制度连基本人权都得不到保障，必将受到质疑和反对，那么引渡等国际司法问题就无法得到各国的支持。因此，我国的缺席审判制度必须遵守正当程序，才能被世界各国所认可。

3. 总结试点经验，认罪认罚从宽程序和速裁程序入法典

刑诉法修正案深化了司法体制改革密切相关的内容，在总结认罪认罚从宽制度和速裁程序试点工作经验的基础上，将在司法实践中行之有效的经验上升为法律。[①] 修改后的《刑事诉讼法》明确了刑事案件认罪认罚可以依法从宽处理的原则，完善了刑事案件认罪认罚从宽的程序规定，增加了速裁程序，加强了对犯罪嫌疑人、被告人的权利保障。

(1) 认罪认罚从宽程序。

根据刑诉法修正案第 1 项[②]规定，“犯罪嫌疑人、被告人自愿如实供述自己的罪行，承认指控的犯罪事实，愿意接受处罚的，可以依法从宽处理。”把认罪认罚从宽程序放在刑事诉讼法总则里，说明认罪认罚从宽是作为一项制度写入刑事诉讼法的，无疑是这次刑诉法修改的一大亮点。

除了总则之外，《刑事诉讼法》修正案还对认罪认罚从宽程序作了如下规定：

第一，批准逮捕程序中，把认罪认罚情节作为可能发生社会危险的因素之一。刑诉法修正案第 7 项[③]规定：“批准或者决定逮捕，应当将犯罪嫌疑人、被告人涉嫌犯罪的性质、情节，认罪认罚等情况，作为是否可能发生社会危险性的考虑因素。”

第二，侦查程序中的告知程序。刑诉法修正案第 9 项[④]规定：“侦查人员在讯问犯罪嫌疑人的时候，应当告知犯罪嫌疑人享有的诉讼权利，如实供述自己罪行可以从宽处理和认罪认罚的法律规定。”刑诉法修正案第 11 项[⑤]规定：“犯罪

---

① 2018 年 10 月 26 日，第十三届全国人大常委会第六次会议闭幕后，全国人大常委会办公厅举行新闻发布会，全国人大常委会法工委刑法室主任王爱立就修改后的刑事诉讼法的相关问题回答记者提问。

② 《刑事诉讼法》第十五条。

③ 《刑事诉讼法》第八十一条。

④ 《刑事诉讼法》第一百二十条第二款。

⑤ 《刑事诉讼法》第一百六十二条第二款。

嫌疑人自愿认罪的，应当记录在案，随案移送，并在起诉意见书中写明有关情况。”

第三，人民检察院在审查起诉阶段，对于认罪认罚从宽案件的权利告知和值班律师的参与。刑诉法修正案第 14 项①作了明确规定，犯罪嫌疑人认罪认罚的，人民检察院应当告知其享有的诉讼权利和认罪认罚的法律规定，听取当事人或者值班律师的意见。

第四，犯罪嫌疑人自愿认罪，同意量刑建议和程序适用的，需签署具结书，并规定了不需要签署具结书的三种情形。刑诉法修正案第 15 项②规定，犯罪嫌疑人自愿认罪，同意量刑建议和程序适用的，应当在辩护人或者值班律师在场的情况下签署认罪认罚具结书，并规定了三种情形：犯罪嫌疑人是盲、聋、哑人，或者是尚未完全丧失辨认或者控制自己行为能力的精神病人的；未成年犯罪嫌疑人的法定代理人、辩护人对未成年人认罪认罚有异议的；其他不需要签署认罪认罚具结书的情形。

第五，关于量刑建议。刑诉法修正案第 16 项③规定：“犯罪嫌疑人认罪认罚的，人民检察院应当就主刑、附加刑、是否适用缓刑等提出量刑建议，并随案移送认罪认罚具结书等材料。”对于量刑建议，人民检察院不得随意调整，只有“人民法院经审理认为量刑建议明显不当，或者被告人、辩护人对量刑建议提出异议的”才能进行调整。

第六，关于撤销案件程序。刑诉法修正案第 18 项④作了特别规定：“犯罪嫌疑人自愿如实供述涉嫌犯罪的事实，有重大立功或者案件涉及国家重大利益的，经最高人民检察院核准，公安机关可以撤销案件，人民检察院可以作出不起诉决定，也可以对涉嫌数罪中的一项或者多项不起诉。”这类案件出现的频率极低，但各位司法事务部门的同志在办案过程中认为符合这一条规定的，应该积极争取适用本条文。

第七，人民法院对认罪认罚从宽案件的审判程序。告知其享有的权利、审查

① 《刑事诉讼法》第一百七十三条。
② 《刑事诉讼法》第一百七十四条。
③ 《刑事诉讼法》第一百七十六条。
④ 《刑事诉讼法》第一百八十二条。

的重点以及量刑建议的采纳。一是告知权利和审查的重点，刑诉法修正案第20项:[①]“被告人认罪认罚的，审判长应当告知被告人享有的诉讼权利和认罪认罚的法律规定，审查认罪认罚的自愿性和认罪认罚具结书内容的真实性、合法性。”二是关于量刑建议的采纳，刑诉法修正案第21项[②]规定，对于认罪认罚案件，人民法院依法作出判决时，一般应当采纳人民检察院指控的罪名和量刑建议。人民法院经审理认为量刑建议明显不当，或者被告人、辩护人对量刑建议提出异议的，人民检察院可以调整量刑建议。人民检察院不调整量刑建议或者调整量刑建议后被告人、辩护人仍有异议的，人民法院应当依法作出判决。

关于认罪认罚从宽制度的定位问题。根据刑诉法修正案的规定，当前认罪认罚从宽制度的改革采用的是嵌入式模式，把认罪认罚从宽制度糅合到速裁程序、简易程序中、普通程序中。笔者结合自己的研究成果认为，在我国刑事诉讼法的发展中，建构独立的认罪认罚从宽协商制度和程序是必然趋势。将认罪认罚从宽程序赋予一个独立的地位和制度，类似美国的辩诉交易程序、德国的刑事处罚令程序，在我国刑事诉讼法结构中独立于速裁程序、简易程序和普通程序。[③] 因篇幅有限，在此不多赘述。

（2）速裁程序。

为进一步完善刑事诉讼程序，提高审理刑事案件的质量与效率，维护当事人的合法权益，第十二届全国人大常委会第九次会议于2014年6月27日通过了《关于授权最高人民法院、最高人民检察院在部分地区开展刑事案件速裁程序试点工作的决定》，明确北京等18个城市开展为期两年的刑事案件速裁程序试点工作。速裁程序试点工作已结束，笔者将刑事速裁程序试点过程中所取得的成效归纳为以下几点：（一）刑事诉讼效率明显提高；（二）认罪认罚从宽处罚在一定程度上得到体现；（三）当事人权利得到有效保障；（四）制度创新层出不穷，各地试点法院还就速裁程序量刑规范化问题进行了一些探索等。[④]

刑诉法修正案把速裁程序作为刑诉法新增设的一种程序，在第三编第二章增

---

① 《刑事诉讼法》第一百九十条第二款。

② 《刑事诉讼法》第二百零一条。

③ 樊崇义：“认罪认罚从宽协商程序的独立地位与保障机制”，载《国家检察官学院学报》2018年第1期。

④ 樊崇义：“刑事速裁程序：从‘经验’到‘理性’的转型”，载《法律适用》2016年第4期。

加一节，作为第四节加以规定，使速裁程序与简易程序、普通程序相并列。这是对我国刑事诉讼程序的一个重大变化和突破。刑诉法修正案第 22 项[①]规定了速裁程序适用的范围、条件以及不能适用速裁程序的六种情形，还明确了适用速裁程序的庭审程序、审理期限和审理中发现不宜适用速裁程序的案件处理。

第一，关于速裁程序适用的范围和条件。

《刑事诉讼法》第二百二十二条：“基层人民法院管辖的可能判处三年有期徒刑以下刑罚的案件，案件事实清楚，证据确实、充分，被告人认罪认罚并同意适用速裁程序的，可以适用速裁程序，由审判员一人独任审判。

人民检察院在提起公诉的时侯，可以建议人民法院适用速裁程序。”

第二，不能适用速裁程序的情形。

《刑事诉讼法》第二百二十三条：“有下列情形之一的，不适用速裁程序：

（一）被告人是盲、聋、哑人，或者是尚未完全丧失辨认或者控制自己行为能力的精神病人的；

（二）被告人是未成年人的；

（三）案件有重大社会影响的；

（四）共同犯罪案件中部分被告人对指控的犯罪事实、罪名、量刑建议或者适用速裁程序有异议的；

（五）被告人与被害人或者其法定代理人没有就附带民事诉讼赔偿等事项达成调解或者和解协议的；

（六）其他不宜适用速裁程序审理的。”

第三，适用速裁程序的庭审程序、审理期限和审理中发现不宜适用速裁程序的案件处理。

《刑事诉讼法》第二百二十四条：“适用速裁程序审理案件，不受本章第一节规定的送达期限的限制，一般不进行法庭调查、法庭辩论，但在判决宣告前应当听取辩护人的意见和被告人的最后陈述意见。

适用速裁程序审理案件，应当当庭宣判。”

《刑事诉讼法》第二百二十五条：“适用速裁程序审理案件，人民法院应当在受理后十日以内审结；对可能判处的有期徒刑超过一年的，可以延长至十

---

① 《刑事诉讼法》第二百二十二条至第二百二十六条。

五日。”

《刑事诉讼法》第二百二十六条：“人民法院在审理过程中，发现有被告人的行为不构成犯罪或者不应当追究其刑事责任、被告人违背意愿认罪认罚、被告人否认指控的犯罪事实或者其他不宜适用速裁程序审理的情形的，应当按照本章第一节或者第三节的规定重新审理。”

相比试点办法，刑诉法修正案第22项增加“被告人是未成年人的案件不适用速裁程序”的规定。审理未成年人刑事案件，实践中通常采用有利于关护帮教未成年人的审判方式，并对未成年人进行法庭教育。速裁程序不进行法庭调查、法庭辩论，且一般采取集中审理、集中宣判的形式，不利于开展关护帮教和法庭教育，难以充分体现教育感化挽救的方针，因此增加了“被告人是未成年人的”案件，不适用速裁程序。①

从理论上说，面对日益增多的刑事案件，理应构建繁简分离、层次各异的案件纠纷解决机制。通过刑事案件速裁程序的构建，实现简单案件快办，疑难案件精办的多样化格局。刑事案件诉讼程序的多层次化，实现了诉讼程序与案件难易程度相协调、实现了与刑罚轻重程度相适应，是一种科学的决策和智慧的选择。但是，我们也应该看到，由于刑事案件速裁程序自身的特殊性，在案件受理范围、移送审查起诉、法庭审理等环节都有别于普通刑事案件，由于被告人认罪的预设化和庭审过程的简约化，被告人的基本权利无疑会受到一定程度上的缩减和冲击。因此，在落实速裁程序的过程中，务必遵守公正优先、兼顾效率的原则。

4. 完善律师制度的新措施

辩护制度的发达水平是衡量一个国家刑事法治发展状况的试金石，甚至可以说人类刑事诉讼进化的历史在很大程度上可以被看作是辩护权不断发展与完善的进程。辩护权的保障情况既关乎一个国家刑事诉讼结构的平衡，更能彰显出权利保障的理念、水平，决定着一个国家民主法制的发展水平。

刑诉法修正案共有26项决定，其中有7项涉及辩护律师的相关内容。一是修正案第3项，② 关于律师被开除公职和被吊销律师执业执照以后不得担任辩护

① 谢文英：“刑诉法修正草案提请全国人大常委会会议三审”，载《检察日报》2018年10月23日，第001版。

② 《刑事诉讼法》第三十三条。

人的规定。二是修正案第 4 项,[①] 关于值班律师的定位、职责以及权利。三是修正案第 5 项,[②] 关于在侦查阶段对危害国家安全、恐怖活动犯罪案件的会见的规定。四是修正案第 14 项,[③] 审查起诉阶段应当听取律师的意见，以及在涉嫌犯罪的定性、罪名、法律适用等方面听取的内容。五是修正案第 15 项,[④] 犯罪嫌疑人在辩护人或者值班律师在场的情况下签署认罪认罚具结书。六是修正案第 21 项,[⑤] 律师对量刑建议提出异议后的诉讼程序。辩护律师唯一的武器就是法律，只有精研法律，为被告人提供专业的辩护，才能让人民法院更加坚定地作出公正裁判，哪怕与监委会的调查结果、人民检察院的起诉意见不同。七是修正案第 25 项,[⑥] 关于缺席审判中律师的参与以及代为上诉的内容。关于值班律师和辩护律师、代理律师参与认罪认罚从宽程序、速裁程序和缺席审判程序，刑诉法修正案均分别作了规定，前文已述，不再重复。

以上就是本次刑诉法修正案关于辩护律师的条款。总体上来说，刑诉法修正案对刑事辩护产生的影响是积极的，但是修正案中依然存在不少问题，对今后刑事辩护工作存在一些挑战和困难。例如，《监察法》第 33 条规定："监察机关在收集、固定、审查、运用证据时，应当与刑事审判关于证据的要求和标准相一致。以非法方法收集的证据应当依法予以排除，不得作为案件处置的依据。"这意味着监察委调查的案件，其证据的证明标准与普通刑事犯罪案件一样，需达到"确实、充分"的标准。目前在监察委调查环节，辩护律师无法介入，到了审查起诉、庭审阶段，辩护律师发现监察委提交的证据未达到法定标准时，如果人民检察院、人民法院"照单全收"监察委调查的案件，那么辩护律师应当及时发表辩护意见，申请此类证据不能作为定案依据，以确保司法公正，维护当事人的合法权益。因此，我认为《监察法》和《刑事诉讼法》的衔接执行，给刑事辩护还是留下了事后辩护的一个广阔空间。

值得称赞的是，值班律师制度被写入《刑事诉讼法》中。值班律师制度的

① 《刑事诉讼法》第三十六条。

② 《刑事诉讼法》第三十九条。

③ 《刑事诉讼法》第一百七十三条。

④ 《刑事诉讼法》第一百七十四条。

⑤ 《刑事诉讼法》第二百零一条。

⑥ 《刑事诉讼法》第二百九十三条、第二百九十四条。

建立，是适应世界人权斗争潮流、彰显了司法人权的重要成果，是我国司法人权保障制度的建构和完善的一大亮点。在刑诉法修正案正式公布之前，大家关注得比较多的是值班律师的定位问题，这次修正案明确了值班律师的地位是“法律帮助”的定位，当然这个问题在理论上依然值得各位专家、学者、实务界人士继续研究、探讨。有学者认为，其实质应当是法律援助制度的组成部分，或者说是特殊的法律援助制度，是特殊的辩护律师。① 笔者认为，将其纳入到法律援助制度的体系内，用于充实我国刑事辩护领域的法律援助不足，具有更直观的现实意义。当然，其隐忧也同样存在。作为法律援助律师加以对待，它对我国法律援助制度发展的“纵深意义”有限，顶多增加一类新的法律援助律师类型，一些功能也存在重合；同时，它如果无法作为辩护律师，继而无法全程充分行使辩护权，仅停留在法律帮助层面，无法主动会见当事人、无法阅卷等，导致其发挥的作用有限，对有效辩护的贡献相对较小。② 此外，从笔者在各地调研了解到的情况来看，目前已经出现这样的堪忧：在值班律师在不享有主动会见权、阅卷权的情况下，见证签署认罪认罚具结书，如果多年过后在认罪认罚从宽案件中出现了冤假错案，谁来承担责任？这些问题不解决，笔者担心值班律师不能够真正发挥应有的作用。因此，对值班律师的定位和职责还应深入探讨。

5. 刑诉法修正案关于刑诉法与其他部门法相衔接的有关问题

刑诉法修正案坚持立足国情和实际，合理借鉴国外相关制度有益经验，处理好刑诉法与监察法、刑法、律师法、公证法等法律的衔接，如刑罚执行、中国海警可行使侦查权、违规律师的惩戒、调整审判组织人员组合等问题。与监察法的衔接，前文已述，不再重复。

2018 年 6 月，《全国人民代表大会常务委员会关于中国海警局行使海上维权执法职权的决定》通过，规定中国海警局履行海上维权执法职责，执行打击海上违法犯罪活动、维护海上治安和安全保卫等任务，行使法律规定的公安机关相应执法职权；同时要求在条件成熟时修改有关法律。为做好与该决定的衔接，在刑诉法修正案第 26 项③规定了中国海警的侦查权，为中国海警局履行海上维权执法

① 顾永忠、李逍遥：“论我国值班律师的应然定位”，载《湖南科技大学学报（社会科学版）》2017 年第 4 期。

② 樊崇义：“小议法律援助律师与值班律师”，载《人民法治》2018 年第 7 期。

③ 《刑事诉讼法》第三百零八条。

职责、对海上发生的刑事案件行使侦查权提供了法律依据。

刑诉法修正案第3项[①]规定关于违规律师的惩戒问题。根据规定，被开除公职和被吊销律师、公证员执业证书的人，不得担任辩护人，但系犯罪嫌疑人、被告人的监护人、近亲属的除外。如此严厉的惩戒措施，对律师界来说是具有积极意义的，慢慢消除“律师收钱不办事、请律师就是找关系”等民间传言，有助于规范、净化法律服务市场，提升律师队伍的整体形象。

刑诉法修正案第19[②]项是对原刑诉法第178条关于审判组织人数、陪审员参与审判的调整，笔者归纳为以下几点变化：

（1）将原刑诉法第178条第1款“基层人民法院、中级人民法院审判第一审案件，应当由审判员三人或者由审判员和人民陪审员共三人组成合议庭进行，但是基层人民法院适用简易程序的案件可以由审判员一人独任审判”修改为“基层人民法院、中级人民法院审判第一审案件时，应当由审判员三人或者由审判员和人民陪审员共三人或者七人组成合议庭进行。但是基层人民法院适用简易程序、速裁程序的案件可以由审判员一人独任审判”。本条款有两处修改：一是基层人民法院、中级人民法院审判第一审案件时可以由七人组成合议庭。二是基于速裁程序进入刑诉法，与简易程序、普通程序并列，基层人民法院除了审理适用简易程序案件时可以采用独任制外，增加了速裁程序也可以由审判员一人独任审判。

（2）将原刑诉法第178条第2款“高级人民法院、最高人民法院审判第一审案件，应当由审判员三人至七人或者由审判员和人民陪审员共三人至七人组成合议庭进行”修改为“高级人民法院审判第一审案件，应当由审判员三人至七人或者由审判员和人民陪审员共三人或者七人组成合议庭进行。最高人民法院审判第一审案件，应当由审判员三人至七人组成合议庭进行”。这一条款有两处修改：一是高级人民法院审判第一审案件时，由审判员和人民陪审员组成的合议庭人数从“三人至七人”调整为“三人或者七人”，即高级人民法院审判一审案件时不再出现由审判员和人民陪审员共五人组成合议庭的情形。二是最高人民法院审判第一审案件，不再由人民陪审员参与审判，只能由审判员三人至七人组成合议庭

① 《刑事诉讼法》第三十三条。

② 《刑事诉讼法》第一百八十三条。

进行。

（3）刑诉法修正案第19项删去原刑诉法第178条第三款“人民陪审员在人民法院执行职务，同审判员有同等的权利”的规定。这一细微变化，或许预示着在下一步立法中将对人民陪审员定位的调整。

此外，刑诉法修正案第23项①、第24项②分别就判处死缓和罚金等刑罚执行问题作出规定；刑诉法修正案26项还规定了军队保卫部门对军队内部发生的刑事案件行使侦查权，对罪犯在监狱内犯罪的案件由监狱进行侦查。

综上，刑诉法修正案，加大对贪污腐败等犯罪的打击力度，为具有中国特色的监察制度改革作出了历史性贡献。解决了刑事诉讼体制结构中长期存在的人民检察院关于职务犯罪案件的自立、自侦、自诉的基本问题，为推进全面依法治国、全面从严治党作出应有贡献。刑诉法修正案专章规定缺席审判制度，对严厉打击惩处贪腐、恐怖主义等犯罪具有重大意义，有利于营造风清气正、安定和谐的社会环境。将速裁程序、认罪认罚从宽制度写入刑诉法，实现诉讼分流，解决了案多人少的矛盾，在“坦白从宽牢底坐穿、抗拒从严回家过年”等历史性问题上，有了重大突破，其作用将不可估量。值班律师制度对刑事辩护全覆盖，以及辩护律师难以介入到侦查阶段等问题，或曰解决了刑事辩护最初一公里的问题，其作用是不可忽视的，标志着我国法治建设的进步。

总的来看，刑诉法修正案具有诸多亮点，在多项制度改革中做了重大突破，值得大家认真学习、研究。笔者在本文对刑诉法修正案进行了解读，并提出了一些问题，也期待在今后的立法工作能解决这些问题。随着现代科技进步和人工智能时代的到来，今后刑事诉讼法还需更进一步及时回应社会需要，为司法事业的发展提供更重大的机遇和广阔的前景。

① 《刑事诉讼法》第二百六十一条。

② 《刑事诉讼法》第二百七十一条。

第二章　刑事诉讼审前程序

一、侦查权属性与侦查监督展望①

在全面推进依法治国的时代潮流中，减少和防止冤假错案是司法公正最起码、最基本的要求。虽然世界上任何国家都不能完全杜绝冤假错案的出现，但尽量减少、避免冤假错案，通过法治进步与制度完善是可以做到的。因此，笔者将目光聚焦到了刑事诉讼中人权保障与国家权力冲突最激烈的领域以及冤假错案产生发展的源头——侦查环节，试图从权力属性上认识侦查权，找准监督制约侦查权的着力点，探索如何加强对侦查权的有效监督，思考侦查监督的改革与发展。

（一）从侦查权的本质属性看侦查监督的意义

1. 侦查权理性认知之于侦查监督的意义

“侦查监督”由“侦查”和“监督”两个法律术语组合而成，这里包括了监督对象“侦查权”，也包括了控制侦查权的方式“法律监督”，完整的内涵可表述为“对侦查权的法律监督”。侦查权力是国家权力体系中的一种，是实现国家刑罚权的重要途径，在法国学者孟德斯鸠提出“权力应该被用来限制权力”的公认真理下，可以抽象出权力与权力控制模型。侦查权力是侦查监督的控制对象和客体，法律监督是侦查监督的控权方式与手段。

不同属性的国家权力有着不同的特点，权力运行遵循着其本身的规律，科学确定控权方式以及合理选择控权路径，必须充分遵循权力本身的属性和特点。尊重权力运行的基本规律，根据权力特点和国情状况选择合理可行的控制方式，才

① 原文发表于《人民检察》2016 年第 12－13 期。

能达到最佳的控权效果。对侦查权应当采取何种控制方式，如何既合理有效控制侦查权防止权力恣意，又最大限度地发挥侦查效能避免权力缺位，是侦查监督研究的主要内容。厘清侦查权属于哪种类型的国家权力，侦查权的本质与特征是什么，对侦查权存在哪些监督制约模式，进而选择我国的侦查监督模式，并改革完善我国的侦查监督制度，是笔者研究侦查监督的基本思路。因此，对侦查权力基本属性和特征的理性认知是对侦查权基本规律把握的基础，决定了侦查监督改革与发展的基本方向，是侦查监督研究的理论原点。

2. 对侦查权属性的认知

（1）侦查权属于行政权还是司法权存在不同认识。侦查权性质研究早期，持属于司法权观点的学者较多。一种观点指出，从立法条文进行注释理解，根据刑法第 94 条对司法人员范围的规定中将侦查人员、检察人员、审判人员、监管人员都界定为司法工作人员，认为侦查权“与审判权和检察权同属于司法权，同属于国家权力的重要组成部分”；[①] 另一种观点主张，从侦查活动处于刑事诉讼前期的地位分析，认为“除了人民法院直接适用法律进行判断的权力属于司法权外，为了这种判断做准备的、以其为目标的其他一系列权力也应当归为司法权”，因此刑事案件侦查是具有司法性质的。[②] 与将侦查权定性为司法权相对的是认为侦查权属于行政权的观点。持此观点的学者从侦查权的特征入手，结合侦查权的运行方式、目的、侦查主体的组织结构等方面，论证了侦查权的运行特征与行政权较为相似，而与司法权的特征形成鲜明对比，相去较远，得出侦查权属于行政权的结论。例如，有观点认为，“因为调查活动本质上的主动特征决定了它需要发挥积极的治理职能，所以行政权终将是侦查程序的主导”；[③] 也有观点从侦查权的追求效率、维护社会公益、行使主体不唯一、主动启动、追诉倾向、可授权等特征剖析，与司法权的特征展开比对，从正反两方面论证侦查权的行政权属性；[④] 还有观点从司法权的构成要素、功能、基本特征分析，说明了侦查权与司法权本质上的区别，并认为“从应然的角度来看，警察权是一种行政权，公安机

① 王国枢：《刑事诉讼法学》，北京大学出版社 1999 年版，第 231 页。
② 瞿丰、吴秋玫：“侦查权若干问题研究”，载《中国人民公安大学学报》2002 年第 5 期。
③ 但伟、姜涛：“论侦查权的性质”，载《国家检察官学院学报》2003 年第 5 期，第 125 页。
④ 陈永生：“论侦查权的性质与特征”，载《法制与社会发展》2003 年第 2 期。

关不仅不应当行使司法权，其权力还应受到司法机构的有效审查和控制”。[①]

（2）侦查权是带有司法化特征的行政权力。从国家权力发展的历史脉络、权力特征、侦查目的与功能来看，侦查权本质上是一种行政权力。具体来说，从国家权力发展历史脉络看，国家诞生之初权力分类粗疏，各项国家权力几乎都以行政意义的上命下从方式行使；后司法权这种居中裁判性质的权力因属性差异分离出来，侦查作为裁判权力的附属一同分离，形成“侦控审”合一的司法权力分支；随着法治国家的发展，侦查权与裁判权因本质、特征的不同而再次分离，侦查权回归行政属性。从权力特征看，行政权和司法权的核心特征可以分别概括为“扩张性”和“内敛性”。侦查权具有积极主动性、秘密性、追诉性、追求效率、可授权实施、非终局性等特征；而司法权则具有被动性、公开性、中立性、追求公正、亲历性、终局性等特征。二者对权力的运用方式一个体现为“放”，一个表现为“收”，存在着明显区别。从权力行使的目的看，司法权产生之初的唯一目的就是定分止争，“司法部门既无强力又无意志，而只有判断；而且为了实施其判断亦需借助于行政部门的力量”。[②] 侦查权是司法裁判行为的准备活动，不以解决纠纷为目的，具体侦查行为以服从和执行长官命令为要求和行使方式。我国学者陈永生教授曾指出司法权的本质在于“裁判”，行政权的本质在于“执行”，[③] 侦查权目的契合了行政权“执行”的本质。

侦查权本质上是行政权力，但侦查权与典型的社会行政管理权又有着明显不同，其又带有着明显的司法化倾向，这与侦查权所处的运行环境不无关系。侦查权处于刑事诉讼过程中，是专司刑事侦查的权力，为司法审判收集裁判证据、奠定裁判基础，与司法权紧密相连，是为了实施司法判断而需借助的行政力量。因此，侦查权必须服从于惩罚犯罪与保障人权的刑事诉讼整体目的。侦查权的司法化倾向是现代刑事诉讼的发展要求和发展方向，这是由侦查权处于刑事诉讼过程中、为审判做准备、服从于惩罚与保障并重的刑事诉讼整体目的所共同决定的。

3. 我国侦查监督制度的改革方向

侦查权的司法化特征决定了在侦查监督方式的选择上应遵循司法规律，强化

---

① 陈瑞华：“司法权的性质——以刑事司法为范例的分析”，载《法学研究》2000 年第 5 期。

② ［美］汉密尔顿等：《联邦党人文集》（中译本），商务印书馆 1980 年版，第 391 页。

③ 陈永生：“论侦查权的性质与特征”，载《法制与社会发展》2003 年第 2 期。

对侦查权的司法控制，这也是被众多法治发达国家实践证明了的最有效的制约侦查权的方式。我国当前在侦查权的司法控制上较为薄弱，并且在加大对侦查权司法制约的路径上步伐不大。因此，除了要加强司法权对侦查权的制约外，还应加大监督力度。“监督”与“制约”分别是现代国家对权力控制的两种主要方式。因“监督”与“制约”均包含了对国家权力予以约束、限制的含义，通常被不加区分地混同使用或连为一词使用。若进一步区分，“制约”有“牵制、约束”之意，“监督”有从旁“察看、督促”之意。不过，“监督”与“制约”在具有各自优势的同时也无法避免自身的局限性。例如，“监督”存在着自由裁量权较大与监督效力不足的弱点；“制约”通常只能在不同性质的权力间实现，同一属性的权力则丧失了相互制约的前提，还存在权力行使效率较低的问题。权力监督和权力制约作为对国家权力的控制手段，二者逐渐趋于融合和补充，越来越多地被各个国家结合使用。我国在“一元分立”的政治结构下，由于国家权力集中于人民代表大会这个“一元”，“制约”功能发挥较弱，为此，我国设有专门的法律监督机关，具有较强的监督优势，因此，我国实行“监督为主制约为辅”的权力控制模式，这一模式符合我国法治发展与基本国情。笔者认为，强化“监督”力度与建立“制约”机制，应当成为侦查监督制度改革发展的方向。

(二) 我国侦查监督的现状与问题

我国刑事诉讼法在 1996 年和 2012 年分别进行了两次修改，在坚持社会主义法治理念、坚持现代诉讼观念、坚持尊重和保障人权的改革精神下，两次法律修改对侦查监督都有所加强。特别是 2012 年的修改，增强了审查逮捕程序的司法性、细化了审查逮捕条件、确立了非法证据排除规则、完善了律师辩护权、增加了捕后羁押必要性审查、开展讯问同步录音录像制度等，更进一步充实了我国侦查监督法律规范，完善了侦查监督范围，丰富了侦查监督途径，为形成我国侦查监督制度体系打下了良好基础。但从问题导向入手，侦查监督无论在立法上还是实践中仍有很多问题应得到正视和探讨。

1. 侦查监督的立法现状

侦查监督立法中的最大问题是缺乏以侦查监督为对象的独立法律规定。我国法律对侦查监督的相关规定是以立案监督、审查逮捕、侦查活动监督为具体内容体现的，散布于刑事诉讼立法和相关司法解释中，各分散的条文构成了侦查监督的主体内容。侦查监督是从属于诉讼监督的下位概念，立法上并没有确立其基本外延和内涵，立法上的缺位对侦查监督的理论体系和实践发展都造成了滞缓和无序的影响。

第一，侦查监督具体监督内容的缺失。例如，法律仅规定了对该立案而不立案的案件进行监督，而没有将不该立案而立案的案件纳入监督范围，造成了立案监督立法的结构性缺失。尽管《人民检察院刑事诉讼规则（试行）》对此进行了弥补，但立法的缺失使检察机关的立案监督除了启动公安机关的自行调查程序外没有强制约束力，在公安机关仍不予纠正的情况下，检察机关只能求助于上级人民检察院与公安机关的协商，监督被无形消解。又如，除逮捕外，我国立法中对其他强制措施和带有强制性的侦查措施的监督关注较少，导致拘留、取保候审、监视居住，以及涉案财产的搜查、查封、扣押、冻结，涉及隐私的监听、监视等大量强制措施和强制性侦查措施处于自立、自定、自用，从而失去监督制约的状态。

第二，侦查监督体系的不完整。一是造成侦查监督缺乏宏观思维与指导原则。侦查监督在没有以一个体系化的制度整体呈现时，则不会有统筹整体的指导原则和宏观思路，而更多的是考虑具体监督方式和监督局部，对侦查监督整体性、全局性问题容易忽视，监督容易呈现零散化、临时性、选择性特征。二是造成监督覆盖面窄、内容遗漏。例如，我国大量的强制性侦查措施不在监督范围之内，强制措施中也只有逮捕和指定居所监视居住在监督范围之内，难以对侦查行为形成全面制约。三是造成侦查监督理论研究受阻、发展较慢。目前，侦查监督的理论研究大多是以审查逮捕、立案监督、侦查活动监督为内容点状式展开的，大多以对策性研究为主，缺乏整体思维和体系性的理论研究，难以对侦查监督的深入发展积淀理论基础。四是阻碍了侦查监督工作的开展。侦查监督目前的工作部署、考核评价都是围绕审查逮捕、立案监督、侦查活动监督这三个主要工作职责而开展的，对具体监督内容设有工作要求。而这三项监督范围之外的其他监督工作长期空白，实践中既无开展的动力，也无开展的方法，致使侦查监督工作偏居一隅式发展，难以形成整体推动力。

2. 侦查监督的实践现状

我国当前侦查监督的现状可以被概括为选择性监督、事后监督、软性监督、零散监督。

第一，选择性监督是针对监督范围而言。由于监督信息知情渠道不畅，造成建立在部分知情下的侦查监督只能是选择性的。

第二，事后监督是针对监督方式而言。总体上，实践中侦查监督的主动性不强，事前授权性监督只有审查逮捕，此外皆是事后被动的监督。而事后监督很大程度依赖于侦查机关提供的侦查行为知情范围和法律赋予的监督制裁手段。

第三，软性监督是针对监督手段而言。提出监督意见、发出纠正违法通知书是最普遍运用的监督手段，但违法行为是否得到纠正，很多时候还得依赖于公安机关的主动配合。监督手段偏软偏弱，监督刚性不足，要使侦查权受到强制性约束较为困难。

第四，零散监督是对侦查监督实践状况的全面概括。侦查监督制度体系性不强，影响侦查监督宏观视野，直接体现为监督重点、监督方式等缺乏整体规划和统筹，具体监督事项也常因工作重心和社会热点的变化而变化。

要从根本上解决这些问题，必须将支离零散的侦查监督整体化，将悬于空中的侦查监督实质化。构建具有真正法律意义的，在刑事司法体系内具有可操作性、可实现的侦查监督制度体系，即实现权力有制约、制约有效果、违法有救济的基本要求才是控制侦查权、保障人权、防止冤假错案的有效路径。

3．侦查监督具体问题检视

第一，立案监督立法规定结构性缺失。对立案监督而言，刑事诉讼法至今仍保留着20年前对立案监督的唯一条款，无增无改。如前所述，最突出的问题是法律只规定了对该立案而不立案的案件进行监督，而没有将对不该立案而立案案件的监督纳入法律，造成了立案监督立法的结构性缺失。随着经济社会的发展，违法立案问题在实践中逐渐突出，典型的违法行为是侦查机关违法插手经济纠纷，即侦查机关对民事纠纷进行刑事立案，当事人为摆脱刑事程序牵制不得不与所谓的“受害人”在经济往来中妥协。这其中，大多有着侦查机关徇私枉法、滥用职权的影子。遗憾的是，2010年最高人民检察院和公安部联合出台的《关于刑事立案监督有关问题的规定（试行）》中，关于监督违法立案的规定没能在刑事诉讼法修改时纳入，使这项司改成果未能如愿转化为立法规范。

第二，侦查环节司法审查制度尚未构建。侦查程序中的司法审查是指在侦查程序中，由中立的司法机关通过审查案卷、讯问（询问）当事人、听取辩护律师意见等居中审查的方式，对侦查行为能否实施以及如何实施予以裁判，以实现对侦查行为进行控制的监督方式。司法审查是当今世界法治国家应用最广，被实践证明最为有效的侦查权控制方式，应用于对严厉的强制性侦查措施的控制。对强制侦查的司法审查，被认为“已经超出刑事程序领域，这一制度不仅是一种刑事诉讼制度，而且是一种宪法制度”。①

侦查环节的司法审查对制约侦查行为具有决定性作用。强制性侦查措施体现了侦查权的扩张性和强制性特点，易对相对人的重要权益造成侵犯，但我国现行法律当中，除了逮捕措施带有“准司法审查”性质外，其他各项强制措施与强制性侦查措施都不具有司法审查的形态，而基本呈现为行政式审批状态。对指定居所监视居住、查封、扣押、冻结款物等部分重要的涉及人身权利的侦查措施，检察机关只拥有事后监督的权力，难以形成真正有力的制约。法律规定的各项侦查措施，基本只需“经办案部门负责人批准”或“经县级以上公安机关负责人批准”，技术侦查措施需由“设区的市一级以上公安机关负责人批准”即可行使，均体现为“自批自用”的状态。侦查措施缺乏实质有效监督的根源就在于缺乏中立第三方的司法控制，没有为侦查权筑立最有效的制度笼子。因此，建立侦查环节的司法审查制度，并将对人身的、对物的、对隐私的强制性措施均纳入司法审查范围，才是控制侦查权、防止侦查权滥用的最有效方式。

第三，知情渠道不足使监督来源受限。知情权是监督的基础，全面、及时地了解侦查权运行情况是有效开展侦查监督的前提，否则，监督将如无米之炊。但实践中，侦查监督线索大部分来源于检察机关在办理审查逮捕、审查起诉时，依靠审阅侦查机关报送的案卷材料、讯问犯罪嫌疑人或对捕后执行情况审查的方式，很难掌握公安机关提请逮捕、移送起诉案件之外的案件信息，难以全面获取立撤案不当、以罚代刑、适用强制措施以及强制性侦查措施违法等监督线索，以致影响监督效果。而侦查权具有秘密封闭性特征和追求效率的要求，这使侦查机关不愿主动接受监督，加之法律上也并未作出侦查机关采取侦查措施时应向检察机关告知、备案或报请批准等硬性要求，导致检察机关获取侦查监督线索来源单一，渠道较窄。

第四，监督滞后与监督手段单一乏力制约监督效果。就监督方式而言，我国除逮捕措施是事前授予令状外，其他绝大部分侦查监督方式都采用事后监督。根据侦查行为的特点，虽然不需要对每种侦查行为都进行事前授权，但对于强制程

① 龙宗智：“强制侦查司法审查制度的完善”，载《中国法学》2011年第6期。

度高的强制性侦查行为由事后审查变为事前审批是必要的，这也符合对侦查措施监督的比例原则，即扩大司法审查范围，将目前以事后监督、自体监督为主的查封、扣押、冻结、监听、监控等强制性侦查措施变为事前第三方审批，严格制约强制性侦查措施的适用。就监督手段而言，检察机关所提监督建议如果被侦查机关采纳并纠正，则达到监督目的；如果被侦查机关抵制，则应当有更刚性的监督制裁手段保障或者可以采取进一步的救济措施，否则监督目的无法实现。但目前检察机关除了签发逮捕令状外，其他监督方式基本限于“口头提出纠正违法意见”和“发出纠正违法通知书”（书面提出纠正意见）两种。若侦查机关对监督意见置之不理，监督机关并没有可以采取的进一步监督手段。例如，对违法立案的监督，检察机关进行质询和纠正后，只能等待公安机关自己的调查核实结果，若公安机关置之不理、不予纠正，则只能报上级人民检察院与公安机关协商处理。监督的落实仍然要依靠公安机关的自觉接受，检察机关没有任何法定刚性手段，最终只能回归到“协商”这种方式上去。

侦查监督滞后，知情渠道受限，以及监督手段匮乏，使侦查监督难上加难。存在监督立案后立而不侦、侦而不结，提出纠正违法后纠而不改、屡纠屡犯的现象，侦查监督客观上难以对侦查权形成有效制约。

第五，侦查讯问监督差距明显。我国尽管在讯问立法层面取得了较大进步，确立了非法证据排除规则，建立了侦查讯问同步录音录像制度，规范了讯问场所，但讯问活动仍然没有摆脱秘密封闭、难于监督的状况。表现为：一是讯问活动高度封闭。目前，除了可能判处无期徒刑、死刑的案件或者其他重大犯罪案件这“三类”案件和职务犯罪案件应当进行同步录音录像外，其他案件的讯问活动仍然在侦查机关主导的完全封闭的讯问环境下进行。二是录音录像存在操作运用不规范问题。即使进行了同步录音录像，录制不全程、不同步、选择性录制、“先审后录”等现象也不乏出现，使录音录像功能大打折扣。三是犯罪嫌疑人诉讼权利有限。刑事诉讼法修改中虽然进步性地增加了“不得强迫自证其罪”原则，但并未对此制定自白自愿等保障制度。四是辩护权行使缺位。由于尚未建立讯问律师在场制度，侦查中听取律师意见则非常有限，辩护律师几乎被挡在讯问活动之外，难有发挥辩护职能的空间。五是检察机关对讯问活动的监督不足。检察机关对讯问的监督仍停留在审查逮捕或者审查起诉时审查讯问笔录等事后监督上，既难以发现讯问违法问题，也难以收集非法讯问证据，导致对非法讯问指控证明困难。六是非法证据排除规则尚存在较多认知争议、调查核实非法证据的难度较大。例如，对冻、饿、晒、烤、疲劳审讯等违法手段、重复自白、非法证据与瑕疵证据的界限等如何认定，都影响着对讯问活动的监督。

第六，辩护方权利监督落实困难。检察机关的监督是权力机关对权力机关的监督，属于权力监督范畴，除此之外，当事人一方的诉讼权利监督是刑事诉讼中另一重要的侦查监督渠道。在越来越关注人权保障的现代法治国家中，基于无罪推定原则、人权保障原则、辩护权与侦查权的平等对抗等现代诉讼原理，应赋予犯罪嫌疑人及其近亲属和辩护律师通过行使诉讼权利的方式对侦查权形成监督制约。目前，刑事诉讼法通过不断修改，在犯罪嫌疑人诉讼权利的赋予和律师辩护权的保障方面不断进步。但我国人权保障、权利保护起步较晚，立法、司法中观念转变较慢，在辩护权利保障方面仍存在着明显不足，主要表现在犯罪嫌疑人被赋予的诉讼权利行使起来困难重重。例如，不得强迫自证其罪权利基本上仅具有宣誓性意义。又如，犯罪嫌疑人的知悉权和获得有效辩护权大多是通过律师的有效辩护进行保障的，而律师在侦查阶段介入有限，导致上述权利在侦查阶段难以实现。再如，犯罪嫌疑人的诉讼程序参与权与侦查机关合比例适用强制侦查措施权力应当通过对强制性侦查措施的司法审查予以落实，但我国目前司法审查范围过窄，导致上述权利落实困难。

（三）从司法性上加强侦查监督

1. 合理配置侦查程序中各项权力

我国侦查权力易被滥用的根源是缺少权力制约，侦查权与侦查监督权没有分开，这样的权力配置本身是侦查监督不力的根源，将对侦查权的制约寄希望于侦查权行使者自身，依靠其本身自觉自律恐勉为其难。从权力配置上看，同一主体行使两种法律性质不兼容甚至是完全相反的权力有悖权力制约原则和裁判中立原则。将侦查权与侦查监督权分由两个独立主体行使，排斥同体监督，是侦查程序中权力配置的原则，也是对侦查权力监督制约的前提。侦查环节对权力重新配置的目的，是通过权力的重新分配使监督权能更好地发挥牵制作用，进而加强对侦查权的监督制约。审视我国侦查程序，普通案件的侦查权在公安机关，除逮捕外的大部分强制性侦查措施又由侦查机关自我审批，检察机关虽名义上拥有侦查监督权，但由于各项侦查措施特别是强制程度高的侦查措施，事前无需检察机关审批，事后也难以被检察机关知晓，侦查权的实际行使在侦查机关的自我掌控下，几乎不受监督机关制约。因此，应当通过建立侦查程序司法审查机制，将强制程度高的侦查措施审批权真正交予检察机关，使检察机关拥有对侦查权的实质性监督制约。职务犯罪的侦查权在检察机关，同理，可以将职务犯罪的侦查监督权交由上级检察机关或人民法院行使。在重新配置后，实现侦查权与侦查监督权行使主体的实质分离。

2. 构建侦查程序司法审查制度

"强制侦查的司法审查，即以独立、中立的司法权，对强制侦查进行事先审查，以司法令状批准并将其作为强制侦查正当性与合法性的依据，或以司法权对已实施的侦查行为进行事后审查及诉讼救济，以实现公民权益保障的目的"。[①] 在我国审前羁押时间长、审前羁押对审判结果影响大的司法环境下，构建强制性侦查措施的司法审查制度，对确保审前羁押的准确性、必要性和保障当事人基本权益而言意义尤为凸显，也是目前我国最为必要和迫切的制度需求。

构建司法审查制度，应当遵循分类审查、区别对待原则，对强制性侦查措施中的部分措施建立司法审查。强制性侦查措施从对象上分为对人身的强制措施、对财物的强制措施和对隐私的强制措施，将逮捕、监视居住、取保候审、通缉等限制人身自由时间长的措施，查封、搜查和全部财产的扣押、冻结等强制程度高的强制性措施，以及监听、监控等对隐私侵犯强度大的强制性措施，作为司法审查的内容，以正当程序构筑司法审查实质化。首先，按照裁判者与双方利益无涉原则的要求，对现行大量强制侦查措施由侦查机关内部审批的做法进行改革，形成上述权力行使主体与权力制约主体相分离的司法审查权配置格局。其次，构建"兼听则明"的司法审查方式。我国目前的审查逮捕仍是以书面审查为主，书面审查容易形成偏听侦查机关一面之词的弊端，因此，加大听取辩方意见、构造"两造对质"的司法审查程序是强制侦查措施司法审查的发展方向。再次，令状内容应当具体明确。令状内容越明确越能使侦查人员减少随意执法的空间，而准确执行司法官的授意。最后，赋予司法审查裁定可诉性。司法审查裁定具有"可诉性"是司法审查制度的重要特征，也是与非司法审查裁定的重要区别，提出上诉是当事双方享有的法定诉讼权利。我国刑事诉讼法虽然赋予了相对人救济途径，但目前法律规定的仍是"准司法救济"方式，是以当事人一方享有"申诉"

---

① 龙宗智："强制侦查司法审查制度的完善"，载《中国法学》2011 年第 6 期。

权利和侦查机关一方可以申请“复议复核”的形态进行救济的，对侦查行为的救济尚未体现为“诉讼”形态。对于经过司法审查的强制性措施，应当建立对强制性措施“上诉”方式的司法救济；对于未经司法审查，由侦查机关自行审批适用的侦查措施，则保留当事人申诉和侦查机关复议复核的救济方式。

3．增加讯问透明度，打破侦查封闭性

第一，全面设置看守所内讯问制度。讯问场所对讯问过程合法性的影响很大，侦查机关控制下的讯问活动秘密封闭，引诱、威胁甚至刑讯逼供不乏存在，实践中大量刑讯逼供都是发生在看守所以外的讯问场所中的。因此，建议全面设置看守所内讯问制度，将看守所视为侦查讯问的法定地点，并将非法定特殊情况的看守所外讯问作为侦查违法行为，所获证据将不具备证据效力。看守所讯问原则也是其他讯问监督制度建立的基础。

第二，完善讯问过程同步录音录像制度。目前，我国确立了对“三类”案件必须进行同步录音录像，对其他案件可以同步录音录像的制度，检察机关要求职务犯罪案件侦查全部实现同步录音录像。根据我国目前的经济社会发展状况，同步录音录像范围确定得基本合理，但应当着重解决同步录音录像在实践中出现的不同步、不清晰，看不清、听不见，审后再录等现象，使录音录像能真正发挥“见证”证据取得合法性的作用。当我国侦查发展能够满足“每案必问”的经济需求和海量信息涉密存储的保密技术要求时，应当实现全部案件的全程同步录音录像。

第三，建立讯问律师在场制度。律师在场和同步录音录像本质上相同，都是对侦查讯问进行监视，一个用“人”监视，一个用“机器”监视。西方国家确立律师在场制度在先，我国跨越了律师在场而直接进入了同步录音录像时期。但我国同步录音录像在实践运行中存在的问题影响了录音录像的“见证”作用，因此，律师在场制度是对同步录音录像落实不到位的补充制度，二者共同构成对侦查讯问过程的监督。设置“值班律师制度”，安排律师通过侦查讯问指挥室的大屏幕监督讯问情况，这样一个律师同时见证多组讯问的方式可以大大节省对律师的需求。律师通过屏幕进行能“看”能“听”的“见证”，既满足了监督的需要，也解决了律师数量不足的问题。

此外，检察机关通过对证据合法性的审查，从侦查结果“证据”入手，反观讯问活动的合法性，充分发挥非法证据排除规则作用，实现对讯问活动事后有重点的监督。通过上述几个制度的配合运用，讯问过程封闭性被打破，讯问过程和讯问结果都受到不同力量的监督牵制，侦查讯问活动规范性必然增强。

总之，笔者认为，加强侦查监督，应从监督对象侦查权入手，在遵循侦查权的本质属性和基本特征的基础上，结合我国的法治国情，理性地思考侦查监督的发展方向并选择侦查监督的改革模式。在侦查程序各主体间合理配置侦查权与侦查监督权、构建侦查程序司法审查制度以及打破侦查程序封闭性等，是强化侦查监督的基础性、必要性的制度安排。

二、人权司法保障制度与侦查程序的完善①

（一）人权司法保障制度与侦查程序改革的关系

2013年11月，党的十八届三中全会通过的《中共中央关于全面深化改革若干重大问题的决定》（以下简称《决定》）明确提出了“推进法治中国建设”的目标总要求。《决定》强调，“国家尊重和保障人权”，要“完善人权司法保障制度。进一步规范查封、扣押、冻结、处理涉案财物的司法程序。健全错案防止、纠正、责任追究机制，严禁刑讯逼供、体罚虐待，严格实行非法证据排除规则。逐步减少适用死刑罪名”。《决定》为我国刑事司法尤其是侦查程序进一步贯彻人权保障理念、指导侦查程序改革奠定了基本基调和指导思想。

人权司法保障制度是指国家司法机关执行的，有关支持或确保直接关系到人得以维护生存、从事社会活动所不可缺少的最基本权利得以实现的、共同遵守的规程或行为准则。人权司法保障制度具有以下特点。

第一，人权司法保障制度侧重于从司法的角度来保障人权的实现。在国际人权法的视野里，司法的人权保障主要包括：一是作为前设人权的“司法请求权”，即参与司法过程的个体享有对主持司法的法院、法官或其他司法主体的请求权；二是作为基本人权的“公正审判权”，即公民获得法院公正审判的权利；三是作为新兴人权的“获得司法帮助权”，主要是指对贫困者的法律援助和公益诉讼等制度。② 作为法律运行四个环节“立法、执法、司法、守法”的一部分，人权司法保障制度的最大特点就在于其鲜明的司法性。这一特点要求人权司法保

① 原文发表于《山东警察学院学报》2012年第3期。

② 李龙：《法理学》，武汉大学出版社2011年版，第234－235页。

障制度务必遵循司法活动的基本规律、遵守现代正当司法理念，严格区分和远离行政化的“雾霾”，顺应现代法学思维回应型司法的基本特点。

第二，设计人权司法保障制度的目的就是切实维护和保障人权。为实现此目的，人权司法保障的制度设计会遵循一系列最基本的法律公正法则，诸如权力谦抑原则、权利救济原则、人道主义原则、司法最终裁决原则等基本要求；同时也会建立诸如非法证据排除等一系列程序性制裁措施，通过对一些侵犯人权的违法行为进行程序性制裁来否定其正当性，从而在反面维护和保障人权。

第三，人权司法保障制度是一个综合的、立体的网状格局。鉴于“人权”含义的复杂性，我们无法通过一个或数个简单的国际公约、刑事司法准则等其他国际性法律文件或国内法律、法规就企图予以完整地概括和引用。人权司法保障制度的完善，涉及宪法、行政法、刑事诉讼法、行政诉讼法、民事诉讼法、民法等诸多部门法，而且随着国际人权事业的不断进步与发展，随着人类社会文明的积累、财富的不断集聚，人权的种类与形式也自然会不断更新和补充。因此，在这个体系和内容极为丰富的知识结构中，人权司法保障制度也会不断处于稳定与发展的动态平衡之中。

党的十八届三中全会通过的《决定》强调，要深化司法体制改革，加快建设公正高效权威的社会主义司法制度，维护人民权益，让人民群众在每一个司法案件中都感受到公平正义。《决定》还明确了完善人权司法保障制度的几项重点工作，其中多项与侦查程序密切相关。包括“国家尊重和保障人权”宪法性原则的确立，在刑事司法领域进一步规范查封、扣押、冻结、处理涉案财物司法程序；顺应民众的司法期待、回应社会热点，下大力气纠正冤假错案，健全错案防止、纠正、责任追究机制；切实解决司法顽疾、严禁刑讯逼供、体罚虐待，严格实行非法证据排除规则；在对弱势群体的司法救助上，健全国家司法救助制度，完善法律援助制度；强化律师队伍建设，完善律师执业权利保障机制和违法违规执业惩戒制度，加强职业道德建设，发挥律师在依法维护公民和法人合法权益方面的重要作用。可以说，《决定》纲要性措施的出台，为我国人权司法保障制度的运行提供了宏观上的指导，既是未来十年我国人权司法保障制度的行动方向，也为我国侦查程序改革的整体思路指明了方向。

（二）刑事诉讼法再修改背景下侦查程序的改革方向

制度改革是以问题为导向的，改革的成功与否很大程度上取决于对现存问题的发现能力与将来可能存在问题的预见能力。只有准确地界定了需要解决的问题，才有可能把握好改革的方向。

对于我国目前侦查程序存在的问题，人们较多地关注侦查机关强制措施、搜查、扣押的违法使用，刑讯逼供、超期羁押等问题。上述问题由于直接关系到犯罪嫌疑人的人权保障，在目前人权问题不断得以关注的情况下，它们确实是我国目前侦查程序迫切需要加以解决的突出问题。而在我们看来，这些问题虽然重要，但只是一些表层的问题，它们是一些更深层的问题的具体表现或结果，对这些问题的解决有待于更深层的问题的解决，也只有解决了更深层的问题，这些问题才有可能得到彻底解决。这些更深层的问题，有观念层面的，也有制度层面的。

从制度层面来看，一是在于我国侦查手段技术含量低，过度依赖犯罪嫌疑人的口供，不仅以口供作为定案证据，无供不定案，而且还以口供作为获取其他证据的线索，作为案件侦破的突破口。正是由于这一问题的存在，在我国侦查程序中，羁押（包括拘留与逮捕）这一本来作为防止犯罪嫌疑人继续危害社会与逃避审判的措施，被异化成为一种主要在于获取犯罪嫌疑人口供的强制措施。如果犯罪嫌疑人不积极配合侦查机关的讯问，虽然有各种法律法规的禁止性规定，但随之而来的还是超期羁押、变相刑讯逼供或刑讯逼供。二是犯罪嫌疑人在侦查程序中主体性缺失，成为侦查机关任意支配的一个配角。在我国，一般认为，侦查也就是侦查机关在办理刑事案件过程中采取的专门调查工作与有关的强制性措施。从这个概念就可以看出，在我国作为一个诉讼阶段的侦查程序是有关侦查机关的活动，而不包括犯罪嫌疑人及其代理人或辩护律师的活动。由于这种主体性的缺失，在侦查程序中，即使犯罪嫌疑人认为侦查机关采取的侦查措施有所不当，也没有提出异议进而与侦查机关进行抗辩的权利，而只有被动接受侦查机关调查讯问的义务，从而也就是不可能因为与侦查机关发生争议而形成一种“诉讼”。正是犯罪嫌疑人在侦查程序中主体性的缺失，才导致犯罪嫌疑人不能聘请辩护律师积极收集证据，针对指控予以辩解，更没有侦查机关讯问犯罪嫌疑人时的律师在场权，而只能聘请律师提供法律咨询、代理申诉与控告。

我国刑事诉讼法经过再修改后会具有何种重大改变，目前还很难下定论，但从目前的相关论述以及司法实践的一些改革试点及它有可能影响到侦查程序改革的变动来看，有两点似乎是可以肯定的。一是刑事诉讼模式中抗辩性因素增强，随此而来的是庭审有关事实的举证责任将会更多地由控辩双方来承担，法官调查取证的责任将会受到越来越多的限制，法官消极性得到进一步控制。对于包括侦查的控诉方来说，这种举证责任的加强，既可以促使它们提高取证手段的科技含量，以便获取更多的证据，也有可能促使它们采取各种手段规避刑事诉讼法的禁止性规定，从而出现更多的侵害犯罪嫌疑人以及其他人合法权益的违法取证现象。而对于犯罪嫌疑人来说，由于对抗性的加强，作为国家机关的侦查机关与检察机关虽然有客观追诉与诉讼关照的义务，但从社会心理学的角度来看，它们将更多地关注有罪证据而不是无罪证据的收集。因为根据社会心理学的研究，人们一旦作出一个重要决定后，为了减少认知不协调现象的出现，往往会通过各种途径为这种决定进行合理化，而不是扩大认知不协调的现象。尤其是在各种年终考核目标的压力下，由于直接关系自身的经济利益，侦查人员的这种行为合理化现象更为突出。在这种情况下，犯罪嫌疑人如要在审查起诉阶段或审判阶段进行有效辩护，就必须自己收集相应的证据来证明自己的事实主张或反驳控诉方的指控，而不能寄希望于控诉方的客观追诉与法官依职权收集相关证据。而证据的收集贵在及时，这就需要犯罪嫌疑人在侦查阶段就能委托辩护律师帮助自己调查并收集证据。为此，诉讼模式抗辩式因素的增强，就使侦查程序的改革面临一个如何解决侦查机关规范取证与保障辩护律师调查取证的问题。二是在构建社会主义和谐社会的背景下，为了从程序上贯彻宽严相济的刑事司法政策，审前刑事和解可能会被制度化，酌定不起诉的适用范围将会进一步扩大，被告人认罪案件诉讼程序可能会成为我国刑事诉讼程序一个重要组成部分。这些改革要求我国目前的侦查程序也必须作相应的修改。因为上述这些制度的构建在一定程序上都需要以被告人的认罪作为前提条件，如果被追诉人不认罪，不仅不可能适用被告人认罪诉讼程序，也不可能会出现被害人与被告人或被追诉人之间的刑事和解，酌定不起诉也就难有适用的余地。而被追诉人是否认罪，往往是出于利害关系的权衡，这种利害关系的权衡往往又是建立在相关信息的充分掌握之上的。在侦查程序中，被追诉人或由于人身受到限制，或受限于相关法律知识的欠缺，这些信息的收集任务需要辩护律师的帮助才能完成。因此，这就需要我国目前侦查阶段的诉讼构造作相应的改革，犯罪嫌疑人在侦查阶段就能聘请辩护律师，辩护律师在侦查阶段也能调查取证。其实，从英美国家来看，它们之所以采取一种对抗制侦查模式，不仅侦查机关可以调查取证，犯罪嫌疑人也可以委托辩护律师调查取证，这与它们广泛适用的辩诉交易制度是相互关联的。因为通过辩护律师在侦查阶段的调查取证，辩护方就可以掌握控诉方指控成功的可能性，从而选择是否与控诉方进行辩诉交易。可以说，没有这种对抗制侦查模式的支撑，英美国家的辩诉交易制度就很难发挥今天这种程序分流的作用。我国将来的刑事诉讼法，如希望将相当部分刑事纠纷解决于审判之前，就必须解决好侦查模式如何转型的问题。

综上所述，在我国刑事诉讼法再修改的背景下，从制度层面上看，我国侦查程序改革所需要解决的问题在于犯罪嫌疑人侦查程序诉讼主体性的缺失、侦查机关缺乏必要制约且过度依赖口供而取证程序失范，导致司法实践中不时发生侵害犯罪嫌疑人以及其他人合法权益的现象，犯罪嫌疑人的辩护权未能得到有效保障。如何在改革中解决这些问题，我们认为关键在于对我国目前的侦查程序作比较大的改造，使之成为一个彰显犯罪嫌疑人主体性、程序适度公开、权利得到保障、侦查权规范行使的诉前调查取证程序。以下对这些改革内容作简要论述。

1．侦查程序转向诉前调查取证程序

我国在传统上是义务本位而不是权利本位的国家，这种义务本位导致我国侦查程序中犯罪嫌疑人主体性的缺失。这种主体性的缺失又导致犯罪嫌疑人在侦查程序中不能针对侦查机关的侦查行为提出异议，不能通过异议形成一种“讼”，从而导致侦查程序缺少诉讼的性质。这种诉讼性质的缺失，又导致犯罪嫌疑人以及其他公民的合法权益在受到侦查行为的侵害后往往无法获得有效的救济，这反过来又刺激了侦查机关滥用各种可能侵害犯罪嫌疑人以及其他公民合法权益的强制性侦查措施，从而导致侦查实践中侵害犯罪嫌疑人以及其他公民人权的违法取证现象时有发生。因此可以说，侦查程序的改革关键在于犯罪嫌疑人主体性地位的确立。

不少学者也认识到了这一点，认为应当赋予犯罪嫌疑人在侦查程序中的主体地位，[①] 有的甚至认为我国侦查程序中也应当实现一种控辩平等，赋予侦查阶段的犯罪嫌疑人以沉默权、调查取证权，扩大被追诉方的辩护权。[②] 我们认为，这种想法总体上是好的。首先，酌定不起诉、刑事和解等审前纠纷解决制度的有效运行需要赋予犯罪嫌疑人在侦查程序的主体地位。如前所述，从有关研究动态与

① 谢佑平：《刑事侦查制度原理》，中国人民公安大学出版社 2003 年版，第 199 页。

② 陈永生：《侦查程序原理论》，中国人民公安大学出版社 2003 年版，第 322－324 页。

司法实践来看，扩大酌定不起诉范围，在刑事诉讼中引入和解制度，很有可能成为刑事诉讼法再修改的重要内容。这些制度有效运行的前提条件之一是被追诉人认罪，而被追诉人是否认罪，基于趋利避害的本能，往往是建立在控辩双方尤其是辩护方掌握的信息之上的。如果被追诉人无权调查取证，由于据以作出是否认罪的信息不充分，他往往会心存侥幸而拒不认罪，酌定不起诉与刑事和解也就难以启动。其次，有效辩护与客观追诉的保障需要赋予犯罪嫌疑人调查取证权。有人认为，由于国情的限制，目前赋予辩护方调查取证权的对抗式侦查模式在我国并不成熟，宜实行侦查权的国家垄断主义，辩护方没有调查取证权，但可通过赋予侦查机关客观公正义务与赋予辩护方申请调查证据权来弥补。[①] 我们认为，侦查权只能由国家机关来实施是对的，但其余部分却很值得商榷。就申请调查证据权来说，这种权利的实现往往需要司法机关的配合，如果没有相应的制裁措施而司法机关消极取证甚至以各种理由拒绝取证，这种权利也就无异于空头承诺，更何况证据收集贵在及时，经过申请、审查、同意申请、指派司法人员取证这一复杂过程，即使司法机关最后同意调查取证，恐怕也有相关部分证据因时过境迁而难以取得。至于赋予侦查机关客观追诉的义务，从社会心理学的角度来看，更是让人怀疑。根据社会心理学的研究，当一个人自由并且公开地作出某一行为后，出于积极自我意向的维持，在发生认知不协调时，他往往会对自己的行为进行合理化，为其寻找各种满意、合理的理由，这也就导致其后的相关行为更多的是采取一种确认性策略，即在收集与行为相关的信息时，往往是有选择性地注意收集支持性信息。[②] 其中，行为的重要性越高，发生认知不协调后越有可能导致行为合理化现象。侦查机关的立案行为、检察机关的提起公诉行为，都是一些公开的行为。在我国目前公安司法机关实行的各种考核指标的压力下，立案错误、提起公诉错误，往往直接关系到相关公安司法人员的利益。为此，一旦作出立案决定或提起公诉后，虽然法律法规要求司法人员客观地进行追诉，但在司法实践中，侦查人员出于行为合理化的需求，往往只注意收集支持立案决定或与公诉相一致的有罪证据，对有利于被追诉人的证据却视而不见。因此，将保障被追诉人有效

---

① 万毅：《程序正义的重心——底限正义视野下的侦查程序》，中国检察出版社 2006 年版，第 75 页。

② 菲利普·津巴多、迈克尔·利佩：《态度改变与社会影响》，邓羽等译，人民邮电出版社 2007 年版，第 185 页。

辩护的证据收集完全寄托在侦查人员的客观追诉义务上是不可靠的。相反，赋予辩护方在侦查阶段的调查取证权还有利于实现检察机关的客观追诉。因为从社会心理学的角度来看，一个人在作出决定之前，为了保证决定的正确性，他对外部信息持的是一种开放性态度，正反两方面的信息都能够听取，不会发生认知不协调的现象，只有在作出决定后，为了维持积极的自我意向，才会在收集相关行为的信息时使用一种确认策略或采取各种措施对行为进行合理化解释。赋予辩护方调查取证权，就可以使检察机关在作出是否提起公诉的决定之前，能够开放性地听取辩护方的有效辩护，从而作出是否提起公诉的正确决定。如果在检察机关提起公诉后辩护方才能调查取证，即使辩护方能收集到充分的有利于被告人的证据，但由于行为合理化的心理倾向，检察机关也很难采纳辩护方的辩护意见。这也是司法实践中很多案件本可以撤回公诉，但检察机关宁愿人民法院作出无罪判决也不愿意撤回公诉的原因之一。

犯罪嫌疑人在侦查程序中的主体性地位必须通过具体制度来体现，但是，仅仅规定犯罪嫌疑人在侦查程序中拥有何种权利是不够的，关键在于对此程序有一个合理定位。目前，虽然有不少学者主张应当赋予犯罪嫌疑人侦查程序的主体性地位，犯罪嫌疑人可以聘请辩护律师调查取证，但却在涉及此程序的定位问题时，仍将此程序定位为一种侦查程序。从逻辑与诉讼发展的方向来看，这是不科学的。侦查，在我国虽然还没有一个统一表述的概念，但却是一个有固定含义的概念，它指的是侦查机关在办理刑事案件过程中所采取的专门调查工作与强制性措施。它的主体只能是法定的侦查机关，其他国家机关、律师与个人不能实施侦查行为。刑事诉讼程序是一种规范诉讼行为的法律程序，只要是刑事诉讼过程中发生的诉讼行为，不管是司法机关的诉讼行为，还是犯罪嫌疑人、被告人、被害人及其律师的诉讼行为，都应当通过刑事诉讼程序予以规范。侦查程序可指专门规范侦查行为的法律程序，也可作为一个提起公诉前的诉讼阶段而规范侦查行为与辩护方调查取证行为的法律程序。从目前的相关论述与要解决的问题来看，侦查程序指的是作为一个诉讼阶段的侦查程序，而不是专门规范侦查行为的侦查程序。现在将此证据收集的诉讼阶段定位为一种侦查程序，也就意味着该诉讼阶段除了侦查机关的诉讼行为外，不能再有其他机关或个人的诉讼行为。否则，该程序也就不能只称为侦查程序。因此，将此阶段的诉讼程序定位为侦查程序，实际上也就等于排除了在此程序赋予犯罪嫌疑人及其律师诉讼权利的可能性，犯罪嫌疑人及其律师在此阶段取得各种诉讼权利也就失去了刑事诉讼法上的正当性基础。为此，要使犯罪嫌疑人在侦查机关实施侦查行为时取得一种主体性地位，并享有相应的诉讼权利，就必须改变公诉前诉讼阶段的这种侦查程序的定位，使其成为一个能包容侦查机关诉讼活动与犯罪嫌疑人及其辩护律师诉讼活动的定位。从我国目前来看，我们认为将这一诉讼阶段定位为一种诉前调查取证程序是比较恰当的。一是因为这种定位强调的是调查取证活动，虽然由于被告人有罪的证明责任在于控诉方，调查取证活动主要是侦查机关的活动，但这种定位并不排除犯罪嫌疑人及其辩护律师为了辩护而采取的证据收集活动，从而为规定犯罪嫌疑人及其辩护律师在此阶段的诉讼权利提供了正当性。二是在我国刑事诉讼中，检察机关提起公诉后还可以补充侦查收集证据，将此阶段定位为一种诉前调查取证活动，有利于使其区别于检察机关公诉后的调查取证活动。三是对犯罪嫌疑人采取的强制措施并不是侦查机关的专门措施，不仅检察机关在审查起诉程序中可以使用，人民法院在审判过程中也可以使用除拘留以外的其他强制措施，而且将该诉讼阶段定位为一种诉前调查取证活动，还有利于体现侦查机关采取的强制措施并不是一种常态，而是一种在不得已的情况下采取的权宜措施。

2. 权力失范转向权利救济

在我国，侦查权按行政化的方式运作，这是目前最受人质疑的问题。为此，不少学者提出应当对侦查权行使程序进行诉讼化改造，形成一种有控、辩、裁三方的侦查构造。对此，我们认为应当作谨慎分析。

所谓行政权，它与其他权力比较而言，最重要的特点是主动性、上命下从的组织性、自由裁量性等。侦查的目的在于及时收集证据，一旦知悉发生刑事案件，侦查机关就应当主动调查收集证据，而不能等待告诉与告发。由于人人具有趋利避害的本能，侦查是一项具有很强对抗性的工作，这需要侦查机关发挥整体工作的优势，为此也就需要侦查人员必须服从命令，协同作战。在侦查过程中，由于情况复杂多变，侦查人员往往需要具有较大的自由裁量权。因此，从权力运行的要求与规律来看，侦查权本身就应当是一种行政权。其他国家对侦查权的定性也说明了这一点。从西方国家来看，不管是大陆法系国家还是英美法系国家，侦查权的定位都是一种行政权。大陆法系国家的侦查权从属于公诉权，警察在诉讼过程中属于检察机关的辅助机构，不仅警察机关本身就是一种行政机关，检察机关在定位上也是一种行政机关，行使的是一种行政权。而在英美法系国家，检察机关虽然也有一定的侦查权，但更多的是由属于行政机关的警察机关来行使，而且检察机关在定位上也属于一种行政机关。侦查权既然属于一种行政权，它按行政权的运作方式来行使也就应当是合情合理的。而且，所谓诉讼，其实也就是一种纠纷的处理方式，其前提是存在需要解决的争议。刑事案件发生，也就是发生了纠纷，也存在了诉讼的可能性，需要通过审判来确定是否需要对行为人定罪判刑，但仅就证据收集的侦查权的行使来说，虽然有时可能因为侦查机关违法取证侵害犯罪嫌疑人以及其他人合法权益而存在需要解决的争议，需要一种诉讼来解决，但这从理论上讲，这并不是一种常态。调查取证阶段的常态应当是侦查机关与辩护方各自收集证据，互不干扰，就像是两条平行线一样，只有到审判阶段才相互冲突而由审判机关进行裁决。如果在侦查过程中没有发生冲突，也引入裁判方予以诉讼化，不仅缺乏诉讼化的纠纷前提，也妨碍了证据的及时收集。而且即使是侦查机关违法取证侵害了犯罪嫌疑人合法权益，那也是侦查行为所导致的结果，需要诉讼化的是侦查行为结果的处理过程，而不是侦查行为本身。

确实，在我国目前的侦查过程中存在侵害犯罪嫌疑人及其他人合法权益的现象，但这种现象其实与我国政府机关的具体行政行为存在的违法现象一样。对于政府机关违法的具体行政行为，现在没有人也不会有人指责其行政化的运作方式，更不会有人主张对其进行诉讼化的改造，而是主张给予行政相对人救济权，行政相对人不服具体行政行为的，可以提起行政诉讼。侦查行为与具体行政行为具有相同的属性，同样需要及时性，甚至比具体行政行为更具有强迫性，为何要求对之进行诉讼化改造而不是要求对受到侵害的犯罪嫌疑人及其他人进行救济呢？因此，我们认为，我国目前侦查权运行中存在的问题并不在于其按行政化的方式运作，解决我国目前侦查中存在的问题也不在于对之进行诉讼化改造，问题在于犯罪嫌疑人以及其他人的合法权益在受侦查机关违法取证行为侵害后无法得到及时的救济，这种救济的缺失又刺激了侦查机关的侦查行为失范，解决问题的方法在于对侦查机关的违法侦查行为进行监控或提供救济。

问题在于，是通过引入审判权对违法侦查行为进行事前监控，还是对已发生的违法侦查行为进行救济，或者两者兼施。侦查机关违法侦查行为发生后，犯罪嫌疑人或其他人的合法权益往往已经受到了侵害，有权利被侵害就应当有权利被救济。而且，如果犯罪嫌疑人或其他人认为侦查机关已经采取的侦查行为违法，且侵害了自己的合法权益，实际上也就是在侦查机关与犯罪嫌疑人或其他人之间就侦查行为是否合法形成了一种争议，这也就为由控、辩、裁三方组成的诉讼提供了前提条件，此时裁判方的介入完全具有正当性基础。这也就是说，犯罪嫌疑人及其他人如果认为侦查机关已实施的侦查行为违法且侵害了自己合法权益的，可以将此侦查行为提交中立的第三方进行裁决。第三方经过有侦查机关与犯罪嫌疑人或其他人参与的审理程序后，如认为侦查行为违法的，应当确认侦查行为违法，并通过证据排除、人身损害赔偿等程序或实体制裁方式对受到侵害的犯罪嫌疑人或其他人进行救济。当然，对侦查行为是否违法的裁决必须以法律为依据，这就需要将侦查机关所有可能侵害犯罪嫌疑人以及其他人合法权益的侦查措施都通过刑事诉讼法等法律予以规范化，如目前我国侦查机关大量使用的技术侦查措施。否则，就可能出现因法律没有规定而裁判机关无法依法裁决的问题。但在此要注意的是，这并不是有些学界所主张的侦查权行使的诉讼化改造，因为这种裁决是侦查行为后的事情，而不是侦查行为之前或侦查行为过程中的事情。

引入审判权对侦查机关可能侵害犯罪嫌疑人以及其他人的侦查措施进行事前监控，这是西方国家刑事诉讼法的基本做法。我国有很多学者也认为应当借鉴这一做法，对我国侦查机关的强制性侦查措施进行司法审查，没有法院的许可或令状，侦查机关不能采取这些强制性措施。当然，也有学者认为没有必要引入这种司法审查机制，由承担法律监督职责的检察机关进行监控也可达到相同效果。对此，主张司法审查机制的学者认为，检察机关与侦查机关同属控诉方，它在行使监控权时会偏向于侦查机关，而且检察机关还是职务犯罪的侦查机关，在自侦案件中自己监督自己无异于没有监督。

由于我国目前并没有前述的事后救济措施，有关事前引入审判权进行监控的观点其实都是在没有建立事后救济措施的背景下所进行的讨论，所以这里除了存在审判权事前监控在我国目前情况下是否能产生预期效果、是否会带来负面效果的问题外，还存在一个建立科学的事后救济措施是否能达到事前监控的预防违法侦查效果的问题。

引入审判权进行事前监控的目的在于希望通过一个独立、中立的第三方对侦查机关将要采取的可能侵害犯罪嫌疑人以及其他人合法权益的强制性侦查措施进行审查，确定是否有必要采取这种侦查措施以及具体可采取何种措施。只要是强制性侦查措施，都会给被采取措施的人带来相应的不利后果。因此，事前监控并不在于消除这种不利后果，而是在于防止不必要的不利后果。在刑事诉讼法对采取强制性侦查措施的条件作出明确规定的情况下，如果已经建立一种科学的能对违法采取强制性措施的机关或人员带来不利后果的事后救济措施，出于利益权衡，通过受害人启动的事后救济措施，实际上也能起到预防违法采取强制性侦查措施的效果。如果刑事诉讼法对采取强制性侦查措施的适用条件规定不明确，或违法采取强制性侦查后并不会给侦查机关或侦查人员带来不利后果，即使进行事前监控，也不可能达到预期效果。其原理与犯罪的预防是一样的。违法侦查行为之所以发生，并不是侦查人员生性喜欢以这种方式行使侦查权，也不在于没有事前监控，而主要在于违法侦查不仅不会给其带来不利后果，而且还可能带来额外好处。因此，对于违法侦查的问题，其关键不在于事前监控，而是在于建立一种科学完善的事后救济机制，使违法侦查与制裁之间建立一种确定性关系，从而使侦查机关以及侦查人员不敢违法采取强制性侦查措施。这种事后救济机制的关键点一是由侦查机关承担举证责任，二是要保证因为违法侦查所带来的不利后果能落实到对违法侦查负有责任的具体人员身上。从后面这一点来看，目前很多学者讨论的包括诉讼行为无效的程序性制裁并非灵丹妙药，因为程序性制裁如证据排除、侦查行为无效等，并不能给对违法侦查负有责任的侦查人员带来直接的不利后果，没有其他实体制裁相配套，根本不能产生有效的违法侦查预防作用。而且这种程序制裁也只有在权利受侵害之人与犯罪嫌疑人为同一人，犯罪嫌疑人确实是有罪之人时，才能真正产生一种权利救济作用，对于其他人或犯罪嫌疑人是无辜的，程序性制裁实际上并不能产生权利救济作用。为此，程序性制裁可以建立，但应当由权利受侵害之人视情况选择使用，最重要的还是建立与完善实体性制裁。

在我国目前这种制度环境下引入审判权建立事前监控措施，还可能产生一些意想不到的负面后果。首先，由审判机关对逮捕等强制措施进行事前监控，可能导致不利于被追诉人的后果。根据我国国家赔偿法规定，赔偿义务机关包括作出逮捕、拘留决定的机关。在这种情况下，一旦作出逮捕、拘留决定之后，如果决定机关也是后来的实体审理机关，为了避免国家赔偿，即使被告人无罪，审判机关也会尽量作出有罪判决，尤其是在证据不足应当判决无罪的情况下。其次，由于侦查工作的复杂性与及时性要求，由审判机关对强制性侦查措施进行事前监控，往往可能使审判机关陷入一种两难窘境：对于侦查机关在非工作时间提出采取强制性侦查措施的要求，如果审判机关按部就班地仔细审查侦查机关的申请报告并听取辩护方意见后再作出是否批准的决定，往往可能延误侦查的最佳时机，造成相关证据的遗失或犯罪嫌疑人的逃跑，在我国这种长期受实体正义熏陶的司法环境下，往往可能使侦查机关与审判机关面临巨大的社会压力，这种压力反过来又可能使审判机关的事前监控成为一种虚置。如果只是作一种形式的审查，没有听取辩护方的意见，审判机关的事前监控就有可能被沦为侦查机关侦查合法性的一个“橡皮图章”，这反而又使权利受到侵害之人获得救济更加困难。这是因为我国审判机关是机关独立而不是法官个人独立，在审判机关自己批准采取强制性侦查措施后，即使犯罪嫌疑人等认为该措施违法且侵害了自己的合法权益从而向人民法院提起事后救济的要求时，人民法院也很难作出与自己的先前行为不一致的裁决。

因此，我们认为，我国目前侦查过程中存在的刑讯逼供、超期羁押等问题，其原因并不在于侦查权的行政化运作，而在于侦查权的行使缺少必要的规范与制约。解决问题的关键不在于侦查权行使的诉讼化改造，而在于一方面通过法律对侦查措施的适用程序与条件进行严格规范，以使违法侦查行为的救济有法可依，另一方面建立一种违法侦查行为的救济措施，在给予权利受到侵害之人权利救济的同时，通过给予违法的侦查人员实体制裁而预防违法侦查行为的发生。

3．程序相对封闭转向程序适度公开

其实，不管是个人还是组织机构，都有获得同情以及社会积极评价的基本需求，在这种积极评价与利益挂钩时更是如此。这种积极评价一般是基于个人或组织与社会规范、大众情感相一致的被社会所知悉的行为。为此，将个人或组织的行为予以公开化，往往能促使这些行为与社会规范、大众情感的要求保持一致。我国侦查过程中发生的大多数侵害犯罪嫌疑人以及其他人合法权益的行为，如刑讯逼供、超期羁押等问题，都是社会规范所不允许的，它们之所以屡屡发生，一个重要原因就在于我国的案件侦查过程具有相对封闭性，无法通过社会评价这一机制形成制约。这种相对封闭性主要体现在：一是侦查机关讯问犯罪嫌疑人时，法律没有规定进行全程录音、录像监控。虽然现在检察机关在侦查实践中采取了对职务犯罪讯问犯罪嫌疑人时的录音、录像制度，但并没有上升为一种硬性的法律规定。而且，在公安机关对普通刑事案件的犯罪嫌疑人的侦查讯问中并没有实施录音、录像制度。虽然这些录音、录像一般情况下不会进行公开，但出现有关侦查人员是否有刑讯逼供现象的争议时，这些录音、录像的庭审播放不仅可以起到一种证明作用，而用还可以通过向庭审观众播放而形成一种社会监督作用。二是法律没有规定侦查人员讯问犯罪嫌疑人时的律师在场制度。从国外的相关规定来看，律师在场制度，这是侦查活动公开的一个最重要的途径，这种制度不仅可以对侦查人员的违法讯问行为形成一种监督，而且律师在场还可以缓解犯罪嫌疑人因面对侦查人员而形成的一种心理压力，为犯罪嫌疑人的积极抗辩提供一种心理支持，从而也是犯罪嫌疑人主体性得以实现的重要保障。三是没有形成搜查、扣押情况的社会通报制度。侦查不仅要向犯罪嫌疑人及其律师公开，也应当向社会公开，因为有一些侦查行为还可能侵害犯罪嫌疑人以外的其他人的利益。尤其是在侦查人员对涉案财物进行扣押、冻结、处理时，这些涉案财物可能并不是犯罪嫌疑人所有的财物，也可能不是赃款、赃物，而是其他人的合法财物。侦查机关不及时公开这些情况，这些合法财物的所有人就会因未能知悉权利受到侵害而难以及时提出救济。

因侦查程序相对封闭所导致的问题是比较严重的。首先是导致侦查过程中刑讯逼供或变相刑讯逼供的问题。刑讯逼供问题是一个由多种因素促成的问题，但讯问程序不公开却是其中的一个重要因素。在现代法治社会与尊重人权的社会中，刑讯逼供不仅与法律相违背，也与一般公民的道德情感不相容。因此，在社会公众的视野范围内，一个正常的有获得社会积极评价之人是不会冒天下之大不韪而实施刑讯逼供行为的，只有在阳光照不到的地方才会滋生这种腐败行为。其次是导致犯罪嫌疑人权利受到侵害后也无法得到有效救济。证明犯罪行为人有罪必须要有证据，同样，证明侦查人员侦查行为违法也需要有证据来证明。没有录音、录像制度，不仅使身陷孤立无援状态的犯罪嫌疑人难以证明自己的权利受到了侵害，而且也使侦查机关在犯罪嫌疑人翻供时无法证明讯问过程的合法性，从而影响追诉犯罪的有效性。再次是使案外第三人的合法权益得不到及时有效的救济。在侦查过程中，如果侦查机关在对有关涉案财物进行扣押、冻结时没有将相关情况公开，就有可能使错误扣押、冻结财物的所有人因不能及时获得权利受到侵害的信息而难以提出救济请求，尤其是在侦查机关将错误扣押、冻结的财物处理给被害人之后，案外第三人往往要付出诸多努力才能使权利得到恢复，有时甚至还难以得到救济。

阳光是最好的防腐剂，但也可能是一些有益生物的杀手。侦查活动公开虽然有利于防止刑讯逼供、保障犯罪嫌疑人以及案外第三人的合法权益，但公开不当也可能带来一些不利后果。一是可能会损害被追诉人的公正审判权。公正审判权的一个重要要求就是法官的判决应当客观公正而不能受到其他不合理因素的影响。但侦查过程中，如果不恰当地将案件予以公开，就可能形成一种不合理的社会舆论压力。案件公开得越早，这种压力也就越大。这种社会舆论压力往往会给法官的审判造成一种巨大的心理压力，导致判决偏离客观事实而迎合社会舆论的要求。二是可能会影响对案件事实的发现。由于趋利避害的本能，侦查过程是一个对抗性很强的过程，犯罪嫌疑人及其家属往往会采取各种措施阻碍侦查机关的证据收集活动，不恰当地对侦查过程予以公开，往往可能导致犯罪嫌疑人逃跑或为犯罪嫌疑人及其亲属朋友串供，毁灭、伪造证据，威胁、引诱证人、鉴定人、被害人改变证言或陈述提供方便。这也是侦查机关之所以反对律师在场与倾向于对犯罪嫌疑人采取逮捕、拘留措施的一个重要原因。三是可能损害被追诉人、被害人的名誉。对于被追诉人来说，如果他是无辜的，一旦在侦查过程中将其予以公开，虽然通过不起诉、判决无罪可以还其清白，但往往也会给其名誉以至经济利益造成难以弥补的损害。例如，有的学者就认为，“因为侦查尚属犯罪嫌疑之查证探索阶段，若予公开，将会造成犯罪嫌疑人名誉上莫大损伤；受调查者若属商业公司，公司名誉必然受损，进而会造成财务危机，甚至于公司倒闭之严重结果”。[①] 对于被害人来说，在一些涉及个人隐私或商业秘密的犯罪中，由于在侦查过程中不恰当的公开，往往会给被害人造成一种不应有的压力，使其不愿意参加后来的诉讼过程，或造成商业秘密的泄露，从而给被害人带来第二次伤害。

考虑到侦查公开是一把“双刃剑”，我们应当抛弃侦查过程的相对封闭性，但公开也并不是没有限制的，而只能是适度公开。如何把握侦查公开的适度，关键在于把握好侦查公开的目的，以此目的来决定侦查公开的限度。就对犯罪嫌疑人及其律师公开而言，侦查公开的目的在于防止侦查人员违法侦查而侵害犯罪嫌疑人的合法权益，保障犯罪嫌疑人的辩护权。根据这一目的，我们认为，在侦查过程中，以下方面是可以公开的：告知犯罪嫌疑人及其辩护律师涉嫌的罪名；讯问犯罪嫌疑人时律师可以在场；讯问犯罪嫌疑人的过程应当全程录音、录像；在不影响事实发现的前提下，律师可以查阅侦查机关收集的证据材料；在就犯罪嫌疑人提出的异议进行裁决时，应当公开审理。在侦查终结后，由于犯罪嫌疑人该

① 林山田：“论刑事诉讼程序原则”，载《“台大”法学论丛》第28卷第2期。

被采取强制措施的已被采取强制措施，侦查公开一般不再会影响案件事实的发现，因此，侦查机关所收集到的案件证据应当向辩护律师公开，辩护律师可以向侦查机关提出辩护意见。当然，其中也可以做一些技术处理，如对于证人证言，可以只让律师阅读其内容而不能阅读证人的相关信息，防止辩护方影响证人出庭作证。就对社会公开而言，其目的在于保护案外第三人的合法权益，监督侦查机关公正地处理刑事案件。根据这一目的，侦查机关在侦查过程中应当向社会公开以下方面的内容：扣押、冻结、处理涉案财物情况，刑事案件立案与不立案、撤销案件情况，重大案件侦查进展情况，错案公告情况等。

4．口供本位转向物证本位

在现代社会的刑事诉讼中，案件事实的认定必须通过证据加以证明，而证据的种类繁多，从证据的表现方式来看，可以分为言词证据与实物证据两种，其中言词证据包括证人证言，犯罪嫌疑人、被告人的口供，被害人的陈述等。根据刑事诉讼主要通过何种证据来证明案件事实，证据、证明方式可以分口供本位和物证本位两种证明方式。口供本位也就是在诉讼证明过程中注重犯罪嫌疑人、被告人的口供，虽然也注意收集除口供以外的各种证据，但口供被认为是证据之王。因此，全部证明活动的核心是获取犯罪嫌疑人、被告人的口供而不重视收集其他证据，并主要根据口供认定案件事实。口供本位，这是与犯罪嫌疑人在诉前调查取证程序中的主体性地位相违背的，因为根据犯罪嫌疑人主体性地位的要求，犯罪嫌疑人在诉前调查取证程序中是与侦查机关平等对抗的权利主体，侦查机关不能强制犯罪嫌疑人成为犯罪追诉的工具。口供本位强调通过获取犯罪嫌疑人的口供来侦破案件，实际上也就相当于要求犯罪嫌疑人成为侦查机关追诉自己的工具，这显然没有什么主体性可言。正因为在口供本位下犯罪嫌疑人主体性的缺失就成为一种常态，而与此种证明方式相应的是刑讯逼供现象的盛行。物证本位是随着现代人权保障思想的发展和刑事侦查技术的提高而出现的一种证明方式。在这种证明方式下，口供虽然也被认为是证据中的一种，但因获取口供对人权保障和发现实体真实存在双重危险，因而口供在审判中的使用受到了严格限制，案件事实主要是通过口供以外的其他证据尤其是物证来证明的。与此种证明方式相适应的是，由于诉讼证明活动的重点就是收集除口供以外的其他各种证据，特别是物证，物证鉴定技术比较发达，取证手段的科技含量较高。

仅从立法规定上看，我国的证明方式是物证本位的。我国《刑事诉讼法》

（1996年修正）第46条规定，“对一切案件的判处都要重证据，重调查研究，不轻信口供。只有被告人供述，没有其他证据的，不能认定被告人有罪和处以刑罚；没有被告人供述，证据充分确实的，可以认定被告人有罪和处以刑罚”。《刑事诉讼法》（1996年修正）第43条规定：“严禁刑讯逼供和以威胁、引诱、欺骗以及其他非法的方法收集证据。”要求公安司法人员注意调查收集其他证据，而不是获取犯罪嫌疑人、被告人口供，这与以物证本位的精神是一致的。但从司法实践来看，由于我国侦查技术落后、侦查投入不足等原因，我国的诉讼证明方式基本上还是以口供为中心，一般是侦查机关在掌握了一定的犯罪线索以后，立即讯问犯罪嫌疑人，然后再以犯罪嫌疑人的供述为线索收集其他证据。如果收集的其他证据与犯罪嫌疑人的口供有出入，就继续讯问犯罪嫌疑人，整个取证活动基本上都是围绕犯罪嫌疑人的口供来进行的。在审判过程中，虽然我国刑事诉讼法已明确规定，没有被告人供述，证据充分确实的，可以认定被告人有罪和处以刑罚，但在司法实践中，人民法院没有被告人供述时通常不敢下判。

这种口供本位的证明方式弊端极多。一是它常常伴随着刑讯逼供现象而不利于犯罪嫌疑人的人权保障。从某种程度上看，我国诉前调查取证程序中存在的诸多问题，其直接原因都在于这种口供本位的证明方式。刑讯逼供是为了获取犯罪嫌疑人口供，滥用逮捕、拘留措施和超期羁押在很大程度上也是为了获取犯罪嫌疑人的口供。二是影响刑事案件破案率，因为过于重视口供，一旦被告人在法庭上翻供或指控侦查人员刑讯逼供，公安司法机关就会非常被动，影响案件的追诉。三是与现行法律规定不符合，尤其是与我国已加入或将加入的有关国际公约要求不符合。反对强迫自证其罪，这是联合国《公民权利和政治权利国际公约》规定的联合国刑事司法准则的一项基本内容。我国政府已于1998年10月签署了该公约，按条约必须信守的原则，一旦全国人大批准该公约，我国就必须在国内刑事诉讼中执行该条约的规定，再以口供为本位，显然是不符合该条约的要求的。因此，我国必须在刑事诉讼证明方式上从口供本位转向物证本位。证据收集任务主要完成于诉前调查取证阶段，证明方式的转变关键在于诉前调查取证。

诉讼证明方式的转换是一项长期而艰巨的系统工程，既涉及侦查人员自身主观意识的改变，也涉及客观技术装备和司法投入的增加，既亟须实现侦查操作方式的真正转换，又需要对相关法规作出配套修改。我们认为，要实现这一转变，除了严格规范逮捕、拘留以及讯问犯罪嫌疑人的程序，尽量减少侦查机关与犯罪嫌疑人的正面冲突外，还必须做好以下工作。

一是转变观念，提高认识。要深刻认识口供本位证明方式产生的历史及现实原因，从诉讼观念上转变到先查证后取供的证明方式上来。当然，实现诉讼证明方式的转变，关键在于实现诉讼价值取向的转变。因为从根本上说，任何法律制度的设计和运作都是以实现一定的法律为基点和归宿的，诉讼证明方式的设计更是如此。我国目前实行口供本位的证明方式，主要是我国目前的“犯罪控制”这种价值取向导致的。因此，要实现诉讼证明方式的转变，从根本上讲，就是要将诉讼价值观和出发点从单纯地以国家、社会利益为本位，片面地追求效率，转变到国家、社会本位与个人本位同时兼顾的价值选择上，即不仅要积极主动地追究犯罪，而且要把诉讼行为建立在科学合法、程序公正的基础上，把犯罪控制同权利保障有机地结合起来。

二是大力使用技术侦查措施。技术侦查措施是侦查机关运用技术装备调查和分析作案人员和案件证据的一种侦查措施，如用机器设备排查、传送个人情况数据，用计算机模拟犯罪嫌疑人的体貌等。技术侦查措施由于其对被侦查对象造成的伤害较少，能通过不限制犯罪嫌疑人权利的常规侦查措施中获取的证据分析出许多对侦破犯罪具有重要价值的案件信息，被西方学者认为是一种能够实现控制犯罪和保障人权兼顾的理想侦查方式。由于各种主客观因素的影响，我国对技术侦查手段一直重视不够。要从口供本位转向物证本位，这要求我们必须大力加强刑事侦查的技术研究，大力提高侦查机关的技术装备水平。

三是建立健全刑事诉讼信息网络系统。许多犯罪通常没有明确的受害人和明显的犯罪现场，且犯罪人的行动非常隐秘。因此，拓宽刑事诉讼的信息渠道具有非常重要的意义。目前，我国刑事侦查的信息来源主要有群众举报、犯罪人自首、领导交办的公安司法机关在办案中发现等几种途径，信息来源非常有限。从我国的现实情况来看，还有以下信息渠道是可以利用的：第一，其他部门接受的报案、控告、举报线索。目前，我国的纪委、人大、监察、公安、人民法院等许多部门都设有信访办公室或举报电话等途径接受群众报案、控告和举报，但这些部门之间在信息的使用上很少进行沟通，今后有必要加强信息的登记管理工作，并由中央有关部门负责，将全国所有接受群众报案、控告和举报部门的计算机进行联网，实现全国信息的资源共享。第二，政府部门管理的国家公务员财产申报资料。目前，我国的公务员财产申报制度还极不规范。根据国外的做法，国家公务员的财产申报不仅应该包括工资收入，还应该包括工资以外的其他各种收入，如接受赠与、股票证券收入、银行存款利息等都必须定期申报。将这些信息纳入刑事诉讼的信息网络系统，对于公安司法人员及时核查被追诉者的支出中是否含有非法收入，准确侦控犯罪将具有重要意义。第三，新闻媒介收到或报道的与违法犯罪有关的情况，等等。

四是健全和完善收集和使用物证的配套法律法规。我国的证据立法存在疏漏，有关证据的立法要想实现从口供本位向物证本位的转变，就必须强化，对物证的立法更是如此。要想实现从口供本位向物证本位的转变，就必须强化对物证的收集和运用。当前，特别需要制定的是有关秘密侦查的法律法规。由于现代犯罪行为逐渐朝着智能化、隐秘化和组织化方向发展，不少国家都针对这一现象制定了有关秘密侦查的法律。例如，美国 1968 年《综合犯罪控制与街道安全法》明确规定 12 种犯罪可以采用秘密监听手段；意大利 1988 年刑事诉讼法规定刑事侦查可以采用“通讯窃听”手段；法国于 1991 年 7 月 10 日通过的第 91－646 号法律在刑事诉讼法典中增加了“电信的截留”一节，对秘密监听的程序问题作出了详细规定。但秘密侦查的适用也可能导致对犯罪嫌疑人隐私权的侵犯和限制，因此急需制定出相应的法律法规，对秘密侦查的方式、条件、审批机关、适用程序、违法责任等问题作出严格的规定。另外，有关鉴定人出庭作证的有关法律规定也必须作出相应的完善措施，因为以物证为本位，也就不得不更多地依赖于鉴定结论，而鉴定结论是否能作为定案根据，一般要经过质证才能作出决定。

五是加大对刑事诉讼的人力、物力和财力投入。与讯问犯罪嫌疑人只需在室内进行相比，其他取证方式将涉及更广泛的诉讼空间和更复杂的司法操作，因而也就需要更充足的侦查投入，如检验物证、书证需要购置技术设备和培训操作人员，勘验现场需要出动车辆和大批公安人员，制作视听资料需要比较先进的技术、人员和设备等，所有这些都要求我们加大对刑事诉讼的侦查投入。

六是优化侦查人员的专业结构，建立一支专家型的侦查队伍。许多刑事案件涉及复杂的专业知识和特殊技能，如会计、金融、财务、证券、外汇、计算机甚至测谎器等知识技能。这些知识和技能有些是可以通过短期培训来强化的，有些则只有经过长期的系统学习甚至专业训练才能掌握。这就要求我们改变以往在进行侦查人事管理时仅注意配备法律方面人才，甚至吸收没有任何专业知识和技能的人员的人事管理模式，大力引进精通会计、金融、财务、证券、外汇、计算机甚至心理学和语言学等方面知识和技能的专业人才，提升侦查人员的专业化程度。

（三）2012 年刑诉法侦查程序修改建议

1996 年修改后的刑事诉讼法已经实施近 14 年了，在此期间我国立法与司法实践已经发生了巨大变化。2004 年具有人权保障里程碑意义的“国家尊重和保障人权”入宪，2007 年最高人民法院收回死刑复核权和物权法的施行，2008 年 6 月 1 日起修改后的律师法开始实施，尤其是 2010 年 7 月 1 日《关于办理死刑案件审查判断证据若干问题的规定》和《关于办理刑事案件排除非法证据若干问题的规定》的颁布和实施，对刑事诉讼法和刑事诉讼活动产生了巨大的影响。在刑事诉讼法再修改之际，本文就侦查程序提出如下修改和完善建议。

1. 取消“如实回答”义务，确立不得强迫自证其罪原则

我国刑事诉讼法（1996 年修正）第 93 条规定，“犯罪嫌疑人对侦查人员的提问，应当如实回答”。这一规定，客观上就成为了侦查人员手中讯问的法宝。对于犯罪嫌疑人拒绝回答侦查人员的讯问，或者侦查人员认为犯罪嫌疑人的回答不真实，侦查人员有权根据法律规定要求犯罪嫌疑人必须“如实回答”。由于是否“如实回答”是由侦查人员来进行判断的，所以，“如实回答”已经演变为按照侦查人员的要求进行回答，犯罪嫌疑人的回答若不符合侦查人员的要求，就可能招致被强硬审讯甚至刑讯逼供。司法实践中存在的刑讯逼供与“如实回答”的规定有着密切的联系。

让刑事被追诉者承担“如实回答”义务，不符合人权保障理论的要求。任何人对自己是否犯罪以及怎样实施犯罪的陈述，应当建立在意思自治的基础上，享有不被强迫、不被威逼、不被利诱的权利；而“如实回答”义务的规定导致犯罪嫌疑人在陈述与否的问题上没有任何选择的自由，必须“如实回答”，形成了对刑事被追诉者的强迫自证其罪的情形。依据人权保障理论，越是弱者，越应该得到更多的保护。刑事被追诉者是刑事诉讼中的弱者，要面对着力量强大的国家追诉机关，必须对其人权加以保护，而“如实回答”义务的规定，则使刑事被追诉者的地位进一步恶化，其人权随时面临着来自追诉者的威胁。

“如实回答”义务的规定，其思维模式是犯罪嫌疑人就是实施犯罪的人，通过审讯犯罪嫌疑人就能够获得认定犯罪事实的证据，于是要求犯罪嫌疑人“如实回答”所提出的问题。这种靠犯罪嫌疑人违背意愿的供述来查清案件事实的方

法，明显属于实现合法目的的手段不合理、不正当，违背了正当法律程序理论的要求。“如实回答”义务的立法设计，使追诉权力过分膨胀，导致辩护方地位进一步弱化。追诉方对“追诉结果”的偏重，势必导致刑讯逼供等非法取证方法的使用，注定会导致最低限度公正和法律程序的正当性受到牺牲，而且也有碍于发现案件真相。要实现侦查程序的正当性，必须废除“如实回答”的义务，同时赋予犯罪嫌疑人“不受强迫自证其罪”的权利，这是正当法律程序理论的必然要求。

我国1996年修订的刑事诉讼法引入了国际上普遍采用的无罪推定原则，刑事诉讼法（1996年修正）第12条关于“未经人民法院依法判决，对任何人都不得确定有罪”的规定，被认为是吸收了无罪推定的合理内核。这一原则要求控诉方负责证明被追诉者有罪的责任，而被追诉者不承担证明自己无罪的义务。无论是大陆法系还是英美法系，均将“谁主张有罪，谁承担举证责任”的证明责任分配规则，视为无罪推定原则的核心内容。但“如实回答”义务的规定却违背了这一证明责任的分配原则，让犯罪嫌疑人、被告人变相承担了自证有罪的责任，导致有罪推定。

无罪推定原则与不受强迫自证其罪权具有逻辑上的一致性，既然确立了无罪推定，被追诉者就具有不自证有罪的权利，就应享有自愿陈述的权利，无“如实回答”的义务。所以，应取消“如实回答”义务的相关规定，全面确立、贯彻无罪推定原则，吸收、采纳由其演绎出的一系列诉讼制度，推动我国刑事诉讼法的科学化、现代化发展进程。

据此，刑事诉讼法再次修改应当取消“如实回答”义务的规定，同时规定犯罪嫌疑人享有不被强迫自证其罪的特权或者确立不得强迫自证其罪原则。

2. 讯问犯罪嫌疑人时实行录音、录像或律师在场制度

司法实践中，刑讯逼供大都发生在侦查讯问过程中，这与现行侦查程序结构的特点也有一定的关系。我国侦查程序的设置只强调侦查权力的运用，而缺乏犯罪嫌疑人行使诉讼权利和维护合法权利的保障机制，只强调对犯罪嫌疑人的追诉，而缺乏对这种追诉的对抗和制约，以及合法性和正当性审查。因而侦查权失去有效控制与制约，刑讯逼供等违法行为难以得到有效遏制，也就不难理解了。为防止侦查权力的滥用，遏制刑讯逼供等违法行为，建立侦查权力制约机制是完全必要的。讯问犯罪嫌疑人时实行录音、录像或律师在场制度，被认为是防止讯

问嫌疑人过程中侵犯人权最有效的手段。上述制度，简称为“三项制度”，它源自于2002年以来，在北京市公安局海淀区公安分局、广东省珠海市人民检察院、河南省焦作市公安局解放分局、甘肃省白银市公安局白银分局、江苏省无锡市人民检察院、浙江省宁波市人民检察院、武汉市汉阳区人民检察院、广州市海珠区人民检察院、云南省普洱市人民检察院等机关，进行的“讯问犯罪嫌疑人时实行录音、录像或律师在场制度”实证研究，即“三项制度”实证研究。

经过十余年的持续性实证研究，“三项制度”的影响已经显现出来，在司法实践中产生了良好的反响。从审讯人员的抵触到主动提出要求使用，审讯人员的思想观念发生了根本的转变；在制度制定层面上，也影响着最高人民检察院从2005年开始的一系列关于讯问犯罪嫌疑人时实行录音录像制度的规范性文件的出台。一些经济比较发达地区的公安机关也要求在讯问犯罪嫌疑人时，实行录音录像并制定了相关的规范性文件。可以说，在侦查讯问过程中实行“三项制度”，逐步获得了认同和支持。当然，也应该看到，“三项制度”的实行在理论上还存在诸多亟待解决的问题，如案件适用范围、讯问地点、录音录像资料的合法性、证据效力、使用、播放、保存，以及如何保证全程录音录像完整性，在场律师角色定位，律师资源配置等问题。

“三项制度”的功能，最初的定位还在于保障人权，防止讯问过程中的刑讯逼供。在我国司法实践中，刑讯逼供多发生在讯问犯罪嫌疑人的过程中，因为讯问大都是在封闭、秘密的状态下进行，缺乏行之有效的监督手段。那么在讯问犯罪嫌疑人时实行录音录像或者律师在场制度，就可以有效避免审讯人员对犯罪嫌疑人进行刑讯逼供。实证研究也证明，“三项制度”确实能够起到抑制刑讯逼供的作用。

通过“三项制度”的实践检验和经验积累，其功能远不止于此。“三项制度”的实践表明，在讯问犯罪嫌疑人时，进行录音、录像或者律师在场，有利于固定和保全犯罪嫌疑人口供，防止其庭审翻供，也有利于法庭对口供真实性的审查判断。讯问全程录音、录像或者律师在场，可以直接证明讯问过程的正当性、合法性，也促使审讯人员提高自己素质，规范自己的行为，理性、文明、公正地执法，同时还可以防止犯罪嫌疑人对审讯人员的诬陷，维护审讯人员的合法权益。此外，侦查人员也可以通过观看讯问录音录像，相互交流经验，总结得失，进一步提高讯问水平。因此，建议将“三项制度”法律化，吸收到刑事诉讼法中。

3. 强化检察机关侦查监督职能的作用

我国的侦查程序堪称为刑事诉讼活动的中心，案件中的有罪证据都是在此程序中获得的，犯罪嫌疑人也是在此程序中被逮捕羁押、被取保候审或者监视居住的，而且侦查羁押期限法律上规定可以长达7个月。因此，这就决定了侦查程序中的问题也是最多的。作为法律监督机关的检察机关理应将侦查程序作为法律监督的重点，但事实上侦查程序是法律监督的薄弱环节，司法实践中发生的一些冤假错案足以说明这一点。

我国侦查监督模式是检察机关通过立案监督、审查批捕、审查起诉、追究刑讯逼供犯罪等方式，来实现“人民检察院依法对刑事诉讼实行法律监督”的目的。这种监督模式存在一定的缺陷。其缺陷既有司法体制上的原因，也有程序设计上的问题。我国司法体制决定了侦查监督蕴涵于控诉职能行使之中，不能独立于诉讼职能之外，而侦查职能则是控诉职能的准备和前提，这是侦查监督难以真正发挥作用的症结所在。在现有司法制度难以改变的情况下，又要发挥检察机关侦查监督的作用，最好的办法是将检察机关的监督职能独立于控诉职能，行使侦查监督的部门超脱于刑事案件的办理，专司检察监督，这样才能够最大限度地避免诉讼角色冲突而弱化监督职能的发挥。

现行刑事诉讼法对公安机关不立案的监督不够全面，忽视了立案环节的监督。实际工作中公安机关拥有几乎不受限制的立案权，而检察机关对此却缺乏有效的纠正手段。例如，公安机关对于不构成刑事犯罪的，也予以立案；公安机关接到检察机关应当立案的通知后拒不立案；或者接受建议却怠于侦查；或者立案后又决定撤销案件；或者以取保候审的方式结案。这些情况检察机关都存在监督缺位问题。因此，立法应当完善检察机关对公安机关立案环节的监督体系，既要对应当立案不予以立案的进行监督，又要对不应当立案而立案的进行监督；既要对接受建议予以立案但怠于侦查的情况进行监督，又要对撤销案件或者取保候审的情况予以监督。

现行侦查监督的缺位还表现在，对公安机关搜查、扣押财产、通缉、鉴定等行为无权进行监督。司法实践中，公安机关存在违法搜查人身和住宅、违法扣押和处理财产，非法进行鉴定，违法进行通缉，进行违法辨认等个别现象。因此，刑事诉讼法应当赋予检察机关对搜查、扣押财产、通缉、鉴定等侦查行为进行监督的权力。

刑讯逼供行为是严重的执法违法行为，但司法实践中除非刑讯逼供导致犯罪嫌疑人死亡或重大伤残的，或者造成社会影响的冤假错案，实施刑讯逼供的侦查人员几乎没有被追究刑事责任的。事实上，根据我国刑法第 247 条规定，司法工作人员只要对犯罪嫌疑人实行刑讯逼供的行为，就构成了刑讯逼供罪，应处 3 年以下有期徒刑或者拘役。由于对刑讯逼供行为缺乏有效监督和刑事制裁，客观上也是导致刑讯逼供普遍存在的原因之一。因此，立法应当赋予检察机关一定的权威，以使检察机关对于公民控告、举报或者工作中自行发现的侦查过程中存在的刑讯逼供行为，能够有效行使法律监督职权，对于构成犯罪的侦查人员，坚决追究刑事责任，只有这样才能遏制刑讯逼供现象的发生。

目前，侦查监督实施的途径主要是通过审查批捕、审查起诉等活动来发现公安机关侦查活动是否存在违法情况。这种监督属于事后监督，并不能预防和制止违法行为的发生，监督效果不理想。如果监督部门能够介入到整个侦查的过程，提前介入侦查活动，参与现场勘查，参与预审活动，参与案件的讨论，查阅侦查案卷，就能预防和纠正侦查过程中违法行为的发生。因此，建议刑事诉讼法修改时增加规定："对公安机关立案侦查的重大案件，人民检察院可以对侦查取证活动提出意见和建议。"

侦查监督应当是全方位的，侦查监督的手段应当是有效的。但现行侦查监督的手段还比较单一，只见于《人民检察院刑事诉讼规则（试行)》中的发出《纠正违法通知书》，此外别无他法。这种《纠正违法通知书》出于检察机关一厢情愿的规定，从法理上讲对公安机关并没有约束力。因此，为了有效地进行侦查监督，刑事诉讼法应当明确规定监督的有效手段，可以包括纠正违法通知书、司法建议、排除非法侦查行为获得的证据，以及拒绝侦查监督的法律后果等。否则，侦查监督就形同虚设。由此，建议我国非法证据排除规则理论进入刑事诉讼法典，明确规定："在侦查、审查起诉、审判时发现有应当排除的证据的，应当依法予以排除，不得作为起诉意见、起诉决定和判决的依据。"

为了明确严格有效的监督手段，进而规定，人民检察院接到报案、控告、举报或者发现侦查人员以非法方法收集证据的，应当进行调查核实。对于确有以非法方法收集证据情形的，应当提出纠正意见，必要时可以建议侦查机关更换办案人。对于以非法方法收集证据，构成犯罪的，依法追究刑事责任。赋予检察机关对违法事实的调查权和更换办案人权，以及依法追究其刑事责任的权力，以彰显法律监督的实效和程序制裁措施。

4. 完善嫌疑人的权利体系，明确律师介入的诉讼地位

犯罪嫌疑人是刑事被追诉者，侦查过程中要受到侦查机关的调查、限制或剥夺人身自由和财产权利等制约。这种处境使其很容易受到非法侵害，现代法治国家为了防止其受到非法侵害，都赋予了充分的诉讼权利，以对抗侦查机关。国际社会也致力于犯罪嫌疑人的人权保障事业，联合国制定的《公民权利和政治权利国际公约》、《保护所有遭受任何形式拘留或监禁的人的原则》等有关国际公约确定了犯罪嫌疑人人权保障的最低标准。对照联合国刑事司法准则，我国侦查阶段的犯罪嫌疑人享有的诉讼权利还存在一定的差距，亟待立法予以完善。

根据实际需要，比照联合国刑事司法准则的最低标准，犯罪嫌疑人享有诉讼权利的范围，我国立法应当增加的事项有：（1）有权在被拘留、逮捕和羁押时被告之享有诉讼权利的范围；（2）有权获知被拘传或者被逮捕、拘留的理由以及可能提出的指控；（3）有权“不被强迫作不利于他自己的证言或强迫承认犯罪”；（4）有权就被拘留、逮捕的合法性和正当性向有关部门申诉；（5）有权为自己进行辩护或依法委托律师进行辩护；（6）有权获得享有诉讼权利的资料，并要求解释和说明如何行使诉讼权利；（7）有权尽快与其家属或者律师联络，但因调查的特殊需要有的可以限制此权；（8）有权获得免费律师的帮助，将现有的指定辩护范围扩大到侦查阶段没有自己聘请律师的犯罪嫌疑人；（9）有权在不被干扰的环境下和律师进行自由与完全保密的谈话。

在侦查阶段委托律师帮助的权利，对于在押的犯罪嫌疑人而言是一项非常重要的权利。这是获得外界信息和来自亲人心灵安慰的重要渠道，此渠道畅通与否关乎人权保障的宪法规定的落实。我国刑事诉讼法规定的介入侦查阶段的律师，地位尴尬，法律上的界定仅仅是为犯罪嫌疑人提供法律帮助，并无实质性的权利。司法实践中侦查机关对待介入律师的做法更是令人担忧，使得律师对介入侦查程序乃至刑事辩护顾虑重重，甚至担心自身的安全。此种局面，影响了我国法治化的进程。刑事辩护制度是刑事诉讼制度的一面镜子，反映出刑事诉讼制度现代化的程度，而律师介入诉讼的程度则是判断刑事辩护制度现代化的标准之一。为此，立法应当赋予律师在侦查阶段的辩护人地位。应明确规定，犯罪嫌疑人在被侦查机关第一次讯问后或者采用强制措施之日起，有权委托律师作为辩护人。

把原规定的“法律咨询人”的地位修改为具有实质性的辩护人地位。

在立法确立律师在侦查阶段辩护人地位的前提下，还应当完善与其地位相一致的诉讼权利。包括我国新律师法所规定的会见权、阅卷权、调查权、法庭上言论的豁免权，等等。

司法实践中，侦查阶段会见在押犯罪嫌疑人权利受到种种限制，“六部委”1998年颁布的《关于刑事诉讼法实施中若干问题的规定》(以下简称《六部委规定》）关于侦查阶段律师会见需要审批案件范围的确切规定，没能改变办案部门的一贯干扰阻挠的做法。曾经指望2007年颁布的律师法能够彻底解决会见难的问题，现在看来也只能是奢望，律师作为刑事辩护人的代理环境，在某些地区出现恶化的趋势，甚至是人身安全都受到威胁，大大地影响到刑事辩护制度的落实。

因此，刑事诉讼法的修改必须保证律师无干扰会见权。为了避免产生歧义和无理解释的空间，同时也是和国际刑事司法准则接轨，可以参照《关于律师作用的基本原则》附件的第8条规定进行完善，即：“遭逮捕、拘留或监禁的所有的人应有充分机会、时间和便利条件，毫不迟延地，在不被窃听、不经检查和完全保密情况下接受律师来访和与律师联系协商。这种协商可在执法人员能看得见但听不见的范围内进行。”

5. 技术侦查和秘密侦查措施的法治化

所谓技术侦查措施是指在侦查犯罪过程中，侦查机关利用技术设备来获取犯罪信息和犯罪证据的措施。具体包括测谎、网上侦查、DNA鉴定、监听、邮件检查、秘密录音录像、通信工具的监控等。所谓秘密侦查措施，是指侦查机关为了收集犯罪的证据，对某些特定的犯罪案件，采取具有隐蔽性的措施。具体包括跟踪、守候、监视、卧底、诱惑、控制下交付、秘密辨认、刑事特情、化装等措施。

我国侦查程序中缺乏技术侦查和秘密侦查措施的具体明确法律规定，目前只有1993年颁布的《中华人民共和国国家安全法》第10条和1995年颁布的《中华人民共和国警察法》第16条作了原则性的规定。这两个原则性的规定，只确立了可以采取技术侦查措施。但是技术侦查措施的种类，技术侦查措施使用的程序，所获得证据的法律地位等问题都没有具体规定。对于秘密侦查措施更是没有涉及。

司法实践中，侦查机关主要依据内部规定自行决定使用技术侦查和秘密侦查措施，不受限制和程序制约；违法或者不当使用技术侦查和秘密侦查措施，也不会受到任何制裁。实践中技术侦查和秘密侦查措施，有时被享有职权的人用作打击报复、排除异己的手段，成为腐败分子手中的御用工具。

技术侦查和秘密侦查措施的使用有利于打击犯罪，通过技术侦查措施发现犯罪、追究犯罪，抓获犯罪嫌疑人，应当成为侦查机关侦查破案必不可少的手段。现实中，利用通信工具进行犯罪或者进行预谋、纠集、串供、毁灭证据的趋势有增无减；犯罪智能化、技术化、信息化、组织化的趋势更加明显，使传统的侦查破案模式捉襟见肘，侦查破案难度加大，破案率降低。

技术侦查和秘密侦查措施在法律上的缺位不利于对犯罪的控制，也无助于对公民通信自由和个人隐私的保障，已经严重影响到人权保障和控制犯罪双重价值目标的实现。技术侦查和秘密侦查措施的法律落后限制了我国控制和打击犯罪的能力，为使侦查破案的手段适应和超过犯罪发展的趋势，必须提高侦查破案手段的科技含量，加大技术侦查措施的使用。技术侦查和秘密侦查措施使用的必要性与公民基本权利限制的正当性两者之间的平衡，只能是由立法来完成。通过立法完善技术侦查和秘密侦查措施的适用主体与适用案件范围；完善技术侦查和秘密侦查措施的种类，每种措施的具体内容和适用的审批程序和具体实施程序；完善技术侦查和秘密侦查措施所获得证据的法律地位，以及对公民隐私权的保障手段和与案件无关资料的销毁制度，同时还要完善检察机关对技术侦查和秘密侦查措施使用情况的监督，对于不是办理刑事案件的目的而使用，按照相关法律追究法律责任。通过这些措施实现实体真实的价值观和正当程序的价值观二者之间冲突的平衡。①

党中央对于技术侦查和秘密侦查措施十分重视，早在关于深化司法体制和工作机制改革的若干问题的意见中对于改革和完善侦查措施和程序就明确指出："适应新形势下依法打击重大刑事犯罪的需要，明确技术侦查、秘密侦查措施的适用主体、适用范围、审批程序以及收集证据的法律地位。"因此，无论是从理论意义还是实践意义，技术侦查和秘密侦查措施的法治化势在必行。因此，建议新修正的刑事诉讼法把技术侦查和秘密侦查在侦查一章中专节作出规定，明确其

① 孙长永：《侦查程序与人权保障》，中国法制出版社2009年版，第2页。

适用的范围、批准的权限、执行的主体、适用的期限、适用的原则和证据的效力，等等。

6. 排除非法口供遏制和减少刑讯逼供

刑讯逼供问题是司法实践中的顽症，国家相关部门出台了很多措施，效果甚微，不断出现令人震惊的刑讯逼供案件见诸于媒体。刑讯逼供发生的原因是多方面的，但是更主要的原因，在于侦查人员对于证据攫取的恣意妄为。如果立法设立严格规则排除非法获得的口供并得到严格的执行，那么就可以遏制或者减少刑讯逼供的发生。

关于非法获得的口供不得作为证据使用的规定，有关国际公约和一些国家的法律都非常明确。《保护人人不受酷刑和其他残忍、不人道或有辱人格待遇或处罚宣言》规定，“如经证实是因为受酷刑或其他残忍、不人道或有辱人格的待遇或处罚而作的供词，不得在任何诉讼中援引为指控有关的人或任何其他人的证据。”①《禁止酷刑和其他残忍、不人道或有辱人格的待遇或处罚公约》第15条也有类似的规定。

英美法系的英国和美国，都有自白排除规则，但是英国只排除非法口供，保留派生证据使用价值，而美国除例外情况外，全部排除。大陆法系的法国的刑事诉讼法规定：“违背本法典的任何规定或有任何其他有关刑事诉讼程序规定的实质性诉讼行为，如果侵害了有利害关系的一方当事人的利益，均使其行为无效。”② 被宣布无效的证据，应当从审查案卷中撤出，移送上诉法院归档，从而排除了非法获得的口供。德国、意大利、俄罗斯等国也有类似不得使用非法获得口供的规定。日本将非法取证的禁止规定上升到了宪法的高度，并以此确立了宪法层面的非法口供的排除规则。③

在我国台湾地区，“刑事诉讼法”规定更为明确，出于强暴、胁迫、利诱、诈欺、疲劳讯问、违法羁押或其他不正之方法，即使与事实相符的陈述，不得采纳为证据。④ 香港普通法和澳门“刑事诉讼法典”也是规定禁止使用非法获得的口供。

---

① 《保护人人不受酷刑和其他残忍、不人道或有辱人格待遇或处罚宣言》第12条的规定。

② 《法国刑事诉讼法典》，余叔通、谢朝华译，中国政法大学出版社1997年版，第83页。

③ ［日］宫泽俊义著《日本国宪法精解》，董璠舆译，中国民主法制出版社1991年版，第205页。

④ 台湾地区“刑事诉讼法”第156条的规定。

我国现行刑事诉讼法中还没有排除非法口供的规定，刑事诉讼法（1996 年修正）第 46 条的规定，只是口供的适用原则，并没有直接或者间接体现违法证据的排除规则。“两高”的内部规定，“以刑讯逼供或者威胁、引诱、欺骗等非法的方法收集的犯罪嫌疑人供述、被害人陈述、证人证言”，不能作为指控犯罪的根据或者定案的根据，被认为是我国非法言词证据的排除规则，但是这两个规定的内容，只是对本机关内部办理刑事案件具有约束作用，同时由于缺乏有效的操作程序来实施，并没有真正贯彻执行，只是起到宣示性作用，实际意义不大。

“两高三部”共同制定并从 2010 年 7 月 1 日起开始实行的《关于办理刑事案件排除非法证据若干问题的规定》，尽管是司法解释，但因其是“两高三部”联合颁布的，因此可以堪称为我国非法证据排除规则的里程碑。

从理论上讲，以刑讯逼供等非法手段获得口供的行为，是以牺牲人的尊严和人身权利为代价换来了的对案件事实的陈述，且不说这种陈述是真是假，就其获取口供行为本身就是严重的违法行为甚至是犯罪行为。对于侦查人员通过刑讯逼供获得的口供的采信，就是对践踏人权行为的纵容。基于对人权的保障，通过刑讯逼供手段获得的口供，必须予以排除，以此达到遏制刑讯逼供的目的。因此，在刑事诉讼法再修改时，应当将两个规定的内容予以完善，充实到刑事诉讼法的相关法律条文中去，提升非法证据排除规则的立法层次，通过排除非法口供达到遏制和减少刑讯逼供的目的。

7. 坚持“人本精神”完善强制措施

“刑事司法中的人本精神，含有这样的一种基本理念，就是在刑事司法中尊重个人的自由、权利和人格尊严，将人（特别是那些权利最易被抹杀的犯罪嫌疑人、被告人）以‘人’相待，承认并尊重其主体地位和诉讼权利，给予其作为人应有的礼遇，承认并尊重其主体地位和诉讼权利，给予其作为人应有的礼遇，反对将其物化、客体化、工具化”。[①] 强制措施的修改和完善，应当体现“人本精神”。这种精神主要体现在两个方面，一是犯罪嫌疑人的诉讼主体地位，二是犯罪嫌疑人享有诉讼权利。对比现行刑事诉讼法关于强制措施的规定和司法实际适用情况，犯罪嫌疑人主体地位不明显，诉讼权利不充分，与“人本精神”存在一定的差距。

---

① 樊崇义：《刑事诉讼法哲理思维》，中国人民公安大学出版社 2010 年版，第 166 页。

强制措施是追究犯罪过程中必不可少的手段，适用的目的是为了保障刑事诉讼的顺利进行，本身不具有惩罚性质。就个案强制措施适用种类的选择，应当遵循合法性原则、必要性原则、比例性原则以及变更性原则。但是，刑事诉讼法的规定导致司法实践普遍采取具有羁押性质的强制措施，非羁押措施的取保候审或者监视居住则成为了例外，忽视了被刑事追诉者无罪推定的权利和保释的权利。羁押性质的强制措施是非常严厉的，在我国逮捕后的羁押期限可以长达7个月的时间，这还不包括被普遍适用的“流窜作案、多次作案、结伙作案”的拘留羁押期限。

然而，这种羁押性质的强制措施适用的程序，却是由追诉机关自己决定执行，缺少有效的监督和制约，更没有听取犯罪嫌疑人的意见和要求，忽视了犯罪嫌疑人的主体地位，剥夺了犯罪嫌疑人理应享有的诉讼权利，不符合自然正义法则。因此，刑事诉讼法再修改时，应当体现“人本精神”，对犯罪嫌疑人采取强制措施时，尤其是采取羁押性强制措施或者延长羁押期限时，应当听取犯罪嫌疑人的意见，给予其为自己行为进行申辩的机会，实行听证后再作出决定。同时，对于在羁押状态中的犯罪嫌疑人，应设立有效的救济渠道，给其申诉和申请改变羁押状态的机会。这不仅是理性和正当法律程序的要求，也是减少当前社会不和谐与不稳定因素的现实需求。通过这样的程序，也可以抑制国家权力的滥用，防止侵害公民的人权。

对于处于羁押状态的犯罪嫌疑人，立法应当体现人文关怀，应当保障关押环境卫生、安全，让犯罪嫌疑人感到即使人身自由受到限制但没有失去做人的尊严，这有利于其回归社会。在羁押状态的犯罪嫌疑人，内心孤独，渴望亲人关怀和信息的交流，但是现行法律规定，公民一旦成为犯罪嫌疑人被羁押了，在判决生效之前，与家人之间的信息传递就只能指望明信片了，即使是被执行死刑的罪犯在执行之前，也无权与亲属会面。这样规定的立法本意是防止串供、毁灭和转移证据等，但是实际上这样的情况很少，绝大多数案件是不存在这种可能性的。因此，建议立法改变这种缺乏“人文关怀”的规定，除了存在没有被抓获的同案犯情况之外，应当允许在押犯罪嫌疑人和亲人见面，以及通信联络的机会，以满足人性的渴望和尊严。

8. 完善财产强制手段维护公民的财产权

公民的财产权利与公民的人身权利同样重要，它是公民赖以生存的基本条件，也是人权的重要组成部分，但是刑事诉讼法对财产的限制或者剥夺缺乏正当法律程序，导致实践中对公民财产权的侵犯现象更是大量存在，时有发生，如果立法上不能够很好地解决，就会抹杀法律在社会公众中的权威，阻碍我国法治建设的进程。

在侦查程序中对财产采取强制措施的手段，包括扣押、查封和冻结，其目的是为了保全证据、赔偿被害人的财产损失和没收上缴国库，实施的程序是侦查机关自行决定自行执行。扣押一般属于搜查过程中的辅助行为或者对提交证据的接受行为，查封和冻结一般是单独进行的侦查行为，刑事诉讼法对此都没有明确具体适用程序的规定。这为扣押、查封和冻结等侦查行为行使的随意性，提供了方便条件。

按照正当法律程序的要求，对于扣押、查封和冻结涉及公民财产权利的行为，应当实行司法令状或者司法审查原则，但就我国目前的情况来看，难以实现。在现有司法制度的框架内进行改良则是完全可行的。现实中，实施扣押、查封和冻结行为存在的主要弊端是，任何机关和当事人都无权和无法对其决定和实施进行监督。因此，立法完善可以从监督的环节入手来加以制约，从而保障公民的财产权利免受非法侵害。

指望法律修改剥夺侦查机关扣押、查封或者冻结的决定权，难度巨大，同时也不利于打击犯罪，但是赋予当事人向检察机关对扣押、查封或者冻结的申诉权，则能够起到制约和监督的目的，也与检察机关的性质一致。在程序上可以设计为，当事人认为侦查机关的扣押、查封或者冻结行为违法，有权向检察机关进行申诉，检察机关认为申诉具有一定证据支持的，有权要求侦查机关说明扣押、查封或者冻结具有合法性和正当性的理由，检察机关认为理由不成立的，有权要求侦查机关撤销该措施，侦查机关若不予接受，则检察机关可以在审查批捕和审查起诉程序排除该证据；如果侦查机关扣押、查封或者冻结的财产不随案件移送，则检察机关应当追究相关人员侵吞涉案财产的刑事责任。参照《六部委规定》第 19 条所规定的内容，可将下列内容规定到刑事诉讼法第 117 条中，即在侦查中扣押、查封或者冻结的财产，除应当依法予以没收或者返还被害人的外，一律随案移送审查起诉；犯罪嫌疑人死亡的，应当申请人民法院裁定作出处理。

对于侦查程序立法修改和完善，鉴于本文篇幅有限不可能面面俱到，只就带有普遍意义的问题提出了完善和修改的理念或者建议，较少地提出具体条文的修改内容。完善和修改的理念正确、科学，也就明确了刑事诉讼法的修改目标，具体修改的内容就不会偏离刑事诉讼程序的法治化方向。

（四）2012 年刑诉法侦查程序的新变化

1. 提高了惩罚和打击犯罪的能力与要求

第一，律师会见权的限制。新刑诉法（2012 年修正）第 37 条规定，危害国家安全犯罪、恐怖活动犯罪、特别重大贿赂犯罪案件，在侦查期间辩护律师会见在押的犯罪嫌疑人，应当经侦查机关许可。

第二，增加指定居所监视居住的规定。新刑诉法（2012 年修正）第 73 条规定，对于涉嫌危害国家安全犯罪、恐怖活动犯罪、特别重大贿赂犯罪，在住处执行可能有碍侦查的，经上一级人民检察院或者公安机关批准，也可以在指定的居所执行。

第三，增设技术侦查规定。新刑诉法（2012 年修正）第 148 条规定，人民检察院在立案后，对于重大的贪污、贿赂犯罪案件以及利用职权实施的严重侵犯公民人身权利的重大犯罪案件，根据侦查犯罪的需要，经过严格的批准手续，可以采取技术侦查措施，按照规定交有关机关执行。

第四，增设犯罪嫌疑人、被告人逃匿、死亡案件违法所得的没收程序。新刑诉法（2012 年修正）第 280 条规定，对于贪污贿赂犯罪、恐怖活动犯罪等重大犯罪案件，犯罪嫌疑人、被告人逃匿，在通缉一年后不能到案，或者犯罪嫌疑人、被告人死亡，依照刑法规定应当追缴其违法所得及其他涉案财产的，人民检察院可以向人民法院提出没收违法所得的申请。

其他方面，新刑诉法还增加了被取保候审人、监视居住犯罪嫌疑人、被告人的法定义务［新刑诉法（2012 年修正）第 69 条］，增加了电子监控等监视、不定期检查等监视方法［新刑诉法（2012 年修正）第 76 条］，规定了重大复杂案件可以适当延长传唤、拘传时间［新刑诉法（2012 年修正）第 117 条］等。

2. 提升了对犯罪嫌疑人、被告人的人文关怀水平

第一，辩护律师介入案件时间提前。新刑诉法（2012 年修正）第 33 条规定，犯罪嫌疑人自被侦查机关第一次讯问或者采取强制措施之日起，有权委托辩护人。侦查机关在第一次讯问犯罪嫌疑人或者对犯罪嫌疑人采取强制措施的时候，应当告知犯罪嫌疑人有权委托辩护人。

第二，强制措施适用进一步规范。为加强对犯罪案件决定逮捕权的制约，实

现犯罪侦查中提请逮捕与决定逮捕适当分离。2009 年 9 月，最高人民检察院下发试行规定，规定省级以下（不含省级）人民检察院立案侦查的案件，需要逮捕犯罪嫌疑人的，应报请上一级人民检察院审查决定。2011 年起，全国所有省区市检察机关全面实施“上提一级”改革，目的在于提高犯罪案件逮捕质量，切实保障犯罪嫌疑人合法权利。①

在法律适用方面，新刑诉法（2012 年修正）第 116 条第二款规定：“犯罪嫌疑人被送交看守所羁押以后，侦查人员对其进行讯问，应当在看守所内进行。”第 117 条规定，“案情特别重大、复杂，需要采取拘留、逮捕措施的，传唤、拘传持续的时间不得超过二十四小时”。“传唤、拘传犯罪嫌疑人，应当保证犯罪嫌疑人的饮食和必要的休息时间”。这些规定都体现了对（职务）犯罪嫌疑人、被告人的人性关怀。

第三，规定了全程录音录像制度。2005 年 11 月，最高人民检察院印发了《人民检察院讯问犯罪嫌疑人实行全程同步录音录像的规定（试行)》，2011 年 12 月，最高人民检察院再次下发通知，明确要求要毫不例外按照“三全”（全部、全程、全面）要求实行讯问录音录像制度。2012 年新刑诉法第 121 条再次明确：“侦查人员在讯问犯罪嫌疑人的时候，可以对讯问过程进行录音或者录像；对于可能判处无期徒刑、死刑的案件或者其他重大犯罪案件，应当对讯问过程进行录音或者录像。录音或者录像应当全程进行，保持完整性。”通过全程录音录像制度的推行，能最大限度地减少刑讯逼供等非法取证行为的发生，维护他们的正当权益。

第四，增设羁押必要性审查。新刑诉法（2012 年修正）第 93 条规定：犯罪嫌疑人、被告人被逮捕后，人民检察院仍应当对羁押的必要性进行审查。对不需要继续羁押的，应当建议予以释放或者变更强制措施。通过羁押必要性审查制度，能够对（职务）犯罪嫌疑人、被告人的羁押状态进行动态审查和监督，及时发现和纠正不当羁押行为，切实维护他们的人身自由权利。

第五，申请司法救济的权利。司法救济作为获得权利保障的最后一道防线，具有非常重要的理论意义和实践意义。通过司法救济，能够对不当的司法行为进行程序性制裁，保障他们的基本人权不受侵犯。新刑诉法（2012 年修正）第 115

① 朱国祥：“适应法律规制要求推进职务犯罪侦查模式转型”，载《人民检察》2013 年第 17 期。

条规定，当事人和辩护人、诉讼代理人、利害关系人对于司法机关及其工作人员采取某些强制措施和侦查手段不满的，有权向该机关申诉或者控告。受理申诉或者控告的机关应当及时处理。对处理不服的，可以向人民检察院申诉。

第六，证据规则和证据制度新变化。受“由供到证”侦查模式的影响，长期以来，犯罪嫌疑人、被告人的口供往往成为案件破获的突破口，为了获取口供而采取的刑讯逼供等非法侦查行为屡见不鲜。为彻底根治这一司法顽疾，新刑诉法（2012 年修正）第 50 条明确规定，“不得强迫任何人证实自己有罪”。第 54 条规定，采用刑讯逼供等非法方法收集的犯罪嫌疑人、被告人供述应当予以排除。

3．侦查模式控辩双方不平等的结构性矛盾依然存在

理论上说，刑事诉讼构造有“横向构造”和“纵向构造”之分。前者是指控诉、辩护和裁判三方在各主要诉讼阶段中的法律关系的格局，就是说，在刑事诉讼的任何一个点上，都应该存在控诉、辩护和裁判三方的关系①。侦查程序作为刑事诉讼的一个重要阶段，自然也应该具有“控辩裁”三方的三角形诉讼结构。

2012 年刑诉法实施前，侦查阶段律师无法获得正式的辩护人身份，因此在侦查阶段无法以正常的辩护人身份开展各项诉讼活动。正是由于律师角色的严重缺位，加上缺乏中立裁判者的参与，此时几乎不存在“控辩裁”三方的三角形诉讼结构，侦查只不过是检察机关对职务犯罪嫌疑人进行的单方面追诉与调查活动，侦查阶段几乎沦为对职务犯罪嫌疑人单纯的行政治罪活动。2012 年刑诉法实施后，犯罪嫌疑人自被侦查机关第一次讯问或者采取强制措施之日起有权委托辩护人，辩护律师开始在侦查阶段获得辩护人的角色，正式成为“控辩裁”三角诉讼结构中有力的一方，辩方的力量至少在形式上得到了前所未有的加强，这是一个重要的进步。

但是，我们不得不反思和忧虑的是，现行的侦查程序包括职务犯罪侦查模式仍然缺失中立的司法机关即裁判一方，正当程序意义上的“控辩裁”三角诉讼结构自然无法成立，职务犯罪侦查模式自然依旧无法摆脱“行政论罪程序”的风险。

---

① 宋英辉：《刑事诉讼原理》，北京法律出版社 2003 年版，第 237 页。

从司法现实上看，检察机关作为法律监督机关也确实对职务犯罪嫌疑人采取的“拘留、逮捕”等强制措施进行了审查、监督和制约义务，但鉴于检察机关集职务犯罪侦查、追诉和监督职能于一身，这种监督制约也基本上是基于检察系统内部进行，很难保持中立、超然的态度，其公正性屡遭怀疑，也违背“任何人不得充当自己案件的法官”这一自然正义原则。

由此我们得出推断，尽管我们已经颁布许多新的法律和司法解释，侦查程序中也因为辩方力量的加强，使得控辩平等的理想图景有重大改观。但由于目前司法审查制度的缺失、中立司法机关的缺位，侦查程序中职务犯罪侦查模式的“控辩裁”三角诉讼结构仍然无法有效建立。以国家公权力为强大后盾的检察侦查机关（控诉方）仍然可能构成对职务犯罪嫌疑人（辩护方）的强大威胁，完全意义上的控辩平等对抗依然难以实现。也正是因为这一结构性缺陷，决定了我们在短期内仍然更应该强调对职务犯罪嫌疑人人权保障的力度，强调人文司法、文明司法在职务犯罪侦查模式过程中的贯彻、渗透和运用。

（五）完善侦查程序人权司法保障制度的基本要求

1. 牢固树立正当程序理念

正当程序，也称正当法律程序，是指国家在剥夺或限制公民、法人的权利时，必须经过正当合理的法律程序，否则就不得作出此类决定。正当程序的功能，一方面在于使权利行使的形式合法化，即可促使决策的最佳化、吸收当事者的不满、限制决定者的恣意、减轻决定者的责任风险、增强决定的可预见性、权威性和可执行性等；另一方面在于保证权力行使的实质合法性。最合理的权力不仅要在形式上合法，还应当在实质上合法。也正因为正当程序的这些功能，正当程序起源并在早期发展于英国后，在美国获得了巨大发展，并从一个少数国家的权利行使原则发展为一个区域性人权保障原则，并最终成为一个国际性的人权保障原则，为《联合国宪章》、《世界人权宣言》、《公民权利和政治权利国际公约》、《执法人员行为守则》、《禁止酷刑和其他残忍、不人道或有辱人格的待遇或处罚公约》、《关于司法机关独立的基本准则》、《联合国少年司法最低限度标准》、《保护所有遭受任何形式的拘留或监禁的人的原则》《关于律师作用的基本原则》《关于检察官作用的准则》所吸纳①。

① 樊崇义：《刑事诉讼法哲理思维》，中国人民公安大学出版社 2010 年版，第 333－334 页。

人权司法保障制度要求对一切有关公民生命权、自由权、财产权、经济社会和文化等权利的剥夺必须严格遵守法定的正当程序，严格杜绝和防止有超越法律权限、践踏法律尊严等违法行为的发生，切实尊重程序的“正当性”要求，实现“程序法定、程序人道、程序中立、程序平等、程序自治、程序公开”等底线正义要求。侦查程序作为对犯罪嫌疑人、被告人采取强制措施的主要阶段，更应该牢固树立正当程序理念，秉承正当程序思维。

2. 坚持人本主义和权利救济原则

人本主义是指“人”是法律之本，如果没有人，任何法律都无存在的必要，也无存在的可能。在西方，“人本”源于拉丁文“humanus”，意大利 14、15 世纪的世俗异端文人用它来表示与正统经院神学研究对立的世俗人文研究。而在英文中，“人本”又称“人文”，即“humanity”，有三个基本含义：人道或仁慈；人性；人类。当 humanity 以复数形式出现时，它便指人文学科，即研究人类价值判断和精神追求的学科，以探求人生的价值、寻求人生的意义为研究目的，从而帮助人们树立正确的世界观、人生观、价值观，使社会人生更趋完美和和谐。① 人权司法保障制度中的人本主义，含有这样的一种基本理念，就是在整个司法程序中尊重个人的自由、权利和人格尊严，在制度设计上将人（特别是那些权利最易被抹杀的犯罪嫌疑人、被告人）以“人”相待，承认并尊重其主体地位和诉讼权利，给予其作为人应有的礼遇，反对将其物化、客体化、工具化。②

与人本主义相关的是权利救济原则。何为“救济”，在汉语中，“救济”一词的通常含义是救援、救治、救助或援助等，是指对那些陷入困境的人实施的物质意义上的帮助，以使受救济的人摆脱困境或暂时脱离险境。③ 在法学领域，则是指某种权利受到或可能受到某种行为侵害时，如何矫正和补救的问题。④《牛津法律大辞典》云：“救济就是纠正、矫正或改正已发生或业已造成伤害、危害、损失或损害的不当行为。”⑤

---

① 樊崇义：《刑事诉讼法哲理思维》，中国人民公安大学出版社 2010 年版，第 161－162 页。

② 樊崇义：《刑事诉讼法哲理思维》，中国人民公安大学出版社 2010 年版，第 72－77 页。

③ 中国社会科学院语言研究所词典编辑部：《现代汉语词典》（2002 年增补本），商务印书馆 2002 年版，第 2002 页。

④ 谢佑平：《刑事救济程序研究》，中国人民大学出版社 2007 年版，第 5 页。

⑤ 汪勇：《理性对待罪犯权利》，中国检察出版社 2010 年版，第 195 页。

“有权利必有救济”“无救济则无权利”，这是一条法律人再耳熟能详不过的法律公理。从权利诞生的那一刻起，权利就与救济密不可分，共同构成权利实体的两个不可分割的部分。一方面，权利的实现必须依靠救济。如果权利受到侵害时却缺乏一种有效的弥补、矫正、纠正办法和机制的话，那些规定得再多，设计得再完美、再细致、再科学、再完善的各项权利也无非就是空中楼阁、一纸空文，失去了权利设计者、制定者预想的成效和意义，其实践操作性自然也大打折扣。另一方面，救济在本质上也是一种权利，是权利的另一种表达方式和形式。具体体现在：当实体权利受到损害时，法律会自然派生出一种自行解决或请求司法机关及其他机关给予解决的权利，这种权利就是救济权。可见，救济权的产生必须以原有实体权利受到侵害为基础，如果原权利没有纠纷或冲突就不会产生救济权，救济权是相对于主权利的助权。① 正是因为权利和救济是如此粘连与相互伴生的关系，在英国 1703 年的“阿什比诉怀特案”中，首席大法官宣称：“一个人得到救济，也就得到了权利；失去救济，也就失去了权利。”②

公权力天生的扩张性导致公民的基本人权更容易受到侵犯，因此人权司法保障制度更应该充分体现权利救济的要求。在侦查程序阶段，要通过一系列救济制度的设置和运作来弥补、匡扶和矫正那些因侵犯而失去的权利。由此才能一直确保人权司法保障制度的完整、尊严和可操作性。

3. 遵循司法的规律和特征、合理控制侦查权

人权司法保障制度侧重于从司法层面来保障人权，因而其制度设计中必须充分尊重和体现司法的基本规律和特征。作为法律运行的一个环节，司法具有不同于立法、执法和守法的鲜明特征。司法的特征集中表现在司法的“被动性”和“透明性”。司法区别于行政的最大特点就是其独具的“诉讼性”，而非行政的“直线性”。司法的鲜明特点在于“两造具备，师听五辞”，即典型的“三角诉讼结构”。如果任何司法活动不具备这一典型样态，司法则只会沦落为行政强制和行政强权的悲惨命运。

遵循上述规律和特征，人权司法保障制度的设计必须鲜明地体现司法的“被动性”、“透明性”和“诉讼性”特点。“被动性”要求人权司法保障制度必须严

① 程燎原、王人博：《权利及其救济》，山东人民出版社 1998 年版，第 358 页。

② 赵运恒：《罪犯权利保障论》，法律出版社 2008 年版，第 155 页。

格贯彻不告不理原则，合理区分公权与私权的界限，在行使公权的过程中要尽一切可能避免对私权的伤害。“透明性”则要求人权司法保障制度必须在阳光下运行，增强媒体和民众对司法全程的监督，充分保障他们的知情权与诉讼参与权，切实保障司法的公正与高效运行。“诉讼性”则要求人权司法保障制度不得成为强者对弱者的肆意蹂躏，不得蜕变为强权对私权的简单线型攻击，而必须始终保持一种平等武装、裁判居中的三角结构，对于当事人不认可的司法裁判结果还应当允许其申请复议，赋予诉讼双方向更高一级司法机关提起申诉的权利。

侦查权作为国家公权机关的一种公权力，天生具有扩张性和侵犯性，失去适当的控制和约束必然导致对公民权利的侵犯和伤害。刑讯逼供就是侦查权过于庞大，失去规制前提下出现的司法痼疾。因此，要减少刑讯逼供行为的发生，规范侦查程序的运作，还必须在控制侦查权上作文章，其中最关键的是要引入司法审查机制。当前侦查程序中强制措施的采取和适用，基本上都是一种缺乏第三方审查和监督的类似行政追罪方式，超然的、中立的、消极的司法机关缺失，由此自然导致侦查权的扩张，极易形成对犯罪嫌疑人、被告人基本人权的侵犯。在司法实践中，则集中表现为对被追诉人的刑讯逼供，缺乏有效的监督和司法救济渠道。尽管 2012 年刑诉法第 115 条对被追诉人赋予了一些司法救济的范围和渠道，但是仅仅是对人民检察院的申诉，尚不是真正意义上的司法审查机制。

4. 切实加强对犯罪嫌疑人、被告人基本人权的保护

重视和加强对犯罪嫌疑人、被告人基本人权的保护，是促进社会和谐、维护社会公平正义、促进全社会健康有序协调发展的有效途径。人权司法保障制度要充分关注和支持犯罪嫌疑人、被告人基本人权的保障诉求，充分赋予其足够的诉讼权利和救济手段。通过人权司法保障制度和司法手段，首先要健全司法救助制度，加大对他们的救助和扶持力度；要完善法律援助制度，普及法制教育，确保他们能免费获得法律专业人士的帮助。在确保他们最基本的辩护权实现的同时，还必须满足他们最基本的生存权和发展权。2013 年 10 月 9 日，最高人民法院印发的《关于建立健全防范刑事冤假错案工作机制的意见》第 8 条指出：“采用刑讯逼供或者冻、饿、晒、烤、疲劳审讯等非法方法收集的被告人供述，应当排除。”其实就是对犯罪嫌疑人、被告人生存权等基本人权的保障和落实。在满足他们基本生存权的前提下，还可以视情况保障他们的监督权、批评建议权、控告检举权、申诉权、财产权、休息权，以及包括社会保险在内的社会保障权利、身

心健康权、受教育权、参加文化生活权等政治、经济、社会和文化权利的实现。确保全社会包括犯罪嫌疑人、被告人在内的每一个公民的人权都能得到保障和尊重，这既是最基本的人道主义要求，也符合人权司法保障制度设计之“善”与“正义”的价值追求。

三、我国强制措施制度的进步与发展①

修改后刑诉法将“尊重和保障人权”的宪法要求写进法典，以诉讼法为国家法律体系中的基本法的定位，从各方面落实宪法对人权保障的规定，加大了对公权力的制约，保障了诉讼中公民的合法权利，完善了强制措施的程序和体系。这是我国民主与法治建设的一大成就，体现了我国法治的发展与进步。本文立足于刑事诉讼基本理论，对强制措施修改的进步与发展进行阐述。

（一）进一步明确强制措施的法律定性

强制措施性质是指强制措施区别于其他事物的本质属性和特征。强制措施本质上是刑事诉讼过程中采用的一种临时性、预防性的诉讼保障措施，没有法律制裁的性质。所以，刑事强制措施具有三个方面的性质。

首先，强制措施具有程序性。它是在刑事诉讼中为保障诉讼的顺利进行而采取的临时限制或剥夺人身自由的法定的措施、手段或方法，属于诉讼程序保障措施，在法律性质上不具有惩罚性，其适用的对象为涉嫌犯罪、正在受到追诉的犯罪嫌疑人、被告人。虽然强制措施的适用结果也会对公民的人身自由进行一定的限制或剥夺，但是，它只是作为一种保障刑事诉讼目的和任务实现的一种办案措施、手段或方法，并不具有刑罚所具有的法律制裁的性质。

其次，强制措施具有预防性或保障性。强制措施的适用意在保障刑事诉讼活动的顺利进行，预防各种妨碍诉讼活动的行为发生。对于可能发生的妨碍诉讼的情形提前采取强制措施，避免危害结果的发生；对于已经发生的妨碍诉讼的行为采取强制措施，排除继续危害诉讼的可能。公安司法机关通过适用强制措施可以实现两个目的：一是防止犯罪嫌疑人、被告人逃避侦查、起诉和审判，或者防止他们进行妨碍诉讼的非法行为；二是防止犯罪嫌疑人、被告人继续危害社会，通

① 原文发表于《人民检察》2012年17期。

过对其人身自由的限制或剥夺，消除其继续危害社会的能力，避免社会公众再次受到危害。

第三，强制措施具有临时性或可变更性。强制措施是在定罪判刑前对人身自由的限制或者剥夺，其存在的合理依据是保障诉讼的顺利进行和防止继续危害社会行为的发生，具有程序保障的意义。但是，现代诉讼遵循诉讼效率和保障人权的原则，寻求在以最少的司法投入获得最大的刑事案件处理，同时要保障被追诉人的人权。所以，强制措施作为一种限制或剥夺公民人身自由权的程序性措施，其适用的时间较之其他限制或剥夺公民人身权利的措施更短。并且，为了突出保障人权的价值追求，强制措施在适用过程中可根据犯罪嫌疑人、被告人情况的变化，予以变更强制措施种类或者解除强制措施。强制措施适用的比例原则不仅适用于决定采取何种强制措施的场合，也适用于强制措施适用的全过程，必须保证强制措施的种类、严厉程度与犯罪嫌疑人、被告人的犯罪危害程度以及人身危险性相适应，犯罪嫌疑人、被告人的情况发生变化，强制措施也应随之作出调整。

根据强制措施的上述性质，修改后刑诉法对强制措施予以定性，将其定性为一种暂时性的、临时的强制方法。体现在以下三个方面：

一是完善了强制措施的适用条件，避免强制措施被当作惩罚性手段加以适用。修改后刑诉法区分了取保候审和监视居住的适用条件，将监视居住定位为替代羁押性措施的方法，尽量避免采取羁押性强制措施。例如，对于羁押性的强制措施，修改后刑诉法（2012 年修正）第 79 条对逮捕的适用条件中的社会危险性条件明确规定：可能实施新的犯罪；有危害国家安全、公共安全或者社会秩序的现实危险；可能毁灭、伪造证据，干扰证人作证或者串供；可能对被害人、举报人、控告人实施打击报复。这就对逮捕的适用进行了限制，防止“构罪即捕”，将逮捕作为惩罚犯罪措施的错误做法的发生。

二是完善了强制措施的变更规定，体现了强制措施作为暂时行为、不稳定的本质。强制措施在采取之后并不是一成不变的，根据被采取强制措施对象的情形可以发生改变。一方面，修改后刑诉法（2012 年修正）完善了各种强制措施之间变更的规定。例如，第 69 条第 4 款规定，“对违反取保候审规定，需要予以逮捕的，可以对犯罪嫌疑人、被告人先行拘留。”第 75 条第 2 款规定：“被监视居住的犯罪嫌疑人、被告人违反前款规定，情节严重的，可以予以逮捕；需要予以逮捕的，可以对犯罪嫌疑人、被告人先行拘留。”这些规定完善了取保候审、监视居住与拘留、逮捕的转化。另一方面，修改后刑诉法（2012 年修正）规定了人民检察院的羁押必要性审查权和相关人员的变更强制措施申请的权利，及时变更不合理的强制措施。修改后刑诉法（2012 年修正）第 93 条中规定，“犯罪嫌疑人、被告人被逮捕后，人民检察院仍应当对羁押的必要性进行审查。对不需要继续羁押的，应当建议予以释放或者变更强制措施”。通过人民检察院履行法律监督和被追诉方行使变更强制措施申请权的途径，及时变更不再合理的强制措施，保障被采取强制措施者的合法权利。

三是完善了强制措施期间的规定，避免强制措施成为惩罚性措施。修改后刑诉法（2012 年修正）第 96 条中规定，“犯罪嫌疑人、被告人被羁押的案件，不能在本法规定的侦查羁押、审查起诉、一审、二审期限内办结的，对犯罪嫌疑人、被告人应当予以释放”，明确羁押性强制措施期限届满，必须释放被羁押人，可以防止超期羁押，避免强制措施成为制裁犯罪的手段。修改后刑诉法（2012 年修正）还创新性地规定了指定居所监视居住的期限可以折抵刑期，第 74 条规定：“指定居所监视居住的期限应当折抵刑期。被判处管制的，监视居住一日折抵刑期一日；被判处拘役、有期徒刑的，监视居住二日折抵刑期一日。”这种规定是基于人权保障的需要，同时考虑指定居所监视居住对人身自由的限制程度较大而作出的规定，并不是滥用强制措施折抵刑期制度。强制措施作为一种暂时的、临时的强制方法，本身具有一定的强制性，因此，法律规定了羁押性强制措施期限折抵刑期的制度。虽然监视居住不是羁押性强制措施，但是，指定居所监视居住在对人身自由的限制程度上接近羁押性强制措施的程度，所以，规定指定居所监视居住的期限折抵刑期，如果对此加以合法适用，不仅可以减少羁押性强制措施的适用，避免超期羁押，也可以增加强制措施保障诉讼的功能，更加有效地实现程序保障作用。

（二）体现了“尊重与保障人权”原则的要求

人权作为一个被广泛提及的名词，是一个复杂的概念，不同的国家对人权有不同的理解和界定。自然法意义上，人权是指作为人享有或者应该享有的权利，并且这种权利是与生俱来的。实在法意义上，人权是指宪法中规定的公民的基本权利和自由。[①] 虽然关于人权的内涵的理解有所分歧，但是，现代各国对保障人

① 胡锦光、韩大元：《当代人权保障制度》，中国政法大学出版社 1993 年版，第 1－2 页。

权的理念已经达成共识，人权所代表的文明进步已经成为人类社会的共同财富，尊重和保障人权已经成为世界上文明国家共同认可的社会政治原则。修改后刑诉法第 2 条增加规定了“尊重和保障人权”，将尊重和保障人权作为刑事诉讼的一项基本原则加以明确。尊重和保障人权在强制措施的适用中具有重要意义。

一方面，尊重和保障人权是以权利制约权力的需要。权力作为一种公共意志，具有两面性：合理地加以使用权力，可以造福社会；但是，权力具有扩张性，没有制约的权力将会导致巨大的危害。因此，在长期的社会实践中，人类积累了不少制约权力的经验，其中以权利来制约权力就是一种行之有效的方法。以权利制约权力，就是在正确处理权利与权力关系的基础上，合理地配置权利，从而使权利能够限制、阻遏权力的滥用。强制措施是国家机关根据宪法和法律的规定，对公民采取的限制或剥夺其人身自由的强制方法，它本质上是国家权力对公民权利的一种处分，这就必然涉及权力与权利的关系。从控制犯罪的角度讲，采取强制措施是国家行使权力的表现，是对被追诉人权利的限制，要求给权利一定的尊重会带来国家权力的萎缩。但是，没有制约的权力必然破坏既定的社会规则，危害人类社会。为了维护既定的人类社会规则，国家权力和公民权利都应当作出一定的让步。在刑事诉讼中，处于绝对优势的国家权力应该作出更大的让步与限制。所以，保障人权是强制性行为的必然要求。强制措施是国家为了实现社会的整体利益而将公民的个人利益在一定范围内置于公权力之下的行为，是公权力行使的一种方式，在以国家名义实行的刑事强制措施中，国家权力远远强于个人的力量，个人无法与国家权力相抗衡，这一方面容易造成个人权利受限制，也会导致国家权力的膨胀和垄断。为了实现刑事诉讼的预期价值和程序功能，加强强制措施中的人权保障是制约国家权力的迫切需求。

另一方面，尊重和保障人权是程序主体理念在强制措施中的体现。在纠问式诉讼结构中，以国家本位的观念为主导，国家机构是唯一的诉讼主体，被追诉人是诉讼的客体，没有人之为人的主体地位。这样就造成了许多非人道的追诉行为。在诉讼民主化进程中逐渐形成并得到认可的现代程序主体理念强调在诉讼中诉讼参与人与国家机关平等的诉讼地位，诉讼参与人应当成为诉讼程序的主体，并能够富有影响地参与与自己有利害关系的案件的诉讼程序，并应给以人的尊严，受到人道的对待。程序主体理念以“尊重人的尊严”为思想指导。“尊重”是一种主体之间的相互关系，这种相互关系在诉讼中体现为一定的权利或权力的界限关系，作为权利或者权力的主体在其所享有的权利或权力范围内，得按其自由意志行事，并对对方权限内的事物保持一种克制的态度。诉讼参与人特别是当事人是为了实现一定的实体利益而参加刑事诉讼活动，而这种实体利益的实现必须通过程序的运作以及评判才可能实现。当事人进入刑事诉讼程序后，这种实体利益的诉求就转化为一定的程序上的要求，当事人只有具有一定的程序性权利，才可以按照自己的意志来实施具有意义的行为。在强制措施的实行过程中，尊重诉讼参与人的主体性就必须要尊重其作为程序主体的合理的程序需求，并通过一定的途径将这些程序需求外化为一定的程序性权利，通过行使一系列程序权利，犯罪嫌疑人、被告人等诉讼参与人才能真正成为诉讼的主体。

修改后刑诉法（2012 年修正）将“尊重和保障人权”作为一项基本原则，对强制措施也在更高层次上提高了人权保障的水平，使强制措施制度更加法治化和民主化。修改后刑诉法对强制措施保障人权方面作出了如下规定：

1. 细化逮捕条件，完善逮捕程序

新刑事诉讼法（2012 年修正）细化了逮捕条件，完善了逮捕程序。对逮捕制度予以改革完善，一是贯彻落实宽严相济刑事政策的需要。虽然当前我国总体形势是好的，但仍处于人民内部矛盾凸显、刑事犯罪高发的时期，宽严相济的刑事政策对于维护社会和谐稳定具有重大意义，逮捕制度的改革完善理应贯彻落实宽严相济的刑事政策。二是更好地发挥逮捕作用的需要。逮捕对于防止犯罪嫌疑人、被告人逃避或妨碍侦查、起诉和审判，保障刑事诉讼活动的顺利进行发挥着重要作用，也关系到刑事诉讼能不能更好地实现打击犯罪与保障人权的基本任务，能不能更好地发挥保障社会主义建设事业顺利进行的重要作用。三是巩固已有改革成果的需要。在以往司法体制和工作机制改革中，对逮捕制度进行了一些改革完善，如审查逮捕时讯问犯罪嫌疑人，听取犯罪嫌疑人的申辩和委托律师的意见等等。实践证明，这些改革措施是科学有效的，因此应当通过立法的形式予以固定。四是司法实践的需要。1996 年刑事诉讼法对逮捕必要性条件的规定比较原则，司法实践不好操作，虽然最高人民检察院对此出台了有关规范性文件，但各地对逮捕的把握仍多停留在“构罪即捕”的层面，比较普遍地忽视必要性条件，导致逮捕功能异化，使之成为惩罚和追究责任的方式。

逮捕作为刑事诉讼中最为严厉的一种强制措施，事关对当事人人身自由这一基本权利的限制和剥夺。从 1979 年刑事诉讼法到 1996 年刑事诉讼法，再到两轮司法体制和工作机制改革，逮捕的性质、功能、条件、程序等问题一直是刑事诉讼法学界和实务界关注的焦点之一。新刑事诉讼法关于逮捕制度的具体内容包括以下四个方面。

第一，细化了逮捕的必要性条件。

学理上将原来的刑事诉讼法规定的逮捕条件一般总结为证据条件、刑罚条件和必要性条件，它们是一个有机联系的整体，证据条件、刑罚条件是前提，必要性条件是关键，是对前两个条件的制约。新刑事诉讼法（2012 年修正）对司法实践中存在问题较多的必要性条件作了修改，其第 79 条直接列举了采取取保候审、监视居住等方法，尚不足以防止发生社会危险性，应当予以逮捕的五种情形："（一）可能实施新的犯罪的；（二）有危害国家安全、公共安全或者社会秩序的现实危险的；（三）可能毁灭、伪造证据，干扰证人作证或者串供的；（四）可能对被害人、举报人、控告人实施打击报复的；（五）企图自杀或者逃跑的。"应当注意的是，必要性条件分为两个层次，首先是犯罪嫌疑人具有社会危险性，其次是采取取保候审、监视居住等方法不足以防止发生这种社会危险性。二者之间是一种层进关系，即在满足第一个层次的条件后，还需要满足第二个层次的条件。因此，判断逮捕必要性的关键因素是社会危险性，而具有社会危险性应当包括犯罪嫌疑人具有妨碍刑事诉讼顺利进行的危险和继续危害社会的可能。在上述五种情形中，前者是指第（三）、（五）项，后者是指第（一）、（二）、（四）项。

第 79 条第二款还进一步完善了逮捕条件，列举了"应当"逮捕的三种情形：（1）有证据证明有犯罪事实，可能判处十年有期徒刑以上刑罚；（2）可能判处徒刑以上刑罚，有曾经故意犯罪记录；（3）可能判处徒刑以上刑罚，犯罪嫌疑人、被告人身份不明。第 79 条第 3 款还理顺了两个方面不相协调的条文关系，一是将原来第 56、第 57 条的相关内容一并作出规定，理顺了修正前这两条与第 60 条之间的关系。原刑事诉讼法（1996 年修正）这三条之间虽然本意一致，但是理解上容易产生分歧，即关于违背取保候审与监视居住的逮捕是对第 60 条的补充还是独立的逮捕条件，有立法混乱之嫌。二是删除了原刑事诉讼法（1996 年修正）第 60 条第二款的规定，将其内容分别规定在取保候审和监视居住的条文之中，理顺了其与原刑事诉讼法（1996 年修正）第 51 条之间的关系。原刑事诉讼法（1996 年修正）第 60 条第二款是对逮捕条件的排除性规定，而这一规定恰恰应该是取保候审或者监视居住的条件，直接规定为取保候审或者监视居住的肯定性条件在立法技术上更为科学。

逮捕条件的设置是否科学事关逮捕制度本身的设置是否科学、是否正当，事关逮捕措施在司法实践中是否会被滥用，事关被羁押公民的权利是否能够得到切实保障。从司法规律的角度看，新刑诉法（2012 年修正）对逮捕的必要性条件的细化遵从了无逮捕必要推定原则和强制措施的比例原则，而且大大提高了逮捕必要性条件的可操作性，有利于减少司法恣意。

第二，完善了审查批准逮捕的程序。

新刑事诉讼法（2012 年修正）吸收了以往司法体制和工作机制改革的有关成果。第 86 条规定："人民检察院审查批准逮捕，可以讯问犯罪嫌疑人；有下列情形之一的，应当讯问犯罪嫌疑人：（一）对是否符合逮捕条件有疑问的；（二）犯罪嫌疑人要求向检察人员当面陈述的；（三）侦查活动可能有重大违法行为的。人民检察院审查批准逮捕，可以询问证人等诉讼参与人，听取辩护律师的意见；辩护律师提出要求的，应当听取辩护律师的意见。"

检察人员在全面阅卷、全面熟悉案情和证据的基础上，有针对性地讯问犯罪嫌疑人，全面了解案情，核实案件的事实、证据、疑点和细节，有利于准确查明犯罪事实，防止错捕和错不捕；有利于保障犯罪嫌疑人合法权益、保证审查逮捕案件质量；有利于发现犯罪嫌疑人在侦查阶段可能被遗漏的从轻、减轻情节和发现新的犯罪事实。在审查逮捕时听取律师的意见，强化律师的作用，有助于律师与侦查权主体形成一种制约关系，从而使检察机关的审查逮捕更加透明、客观与公正。对司法实践中存在的以侦查阶段存在刑讯逼供为由翻供的情况，这些规定有利于调查侦查人员到底有无刑讯逼供行为，如果有，可以及时发现并予以纠正，保护犯罪嫌疑人的合法权益，如果没有，则可以保护侦查人员。可见，这些规定也使得我国审查批准逮捕的程序进一步走向诉讼化、正当化。

第三，规范了逮捕的执行程序。

新刑事诉讼法（2012 年修正）在逮捕的执行程序中新增了两项规定：一是逮捕后，应当立即将被逮捕人送看守所羁押。在司法实践中，犯罪嫌疑人被逮捕后，因没及时送进看守所而在外面被讯问甚至刑讯逼供的现象时有发生。看守所规范化建设后，犯罪嫌疑人和审讯人员之间用铁栅栏隔离，看守所被要求安装了录音录像监控，这就大大减小在捕后继续侦查的过程中发生刑讯逼供的可能。二是应当在逮捕后 24 小时以内，通知被逮捕人的家属。这项规定删除了“有碍侦查”不予通知的情形，彰显了人权保障理念。当然，对于何为“无法通知”，立法没有明确，有待司法解释予以明确。一般而言，检察机关在司法实践中遇到的“无法通知”的情形主要包括被逮捕人家属所在地、住所地地址不明，或者即便是地址明确，但是地区偏远，交通不便，24 小时之内不能通知，或者没有有效的无线或有线通信方式，或者没有家属等情形。

第四，规定了捕后羁押必要性审查制度。

新刑事诉讼法（2012 年修正）第 93 条规定，犯罪嫌疑人、被告人被逮捕后，人民检察院仍应当对羁押的必要性进行审查。对于不需要继续羁押的，应当建议予以释放或者变更强制措施。有关机关应当在 10 日以内将处理情况通知人民检察院。

在构建社会主义和谐社会的大背景下，在刑事诉讼程序中设立羁押必要性审查制度，既是完善逮捕程序的一项重要制度，也是贯彻宽严相济刑事政策的一个重要举措。该制度的构建遵循了以下原则：一是比例原则。继续羁押作为一种国家强制性活动，势必在一定程度上侵害公民的个人权利，需要在限制或剥夺权利与人权保障之间寻求适当的平衡。而比例原则作为避免各种权力行使的恣意与逾越，调和公权与私权，达到实质正义的一种理性思考的法则，则恰好为这种调和提供了实体上的操作办法，并要求在采用羁押措施时要综合考虑各方面的因素，权衡人权保障和追究犯罪之间的关系，用比例原则的标准来衡量和选择所适用羁押的方法。二是控权原则。最大程度地限制侦查机关的自由裁量权，体现司法公正。如果说比例原则为继续羁押必要性提供了主观判断标准，那么控权原则则为侦查机关行使继续羁押的权力设定了底限，这一底限的实现有赖于监督机关对侦查机关权力的制约与控制，可以使羁押措施的适用不再是无所顾忌、无所约束。

捕后继续羁押审查制度直指司法实践中存在超期羁押顽症和不必要关押问题，目的在于对逮捕的合法性和羁押的必要性进行审查，保障公民的基本权利和自由，防止公权力对公民权利的侵害，顺应了司法改革关于未来将适当减少监禁刑适用的要求，其理论基础源自无罪推定原则。根据无罪推定原则的内涵，任何人在人民法院依法判决有罪之前，其人身自由就应当得到法律的保障。而羁押措施却直接限制或剥夺犯罪嫌疑人、被告人的人身自由，它使得一个在法律上处于无罪地位的公民丧失或者基本丧失了从事正常社会活动的必要条件。因此，法治国家的立法对人身强制措施的采用大都规定了严格的条件和程序。

新刑事诉讼法（2012年修正）增加规定，“有关机关应当在十日以内将处理情况通知人民检察院”。这既有利于保护在押人员的合法权益，又增强了检察机关法律监督的刚性；既有利于有效缓解看守所的羁押压力，又有利于促进社会和谐与公正执法。因此，对犯罪情节较轻、社会危害后果不重、主动坦白交代犯罪事实的犯罪嫌疑人，一般不采取羁押措施，应尽量直接采取取保候审、监视居住等非羁押措施。但是，新刑事诉讼法的规定比较原则，对于审查程序的启动、审查的周期、必要性标准等问题仍然需要通过立法或者司法解释予以明确。随着诉讼进程的推进，一旦发现犯罪嫌疑人、被告人不需要继续羁押的，人民检察院应当建议有关机关予以释放或变更强制措施。但是，因为我国并没有将羁押期限与审理期限进行明确区分，所以人民法院延长办案期限事实上也会造成延长羁押期限，而对这个阶段羁押必要性的审查却是一个盲区。从这个角度看，羁押必要性审查并非只有在侦查和审查起诉环节有存在必要，在审理裁判环节也有存在必要。对此，有些地方在办案过程中进行了非羁押诉讼的有益探索。例如，河南省高级人民法院、省人民检察院、省公安厅于2011年7月联合下发了《关于在办理刑事案件中实行非羁押诉讼若干问题的规定（试行）》，规定公安机关立案侦查后，发现案件符合规定情形的，应当在不予羁押的情况下进行侦查，检察机关、人民法院也在不予羁押的情况下进行公诉、审判，同时明确了犯罪嫌疑人、被告人被适用非羁押诉讼应当具备的条件。这种探索有利于统一不同认识，有利于羁押必要性审查制度的落实。

2. 强化了监视居住情形的辩护权

修改后刑诉法（2012年修正）第73条第三、第四款分别规定，被监视居住的犯罪嫌疑人、被告人委托辩护人，适用修改后刑诉法（2012年修正）第33条的规定。而第33条中规定，犯罪嫌疑人、被告人自被侦查机关第一次讯问或者采取强制措施之日起，有权委托辩护人。这就表明被监视居住人在被采取监视居住之日起，就有权委托辩护人。与1996年刑事诉讼法相比，将被监视居住人获得律师辩护的时间由原来的审查起诉阶段提前到侦查阶段，从而更好地保障了被监视居住人的辩护权。

3. 强化了变更强制措施的规定

修改后的刑诉法（2012年修正）在强制措施的变更部分，为了保障被追诉人的权利，一方面，强化了人民检察院的审查监督的权力。例如，第93条规定："犯罪嫌疑人、被告人被逮捕后，人民检察院仍应当对羁押的必要性进行审查。对不需要继续羁押的，应当建议予以释放或者变更强制措施。有关机关应当在十日以内将处理情况通知人民检察院。"确立了人民检察院对逮捕后的羁押必要性的审查权。另一方面，增加规定申请变更强制措施的规定。例如，第95条规定："犯罪嫌疑人、被告人及其法定代理人、近亲属或者辩护人有权申请变更强制措施。人民法院、人民检察院和公安机关收到申请后，应当在三日以内作出决定；不同意变更强制措施的，应当告知申请人，并说明不同意的理由。"确立了犯罪嫌疑人等诉讼参与人申请变更强制措施的权利。同时，修改后刑诉法（2012年修正）第96条指出，对于不能在法律规定的侦查羁押、审查起诉、一审、二审期限内办结的案件，如果犯罪嫌疑人、被告人被羁押的，应当予以释放。但是，有继续查证、审理案件必要时，可以将羁押性强制措施改为取保候审或监视居住等非羁押措施。

4. 对强制措施的法律监督出台了新的举措，把人权保障提高到一个新的层次

修改后的刑诉法（2012年修正）第115条规定，当事人和辩护人、诉讼代理人、利害关系人对于司法机关采取强制措施法定期限届满，但不予释放、解除或者变更强制措施的行为，有权向该机关申诉或者控告。对申诉或者控告，受理申诉或者控告的机关应当及时处理。对处理不服的，可以向同级人民检察院申诉。如果是人民检察院直接受理的案件，可以向上一级人民检察院申诉。人民检察院对申诉应当及时进行审查，情况属实的，通知有关机关予以纠正。这些规定完善了当事人以及其他诉讼参与人的申诉权和控告权，有利于维护诉讼参与人的合法权利。

（三）平衡了惩罚犯罪与保障人权的诉讼价值

在我国，关于刑事诉讼法的价值长期以来坚持工具主义的法律观，将刑事诉讼法作为打击犯罪的工具，作为国家统治的手段，忽视了刑事诉讼法对人的安全、秩序、自由以及人格尊严的需求的满足。刑事诉讼法作为一种法律规范，其目的在于保证司法机关通过正当的程序，在不侵害公民特别是被追诉人合法权利的前提下打击犯罪，维护社会秩序，从而满足社会成员的安全、秩序、自由以及人格尊严的需求。所以，刑事诉讼法是一个多元价值的目标体系，刑事诉讼法的

制定与修改必须从惩罚犯罪的一元价值目标转变为惩罚犯罪与保障人权合理平衡的价值目标。从法哲学角度讲，修改刑事诉讼法，始终坚持两种价值观的平衡，目的是实现正义、秩序、自由等社会价值；从政治角度，则是为了实现执政者巩固执政秩序，实现执政的目的；从社会角度讲，它表现为保护和增进多数人的利益，同时要兼顾少数人的合法权利。

修改后刑诉法（2012 年修正）关于强制措施的规定贯彻了惩罚犯罪与保障人权相结合的价值理念，在实现惩罚犯罪与保障人权的价值平衡上有多处表现，突出的表现是完善了强制措施的体系。一方面，修改后刑诉法针对当前我国处于刑事犯罪高发期和社会矛盾凸显期这一现实国情，对刑事犯罪的控制提出了更高的要求，对于强制措施的体系和手段，增加规定了新的内容：（1）细化逮捕条件，便于掌握和适用；（2）取保候审中增加规定了强制执行令制度，改变取保候审执行不力的状况；（3）增加规定对几种重大犯罪监视居住可以在指定的居所执行；（4）增加规定电子监控；（5）规定对取保候审、监视居住的犯罪嫌疑人，将其护照等出入境证件、驾驶证件、身份证件（仅限于监视居住措施）交执行机关保存；（6）对重大、复杂的案件适当延长拘传的时间。

与此同时，对于强制措施的适用也在更高的层次上提高了人权保障的水平，使强制措施制度更加法治化和民主化。修改后刑诉法就强制措施对人权保障规定了以下内容：（1）强化和严格了人民检察院的审查批捕程序，保障诉讼当事人的程序参与权；（2）强化了监视居住情形的辩护权；（3）强化了强制措施变更的规定，保障诉讼当事人申请变更权；（4）对强制措施的法律监督出台了新的举措，保障当事人的申诉、控告权。

从以上两个方面的规定来看，修改后刑诉法在实现惩罚犯罪与保障人权的两种价值平衡上呈现出三大特点：一是在控制犯罪方面，加大了打击、惩罚犯罪的力度，基本形成了轻重有别、宽严相济的强制措施体系，包括电子监控，统一保管驾驶证件、出入境证件等等，逮捕措施更加细化、具体，解决了长期以来对抽象的“有逮捕必要”、“尚不足以防止发生社会危险性”等难以把握和执行的问题；同时，对取保候审执行无力，监视居住名存实亡、立而不用，或执行不规范等问题，都一一加以解决。二是在加大力度、规制行为的同时，对于这些限制人身自由的措施，刑事诉讼法修改时高度重视贯彻尊重和保障人权的原则，各种措施的审查、批准，要听取当事人的意见，对变更强制措施不服可以申诉与控告，以及救济制裁措施比较完备齐整，确实在人权保障方面提升了层次和水平。三是在哲理上实现了惩罚犯罪与人权保障辩证的统一，二者呈现出协同推进，共同提高的态势，表现出两者之间已经达到一个新的、更高层次平衡发展的状态。

（四）落实了“以人为本”的人文精神

人文精神是一种强调人在世界万物中主导地位的精神，其核心在于“以人为本”。就人与自然的关系而言，人文精神意味着人在自然面前是有尊严的，不是自然界的奴仆。就人与社会而言，人文精神意味着个人在社会中不是法律和权力的附属品和被动产物，而是社会的主人和主体，其真正主宰自己的命运，具有意志自由。刑事诉讼中的人文精神，就是要求在刑事诉讼中做到“以人为本”，尊重个人的自由、权利和人格尊严，将人特别是那些权利容易受到忽视、侵犯的犯罪嫌疑人、被告人，以“人”相待，承认并尊重其主体地位和诉讼权利，给予其作为人应有的礼遇，反对将其物化、客体化、工具化，保障诉讼参与人特别是犯罪嫌疑人、被告人的合法权益。

修改后刑诉法坚持以人为本、人文关怀，把立法和教化人心相结合，把“公平、正义、诚信、友爱、人性、人伦、人格”等基本的诉讼理念与道德理念作为立法的指导原则，在诉讼制度和机制的改革方面，实现了制度和机制的创新、发展和完善。在强制措施制度中，人文精神突出地体现在限制人身自由制度措施的人性化设计上。

例如，取保候审、监视居住措施，特别关注患病、生活不能自理，甚至系生活不能自理的人的唯一抚养人，怀孕或在哺乳自己婴儿的妇女等等，这充分体现了法律的人文精神，体现了人文关怀，坚持以人为本，对各种强制措施执行中的通知家属，依法变更措施时听取辩方意见，以及有不服意见时的申诉、控告等救济措施，都是人文精神在诉讼中的体现。

强制措施中人文精神的另一项重要内容是增加规定了听取当事人或者辩护人的意见，建立健全了当事人及辩护人的参与机制，充分彰显了“公正、公平、公开”的正义价值，是我国刑事诉讼立法的一大进步。修改后刑诉法（2012 年修正）第 73 条第三款规定：“被监视居住的犯罪嫌疑人、被告人委托辩护人，适用本法第三十三条的规定。”第 33 条明确规定犯罪嫌疑人自被侦查机关第一次讯问或者采取强制措施之日起，有权委托辩护人。这两个条文结合确立了被监视居住人在被监视居住之日起委托辩护人的权利。第 86 条明确规定了审查批准逮捕应当讯问犯罪嫌疑人，并听取辩护律师的意见。保障与程序的结果有直接利害关系的人能够参与此程序，体现了立法对其的人文关怀。

（五）贯彻了宽严相济刑事政策的精神

宽严相济刑事政策是构建社会主义和谐社会的内在要求，体现了法律效果、社会效果与政治效果的统一，它具有深厚的理论基础，符合对立统一规律、正义论、效益论和以人为本的思想。宽严相济刑事政策是一种在有效打击犯罪、维护社会秩序与保障人权、尊重人性之间进行合理平衡的刑事政策。它的内涵包括：一是宽严相济刑事政策体现了一种合理的区别对待，不仅包括实体上的宽严区别，还包括程序上的宽严有别，程序本身也可以体现对犯罪行为人的宽严程度。二是严有度，宽有节，从宽从严都必须依法进行，不能突破法律的规定。三是宽严应当相济，也就是说，宽与严在运用中要相互体现，相互配合，相互统一。也就是要求在刑事立法与司法中对重罪处以较重的处罚要能体现出轻罪所处刑之轻，对轻罪处以较轻刑罚也要能够体现出重罪所处刑之重。

从宽严相济刑事政策的内涵可以看出，宽严相济不仅适用于刑事案件实体的处理，也适用于刑事案件的程序问题，某些程序措施或手段的采用会改变当事人的处境而影响到当事人的合法权益，在这种情况下，是否采取某种强制措施已经体现了对该当事人是从宽还是从严处理。特别是对犯罪嫌疑人、被告人采取的强制措施，由于不同强制措施否认严厉程度是不一样的，是否采取强制措施，采取羁押性措施还是非羁押性强制措施，就明显体现出对犯罪嫌疑人、被告人的处理是宽还是严。

修改后刑诉法在强制措施的规定中贯彻了宽严相济刑事政策的精神，根据犯罪嫌疑人、被告人的个人犯罪程度的轻重以及人身危险性的大小，规定了宽严有别的强制措施种类。特别是在逮捕措施的适用条件和人民检察院的羁押必要性审查制度上，充分体现了强制措施中蕴含的宽严相济的精神。修改后刑诉法（2012年修正）在第79条规定了逮捕的适用条件。根据犯罪嫌疑人、被害人社会危险性的大小，区别情况，进行了宽严有别的对待：对于社会危险性不大，不采取羁押性措施也不会造成新的社会危害的犯罪嫌疑人、被告人，可以在程序上从宽处理，采取非羁押性的取保候审措施；对于社会危险性大的犯罪嫌疑人、被告人，不采取羁押性强制措施很可能造成新的社会危害或者妨碍诉讼的，在程序上必须从严处理，应当采取逮捕措施。并且对于以下三种情形必须采取逮捕措施：（1）

有证据证明有犯罪事实，可能判处十年有期徒刑以上刑罚；（2）有证据证明有犯罪事实，可能判处徒刑以上刑罚，曾经故意犯罪的；（3）有证据证明有犯罪事实，可能判处徒刑以上刑罚，身份不明的。对于这三种犯罪的嫌疑人、被告人一律采取逮捕措施，充分体现了国家对这些犯罪的嫌疑人、被告人从严处理的意图，有利于更好地防止这些人身危险性较大的犯罪嫌疑人、被告人继续危害社会或者逃避诉讼。

修改后刑诉法（2012 年修正）第 93 条规定了体现宽严相济精神的羁押必要性审查制度，人民检察院通过对羁押必要性进行审查，对于已经没有社会危害性而不需要继续采取羁押性措施的被逮捕人，人民检察院可以建议对其予以释放或者变更为非羁押性的强制措施，这与经过羁押必要性审查认为仍有必要羁押而继续予以羁押的被逮捕人相比，可以说是一种程序上的从轻处理。

（六）贯彻落实修改后刑诉法关于强制措施规定的对策

1. 正确认识理解修改后刑诉法关于强制措施的规定

修改后刑诉法对强制措施作出了比较合理的规定，形成了较为科学、完善的强制措施体系。这些新规定、新措施能否在实践中被认真执行，能否实现立法的初衷，必须在以下三个方面提高认识：一是要充分认识到此次刑事诉讼法修改坚持“惩罚犯罪与保障人权并重”的指导思想，既要准确惩罚犯罪，也要保障诉讼参与人的人权。改变以往的将强制措施只是作为追诉犯罪的工具的一元化价值观，在思想上树立新的诉讼多元价值观，注重安全、秩序、自由以及人的尊严等价值的实现，兼顾惩罚犯罪与保障人权价值的平衡。二是要认识到修改刑事诉讼法是加强和创新社会管理，维护社会和谐稳定的需要。刑事诉讼法作为一个部门法，以法律的形式发挥着对社会进行规范、管理的作用，引导、规范国家机关的行为。刑事诉讼法本身是否科学、合理，关系到其是否能够促进社会的管理以及秩序的维护。我国目前正在全社会各个方面建设和谐社会，和谐社会以人为本，以人为本就要求尊重人，突出人的主体性，这就要求在刑事诉讼中将被追诉人作为诉讼的主体对待，保障其合法的权利。强制措施的执行过程中，应该认识到在强制措施中贯彻保障人权的规定，对完善社会管理和构建和谐社会的重要意义，从思想上树立应该在强制措施中主动保障所有诉讼参与人的合法权利的观念。三是要树立程序法治的理念，认真学习修改后刑诉法的规定。程序法治要求对人身权利进行限制或者剥夺的强制措施必须由刑事诉讼法加以规定，必须按照刑事诉讼法的规定适用强制措施。

2. 矫正强制措施异化现象，促进强制措施法律功能的实现

强制措施是一种限制或者剥夺人身自由的强制方法，其目的是为了保障刑事诉讼的顺利进行，是一种程序性保障措施，不具有惩罚犯罪的实体性质。按照无罪推定原则，任何人在被人民法院根据合法的程序依法确定有罪之前，在法律上是无罪的。因此，在定罪判刑前是不能对犯罪嫌疑人、被告人进行实体上处罚的。但是，司法实践中，强制措施往往被用来作为一种惩罚犯罪的实体处罚措施，特别是剥夺人身自由的羁押性强制措施，经常被滥用，导致羁押措施的适用率过高，超期羁押问题严重。只要对犯罪嫌疑人、被告人采取了拘留措施，就必然会带来羁押的效果，而且随之也会转化为逮捕措施；一旦采取了逮捕措施，也就意味着被逮捕人在侦查、起诉、审判期间都将处于被羁押的状态，没有主动对是否需要继续羁押进行审查的机制。强制措施作为程序性保障措施，羁押犯罪嫌疑人、被告人是为了防止发生社会危险或者妨碍诉讼的行为发生，不是为了惩罚而羁押。因此，在刑事诉讼中，公安司法人员在思想上要树立强制措施不是惩罚犯罪措施的观念，在执法中要认真执行强制措施关于逮捕必要性和羁押必要性审查的规定，争取较少适用羁押性强制措施，及时对羁押的必要性进行审查，变更不合理的强制措施种类，消除超期羁押。

3. 明确权力与责任的关系，慎用强制措施

权力与责任两者既对立又统一。此次刑事诉讼法的修改（2012 年修正），根据我国的司法环境对加强打击犯罪的迫切需求，在强制措施部分赋予了公安司法机关更多的权力：取保候审中公安机关、人民检察院、人民法院根据情况决定执行强制执行令的权力；对几种重大犯罪指定居所监视居住的权力；采取电子监控的权力；暂时保管取保候审、监视居住的犯罪嫌疑人、被告人的身份证件（仅限于被监视居住人）、旅行证件、驾驶证件的权力；对重大、复杂案件决定适当延长拘传时间的权力；对几种情形的犯罪必须予以逮捕的权力。赋予这些权力给公安司法机关的同时，也规定了执法人员依法行使职权的职责。同时，强制措施惩罚犯罪、保障人权的价值追求使得在行使这些权力的时候不得侵犯被采取强制措施人的合法权利，并且执法人员也担负着保障人权的责任，所以，要慎用强制措施，能够不用强制措施就可以保证诉讼顺利进行的，就尽量不采用强制措施；能够采取非羁押性的取保候审、监视居住措施的，就尽量不采取羁押性的拘留、逮

捕措施。广大公安司法人员要时刻树立权力与责任相共生的观念，要认识到行使自身权力时，所肩负的依法行使权力和保障相对人合法权利的责任，在刑事诉讼中，少用、慎用强制措施，真正发挥强制措施的功用。

4. 探索灵活多样的强制措施执行方式

采取强制措施的目的是为了保障诉讼活动的顺利进行，并非追究犯罪嫌疑人、被告人法律责任的措施，只是一种程序上的保障措施，所以强制措施具有暂时性、可变更的特性。强制措施按照对人身自由的限制程度的不同分为非羁押措施和羁押措施，采取某种强制措施根据犯罪嫌疑人、被告人的犯罪危害程度和社会危险性大小来决定，但是，在刑事诉讼的进行过程中，犯罪嫌疑人、被告人的人身危险性会随着诉讼的进行发生变化，以前采取羁押性强制措施的可能不再需要继续羁押，而采取非羁押性强制措施的可能发生危害社会或者诉讼的行为而需要变更为羁押性的强制措施。所以，修改后刑诉法对强制措施的变更进行了完善，在司法实践中，要结合刑诉法的规定，及时发现、变更需要变更的强制措施，切实保障被追诉人的权利，此其一。其二，对于具体某种强制措施的执行，应该具体问题具体分析，充分利用科学技术，灵活多样地执行强制措施的规定。修改后刑诉法规定了对被监视居住的人可以采取电子监控，不定期检查等监视方式，并规定在侦查期间可以对其通信进行监控。这使得对于监视居住的方式可以灵活掌握，根据不同的对象选取不同的监视方式或者多种方式结合使用，提高诉讼的效率，节约司法资源。同时，司法工作人员要注意在司法实践中善于发现科学技术对诉讼活动的积极作用，意识到科学技术作为生产力对作为上层建筑的法律的推动作用，积极将科学技术嫁接于刑事强制措施的执行中，以有限的司法资源获取最大的诉讼效果，实现诉讼效益。

四、大数据时代下职务犯罪侦查模式的变革探究①

人类社会的信息化进程可以划分为三个时代，即计算机时代、互联网时代和大数据时代②。随着移动互联、社交网络、电子商务、智慧城市等互联网应用的

① 原文发表于《河南社会科学》2016 年第 12 期。

② 徐继华、冯启娜、陈贞汝：《智慧政府：大数据治国时代的来临》，中信出版社 2014 年版，第 11 页。

蓬勃发展，人类社会正从 IT 时代步入 DT（Data Technology）时代。[①] 2013 年世界上储存的数据约 1.2 泽字节，如果把这些数据全部记在书中，这些书可以覆盖整个美国 52 次；如果将之储存在只读光盘上，光盘可以堆成五堆，每一堆都可以伸到月球。[②] 数据信息的爆炸开启了一次重大的时代转型，使当下社会进入大数据时代。大数据带来了生活、工作、思维、理念的根本变革，犹如工业经济时代的石油，正悄然地改变我们的生活和认识世界的方式。大数据时代对人类的数据驾驭能力提出了新的挑战，商业、经济领域中的重大决策将基于数据和分析而作出，而非基于经验和直觉。实践中，“数据驱动决策”的理论越来越为政府、企业和社会所接受和重视。

科技是第一生产力，也是第一侦查力。大数据改变着人们的生活方式，当然也影响着犯罪活动，使犯罪时空、犯罪方式、犯罪手段发生了很大变化，尤其是职务犯罪相比普通刑事犯罪更具智能性、对抗性等特点，使职务犯罪侦查面临新的挑战和机遇。大数据的兴起，为检察机关查办职务犯罪案件开启了一扇新的大门，通过分析挖掘海量数据中隐藏的情报信息，使其成为侦查破案的利器。检察机关如何积极利用每天扑面而来的海量数据，在职务犯罪线索的发现、分析研判及案件初查、侦查取证等多个环节提高效率、提升能力，以应对日益复杂、多样的腐败犯罪形势，这一问题是检察机关面临的新课题。

（一）大数据的概念、特征及价值

随着信息技术特别是移动互联网技术的飞速发展，各种数据呈现爆炸式增长，数据正在为人类的经济、文化、生活带来深刻的变化，小到每个个体，大到一个国家，每天都会产生和面对大量数据。数据虽然彼此是孤立的，但相互之间存在关联关系。数据中蕴含着无数事物的内在联系，为我们认识复杂的现象提供了崭新的路径和有效的手段。2009 年谷歌公司在《自然》杂志上发表了一篇预测冬季流感传播趋势的文章，文中介绍技术人员把 5000 万条美国人最频繁检索的词条和美国疾控中心在 2003 年至 2008 年季节性流感传播时期的数据进行了比较，通过分析搜索记录与流感传播的关系来判断流感是否发生以及预测流感传播

① 孙奇茹：“人类正从 IT 时代走向 DT 时代”，载《北京日报》2014 年 3 月 3 日，第 006 版。

② ［英］维克托·迈尔－舍恩伯格、肯尼斯·库克耶：《大数据时代：生活、工作与思维的大变革》，盛杨燕、周涛译，浙江人民出版社 2013 年版，第 3 页、第 13 页。

的趋势。[①] 随着信息存储量的不断增多，人类在积累和运用信息的实践中逐渐认识到，通过数据的共享开放、应用处理和整合分析，可以带来技术更新并创造科技价值，从而为社会带来"大智能"和"大发展"的新机遇。

1. 概念

关于大数据的概念，目前尚无统一的定义。通说一般认为，大数据是指描述和形容信息大飞跃、大爆炸时期，由于网络通信技术的广泛使用所产生的海量化、多样化、动态化、急剧化增长的纷繁复杂的数据信息，并表征或命名与大数据密切相关的各类科学创新、技术创新与应用发展变化的趋势。[②] 一些专业研究团体结合自己的研究领域，提炼出独特的定义，如 IDC（internet data center，互联网数据中心）给出的定义是"为了更经济地从高频率获取的、大容量的、不同结构和类型的数据中获取价值而设计的新一代架构和技术"。[③] 现代信息社会中人们的社会交往、行踪轨迹、财物流转等活动基本处在信息化管理之中，使得每个社会成员的个人信息都不可避免地融入大数据之中。大数据时代，数据记录社会生活的范围不断扩大，比如智能手机的出现，使人的行为、位置甚至身体生理等每一点变化都成为可被记录和分析的数据，当不同的数据被整合后，个体的活动就有了可追溯性、可复原性。可以说，我们工作、生活的社会是一个数字化信息与数字化证据的客观生成机制相当完备并将更加完备的社会。[④] 也许在不久的将来，当大数据完全贯穿于人类生活之时，人类的任何行为信息都能通过大数据被挖掘出来。

2. 特征

因为大数据是一个比较抽象的概念，人们对其理解阐述也不同，但总的来说，业界普遍认为大数据有"4V"特性：一是 Volume（大量），随着互联网的不断普及和广泛运用，其持续、快速地产生了海量数据，"数据的存储单位由 B，KB，MB，GB，TB 到 PB，EB，ZB，YB 不断扩大"；[⑤] 二是 Velocity（高速），各

---

① ［英］维克托·迈尔-舍恩伯格、肯尼斯·库克耶：《大数据时代：生活、工作与思维的大变革》，盛杨燕、周涛译，浙江人民出版社 2013 年版，第 3 页、第 13 页。

② 魏麟钧："大数据与侦查方法论之创新"，江西财经大学 2015 年硕士论文。

③ 刘智慧、张泉灵："大数据技术研究综述"，载《浙江大学学报》（工学版）2014 年第 6 期。

④ 陈刚：《信息化侦查教程》，中国人民公安大学出版社 2012 年版，第 1 页。

⑤ 李芬、朱志祥、刘盛辉："大数据发展现状及面临的问题"，载《西安邮电大学学报》2013 年第 5 期。

类数据量迅猛增长，而且数据分析应用的速度也越来越快；三是 Variety（多样），数据种类涵盖数字、文字、图形、音频、视频等多种数据类型；四是 Value（价值），随着云计算等新技术的出现，对海量数据分析处理成为可能，而且任何数据都具有价值，因观察分析的角度不同，其意义价值也不同。大数据的意义不仅在于数据量之大，更在于通过大量数据的整合分析，可以发现新的知识和规律。

3．价值

从认识论和方法论层面看，大数据不仅指向大量数据，还更强调对数据的整合、分析、预测、研判等专业化技术处理，找到事物发展变化的内在联系及规律，最终获取有价值信息和分析决策依据的能力。因此，大数据分析成为快速解决问题、处理疑难情况的一种新思维、新方法，更是一个对决策提供有效帮助的工具。大数据决策成为一种新的决策模式，在对数据信息进行处理的基础上，可形成一些新的更深层次的决策信息，在学术上被称为“数据挖掘”。[①] 可以说，大数据是数据、技术、应用三者的统一。大数据时代下的思维模式和处理方式，即对尽可能多的数据进行与特定事项的相关分析，挖掘出隐含的、先前未知的、对决策有潜在价值的关系、模式和趋势，使得数据在事件处理中体现两个重要价值：捕捉现在与预测未来。

（二）大数据运用给职务犯罪侦查带来的变化

职务犯罪严重损害国家单位的正常活动和公正廉洁的信誉，给公私财产造成严重损失，为人民群众所深恶痛绝。由于职务犯罪系高隐秘型犯罪，而且行为人的反侦查能力较强，使得对职务犯罪的防范、发现和查处的难度很大，决定了职务犯罪侦查不同于普通刑事犯罪侦查，有自己独特的方法和模式，对侦查的专业性要求更高。信息技术的迅猛发展，在给人们生产生活带来便利的同时，也使得职务犯罪更趋于隐蔽化、复杂化、智能化，如果继续沿袭旧的观念，采用传统的工作模式，必然事倍功半。在职务犯罪侦查活动中，侦查人员的首要任务是事实调查，这必然涉及证据的分析和收集，而如何从大量平淡无奇的数据中获取有价值的信息，必然会使用大数据技术。大数据是信息社会的产物，职务犯罪行为信息化手段越明显，留下的信息痕迹就越多，这使得大数据在职务犯罪侦查、证据

① 邹生：《信息化十讲》，电子工业出版社2009年版，第35页。

收集方面大有可为。笔者认为，大数据时代下职务犯罪侦查总体上呈现出以下五个变化：

1. 快捷发现线索

职务犯罪侦查的难点之一是发现犯罪线索难。长期以来，群众举报是获取职务犯罪线索的主要来源，但是职务犯罪不同于普通的刑事犯罪，其侵害的客体是国家对职务活动的管理职能及国家工作人员职务的廉洁性，并没有具体的被害人，因此，群众对职务犯罪虽然痛恨，但考虑到职务犯罪与个人利益得失关系不大，往往丧失举报动力，很多人抱有事不关己的态度而不愿意举报或不敢实名举报，导致的后果就是犯罪黑数高，影响了对职务犯罪侦查的成效。大数据的思维在刑事犯罪线索发现和关联线索挖掘方面给我们很大启发，刑事犯罪作为一种严重损害社会利益的活动，会表现为各种各样的复杂样态，尤其是通过现代工具实施的犯罪，都会留下种种痕迹，在大数据环境下任何犯罪行为都可能以数据片断的形式再现于网络系统或者远程数据库，侦查人员可以利用网络搜索引擎、论坛发帖、网上炫富、媒体爆料、人肉搜索等暴露的信息，发现哪些部门、领域及人员存在潜在的权钱交易等腐败行为及其腐败方式的特点。只要我们寻根究底，善于捕捉各种信息，就可能快速发现隐藏于幕后的职务犯罪线索。

2. 拓展侦查思维

侦查思维是侦查人员在侦查实践中形成的一种职业性思维方式。传统侦查思维即侦查人员围绕线索收集客观存在相关信息，寻找某种因果关系来证实线索，侦查的视野局限于线索周围的信息。而随着大数据和“互联网 +”时代的到来，侦查触角从现实物理空间向虚拟数字空间拓展，侦查工作可以利用的情报信息资源更加丰富多元化，手机信息、通话记录信息、视频信息、计算机信息、互联网信息，都可能成为解决侦查问题的工作资源。“在海量资源中获取数据的同时不能忽略任何一个可以找到信息情报的数据，可能某一数据表面看来毫无用处，但是当这个数据和其他数据整合在一起后就有可能是打开整个数据挖掘大门的金钥匙”。① 只要收集尽可能多的数据，就可以通过量化分析事物之间的数理关系，寻找趋势规律，让数据出来说话，以此修正侦查人员的偏见和直觉，使理性“预测未来”成为可能。大数据思维要求不必再紧盯事物之间的因果关系，转而关注

① 江俞蓉、张天明：“大数据时代情报学面临的挑战和机遇”，载《现代情报》2013 年第 8 期。

寻找事物之间的相互联系，这给侦查人员带来全新的侦查视野。

3. 创新侦查方式

多年来，职务犯罪侦查工作一直沿袭线索信息靠举报、公共信息逐案查的被动、粗放、人力密集型侦查方式，侦查人员形成就案办案的单一方式，数据信息仅是破获个案的素材，案件侦查终结后原来收集的数据信息也就被遗弃了。而在大数据视野下，犯罪相关物质性资源将发展为犯罪信息资源，从物质痕迹发展到信息痕迹，数据信息将是一种长期的侦查资源。大数据应用将为我们开辟更为丰富、多元的侦查方法、侦查方式，通过大数据技术对相关案件信息进行审查评估和综合分析后得出关联信息，将为选择侦查方向、作出侦查决策、突破办案瓶颈和拓宽案件来源等提供帮助和支持。侦查人员以所办案件为原点，对办案中发现的热点行业、薄弱环节和重点人员，及时组织人员开展信息收集、类案分析和专项调研，分类研究、深入剖析相关领域的工作流程、发案特点、作案手段、行业规律等，不断扩大侦查触点范围，将案件侦查由一个人、一件事向一类人、一类事拓展。

4. 转变侦查格局

当前，职务犯罪群体化现象日趋严重，跨地区、跨部门、跨国境犯罪日益突出，贪污贿赂犯罪及渎职犯罪与一般刑事犯罪往往相互交织，办案难度不断增加，依照行政区划各自为战进行孤立侦查、分散侦查已不能适应客观需要。在大数据时代，任何犯罪行为都有可能通过数据形式存储或再现，这为发现犯罪和打击犯罪提供了有效的突破口。实践中可运用大数据技术实现获取信息网络化、应用信息精细化、证据文档数字化，全方位收集侦查信息，统一开发、管理和运用，切实打破侦查信息的行政区划界限，实现侦查信息的高度共享，构建上下左右互联互通的侦查信息网络，努力做到侦查信息统一管理、侦查活动统一指挥、侦查力量统一调配，以侦查信息共建、共管、共享为纽带，实现由孤军作战的区域型侦查格局向联合作战的跨区域型侦查格局转变，最大限度地提高整体侦查能力。

5. 提高侦查效率

“审讯靠嘴、查证靠腿”、“跑断腿、说破嘴”是侦查人员对其传统工作的形象描述，其中的辛苦可想而知，效率也大打折扣。在进行职务犯罪侦查中，掌握全面的犯罪嫌疑人信息是工作的基础，这些信息包括家庭成员信息、资产信息、银行保险证券等账户信息，通信行踪信息以及其他信息（如供水、供电信息，热点行业和领域中要害部门和重点岗位的工作运行机制等信息)。在大数据时代下,用社会化数据来建立人的模型,称为“数据人”项目,该项目的一个层面是全方位获取侦查情报,另一个层面是对讯问对象进行“微表情分析”[①](和测谎技术有些类似)。通过大数据技术,可采取多层次、多渠道的途径获取存在于社会各个领域的信息资料,帮助侦查人员在短时间内获取侦查对象相关情报信息,还可根据侦查需求切换不同的分析角度,对情报信息进行组合分析和深入挖掘,从而辅助侦查人员快速确定侦查重点,大力提升办案效率与效果。

(三)传统职务犯罪侦查模式及变革的必要性

侦查模式是侦查主体进行侦查活动时所采用的行为模式。[②] 一般来说,按照是否运用信息科技手段,可将侦查模式分为传统侦查模式和信息主导侦查模式。侦查模式的积极意义是提供一个可供参考的侦查方法和思路,但不是提供标准式样,事实上也不可能将不同案件的不同侦查方法加以绝对化。

1. 传统职务犯罪侦查模式概述

由于职务犯罪案件很少有现场目击证人和物证,更没有犯罪现场和犯罪痕迹,因此,犯罪事实主要通过口供、证人证言、书证等证据来证明,侦查的思路一般是“由人到事”。口供在我国长期被认为是“证据之王”。我国传统的职务犯罪侦查模式是“由供到证”的模式,侦查人员侧重于对口供的收集,所有侦查活动都紧紧围绕着口供来开展,即侦查人员通过获取口供进一步查找和收集其他证据,并通过不断讯问,使口供与其他证据相对应,当达到供证一致时就可以结案。总的来说,“由供到证”模式要求首先获取有价值的口供,然后依供找证、据供查证。

传统的职务犯罪侦查过程主要以犯罪嫌疑人供述和辩解、证人证言等言词证据作为侦查的出发点和主要突破口,从而带动全案侦破,并由此形成“由供到证”的侦查模式。侦查人员为了获取口供,通常采用突然传唤,然后进行封闭讯问,并利用刑事政策、犯罪嫌疑人口供中的矛盾、间接证据、强制措施等对犯罪嫌疑人施加心理影响,以促使犯罪嫌疑人供述自己的罪行。[③] 但是这种依赖口供

---

① 高斌:“大数据的时代:让腐败无处藏身”,载《检察日报》2014年12月2日,第5版。

② 马忠红:《刑事侦查学总论》,中国人民公安大学出版社2009年版,第134页。

③ 廖东明:《职务犯罪新视野》,中国法制出版社2012年版,第35页。

的侦查模式存在明显弊端：一方面侦查技术含量较低，为急于突破案件，一些办案人员可能采用非法手段获取供述；另一方面一旦犯罪嫌疑人庭审翻供，如无其他客观证据，将面临侦查失败的风险。

2. 职务犯罪的新形势要求转变侦查模式

在当今改革开放走上新轨道和经济社会快速发展的形势下，职务犯罪逐渐呈复杂态势，表现为犯罪总量不断增加、涉案金额越来越大、大案要案突出，而且犯罪主体高层化、群体化，犯罪手段复杂化、隐蔽化，几乎所有的公权力领域都可能出现职务犯罪，涉及部门涵盖了党的机关、权力机关、政协机关、政府机关、司法机关、国有企事业单位及人民团体。据权威报道，2015 年全国检察机关共立案侦查职务犯罪案件 40834 件，54249 人；查办贪污、贿赂、挪用公款 100 万元以上案件 4490 件，同比上升 22.5%；查办涉嫌犯罪的原县处级以上干部 4568 人，同比上升 13%；依法对令计划、苏荣等 41 名原省部级以上干部立案侦查。[①] 以上数据充分说明当前惩办职务犯罪的形势非常严峻，检察机关承担的侦查任务重、办案责任大，不能有懈怠之心。随着计算机、互联网、智能手机等和电子相关的信息工具的普及，犯罪领域呈现出虚拟空间和现实空间交织的状态，使得“腐败手段的变化越来越多样化、高科技化，更多利用网络平台、金融交易平台等手段，由权力与款物、充值卡等实体交易向权力与信息、股份等虚拟交易转变”。[②] 同时，在市场经济的迅速推动下，犯罪的流动性加大、案件数量激增及现代化程度提高的趋势日益显现，若按传统模式侦查将难以应对。

3. 法律新规定和诉讼制度改革倒逼侦查模式转变

由于《关于办理死刑案件审查判断证据若干问题的规定》和《关于办理刑事案件排除非法证据若干问题的规定》这“两个证据规定”及 2012 年《刑事诉讼法》对刑事证据及侦查、辩护、羁押等多个方面作出新的规定，侦查人员像以往那样获取口供越来越难：一是明确了不得强迫自证其罪原则和非法证据排除规则，体现了口供自愿性原则的精神；二是限制了讯问的时间和地点，如传唤、拘传应保证犯罪嫌疑人的饮食和必要休息时间，犯罪嫌疑人交看守所羁押后的讯问

---

① 最高人民检察院官方网站《2016 最高检工作报告全文》，http://www.spp.gov.cn/zdgz/201603/t20160313_114325.shtml，最后访问时间：2016 年 6 月 3 日。

② 袁元、夏奕、赵鹏飞：“腐败案件趋隐蔽化智能化廉政立法难以一蹴而就”，载《共产党员》2011 年第 18 期。

应在看守所内进行；三是加强了辩护权的保障，体现在辩护律师介入案件时间提前到侦查阶段；四是加强了申请司法救济的权利；五是增设了羁押必要性审查制度；六是明确了侦查人员出庭证明证据合法性的义务。这些新规定“无疑打破了原来一贯封闭和信息不对称的讯问环境，犯罪嫌疑人的防御能力也得到进一步提升”。[①] 这给打击职务犯罪带来不小冲击，给职务犯罪侦查增加了很大难度，而目前以审判为中心的诉讼制度改革，要求事实证据调查在法庭进行，颠覆了长期以来“以口供为中心”的侦查重点论，必然弱化口供对案件侦查的决定作用，降低对口供的依赖性，重视侦查活动中以客观证据为核心，更使得检察机关转变侦查模式成为大势所趋。

4. 技术不断发展需要相应转变侦查模式

职务犯罪侦查活动是不断发现、汇总、分析、研判、处理犯罪关联信息，以还原案件真相及查明法律事实的过程。在大数据时代下，大量丰富的社会实践转移到虚拟空间的数字化平台之上，“网络技术的广泛应用、侦查思维方式的变革、侦查组织结构形态与犯罪情报管理体制的转变，使犯罪情报的客体能动性得到了极大的提升……从而完成了犯罪情报由客体向主体转化的非对象化过程”，[②] 要求职务犯罪侦查机关对传统工作方式进行改革，以实现获取案件情报的技术化、侦查信息的准确化、侦查运作的高效化。大数据的主要优势就是对信息高效率、大容量的占有，通过一定技术提取推算出所需要的特定信息，这使职务犯罪侦查理念和方式发生了重大变化。我们要与时俱进，促使职务犯罪侦查模式由粗放型、人力密集型向精确型、技术密集型转变，打破时空界限，拓宽侦查途径，建立多元化的侦查体系。

随着信息技术的不断发展，电子化的记录、存储在实践中被广泛使用，侦查机关在传统侦查模式的基础上形成了信息主导的侦查模式。按照侦查所能运用信息的记录、存储、提取以及分析方式，可以把信息主导侦查模式划分为业务信息主导侦查模式和大数据驱动侦查模式，两者在信息类型、信息提取和研判方式上

① 樊崇义、刘文华：“新形势下职务犯罪侦查模式转型的思考”，载《南华大学学报（社会科学版）》2015 年第 2 期。

② 李亦农：“论网络环境下侦查与犯罪情报主客体关系的嬗变”，载《中国人民公安大学学报》2003 年第 3 期。

有根本差异，最重要的是由此差异而带来侦查理念、特征和机制上的根本变革。[①] 业务信息主导侦查模式是以对业务信息采用电子化方式进行提取、存储、查询、比对、分析和研判为基本路径的侦查模式。该模式下的信息来源主要依靠人工采集，难以实时更新并缺乏整合，而且多是依靠侦查人员的逻辑和经验进行信息的分析研判，实际上只是传统侦查模式的电子化改革，难以做到对信息的智能化、多维化分析。

（四）大数据时代下职务犯罪侦查模式的构建路径

从哲学的角度讲，犯罪作为一种客观存在的物质化活动，在其发生过程中，会与周围环境发生信息的交换和转移，这些犯罪信息可以通过人们的实践活动被认知。从侦查的角度讲，侦查活动是侦查人员与犯罪事实存在进行信息交换和实践认知的过程。大数据驱动的侦查模式建立在大数据和云计算平台的基础上，是大数据时代的信息主导侦查模式的升级换代。[②] 大数据时代的职务犯罪侦查模式是以数据信息为核心，将数据信息的收集、整理、分析、利用与职务犯罪案件的查办有机结合起来，充分发挥数据信息在拓展案件线索来源、快速搜集情报、突破犯罪嫌疑人防线等方面的作用。根据职务犯罪侦查学的理论，在专门的数据分析工具的帮助下，通过对相互关联的数据库资源进行抽取与集合，开展数据清洗、数据挖掘、统计分析与逻辑运算，用这种交互式的数据解释来取得侦查线索、固定犯罪证据、还原案件事实，进而引导侦查活动的开展。[③] 信息时代要求侦查的触角从物理空间渗透进虚拟空间，以虚拟空间的侦查为突破口，强调物理空间侦查和虚拟空间侦查的相互结合。大数据的冲击迫使侦查路径和工作方式发生变化，要求我们采用新的思维、新的观念、新的方式，这给职务犯罪侦查新模式的构建带来了机遇。笔者认为，在大数据时代，应从以下五个方面构建大数据驱动的职务犯罪侦查模式。

1. 树立大数据引导侦查理念

黑格尔指出，“理念是任何一门学问的理性”。[④] 大数据无处不在，无时不

---

① 何军：“大数据与侦查模式变革研究”，载《中国人民公安大学学报》2015 年第 1 期。

② 何军：“大数据与侦查模式变革研究”，载《中国人民公安大学学报》2015 年第 1 期。

③ 游巳春：“‘大数据’时代应探索信息引导侦查机制”，载《检察日报》2016 年 1 月 21 日，第 3 版。

④ ［德］黑格尔：《法哲学原理》，商务印书馆 1961 年版，第 2 页。

有。没有大数据思维，就不可能发现大数据潜在的价值。职务犯罪留下的信息痕迹存储于第三方，不为当事人所控制，难以被销毁。职务犯罪侦查过程就是职务犯罪关联数据的储存、提取、分析过程，侦查工作必须以办案需求为牵引，在情报挖掘、决策支持上下功夫。因此，侦查人员要树立数据引导侦查的办案理念，适应开放的侦查思维，依托大数据系统全面地获得与犯罪主体相关的大量数据，根据侦查需求变换不同的分析角度对情报信息进行深入组合，通过大数据分析挖掘出犯罪主体、对象、行为、后果之间隐藏的相关关系，在短时间内以可视化形式将犯罪嫌疑人及其人际关系网络、活动规律、资产流动关系等基本关联情况清晰地展示出来，通过信息引导，使线上线下结合，实现侦查方式的精细化。

大数据对人的复合型能力要求较高，侦查人员不仅要懂具体侦查业务，还要拥有大数据思维。针对一些侦查人员固守传统工作方式、对大数据视而不见、“以不变应万变”等现象，要引导他们认清依托大数据开展工作是大势所趋，增强其“本领恐慌”的危机意识。大数据具有复杂性的特点，需要专业化的分析人员从中查出有用的信息，并且分析与研判的质量受制于分析人员的素质与能力。因此，专业的数据信息队伍是建设大数据职务犯罪侦查模式的组织保障。要加强人才培养，适当引进大数据人才，采取多种形式组织侦查人员学习掌握大数据理论、方法和软件工具，切实提高侦查人员对大数据的实践运用能力。

2. 建设侦查大数据库

“工欲善其事，必先利其器。”在职务犯罪案件侦查过程中，侦查人员希望掌握犯罪嫌疑人尽可能多的信息，这些正是大数据平台系统所要采集的信息，拥有海量的信息且信息准确齐全才是决定侦查发挥最大效益的基础性因素。因此，要建立内容全面、集成高效、高度共享的数据信息库，重视硬件的配备，既要能满足大数据的存储、交换及运算需求，又要为今后技术升级留有空间。

第一，加强侦查基础信息数据库建设。

要重视基础信息的收集、汇总和整理，建立内容精准、门类多样、检索快捷、获取便利的职务犯罪线索数据库和案例数据库等。线索数据库，即将案件线索录入电子系统，进行网上审查评估与流转管理，建立健全与纪检、审计、司法、行政执法等相关部门的案件线索移送机制，形成覆盖面广的案件线索信息资源，为职务犯罪线索的审查、比对提供数据支撑。案例数据库，即历史案件的流程资料信息，包括涉案人员的背景资料、职务犯罪立案查处情况、办案思路、切入点的选择、办案难点的会诊情况、职务犯罪易发环节、常见的作案手法、办案经验以及有关的法律规定、行业规章、重点岗位职能职责等情况。

第二，建立健全政府信息资料库。

当前，政府部门在履行职责中积累了大量的信息资源，但由于是“自建自用”数据库，这些信息无法共享使用。大数据平台建设的首要问题，就是要连接“信息孤岛”，实现对涉案信息自动查询和采集，为数据分析挖掘准备信息资源。一种思路是省级以上检察机关直接以专线形式接入协查单位业务网，为市、县两级人民检察院提供大数据服务。这就需要检察机关与公安、工商、税务、房产、银行、证券、保险、民航、交通、电信、组织人事等单位建立信息查询协作机制，实现资料共享、随时查询，并确保同步更新。这种方式资金投入和协调难度都较大，但见效快。另一种思路是检察机关依托电子政务专网间接接入协查部门业务网，仍以专线形式接入公共服务部门业务网，采用这种方式的前提是政府部门已实现了同一平台资源共享，其优点是资金投入少、能够一步到位，但建设周期较长。

第三，整合社会信息数据。

要建立司法信息查询特别许可机制，充分利用互联网企业的数据平台，可将百度、腾讯、阿里巴巴、360 等互联网公司储存的大量社会数据作为采集信息来源。对一些公共类数据，主要指在网络上可供大家自由查询的信息，如当事人在微博、社交网站上发布的信息，要充分有效利用网络技术和网络信息，把原来“孤岛”式、碎片式、分割的社会数据变成集中的、条理化的信息，强化数据之间的内在联系，为数据应用分析提供可能，以加强对职务犯罪关联证据的收集和对涉案人员的动态掌控。

3. 建立操作平台和数学模型

庞大的数据库是大数据侦查的基础，如何高效快速地对信息进行检索，挖掘数据关联，还需要一个统一便捷的操作平台。全国检察机关可建立一个横向集成、纵向贯通、互联互通、高度共享的信息网络平台，整合和盘活现有数据资源并形成有效情报，为职务犯罪侦查提供信息保障。我国公安系统大力推行的“金盾工程”有很好的借鉴意义，检察机关可在现有“全国统一业务应用系统”的基础上，建立一个信息集合、查询便捷的系统平台。

大数据中有用的信息常常被湮没在大量杂乱无章的数据中，要从平淡无奇的数据资料中获取有价值的数据就要进行数据加工，即“运用相关知识将具有相关性的数据整合起来，并格式化、规范化使之成为信息分析中的有效数据的处理过程”。[①] 大数据无法用传统的数据库和工具软件进行处理，这就需要采用大规模并行处理、分布式存储、数据挖掘等大数据技术。所谓大数据技术，是指从各种各样类型的大数据中，快速获得有价值信息的技术能力，包括数据采集、存储、管理、分析挖掘、可视化等技术及其集成。[②] 笔者认为，大数据技术的核心是要对收集的数据信息按照数学模型进行分类管理、加工处理和分析研究。何为数学模型，如果将大数据比作制作食品的原料，数学模型就是自动加工的炊具。数学模型的建立是将传统办案中形成的有效方法和法律需要的关联关系经过设计后进入数学模型的内核，数学模型的设计需要理论数学、计算数学以及统计学的知识，如简单的数学模型查询方式，可以设计出一键查询、综合查询、关联查询、导航查询、模糊查询等多种方式，根据信息需求的不同，灵活运用各种查询方式。因此，要重视软件的开发运用，跟上技术创新的步伐。建立有效、实用的数学模型需依靠资深侦查人员的经验与科技工作者的技术。

在职务犯罪侦查中，需要通过数学模型进行数据碰撞和信息比对，通过对不同来源数据的管理、处理、分析与优化，确定权力腐败同某些方面的高度关联性，找出调查对象的犯罪嫌疑信息；或者明确一定数量信息集中指向的重大犯罪嫌疑对象和事实，提高初查和侦查的针对性和成功率；还可实现证据链分析、案件串并、事件预警及预防职务犯罪专题分析等服务，即最终结果可以是个案分析、领域案件分析，也可以是决策报告、预警报告。

4. 注重电子取证

大数据的冲击迫使人们对电子数据证据的认识活动必须提高到一个新的水平，而认识活动的基本目标是发现“真实”，从纠纷解决的角度看，事实真相的发现对纠纷解决具有永恒的价值。[③] 2012 年《刑事诉讼法》和《民事诉讼法》以及 2015 年《行政诉讼法》已将电子证据作为新的证据种类纳入立法当中，使得电子证据这种在当今时代几乎无处不在的新兴证据可以名正言顺地发挥其巨大

---

① 郑彦宁、化柏林：“数据、信息、知识与情报转化关系的探讨”，载《情报理论与实践》2011 年第 7 期。

② 杨晓超：“大数据下电子数据取证在职务犯罪侦查中的应用”，载《法制与经济》2015 年第 2 期。

③ 何家弘：《证据法学研究》，中国人民大学出版社 2007 年版，第 228 页。

作用。与传统证据相比，电子证据是现代科学技术的发展在诉讼证据上的体现，电子证据除具备一般证据的基本属性以外，其本身的特点也决定了它具有无形性、易收集性、易保存性、反复重现性等特性。职务犯罪嫌疑人虽然在物理空间犯罪，却很有可能在虚拟空间留下证据，其利用的各种电子设备都有可能成为犯罪的“电子帮凶”，在侦查阶段，这些电子设备就会成为“沉默的证人”。在目前查办职务犯罪的实践中，检察机关经常把计算机、移动存储介质和手机等有存储功能的电子设备作为电子证据检材，提取电子邮件、网上交易、聊天工具以及手机通信录、短信记录、通话记录等数据，对一些已经删除或覆盖的数据，还须通过一定设备和技术进行恢复和还原，并对恢复后的数据进行提取和保存，以作为证明职务犯罪事实的证据。

在职务犯罪侦查的电子取证工作中，应重点做好电子证据的提取、固定、登记和保管工作。一是需要专业设备和软件的支持，从司法硬件设施方面夯实基础，实现侦查装备现代化，如现在个别地方使用的电子数据取证一体机、现场执法仪等装备。二是需要具备侦查知识的人员熟练操作相关设备，强化侦查人员电子取证的熟练度。三是严格遵照电子证据的取证规则进行，在进行电子证据取证前应制定具体步骤及要求，确保电子证据的真实性、完整性和合法性。比如，提取电子证据必须提取所依托的文件和软件，甚至扣押封存计算机硬件；对文件和软件的提取必须通过安全干净的存储介质进行复制保存，不能直接在原计算机中进行分析整合；对于提取的电子证据，要同时记录提取过程，标注提取的来源、时间、提取人员、被提取物品所有人及见证人等。

5. 规范数据运用

“法律制度之所以成功，只是因为它成功地在专断权力之一端与受限权力之另一端间达到了平衡并维持了这种平衡”。[①] 大数据是把双刃剑，用得好，它是阿里巴巴的宝库，用不好，它是潘多拉的魔盒。“棱镜门”事件的阴霾还未散尽，阿里健康飘在“云”上的国家药品数据再次引发了业内对数据安全和同业竞争的担忧。[②] 大数据背景下，网络安全漏洞和黑客攻击行为日益增多，在侦查

---

① 王敏：“侦查程序诉讼化构造探析”，载《黑龙江社会科学》2003 年第 6 期。

② 郭丝露：“国家数据飘在‘云’上，阿里健康危及国家安全?”，载《南方周末》2015 年 3 月 19 日，第 15 版。

机关获取数据范围扩大、处理信息能力增强的情况下，只有加强技术防范和制度管理，才能防止数据被滥用或失（泄）密，确保数据安全和应用安全。

第一，重视对个人隐私和企业信息安全的保护。

个人隐私和企业信息安全问题一直是大数据应用难以绕开的一个问题。大数据主要来源于政府和公共服务领域，大量数据的汇集不可避免地加大了公民个人信息和企业商业机密泄露的风险，如果个人掌握后其被不当利用，就有可能损害公民隐私权或者企业的经济利益。因此，侦查机关应当在法律允许的框架下获得、提取和运用数据，在数据采集、存储、分析等各个环节都要有管理措施，做到安全保密、有限制地使用。

第二，加强对大数据的访问控制。

大数据平台系统在进行上传、下载、交换的同时，极易成为黑客与病毒攻击的对象，其一旦被非法入侵，会带来难以估量的损失，因此侦查机关要采用接入管控、安全警报技术，有效保证外部网接入的数据安全；通过身份鉴别措施，严防无关人员非法登录，并依据数据的保密程度区分侦查人员的使用权限和获取范围，保证分析处理结果的存储安全；要求侦查人员合理使用数据，对侦查人员恶意利用数据侵害他人权益的行为给予严厉打击和惩戒。

第三，严格落实安全管理制度。

严格实施大数据平台数据应用的“事前”审批制度，数据信息库的管理和使用应当专人负责、专人审批，确保只用于侦查办案工作。另外，为保证数据机房的安全、正常工作，防止数据丢失等严重后果，应加强机房周边监控和出入人员管理，对手机等无线媒体物品禁止带入机房，在重点涉密部位的终端加装视频信息保护机、电磁声波干扰仪，防止计算机在使用过程中产生的电磁辐射被远端非法侦测而造成信息泄露，从而确保大数据平台系统的安全。

（五）理性认识大数据在职务犯罪侦查中的作用

大数据带来了职务犯罪侦查工作的高效智能发展，但毋庸讳言大数据并不是完美无缺的。美国微软研究院首席研究员、麻省理工学院公民媒体中心客座教授凯特·克劳福德对大数据的效用提出了质疑，认为大数据中存在偏见和盲区，从大数据得出的结论并不比人为的意见更客观，人们必须用一种不仅欣赏其力量而且承认其局限的态度来接纳大数据。[①] 笔者认为，大数据仅仅是一种基础信息资料，对其利用离不开人的操作和驾驭，大数据的应用不能排除人的逻辑思维和感性经验在其中的作用。因此，要理性客观地认识大数据在职务犯罪侦查中的作用，处理好“内脑”与“外脑”的关系。在从原始数据到职务犯罪情报的提炼过程中，由于数据间的关联性已不完全是技术问题，有些关联只有侦查人员才知道，技术人员只有借助侦查人员的帮助，才能从侦查业务的角度理解数据分析的需求，并将其转化为数据挖掘的目标。尽管侦查分析结果将基于数据作出，但侦查人员的作用依然无法替代，大数据为我们提供的不是最终答案，而是参考答案。

大数据时代职务犯罪侦查模式的变革，只是对侦查工作的优化与改善，并不能完全替代传统的侦查方式。建立大数据驱动的职务犯罪侦查模式是一个庞大的系统工程，依赖于数据资源积累、处理能力高效和专业技术支持等多个因素，目前提出来更多是一种探索和有益尝试，但其必将是未来职务犯罪侦查模式的发展趋势。

五、《司法机关内部人员过问案件的记录和责任追究规定》解读[②]

不受约束的司法是危险的，没有记录的干预是难以问责的。以往，在有些上下级司法机关之间，存在着上级干预下级、上级插手指挥下级具体案件的情况。有些司法机关内部存在着办案人之间互相打招呼的潜规则，滋生了关系案、人情案、金钱案。由于没能当场留下记录，往往到了出事情的时候找不到人来追究责任，这就给司法不公埋下了隐患，给司法公信力造成了损害，也破坏了党和国家在人民心中的形象。2015 年中央政法委印发的《司法机关内部人员过问案件的记录和责任追究规定》（下称《规定》）将使司法机关内部人员过问案件全程留痕，架起了司法机关内部人员过问案件的“高压线”，跨越界线的，将被依法问责、严厉追究。

亮点之一：过问即留痕，正常履职也不例外

在司法系统内部，违法干预案件造成司法不公和司法腐败主要有两个方面：

---

① 卢朵宝：“美国学者质疑大数据理论”，载《经济参考报》2013 年 6 月 14 日，第 8 版。

② 原文发表于《检察日报》2015 年 4 月 8 日。

一是上级司法机关干预下级司法机关，以过问、批示、指导的名义变相干预下级司法机关办案，束缚了下级办案人员的手脚，也造成了“本该负责的不负责，不该负责的背黑锅”、“审者不判，判者不审”的局面，妨碍了司法应有的独立；二是同级司法机关之间、各个机关内部人员之间托人情、打招呼、利用职权内外的关系过问打听案件的，滋生了司法不公。以往对这两种违法干预案件的情形，缺乏全程记录、留痕制度，因此，出了事情往往找不到责任人，最后在问责、处理上形成一笔糊涂账。

《规定》作出了明确指示，对司法机关内部人员过问案件的情况，包括司法机关领导干部和上级司法机关工作人员因履行领导、监督职责，需要对正在办理的案件提出指导性意见的，无论是书面的还是口头的，办案人员应当全面、如实记录，做到全程留痕，有据可查，就是要将每一笔账在第一时间就记清楚、记到位，不给事后的脱责、抵赖留口子。记录是《规定》得以实施的前提和基础，全程留痕、全面记录才能保证该项制度在实施的过程中不变形、不走样。

亮点之二：如实记录有保障，不记录将被追责

在司法系统内部能够干预、过问案件，给办案人员施加压力的，一般是上级领导或是与办案人员有某种关系的人员，面对这些人的干预和过问，办案人员想要如实记录但难免有所顾虑，怕领导给自己“穿小鞋”，怕同事的打击报复。《规定》的第二个亮点就在于对如实记录的办案人员给予制度上的保护，对意志不够坚定、不敢作出如实记录的，出了事情要依法被追责。

《规定》对办案人员的保障从两个方面作出了制度设计。一方面，《规定》指出，办案人员如实记录司法机关内部人员过问案件的情况，受法律和组织保护。司法机关内部人员不得对办案人员打击报复。办案人员非因法定事由，非经法定程序，不得被免职、调离、辞退或者给予降级、撤职、开除等处分。另一方面，对于记录中线索的处理，《规定》细化为四种情况分别予以处理，如对于本机关领导干部违反规定干预办案的，向负有干部管理权限的机关纪检监察部门报告情况，以避免记录线索重新回到被记录领导手中；对于上级司法人员违反规定干预下级司法机关办案的，向干预人员所在司法机关纪检监察部门报告情况，同样也可以避免记录线索截留在被记录人手里。

亮点之三：阳光是最好的防腐剂，打开门主动接受社会监督

社会、群众以及舆论的监督一直都是推动司法走向公正的正能量。以往在对

司法人员问责、追责方面，有些部门害怕引起社会关注，总喜欢关起门来做事情。这样的做法反而引起社会的种种猜测，监督、处理的效果也往往大打折扣。而司法人员违反规定干预案件的记录一旦公开，即使最后处理的结果很轻，但是在公众的视野下，也会形成较强的震慑力。

《规定》的亮点之三就是对于司法人员违反规定干预办案的，必要时可以向社会公开。《规定》指出，对于在各个环节请托说情的，邀请办案人员私下会见利害关系人的，违反规定转递涉案材料的，违反规定打探案情、通风报信的，都属于违反规定干预办案，负有干部管理权限的司法机关按程序报经批准后予以通报，必要时可以向社会公开。让广大群众参与到监督处理的过程中，既会起到一定的教育和宣传作用，也会对相关人员的处理更加透明、公正，对其他人的警示作用也很大。

亮点之四：与党风廉政建设接轨，与政绩考核体系挂钩

《规定》的一个突出亮点就是不仅要对违规干预、过问案件者扣分，还要对按照规定、敢于作出记录的办案人员进行加分。《规定》明确指出，司法机关内部人员违反规定过问和干预办案的情况和办案人员记录司法机关内部人员过问案件的情况，应当纳入党风廉政建设责任制和政绩考核体系，作为考核干部是否遵守法律、依法办事、廉洁自律的重要依据。这一方面是对违规干预、过问案件的司法人员的一种警示与惩戒，另一方面也是对大胆作记录的办案人员的鼓励与褒奖。对于违规违法干预、过问案件的司法人员当然要追究责任，对于大胆作记录的办案人员也要予以鼓励和保护。

以往，在我国司法系统内的党风廉政建设和政绩考核体系中，对于司法机关内部人员违反规定过问和干预办案情况并未明确纳入考核内容中，司法人员违规过问、干预案件也不会影响到个人的“前途”。但现在不一样了，《规定》出台以后，一方面，司法人员过问、干预案件将和其任免、晋升直接挂钩，如果系违规行为，将会成为其职业生涯的“污点”而影响个人发展；另一方面，办案人员大胆记录司法机关内部人员过问案件情况，则是一种意志坚定、勇气可嘉的行为。因为在实践中，如果对上级领导、同事作出干预、过问案件的记录，办案人员也会顾虑重重，怕得罪领导、同事，遭到打击报复。这种情况下就需要鼓励每个办案人员都敢于记录，给记录者加分，让不记录者受罚，由此渐渐地形成风气，产生一种良性循环，司法的公信力和良好形象在人民群众心中才能大大

提升。

亮点之五：明确内部人员范围，退休仍然会被问责

对于司法机关内部人员该如何界定，是《规定》能否得以正确执行的一个重要前提。《规定》明确了司法机关内部人员，是指在人民法院、人民检察院、公安机关、国家安全机关、司法行政机关工作的人员，不仅涵盖了法官、检察官等司法人员，也将司法行政人员包含在内。

在现实中，司法人员离退休后，有的在司法系统仍有一定影响力，存在着离退休的司法机关工作人员利用自己既有的关系、人情或影响力去干预、过问案件的情况。在以往，“已退休”成了某些违规干预、过问案件者的“护身符”与“挡箭牌”，出了事情就以自己已经退休来推脱责任。法律面前人人平等，问责面前没有特权。如果因为已经离退休就讲情面、留遮掩，会严重影响问责通报的警示教育作用。《规定》明确指出，如果以上五种机关人员退休后，仍然利用自己的老关系、旧人情、影响力去打招呼、过问案情、干预案件的，也要和其他在职的司法机关内部人员一样，被依法记录、依法问责。人可以退休，但责任不会退休。

要让人民群众在每一个司法案件中感受到公平正义，就必须完善司法管理体制和司法权力运行机制，规范司法行为，加强对司法活动的监督，同时也需要司法人员在办案过程中做到恪守法律、独立办案、独立负责，这对于维护司法公正是最基本的要求。《规定》贯彻了党的十八届四中全会决定提出的建立司法机关内部人员过问案件的记录制度和责任追究制度，明确了全程记录、责任追究，对于贯彻中央司法改革的要求，确保司法人员依法独立、公平公正办案有着重要意义。

第三章　刑事诉讼审判程序

一、“以审判为中心”的概念、目标和实现路径①

党的十八届四中全会审议通过《中共中央关于全面依法治国若干重大问题的决定》（以下简称《决定》），明确提出，要“推进以审判为中心的诉讼制度改革，确保侦查、起诉的案件事实证据经得起法律的检验。全面贯彻证据裁判规则，严格依法收集、固定、保存、审查、运用证据，完善证人、鉴定人出庭制度，保证庭审在查明事实、认定证据、保护诉权、公正裁判中发挥决定性作用”。这一段论述，明确了以审判为中心的目标、任务、措施。但是，《决定》发表后，公、检、法、司各部门以及社会各界，对以审判为中心的认识、理解众说纷纭。有的说今后的刑事诉讼主要是看人民法院的，公安、检察、律师辩护无所谓了！有人说以审判为中心是人民法院胜利了，人民检察院失败了，公安完蛋了！更有人说，分工负责、互相配合、互相制约的阶段论告辞了，要转向“中心论”了！还有人说，贯彻以审判为中心，重点就要放在人民检察院了，公诉的质量决定着审判！如此等等，不一而足。鉴于此，如何对“以审判为中心”进行解读呢，笔者简论如下。

（一）概念

笔者认为，以审判为中心，是在我国宪法规定的分工负责、互相配合、互相制约的前提下，诉讼的各个阶段都要以人民法院的庭审和裁决关于事实认定和法律适用的要求和标准进行，确保案件质量，防止错案的发生。

---

① 原文载《人民法院报》2015 年 01 月 14 日，第 5 版。

以审判为中心不是颠覆“分工负责、互相配合、互相制约”，亦即“中心论”与“阶段论”是辩证的统一，二者并不矛盾。习近平总书记在关于《决定》的说明中明确指出：“我国刑事诉讼法规定公、检、法三机关在刑事诉讼活动中各司其职、互相配合、互相制约，这是符合中国国情的，具有中国特色的诉讼制度，必须坚持。”因此，侦查、起诉等审前阶段，是以审判为中心的前提和基础，要实现以审判为中心，脱离了侦查、起诉等环节，审判就成了空中楼阁。所以，必须在坚持阶段论的基础上加强审判。

以审判为中心的实施主体，不仅仅是人民法院，而是由人民法院、公安、检察、辩护律师形成合力，才能贯彻实施以审判为中心。就整个诉讼法律关系而言，尤其是庭审的成功与失败，它是控、辩、审三种职能的总和，缺少任何一方，这一诉讼就是一个不完整的诉讼，就是一个失败的诉讼。从这一意义而言，以审判为中心是一个综合指标，是一个综合公、检、法和辩护律师正能量的合成。

以审判为中心的内涵和要求，是控、辩、审三种职能都要围绕审判中事实认定、法律适用的标准和要求而展开，法官直接听取控辩双方意见，依证据裁判原则作出裁判。其内涵有三：一是审前程序的侦、诉两种职能，即公安和检察机关要形成合力，执行控诉职能；二是要充分发挥刑事辩护职能的功能和作用，坚持有效辩护、实质辩护，充分行使诉讼权利；三是审判法官要坚持审判中立原则，做到兼听则明，认真听取控辩双方的意见，严格依法断案，作出公正裁判。以上三种职能的发挥，其中关键是坚持证据裁判原则，坚持做到以事实为依据、以法律为准绳。

（二）目标

所谓目标，就是以审判为中心诉讼制度改革的价值目标，其总目标，习近平总书记在《决定》的说明中解释指出：“推进以审判为中心的诉讼制度改革，目的是促使办案人员树立办案必须经得起法律检验的理念，确保侦查、审查起诉的案件事实证据经得起法律检验，保证庭审在查明事实、认定证据、保护诉权、公正裁判中发挥决定性作用。这项改革有利于促使办案人员增强责任意识，通过法庭审判的程序公正实现案件裁判的实体公正，有效防范冤假错案的发生。”

根据这一论述，笔者认为推进以审判为中心的诉讼制度改革的目标，可以分为三个层次理解：一是总目标是通过法庭审判的程序公正实现案件的实体公正，或曰其总的价值目标为司法公正；二是直接目标是保证庭审在查明事实、认定证据、保护诉权、公正裁判中发挥决定性作用，或曰庭审的决定权；三是间接目标是促使树立办案必须经得起法律检验的理念，确保侦查、审查起诉的案件事实、证据经得起法律检验，这两个检验其实就是现代刑事司法理念。对于刑事裁判的功能和作用，必须用现代司法理念来理解，它是社会公平正义的最后一道关卡，它对整个社会起到一种引领作用。因此，它必须具备公平、正义的价值，要实现这种价值，就必须坚持以上“两个检验”。

（三）任务

习近平总书记在《决定》说明中指出，以审判为中心的诉讼制度改革“有利于促使办案人员增强责任意识，通过法庭审判的程序公正实现案件的实体公正，有效防范冤假错案”。由此可见，以审判为中心的总任务有利于实现程序公正和实体公正，有效防范冤假错案。在完成这一总任务的过程中，应当重点把握以下几个关键环节。

第一，规范侦查行为，严格取证规则，为公正审判打下坚实的基础。

侦查是诉讼的第一道工序，是审查起诉和法庭审判的前提和基础。由此，侦查环节的功能作用不言而喻。笔者认为，必须推进严格执法，做到以下几点：一是侦查中拘留、逮捕必须送往看守所羁押；二是讯问必须在看守所进行；三是讯问的方法要由刚变柔；四是讯问全程录音录像；五是侦查模式必须由“口供为本”转向“物证优先”和“实物证据为本”；六是调整办案程序，先取证后讯问。需要特别指出的是，必须坚持执行我国刑事诉讼法规定的严禁刑讯逼供的机制，一是对证据的收集必须做到不得强迫自证其罪；二是对非法证据一定要排除；三是讯问要全程录音录像。只有这样，才能保证打牢刑事诉讼的基础，才能从根本上防止刑事错案。

应当特别指出的是，检察机关自侦案件的侦查，即职务犯罪案件的侦查还存在问题。当前，在以审判为中心的诉讼制度改革中，必然要改革自侦案件的侦查模式和方法，以适应以审判为中心之需要。检察机关必须进一步转变观念，加快实现从“由供到证”到“由证到供”、“以证促供”、“供证结合”的模式转变，弱化口供对案件侦查的决定作用，更加重视侦查活动中以客观证据为核心。与“由供到证”式侦查模式只需要在室内对犯罪嫌疑人进行讯问相比，“由证到供”模式会涉及更广泛的侦查空间和复杂的侦查操作，因而也就需要各方面的司法投入。今后检察机关应当加强对侦查人员的思想教育和业务培训，切实转变执法观念，不断优化侦查队伍的专业结构，并应坚持科技强检，增加侦查工作的技术含量，强化秘密侦查措施和技术侦查手段的规范运用，充分发挥科技手段在职务犯罪侦查工作中的作用，利用新的技术装备及时发现、收集、固定各种证据，摆脱对口供的过分依赖。只有这样，才能实现《决定》中提出的“确保案件处理经得起法律和历史的检验”的目标。

第二，审查起诉、提起公诉是以审判为中心的诉讼制度改革的中间环节，也是防范冤假错案的屏障。因此，以审判为中心的诉讼制度改革必然要求检察机关提高公诉质量，把好出现刑事错案的关口。

公诉检察官应当从庭前证据审查和庭上举证辩论两个方面寻找改善工作的切入点：首先，应当更加重视庭前的证据审查工作，对证据的客观真实性、与案件的关联性、取得证据的合法性进行全面、细致、严格审查，充分考虑证人出庭作证可能引起的证据变化和对案件定罪量刑产生的影响，围绕案件焦点做好出庭应对准备。其次，庭审实质化使得庭审活动更具对抗性和不可预测性。公诉检察官必须不断增强业务素质，提高交叉讯问能力和当庭应变能力，真正通过扎实的证据和严密的论辩，履行好对犯罪的追诉职能。

第三，庭审是以审判为中心诉讼制度改革的核心，更是以审判为中心的关键环节。

所谓庭审中心主义，根据全国第六次刑事审判工作会议的文件称：审判案件以庭审为中心，事实证据调查在法庭，定罪量刑辩论在法庭，判决结果形成于法庭，全面落实直接言词原则，严格执行非法证据排除规则。我们要按司法规律办案，要全力维护公正、高效、权威的司法裁判，尤其是要清醒地认识到，人民法院的审判工作不只是走程序或办手续，人民法院的庭审是刑事诉讼的最后一道工序，是刑事诉讼的结果。庭审过程和结果的价值目标是公平和正义，审判的亲历性、中立性、程序终局性决定了我们必须坚持以审判为中心，公检法三机关在诉讼中的职能和职责，并非平分秋色，不是做什么饭就吃什么饭，端什么饭就吃什么饭，更不能形成什么弱势的法院。司法规律和诉讼规则要求必须坚持庭审中心主义，以实现真正的司法独立。只有这样，才能把审判定位为最后一道防线，形成的裁判才具有权威性。只有这样，人民群众通过庭审才能感到审判的公平和正义！

为落实以审判为中心，公检法如何应对这一历史性变化，值得我们深入探讨和研究。笔者认为要从四个方面入手：

一是培育现代司法理念，准确为审判权定位。应该说庭审是刑事诉讼的最后一道工序，是实现公平正义、防止错案的最后一道防线，最后的决定，生效裁判必须具备既判力和权威性。人民法院的庭审必须排除一切干扰，独立审判，只服从法律。长期以来，个别人主张以侦查为中心，以监督为借口，无视审判，从而形成弱势的审判，这与现代司法理念不符，也是违背司法规律的。

二是坚持对抗式诉讼模式，即法官居中，控辩平等。审判长是一庭之长，要领导法庭、指挥法庭、控辩双方听从法庭指挥，要准确为自己定位，尤其是在诉讼法律关系上，作为执行控诉职能的控方与辩方是平等甚至是对等的，在刑事庭审程序的安排上，也是把最后陈述这一权利交给了被告方。

三是要正确处理庭审的公诉职能和法律监督职能，人民检察院的审判监督只具有建议性和事后性，在庭审过程中，尤其在法庭上，不能借口法律监督而影响庭审进行，因此，我国刑事诉讼法（2012 年修正）第 203 条规定："人民检察院发现人民法院审理案件违反法律规定的诉讼程序，有权向人民法院提出纠正意见。"何时提出纠正意见呢，《人民检察院刑事诉讼规则（试行）》第 580 条第三款规定："人民检察院对违反程序的庭审活动提出纠正意见，应当由人民检察院在庭审后提出。"特别强调要以检察机关的名义提出，还要向检察长报告后才能提出。

四是审判为中心对控辩双方参与公诉以及证据的运用都提出了更高的要求：（1）提高出证、质证能力。实现证据出示、辨认、认证各个环节的直接性、言词性，严格限制书面审理的传统做法。证人、鉴定人出庭作证从根本上改变了对书面证言和鉴定结论质证的传统方法与做法。（2）律师辩护的实质化应当引起公诉机关的高度重视。（3）证明标准中"均经法定程序查证属实"要求一切以庭审为标准。（4）正确处理"在卷证据"与"在案证据"的关系，要从"在卷证据"转向"在案证据"。以庭审为中心，倒逼检察机关对证据正确审查与运用，要从三个方面着手改革：一是审查范围从"在卷证据"扩大到"在案证据"，只审查书面证据已经不符合实际需要；二是审查方式从"书面审查"转向"亲历性"审查；三是倒逼公诉机关必须紧紧抓住证据的合法性，深入审查排除非法证据。

第四，以审判为中心的诉讼制度改革，必然要求刑事辩护工作实现实质化。

刑事辩护是以审判为中心诉讼制度改革的一个重要方面，辩护职能是近现代刑事诉讼三大职能之一，而且是不可缺少、更不可忽视的一种诉讼职能，更是防范刑事冤假错案的一支重要力量。刑事辩护制度贯彻情况，是一个国家、一个民族尊重和保障人权、民主与法治进步与否的重要标志。

当前，我国的刑事辩护工作距人民群众的要求和民主与法治的进程，还有相当差距：一是刑辩不到位，尚有50%至70%的刑事审判辩护律师缺位；二是到位的刑事辩护尚未达到实质化，实体辩护和程序辩护均残缺不全；三是法律援助工作还处在艰难的推进中，缺人、缺钱、缺经验，无效辩护制度尚未建立。

实现刑事辩护工作实质化不仅要建立健全案件的实体辩护，而且要完善案件的程序辩护，以程序公正和实体公正为目标，全面推进刑事辩护工作。刑事辩护实质化的要求，就是要确立有效辩护制度。有效辩护包括以下三层意思：一是犯罪嫌疑人、被告人作为刑事诉讼的当事人在诉讼过程中应享有充分辩护权；二是应允许犯罪嫌疑人、被告人聘请合格的辩护人为其辩护；三是国家应保障犯罪嫌疑人、被告人自行充分行使辩护权，设立法律援助制度，确保犯罪嫌疑人、被告人获得律师帮助。

二、论以审判为中心的诉讼制度改革①

第十八届四中全会通过的《决定》明确提出了要“推进以审判为中心的诉讼制度改革”，为完善诉讼制度、保证司法公正、全面推进依法治国指明了方向。一般来说，诉讼要不要以审判为中心，主要是刑事公诉领域讨论的问题。因为在民事诉讼和刑事自诉中，人民法院的中心地位是毋庸置疑的，而只有在刑事公诉案件中才分立案、侦查、审查起诉、审判和执行等诉讼阶段，才存在以哪个阶段为中心的问题。② 就我国刑事公诉而言，从立法到实践，都不是按照以审判为中心进行设计和操作的。要全面贯彻落实《决定》确定的内容，一方面，必须正确认识和理解以审判为中心的实质；另一方面，应当探索在现有刑事司法体制和环境下推行以审判为中心诉讼制度改革的有效途径。

---

① 原文载《中州学刊》2015年第1期。

② 张建伟：“审判中心主义的实质与表象”，载《人民法院报》2014年6月20日，第005版。

(一) 以审判为中心诉讼制度的实质

以审判为中心是法治国家诉讼制度的基本特征,[①] 也是近现代国家刑事诉讼中普遍认同的一项基本原则。[②] 通常认为，以审判为中心具有三个层面的含义：一是审判是整个刑事诉讼程序的中心。因为相对于立案、侦查、起诉、执行等程序而言，只有在审判阶段才能最终确定被告人的刑事责任问题。二是一审是整个审判体系的中心。因为庭审所要解决的根本问题是案件的事实认定与证据的采纳与排除问题，而解决这类问题，并不因为审级提高而变得更为容易；相反，可能因为审级越高、所需时间越长而离事实真相越远。因此，"理想的中心主义应当是一审中心主义"。[③] 三是法庭审判是整个审判程序的中心。因为定罪权是刑事审判权的核心，相对于庭前准备、判决书送达等程序来说，法庭审判是真正决定被告人罪之有无的关键环节。所以，刑事案件的定罪权由人民法院统一行使已成为世界各国的立法通例。[④] 我国《刑事诉讼法》第 12 条在立法上也明确了审判是决定被告人是否有罪的关键阶段，即"未经人民法院依法判决，对任何人都不得确定有罪"。在某种意义上，可以说立法上已经确立了审判在刑事诉讼中的中心地位。

1. 关于"诉讼阶段论"与"审判中心论"之争

在理论上，刑事诉讼的概念有广义和狭义两种理解。广义的刑事诉讼是指国家为实现刑罚权的全部诉讼行为，包括立案、侦查、起诉、审判、执行等；狭义的刑事诉讼则仅指起诉至审判期间的诉讼程序，尤其以审判为中心。[⑤] 一般来说，西方国家诉讼法学理论持狭义说，即"审判中心论"，认为诉讼就是审判程序，如颇具权威性的布莱克法律辞典就把刑事诉讼解释为"规定在法院可能会被行使权利和履行责任的方法"。[⑥] 我国学者对于刑事诉讼传统上多作广义理解，形成"诉讼阶段论"，认为刑事诉讼是一种按照法定程序对犯罪嫌疑人、被告人的刑事责任问题作出认定的过程，这一过程包含若干个相对独立而又相互联系的

① 张保生："审判中心与证据裁判"，载《光明日报》2014 年 11 月 5 日，第 013 版。

② 孙长永："审判中心主义及其对刑事程序的影响"，载《现代法学》1999 年第 4 期。

③ 沈德咏："论疑罪从无"，载《中国法学》2013 年第 5 期。

④ 樊崇义主编：《刑事诉讼法学》，中国政法大学出版社 2002 年版，第 84 页。

⑤ 陈光中主编：《刑事诉讼法学（新编）》，中国政法大学出版社 1996 年版，第 2 页。

⑥ 周士敏："刑事诉讼法学发展的必由之路——由审判中心说到诉讼阶段说"，载《中央检察官管理学院学报》1993 年第 2 期。

环节，侦查、审查起诉与审判是处于平行地位的“三道工序”，它们对于刑事诉讼目的的实现起到同等重要的作用，它们在刑事诉讼过程中的地位并无位阶之分。①

从立法上看，我国宪法和刑事诉讼法确立了的公、检、法三机关“分工负责、互相配合、互相制约”刑事诉讼原则，公安机关、人民检察院和人民法院分享侦查、起诉和审判权，整个刑事诉讼程序也分为侦查、起诉、审判三个主要诉讼阶段，这三个阶段相互独立，互不隶属，各自独立地实施诉讼行为；从实际情况看，公安机关、人民检察院和人民法院就像刑事诉讼流水线上的三个主要操作员，② 三家处理刑事案件的程序呈现出明显的“分段包干”式的流水作业现象，只有具体权限上的分工，而不存在司法权对于侦查、起诉权的严格制约。③ 这种诉讼模式的优势在于追究犯罪的效率很高，能够保障国家刑罚权的顺利实现。但是，这种“流水作业”也容易导致法庭审判的虚化和空洞化。④

“审判中心论”的实质是强调审判阶段在整个刑事诉讼程序的中心地位。作为一种传统的诉讼理论体系，它是早期资产阶级法学家们在总结人类诉讼史的基础上，并概括资产阶级初建时的实际情况创建的。⑤ 以“审判中心论”为指导，有些国家刑事诉讼立法都是以审判为中心构筑其法典体系的，甚至将侦查和起诉纳入第一审程序之中。“审判中心论”认为，刑事诉讼的目的是实现国家的刑罚权，审判是决定被告人有罪与否及其刑事责任轻重的最后和关键的阶段，⑥ 是实现刑罚权的重要标志。审判中心论将审判视为刑事诉讼的中心或者重心，侦查和起诉只不过是为审判做准备，其本身未能形成控、辩、审三方格局，很难说是诉讼活动，甚至有人直接将这些活动称之为“诉讼外程序”或“非诉讼程序”。⑦

“审判中心论”在我国诉讼理论和实务界早有人提出，尤其是在上个世纪围

---

① 樊崇义主编：《刑事诉讼法学（第三版）》，法律出版社 2013 年版，第 54 页。

② 陈瑞华著：《刑事诉讼的前沿问题》，中国人民大学出版社 2000 年版，第 231－232 页。

③ 孙长永：“审判中心主义及其对刑事程序的影响”，载《现代法学》1999 年第 4 期。

④ 熊秋红：“刑事证据制度发展中的阶段性进步”，载《证据科学》2010 年第 5 期。

⑤ 周士敏：“刑事诉讼法学发展的必由之路——由审判中心说到诉讼阶段说”，载《中央检察官管理学院学报》1993 年第 2 期。

⑥ 徐静村主编：《刑事诉讼法学（上）》，法律出版社 1997 年版，第 247 页。

⑦ 周士敏：《刑事诉讼法学发展的必由之路——由审判中心说到诉讼阶段说》，载《中央检察官管理学院学报》1993 年第 2 期。

绕刑事司法改革及1996年刑事诉讼法修改的研究中备受关注。不少人主张我国应当建立审判中心主义的司法理念，以此指导刑事司法改革和刑事诉讼法的修改。[①] 现在推进以审判为中心的诉讼制度改革，被认为是“重张审判中心主义”，并被认为是“重新检讨诉讼阶段论甚至将其舍弃”。[②] 我们认为，完全改变现有的刑事诉讼法典结构是不现实的。就像有人所说的，做好刑事司法工作，靠人民法院一家单打独斗是行不通的，公、检、法机关必须在依法履职的基础上加强互相配合，这有利于形成工作合力，发挥制度优势，以提高刑事司法的整体水平。[③] 当前要紧的是，探索如何在现有体制下提高人民法院权威，把事实认定和证据采信限定在审判阶段，并通过制度保证判决的终局性。

2. 从“侦查中心主义”到“审判中心主义”

“侦查中心主义”是探讨审判中心主义时经常提到的一个的概念。事实上，没有任何一个国家把刑事诉讼程序定位为侦查中心主义，也没有任何一个学者坚持侦查中心主义。这一概念的提出，在很大程度上是反思我国刑事诉讼构建的结果。如有人把我国刑事诉讼结构比喻成一个“葫芦型构造”：侦查程序活动构成了膨大的低端；审判程序活动虽也构成了一个膨胀的部分，但其实无论从期限还是从权力运用的独断性上看，均无法与侦查程序活动相比；而界于侦查和审判之间的检察机关的审查起诉程序活动，也许只是葫芦上的“细腰”。民间对此形象的说法是：“大公安，小法院，可有可无检察院”。[④] “葫芦型构造”意味着侦查活动已成为我国刑事诉讼程序的重心；“大公安”说明侦查在刑事诉讼程序中的重要地位。分工负责、互相配合、互相制约本来是我国刑事诉讼中正确处理公、检、法三机关关系的一条原则，但这个原则在执行中现在有了偏差，逐步形成以侦查为中心的情况。[⑤]

从诉讼制度的演进来看，专制国家诉讼制度均以侦查为中心，警察在诉讼中居支配地位，拥有不经法院审判而对犯罪嫌疑人进行惩处的生杀大权；法治国家的诉

① 顾永忠：“‘庭审中心主义’之我见”，载《人民法院报》2014年5月16日，第005版。

② 张建伟：“审判中心主义的实质与表象”，载《人民法院报》2014年6月20日，第005版。

③ 沈德咏：“论疑罪从无”，载《中国法学》2013年第5期。

④ 张建伟：《刑事司法：多元价值与制度配置》，人民法院出版社2003年出版，第157页。

⑤ 汪红：“法学家读四中全会公报（九）提出以审判为中心有其背景”，载《法制晚报》2014年10月24日，第006版。

讼制度则以审判为中心，法官可以对侦查权的行使进行必要的司法控制。[①] 我们不是专制国家，也不存在不经法院审判而对犯罪嫌疑人定罪判刑的问题，但我们必须承认，侦查在我国当前刑事诉讼中真正发挥着的重要作用，有时是决定性的作用。打造以审判为中心的诉讼结构，就要想办法降低警察对犯罪嫌疑人命运的控制作用，同时保证人民法院对刑事诉讼实体性问题甚至程序性问题享有最终决定权。

（二）刑事审前程序的诉讼化改造

以审判为中心并不否定审前程序的重要性。[②] 审前程序概念的提出，恰恰是以审判为中心作为前提的，是我国刑事诉讼制度发展的产物。[③] 打造以审判为中心的格局，需要对审前程序的诉讼化改造，以便“确保侦查、审查起诉的案件事实证据经得起法律的检验”。

1. 实行司法令状原则

刑事审前程序诉讼化的关键是让人民法院介入审前程序，通过司法权的介入，实现权力制约权力，形成司法权对侦查权的有效控制，既能消除侦查权行政化的问题，也可以防止侦查权被滥用。

侦查权作为一种带有明显行政性质的国家权力，具有单方面自行启动的功能，并带有强烈的强制性，其运作往往带有行政化色彩，如果不加适当控制可能会促使非法取证、暴力取证现象的发生，造成对公民基本权利的侵犯。对此，很多国家实行令状原则，在采取强制措施时，必须有检察官或者警察向法官提出附有理由的申请，经法院或者法官审查后签发令状，只有依据该令状方可限制或者剥夺犯罪嫌疑人的自由和财产。例如，美国警察实施搜查、扣押必须以持令状进行为原则。警察要获得令状必须有正式的申请，而令状的申请必须以警察宣誓或确认的方式进行，并且必须对被搜查及扣押的对象作出明确而又具体的描述，否则令状不得签发。[④]

在我国，虽然立法上也要求侦查机关在采取搜查、扣押等强制性措施时应依据有关证件进行，但除逮捕外，其他所有强制性措施的实施，均由侦查机关自己

---

① 张保生：“审判中心与证据裁判”，载《光明日报》2014 年 11 月 5 日，第 13 版。

② 王守安：“以审判为中心的诉讼制度改革带来深刻影响”，载《检察日报》2014 年 11 月 10 日，第 003 版。

③ 樊崇义主编：《刑事审前程序改革实证研究》，中国人民公安大学出版社 2003 年版，第 2－3 页。

④ Phillip E. Johnson, Cases and Materials on Criminal Procedure. West Publishing Co., 1988, p. 126.

决定、自己签发、自己执行，未能形成令状原则所要求司法控制和程序制约机制。从刑事追究的正当性、人权保障以及诉讼机制的改革、完善诉讼程序、防止强制性措施被滥用的角度，对于强制性侦查实行令状原则应成为我国侦查程序改革的必然趋势。具体做法是，确立对强制性侦查措施的司法审查机制，凡公安机关或者人民检察院实施的涉及对犯罪嫌疑人的人身自由或者财产权利的限制或者剥夺行为，需向法官提出附有理由的申请，由法官进行审查并决定是否准许，除法定的紧急情况外，只有持有法官签发的有效令状，始得实施强制性侦查措施。

2. 加强检察对侦查的引导与监督

要改变诉讼阶段论为以审判为中心的格局，警检关系也需要重新设定。[①] 按照刑事诉讼法的规定，我国的警检关系是建立在分工负责、互相配合、互相制约的基础之上的。一方面，公安机关和检察机关在诉讼职能上有明确的分工，二者在职权行使过程中形成了一种相互独立、平行的关系；另一方面，检察机关有权对公安机关的侦查活动是否合法进行审查，尤其是审查侦查人员在取证过程中是否有刑讯逼供和以威胁、引诱、欺骗以及其他非法的方法收集证据的情况。但在实践中却形成了以侦查为中心诉讼格局，并确立了警主检辅关系，公诉职能在一定程度上依赖于侦查职能，从而造成检察机关对侦查活动监督乏力，检察权对侦查权的控制相当微弱，最终导致警检关系不顺，直接影响了侦诉质量。[②]

鉴于我国警检关系存在的问题，有的学者曾提出“侦检一体化”的设想，确立检察官在侦查阶段的主导核心地位，突出强调检察机关在刑事诉讼中对公安机关侦查行为的领导、指挥、监督权。[③] 也有学者主张对公安机关的刑事侦查活动，实行公安机关与检察机关的双重领导制。这种关系不仅有利于形成侦查合力，也有利于检察监督的强化和落实。[④]

我们认为，在警检关系的改革上，要从中国的实际情况出发，立足于人民检察院的宪法地位及其与公安机关的现有关系，变互相牵制的侦诉模式为侦诉协作及检察机关引导侦查的侦诉模式。具体而言，一方面要调整检察机关和公安机关的关系，改变目前检察机关与公安机关的侦查活动相脱离的局面，使检察机关在

① 张建伟：《审判中心主义的实质与表象》，载《人民法院报》2014 年 6 月 20 日，第 005 版。
② 樊崇义主编：《刑事审前程序改革实证研究》，中国人民公安大学出版社 2003 年版，第 29－30 页。
③ 陈卫东、郝银钟：“侦检一体化模式研究”，载《法学研究》1999 年第 1 期。
④ 龙宗智：“评‘检警一体化’——兼论我国的检警关系”，载《法学研究》2000 年第 3 期。

刑事追诉活动启动伊始就能参与侦查机关调查取证，为支持公诉作必要准备。另一方面，加强检察机关对公安机关侦查工作的引导或者指导，保留并规范检察机关对公安机关侦查活动的法律监督机制。

3. 保障犯罪嫌疑人的诉讼权利

以审判为中心，需要控辩平衡的诉讼结构作支撑，需要改善犯罪嫌疑人的诉讼地位，赋予其足以对抗追诉机关的诉讼权利，以增强其防御力量，以实现通过权利制约权力的目的。[①] 鉴于控辩双方在刑事诉讼中存在天然的不平等问题，维持诉讼结构平衡的途径只能是加强犯罪嫌疑人、被告人的权利保障，包括在立法上赋予其一些特权，如无罪推定权、不被强迫自证其罪权、沉默权、不受任意逮捕或拘禁的权利、获得保释权等。

需要强调的是，在我国，绝大部分犯罪嫌疑人都处于被羁押状态，[②] 有很多诉讼权利他们自己是无法行使的，这就决定了获得有效的律师帮助权对于保障犯罪嫌疑人的诉讼主体地位来说具有极端的重要性。以审判为中心，应当充分保障犯罪嫌疑人获得律师帮助的权利。值得肯定的是，新刑事诉讼法扩大了辩护律师的参与范围和力度，使律师辩护从审判走向了侦查，规定犯罪嫌疑人自被侦查机关第一次讯问或者采取强制措施之日起，有权委托律师担任其辩护人。但遗憾的是，这并不意味着犯罪嫌疑人享有律师在场权。更严重的是，并不是所有的犯罪嫌疑人都有能力聘请律师，政府也无力保障每一个犯罪嫌疑人都能获得律师帮助。此外，辩护律师在行使辩护权还存在立法和人为的障碍，取证难、阅卷难、会见难的问题，以及律师伪证问题，仍然在困扰着广大辩护律师。

4. 建立有效的司法救济机制

对于刑事审前程序的诉讼化而言，建立有效的司法救济机制也是必不可少的。从现行立法来看，还是有救济途径的。例如，《刑事诉讼法》（2012 年修正）第 115 条规定："当事人和辩护人、诉讼代理人、利害关系人对于司法机关及其工作人员有下列行为之一的，有权向该机关申诉或者控告：（一）采取强制措施法定期限届满，不予以释放、解除或者变更的；（二）应当退还取保候审保证金

① 樊崇义、张中："论刑事司法体制改革与诉讼结构之调整"，载《环球法律评论》2006 年第 5 期。

② 陈光中主编：《〈中华人民共和国刑事诉讼法〉修改条文释义与点评》，人民法院出版社 2012 年版，第 18 页。

不退还的；（三）对与案件无关的财物采取查封、扣押、冻结措施的；（四）应当解除查封、扣押、冻结不解除的；（五）贪污、挪用、私分、调换、违反规定使用查封、扣押、冻结的财物的。受理申诉或者控告的机关应当及时处理。对处理不服的，可以向同级人民检察院申诉；人民检察院直接受理的案件，可以向上一级人民检察院申诉。人民检察院对申诉应当及时进行审查，情况属实的，通知有关机关予以纠正。"这一条规定在《刑事诉讼法》（2012 年修正）第二章"侦查"中的第一节"一般规定"中，这里的"司法机关及其工作人员"应该理解为公安司法机关及其工作人员，包括侦查机关及侦查人员。刑事诉讼法将侦查机关自身和检察机关设定为诉讼权利的救济机关是不妥的，因为指望侵权人自行审查纠错等于"与虎谋皮"，而"检察机关本身又是侦查和控诉机关，并不符合司法审查的中立性要求"。①此外，"通知有关机关予以纠正"缺乏强制执行力，难以充分发挥实际效用。

加强犯罪嫌疑人的诉讼权利的保障，有必要针对违法侦查行为设置程序性裁判和制裁机制。凡认为侦查机关侵犯自己合法权益或者侦查行为不合法、不适当的，犯罪嫌疑人可以申请中立的法官进行司法审查。必须强调的是，司法救济是一种强制救济权，立法必须保障法官针对违法侦查作出裁判的强制执行力。法官经审查确定犯罪嫌疑人申请理由成立的，应当作出书面裁判，除解除违法侦查措施、排除相关证据外，还应当依法追究违法者的法律责任。

（三）法庭审判的实质化改革

以审判为中心是以与现代民主政治相适应的独立、公正的法院制度为前提的，②它追求的是法庭审判的实质化而力戒形式化。③如果审判只是走个过场，或者流为一场审判秀，审判是无法确立自己的诉讼重心的地位的，审判中心也就沦为一句空话。④

1. 建立刑事证据开示制度

证据开示具有整理证据和确定争点的功能。作为一种事实的争点，表明双方当事人所具有的不同的事实主张，其实双方当事人攻击和防御的焦点，也是裁判

---

① 陈光中、龙宗智："关于深化司法改革问题的思考"，载《中国法学》2013 年第 4 期。

② 孙长永："审判中心主义及其对刑事程序的影响"，载《现代法学》1999 年第 4 期。

③ 沈德咏："论疑罪从无"，载《中国法学》2013 年第 5 期。

④ 张建伟："审判中心主义的实质与表象"，载《人民法院报》2014 年 6 月 20 日，第 005 版。

者对事实进行判断以消除这种对抗的裁判点。[①] 通过证据开示，双方当事人在庭审前提出争点并进行梳理归纳，甚至就某些案件事实和证据达成共识而确定争点，在法庭上可以就未达成共识的争点进行质证和辩论。对于那些存在分歧的案件事实，由于双方已在庭前作了充分准备，也能够在庭审中进行集中质证和辩论，并结合双方都认可的证据，使审判法官能够对案件形成一个明确而清晰的认识，使法官形成对案件的鲜明印象，特别是对双方已达成共识的事实和争点的宣读，加强了法官对案件事实的认识，这样就可以避免了“盲人摸象”式的审判游戏。[②] 否则，如果双方在庭前互不了解对方的证据情况及争议问题，对于对方在法庭上所要进行的工作一无所知，法庭审判有可能变成“你说你的、我辩我的”互不配合的状况。[③]

2. 完善庭前会议制度

庭前会议是人民法院决定开庭后、开庭审判前为开庭审判做准备的一个程序，是庭前准备程序的核心和关键程序。《刑事诉讼法》（2012 年修正）第 182 条第二款规定：“在开庭以前，审判人员可以召集公诉人、当事人和辩护人、诉讼代理人，对回避、出庭证人名单、非法证据排除等与审判相关的问题，了解情况，听取意见。”这样规定有利于确定庭审重点，便于法官把握庭审重点，促进庭审的实质化，提高审判质量。[④]

但是，刑事诉讼法确立的庭前会议制度只是对一些程序性的问题“了解情况，听取意见”，并且只是将“上述活动情形应当写入笔录”，没有明确赋予法官就庭前会议涉及的问题作出裁断的权力，即使双方就某些问题达成合意，也没有法律上的约束力，无法发挥应有的作用。[⑤] 对此，立法应进一步完善，明确庭前会议的功能，确定庭审会议的法律效力，具体来说，一方面，庭前会议应当整理案件的争点，固定证据；另一方面，对于程序性争议问题，双方达成合意后，应当制作合意书，合意书一经签名或者盖章，即具有法律效力。对此，庭前会议应当作出决定，并作为以后庭审程序的依据。

---

① 韩象乾主编：《民事证据理论新探》，中国人民公安大学出版社 2006 年版，第 428 页。

② Brennan, The Criminal Prosecution: Sporting Event or Quest for Truth? Wash. U. L. Q. 279 (1963).

③ 张保生主编：《证据法学（第二版）》，中国政法大学出版社 2014 年版，第 153 页。

④ 闵春雷、贾志强：“刑事庭前会议制度探析”，载《中国刑事法杂志》2013 年第 3 期。

⑤ 朱孝清：“庭前会议的定位、权限和效力”，载《检察日报》2014 年 8 月 13 日，第 003 版。

3. 改革全案卷宗移送制度

按照《刑事诉讼法》（2012 年修正）第 172 条的规定，人民检察提起公诉时，应当“将案卷材料、证据移送人民法院”。这里的“案卷材料、证据”应当理解为作为公安司法机关内部案卷以外的供诉讼使用的全部案卷材料和证据。[①] 这一规定废止了 1996 年《刑事诉讼法》确定的“复印件主义”，[②] 又恢复到了 1979 年《刑事诉讼法》确定全案卷宗移送制度。之所以做这样的修改，主要考虑的是“复印件主义”的实践效果不好。法官在庭前对大部分案卷材料并不熟悉，不了解案件主要争议的问题，难以更好地主持、把握庭审活动，而且由于检察机关不在庭前移送全部案卷材料，辩护律师也无法通过到人民法院阅卷了解全案证据，特别是对被告人有利的证据。[③]

但不可否认的是，恢复全案卷宗移送制度将可能再次产生“先定后审”、“先入为主”、庭审流于形式等问题。尽管现在的法官素质、司法能力等方面较之十多年前已经有了很大提高，但全案卷宗移送制度的弊端和缺陷并不会因时间而消逝，因为法官庭前阅卷，预先了解案情和诉讼证据，容易产生先入为主，形成预断，庭审时过于重视控方的证据和理由，进而影响法官作出公正的裁判。[④] 因此，在刑事诉讼法恢复了全案卷宗移送制度后，如何推进庭审的实质化成为诉讼制度改革面临的重要现实问题。

为了使审判成为一场“真的”审判，有学者重提实行起诉状一本主义。[⑤] 要彻底解决法庭审判流于形式的问题，就必须废止案卷移送制度，避免法官在开庭前接触、查阅任何案卷笔录和证据材料，从而彻底割断侦查与法庭审判程序之间的联系。[⑥] 我们认为，如果证据开示制度和庭前会议制度能够按照前文所述得以确立和完善，实行起诉状一本主义是完全可行的。

---

① 陈光中主编：《〈中华人民共和国刑事诉讼法〉修改条文释义与点评》，人民法院出版社 2012 年版，第 249 页。

② 陈卫东、郝银钟：“我国公诉方式的结构性缺陷及其矫正”，载《法学研究》2000 年第 4 期。

③ 王尚新、李寿伟主编：《〈关于修改刑事诉讼法的决定〉释解与适用》，人民法院出版社 2012 年版，第 175 页。

④ 陈光中主编：《〈中华人民共和国刑事诉讼法〉修改条文释义与点评》，人民法院出版社 2012 年版，第 250 页。

⑤ 张建伟：“审判中心主义的实质与表象”，载《人民法院报》2014 年 6 月 20 日，第 005 版。

⑥ 陈瑞华：“案卷移送制度的演变与反思”，载《政法论坛》2012 年第 5 期。

4. 贯彻直接言词原则

直接言词原则包括两项原则，即直接原则与言词两项原则，其基本含义是：法官必须在法庭上亲自听取被告人、证人及其他诉讼参与人的陈述，案件事实和证据必须以口头方式向法庭提出，调查须以控、辩双方口头辩论、质证的方式进行。[①] 从立法上看，尽管我国刑事诉讼法没有明确规定直接言词原则，但从其中的一些条文的规定来看，还是肯定这一原则的。例如，坚持被告人在场原则，在审判过程中，如果被告人患有严重疾病，无法出庭的，或被告人脱逃的，将成为中止审理的理由；引入交叉询问规则，规定了证人作证义务，并明确了强制证人出庭的规则。

但是，我国立法对于直接言词原则规范并不完善，实践中贯彻得也不够彻底。例如，《刑事诉讼法》（2012 年修正）第 180 条一方面规定，合议庭开庭审理并且评议后，应当作出判决；另一方面又规定，对于疑难、复杂、重大的案件，合议庭认为难以作出决定的，由合议庭提请院长决定提交审判委员会讨论决定。这就造成“审者不判”和“判者不审”的问题。再如，关于证人证言的使用，在规定了证人出庭作证的同时，又规定了证言笔录的可采性。从杜培武、佘祥林、赵作海案件的审判情况来看，法庭普遍奉行案卷笔录中心主义，对于案件事实的调查都采取了宣读、出示案卷笔录的方式，法庭上几乎没有任何证人、鉴定人、被害人出庭作证。[②]

作为一项世界各国共同承认的诉讼原则，直接言词原则有助于审判人员正确审查证据，认定案情，有助于实现刑事审判的公正目标。[③] 要全面贯彻这一原则，首先，保障合议庭的作出判决的职权，改革审判委员会讨论决定案件的方式。在废除审判委员会讨论决定案件的功能不太现实的情况下，可以考虑借鉴中国历史上的“会审”制度，设立审判委员会开庭审理案件的程序。其次，强化证人、鉴定人出庭作证义务。关键证人出庭是审判程序公正的重要标志，[④] 也是保证法庭查明事实、认定证据的基础。第三，严格限制证言笔录的使用，摒弃卷宗依赖主义。因为在案卷笔录中心主义的作用下，侦查程序通过案卷笔录对法庭

---

① 樊崇义主编：《刑事诉讼法学》，中国政法大学出版社 2002 年版，第 257 页。

② 陈瑞华：“留有余地的判决——一种值得反思的司法裁判方式”，载《法学论坛》2010 年第 4 期。

③ 卞建林：“直接言词原则和庭审方式改革”，载《中国法学》1995 年第 6 期。

④ 陈光中：“经得起法律和历史检验的正义审判”，载《法制日报》2013 年 9 月 27 日，第 007 版。

审判的绝对影响，将成为整个刑事诉讼的中心。[1]

（四）全面贯彻证据裁判原则

以审判为中心的诉讼制度改革，必须树立“打官司就是打证据”的理念。[2]在现代诉讼中，对于诉讼中事实的认定，应依据有关的证据作出，没有证据则不得认定事实，此乃证据裁判原则之要义。[3] 证据裁判原则的确立，有效限制了法官的恣意擅断，为法官心证的形成提供了证据基础，保障了自由心证的合理性，解决了法官“拍脑袋”断案的问题。坚持证据裁判原则，一方面，作为认定案件事实根据的证据必须是经过法庭举证、质证等程序被确定为具有真实性，在形式上还必须具有相关性和合法性；[4] 另一方面，案件事实的认定必须建立在此基础之上，此所谓“无证据，不事实”。[5]

1. 落实非法证据排除规则

建立非法证据排除规则，旨在通过剥夺侦查人员“劳动成果”的方式，遏制他们非法取证行为，[6] 从根本上切断了刑讯逼供的动力源，[7] 被认为是“迄今为止，这是解决程序违法问题的惟一有效途径”。[8] 据一项数据显示，《刑事诉讼法》生效后的第一年，全国刑讯逼供案件与上一年相比下降了87%。[9] 但是，根据在哈尔滨市发生的一起刑讯逼供案表明，非法取证的问题在实践中还是相当严

---

① 陈瑞华：“案卷笔录中心主义——对中国刑事审判方式的重新考察”，载《法学研究》2006年第4期。

② 张保生：“审判中心与证据裁判”，载《光明日报》2014年11月5日，第13版。

③ 沈德咏：“论疑罪从无”，载《中国法学》2013年第5期。

④ 张中：“新形式证据观——论证据裁判原则下的证据”，载常林、张中主编：《证据理论与科学——第四届国际研讨会论文集》，中国政法大学出版社2014年版，第112－122页。

⑤ 张中：《无证据，不事实——论证据裁判原则下的事实认定》，载常林、张中主编：《证据理论与科学——第三届国际研讨会论文集》，中国政法大学出版社2012年版，第60－70页。

⑥ 熊秋红：“刑事证据制度发展中的阶段性进步——刑事证据两个规定评析”，载《证据科学》2010年第5期。

⑦ 王逸吟、殷泓：“刑讯逼供，如何不再上演？——关于修改刑事诉讼法的对话”，载《光明日报》2011年8月25日，第15版。

⑧ 陈瑞华：“非法证据排除规则的理论解读”，载《证据科学》2010年第5期。

⑨ 宋识径：“刑讯逼供案件去年下降87%”，载《新京报》2013年6月27日，第009版。

重的,[①] 这也就决定落实非法证据排除规则的重要性和迫切性。

与非法证据排除规则的“原产地”美国不同，中国非法证据排除规则主要适用于非法取得的犯罪嫌疑人、被告人供述、证人证言和被害人陈述，对于非法实物证据的排除，刑事诉讼法设定严格的限制条件：一是物证、书证必须是违反法定程序取得的；二是可能严重影响司法公正；三是不能作出补正或者合理解释。需要强调的是，这三个条件必须同时满足才可以排除非法物证、书证。也就是说，物证、书证虽然非法取证的，如果不影响司法公正，则不予排除；即使影响了司法公正，如果没有达到严重程度，也不排除；即使达到了严重程度，如果能作出补正或者合理解释，也可以采纳为证据。考虑到补正的结果将会使所有非法取得的物证、书证都能通过补正而获得合法性,[②] 在实践中非法实物证据就难以被排除，甚至使非法实物证据沦为“非法实物证据不排除规则”。[③]

此外，非法证据排除程序启动也十分困难。我们曾做过调查，当被告人提出排除非法证据的申请时，有49.6%的法官要求辩方必须提供确实充分的证据证明存在刑讯逼供。更糟糕的是，即使被告人提供了证据，也不意味着法官会启动非法证据排除程序。调研时假设有这样一种情形：某甲被检控方以故意杀人罪提起诉讼，某甲的辩护律师在法庭上提出某甲被刑讯逼供，并向法庭展示了某甲手腕上绳索勒痕的照片。调查数据显示，只有15.7%的法官表示非常可能启动非法证据排除程序。

2．贯彻疑罪从无原则

在现代证据法上，证据裁判原则除了要求认定事实必须以为根据以外，还有另一层含义，即有一定证据，但证据不够充分，没有达到法定的证明程度，亦不

---

① 据《新华每日电讯报》报道，2013年3月，哈尔滨市道外区人民法院一审法院审理并认定了7起刑讯逼供案，3名刑警和4名非警务人员在讯问犯罪嫌疑人过程中数次对拒不供述的嫌疑人电击、灌芥末油，致一人死亡。据其中一个被刑讯逼供的人说：“他们把我抓进去，铐在铁椅子上，用电棍电我，问我毒品来源。后来他们拿来一个老式电话机，旁边有个把，上面接出两根电线。他们把电线绑在我的脚趾上，开始摇电话，我浑身抽搐，当时电了我七八次。”参见“电击灌芥末油，哈市曝刑讯逼供大案”，《新华每日电讯》2014年9月22日。

② 张保生、常林：“2012年中国证据法治发展的步伐”，载张保生、常林主编：《中国证据法治发展报告（2012）》，中国政法大学出版社2014年，第5页。

③ 陈光中主编：《〈中华人民共和国刑事诉讼法〉修改条文释义与点评》，人民法院出版社2012年版，第73页。

能对事实进行认定。[①] 从这个意义上说，疑罪从无是证据裁判原则的内在要求的体现。[②]

疑罪从无是程序法治原则的重要体现，也是刑事诉讼尊重客观规律、体现司法文明、落实人权保障的重要规则。[③] 目前已发展成为现代刑事审判的“铁则”。[④] 从立法上看，我国刑事诉讼法是确认了疑罪从无原则的，如从审查起诉到一审，再到二审，一直到审判监督程序，对于证据不足的案件，由人民检察院应当作出证据不足的不起诉，或者由人民法院作出证据不足的无罪判决。

但是，我国的疑罪从无原则贯彻得很不彻底。如根据《人民检察院刑事诉讼规则（试行）》第405条的规定，人民检察院对于证据不足决定不起诉的案件，在发现新的证据并符合起诉条件时，可以提起公诉。与此相呼应，《刑事诉讼法解释》第181条第一款第三项规定，对于证据不足宣告被告人无罪的案件，人民检察院依据新的证据材料重新起诉的，人民法院应当依法受理。如果查证属实，人民法院就可以对判决无罪的被告人再行定罪，从而致使原来已经作出的“合法、正确、有效”的无罪判决失去效力。历时8年10次开庭、4次被判死刑而最终被宣告无罪的念斌，再次被列为犯罪嫌疑人，[⑤] 这充分表明了疑罪从无原则的软弱性。

为维护司法权威和人民法院判决的既判力，可以考虑引入一事不再理原则，促使刑事追诉和审判程序及时终结，从实现法律实施的确定性、安定性与和平性；[⑥] 同时，也可以抑制国家机构任意行使追诉权，避免被告人陷入无休止的不利和危险境地。

三、检察量刑建议程序之建构[⑦]

定罪与量刑是刑事诉讼进入审判阶段以后最为重要的两项任务。长期以来，

① 樊崇义、吴宏耀：“论证据裁判原则”，载《法律应用研究》2001年第6期。

② 张军主编：《刑事证据规则理解与适用》，法律出版社2010年版，第40页。

③ 沈德咏：“论疑罪从无”，载《中国法学》2013年第5期。

④ ［日］田口守一著：《刑事诉讼法》（第五版），张凌、于秀峰译，中国政法大学出版社2010年版，第272页。

⑤ “福建警方再将念斌列为嫌犯未公布决定依据”，载《南方都市报》2014年11月25日。

⑥ 陈瑞华著：《刑事审判原理论（第二版）》，北京大学出版社2003年版，第176页。

⑦ 原文发表于《国家检察官学院学报》2009年第5期。

我国司法机关存在“重定罪、轻量刑”的观念，注重认定被告人的罪与非罪、此罪与彼罪，忽视了刑罚适用导致出现量刑不公，影响了司法机关的公信力和权威性。从2005年开始，最高人民法院对量刑规范化进行调研论证，起草了《人民法院量刑指导意见（试行)》和《人民法院量刑程序指导意见（试行)》，并于2009年6月1日付之全国法院系统进行试点，力图将独立的量刑程序纳入法庭审理过程。事实上，量刑程序的运行尤其需要控辩双方的参与与配合，检察机关作为国家的公诉机关和法律监督机关，如果没有完备的量刑建议程序，则很难收到好的效果。

量刑建议权属于公诉权的一项独立权能，是指检察机关提起公诉或出庭支持公诉活动中，依据被告人的犯罪事实、性质、情节及其他社会危害程度，对被告人应当被判处的刑种、刑度、执行方式等向人民法院提出的具体建议。我国《刑事诉讼法》（2012年修正）160条规定，经审判长许可，公诉人、当事人和辩护人、诉讼代理人可以对证据和案件情况发表意见并且可以互相辩论。该法条可以视为检察量刑建议的直接法律依据。近年来，检察机关为确保量刑规范化工作的深入、有序开展，在理论和实践上逐步探索量刑建议程序的建立。早在1999年，北京市东城区人民检察院即开始试行“公诉人当庭发表量刑意见”，并在2000年初确定为公诉改革的课题之一。有些检察机关还出台了具体规范，如四川省郫县人民检察院制定了《量刑建议制度的操作规程》，明确了提出量刑建议的案件类型。[①] 2005年6月，最高人民检察院《关于进一步加强公诉工作强化法律监督的意见》指出：“为更加充分地发挥公诉职能，强化对审判机关量刑活动的监督制约，保证案件公正处理，要在总结一些地方探索量刑建议经验的基础上，进一步积极稳妥地开展量刑建议试点工作。”2005年7月，最高人民检察院正式下发《人民检察院量刑建议试点工作实施意见》，这标志着量刑建议程序作为刑事诉讼程序改革的一项重要内容，正式在全国各地人民检察院推行。但是，由于我国检察机关没有统一的量刑建议操作规范和标准，导致在具体行使量刑建议权时经常遇到疑难与困惑，影响了提起公诉和法律监督的效果。随着量刑规范化工作的深入开展，如何构建完备的检察量刑建议程序，就成为理论界和实务部门面临的重大问题。

---

① 赵阳：“中国量刑建议制度八年探索历程披露”，载《法制日报》2007年11月30日，第3版。

（一）检察量刑建议程序的价值蕴含

首先，有利于行使公诉职能。公诉权包括定罪请求权和量刑建议权，前者更注重从事实上揭露犯罪、证实犯罪，而后者则在前者的基础上侧重提出犯罪人应受何种刑事处罚，是前者的必然结果。在某种意义上说，公诉权的实质就是一种量刑建议权，即请求人民法院通过审判对被指控人适用刑罚。① 与之相应，检察机关的公诉程序应包括两个部分：一是请求人民法院对被指控的犯罪予以确认的程序，这是在行使定罪请求权；二是请求人民法院在确认其指控的犯罪的基础上予以量刑的程序，这是在行使量刑建议权。从立法和理论来看，量刑建议程序并不是检察机关凭空创设的，它是公诉程序的下位程序，是公诉权得以实现的一个不可或缺的环节。在实践中，构建量刑建议程序还有利于提高公诉人审查案件和公诉的水平。

其次，有利于强化法律监督。法律监督是一项系统工程，既应包括事后监督，也应包括事前监督和事中监督，量刑建议正是检察机关行使法律监督权的一种重要方式。② 我国刑法规定的量刑幅度较大，且存在相当的“法律空白”和“法律边缘”地带，对一些事实和情节相当的案件，人民法院与人民法院之间、甚至同一人民法院的量刑可能差异悬殊，这就影响了司法公正。在实践中，检察机关一般通过抗诉的形式进行监督，但是刑事抗诉毕竟只是一种事后监督，往往显得不够及时。建构量刑建议程序，有利于强化刑事审判监督的力度，对法官的自由裁量权形成制衡。

第三，有利于实现司法公正。在刑事审判中，自由裁量权主要包括定罪裁量权和量刑裁量权，如果控辩双方只注重定罪问题，而对量刑问题不进行质证、辩论，这就形成了法官量刑的封闭空间，容易导致量刑权力的被滥用。量刑建议程序正是对法官裁量权的制约。在独立量刑程序的框架下，检察机关率先提出量刑建议，被告方的答辩意见也能得到充分表达，这就形成了控辩双方对法官量刑权力的制约，量刑程序就处在一个公开、透明的环境下，控、辩、审三方达到了一种平衡的状态。

第四，有利于加强人权保障。在刑事诉讼改革的过程中，我国借鉴了英美法

① 张少林：“量刑请求权的法理依据”，载《检察日报》2001 年 4 月 16 日，第 4 版。

② 赵阳：“中国量刑建议制度八年探索历程披露”，载《法制日报》2007 年 11 月 30 日，第 3 版。

系当事人主义诉讼模式的一些合理要素，力图在庭审中形成控辩双方互相对抗的局面。检察机关提出量刑建议，本身就是对被害人和社会公众实施保护的一种活动，被告人也会充分行使辩护权，对不利于自己的控诉进行对抗，从而形成控辩双方针对罪与非罪、量刑的种类和轻重等问题展开全面辩论。法官在兼听的基础上，对证据和有关情节进行审查判断，容易作出公正的判决。这样，被告人的诉讼主体地位能够真正得到落实，更好地维护其合法权益。同时，被害人、被告人通过量刑辩论，能够知悉量刑的依据和过程，对判决的公正性有了更好的理解，这也有助于减少不必要的上诉缠访。①

最后，有利于促进国际刑事司法准则的协调。建构量刑建议程序是刑事诉讼制度国际化的迫切需要。随着我国国际交往和国际合作的空前扩大，我国政府已于 1997 年以来先后签署并加入了联合国《公民权利和政治权利国际公约》等条约，这就要求我国的刑事诉讼制度与通行的国际准则协调一致。这种协调不仅体现在无罪推定、程序公正等原则上，更在于确保这些原则实现的具体制度上。目前，世界上许多国家的公诉人在代表国家对犯罪提起追诉时，都明确提出相应的量刑要求，并因法律制度和法律传统的不同，而形成各具特色的量刑建议程序。大陆法系国家的量刑建议制度一直贯穿于审判过程之中，主要是通过检察官在诉讼活动中提出量刑建议及这一建议对法官的效力等一系列规定或习惯做法体现出来的。英美法系国家的量刑建议制度鲜明存在于量刑阶段，在量刑听证程序中，控辩双方都可以就量刑问题提出自己的看法，充分发表意见。② 构建量刑建议程序并使之与国际准则协调一致，不仅是我国改革开放的需要，也是我国应当履行的国际义务。

（二）检察量刑建议程序的设计

在我国，量刑程序的提出及构建在一定程度上是在检察机关提出并试行量刑建议制度的背景下发生的。③ 因此，建构检察机关的量刑建议程序，既应考虑其与庭审量刑程序的紧密联系，又要注意保持独立之特色；既应借鉴吸收先进的国际经验，又要立足我国刑事司法的实际。

---

① 朱晓文：“关于赋予检察机关量刑建议权的思考——从许霆盗窃一案说起”，载《政法学刊》2008 年第 3 期。

② 曾康：“国外量刑建议制度考评与借鉴”，载《求索》2004 年第 7 期。

③ 顾永忠：“试论量刑与量刑程序涉及的关系”，载《人民检察》2009 年第 15 期。

1. 量刑建议的主体

在法庭上提出量刑建议的主体只能是公诉人。然而，量刑建议的决定主体还要结合我国公诉工作体制来确定：如果是实行主诉检察官办案责任制的，应当由主诉检察官对案件事实和证据进行认真的审查核实，深入研究与案件有关的法律政策，依法决定并提出量刑建议；如果是实行“三级审批”办案制的，应当由承办人拟定量刑建议并阐明法律、法理依据，经公诉部门负责人审核后报主管检察长批准，最终由公诉人提出量刑建议；如果是检察长直接办理的案件，应当由检察长决定并提出量刑建议；[①] 如果是检察委员会讨论的重大、复杂、疑难案件，应当由检委会集体决定并由公诉人提出量刑建议。应该说，由于定罪和量刑具有密不可分的关系，因而案件审批和量刑建议的提出也是不可分割的。赋予量刑建议行政上的审批程序，不仅非常必要，而且符合“检察一体化”的组织原则。[②] 除主诉检察官办案责任制和检察长办理的案件之外，公诉人在庭审中发现事实发生变化需要改变原有量刑建议的，应及时向原决定主体进行汇报，待批准后再向法庭提出量刑建议。

为确定科学的量刑建议主体，还应注意以下问题：第一，适用死刑的量刑建议。死刑是对犯罪人适用的最为严厉的刑罚措施，有必要对适用死刑的建议权进行特别限制。对于案件拟提出适用死刑建议（特别是立即执行）的，一律由主管检察长参加研究决定，重大、疑难案件由检委会作出决定，以体现对被告人生命权的重视程度，提高检察机关提出适用死刑建议的严肃性。第二，从宽的量刑建议。量刑建议是根据有关法律规定，结合案件具体情况经过系统的司法推理后作出的判断，为避免个别检察人员的主观臆断或滥用权力，对于提出减轻、免除刑罚或对被告人适用缓刑量刑建议的案件，一律由主管检察长参加研究决定。第三，被害人的地位。我国 1996 年《刑事诉讼法》第 139 条规定，人民检察院审查案件，应当听取被害人和被害人委托的人的意见。这里既包括对被告人定罪的

---

① 根据最高人民检察院《关于各级人民检察院检察长、副检察长直接办理案件的意见》规定，各级人民检察院检察长、副检察长对于在当地有重大影响的案件；疑难、复杂案件；新类型案件；对于履行法律监督职能具有重大创新意义的案件；由检察长、副检察长直接办理更为适宜的其他重大案件这五类案件，在职务犯罪侦查、审查逮捕、审查起诉、诉讼监督和控告申诉检察等环节，抓住重点，有选择地直接办理。

② 王跃凤：“检察机关量刑建议权若干问题探讨”，载《法商论丛》2008 年第 1 期。

意见，也包括对被告人量刑的意见。检察机关在提出量刑建议前，应当听取被害人、被害人的近亲属或其委托的诉讼代理人的意见。鉴于我国被害人的法律意识和法律水平有限，特别是被害方多不可避免地存在非理性情绪，在量刑建议程序中，被害方主要享有表达意见的权利，对量刑建议的提出不具有约束力。

2. 量刑建议的范围

量刑建议的范围是指检察机关对哪些案件或在哪些情形下可以提出量刑建议。目前，我国理论界和实务部门对量刑建议的范围主要有以下观点：第一种观点认为，只要经过检察机关的认真审查，所有刑事案件都能向人民法院提出量刑建议。① 第二种观点认为，对于控辩双方对事实、证据没有争议，但是在量刑问题上存在异议的，可以提出具体的量刑建议；对于控辩双方对定罪问题存在较大争议的，应当避免提出量刑建议，以防止因量刑结论与量刑建议不一致而将检察机关推入尴尬地位。② 第三种观点认为，对适用普通程序的以及普通程序简化审的案件，可以充分行使量刑建议权。对于适用简易程序的案件，可以暂时不提量刑建议。③ 第四种观点认为，量刑建议适用案件类型应以被告人认罪案件、未成年人犯罪案件和无受害人案件为主，公诉人在量刑建议时应当尽量避免有受害人案件。

我们赞同第一种观点，即量刑建议适用于各级人民检察院提起公诉的各类案件，而不局限于某一类案件排除另一类案件。这是因为，公诉权贯穿于刑事审判的全过程，无论是在案件的一审、二审、再审乃至死刑复核程序中，检察机关均有权提出量刑建议。后三种观点主要从量刑建议的效果考虑，具有一定的合理性。但是，如果对量刑建议的范围进行限制，将有损于量刑答辩程序的完整性，从而影响案件办理的效果。当然，此种形式无形中增加了检察机关的责任，但在法制日趋完善的今天，公诉人必须努力增加自身的素质才能真正做到“法律面前人人平等”。④

最高人民法院、最高人民检察院、司法部制定的《关于适用普通程序审理

---

① 徐清：“小议检察机关量刑建议权”，载《犯罪研究》2005年第4期；蔡金芳、朱明棣：“关于检察机关量刑建议权制度的规范化”，载《前沿》2005年第6期。

② 王跃凤：“检察机关量刑建议权若干问题探讨”，载《法商论丛》2008年第1期。

③ 王顺安、徐明明：“检察机关量刑建议权及其操作”，载《法学杂志》2004年第5期。

④ 蔡金芳、朱明棣：“关于检察机关量刑建议权制度的规范化”，载《前沿》2005年第6期。

“被告人认罪案件”的若干意见》第七条第（四）项规定，对于“被告人认罪案件”，控辩双方主要围绕确定罪名、量刑及其他有争议的问题进行辩论。由此可见，在审判过程中，如果被告人否认有罪，则庭审的首要任务是查清犯罪事实问题，在犯罪事实查清、确认被告人有罪后，才能启动量刑程序。[①] 检察机关的量刑建议程序具有相对的独立性，无论被告人是否认罪，均不影响检察机关依法提出量刑建议。第一，公诉权本身就包含“定罪”、“量刑”两重建议权，作为控方既然已经对案件提起公诉，就应当对定罪及量刑有同样的决心。如果检察机关仅就被告人构成何罪向人民法院提起公诉，在程序上是不够完整的。第二，量刑建议是检察机关行使法律监督权的一项重要职责，如果放弃行使或怠于行使，显然会影响对量刑工作的监督力度。第三，量刑建议并不意味着具体的刑种、刑期，而是包括绝对确定、相对确定或概括的量刑建议等类型；如果控辩双方对案件事实、定性问题存在较大争议，或者被害方情绪较为激动的，检察机关可以根据具体情况的差别，灵活提出量刑建议，以收到更好的法律效果、社会效果和政治效果。

当前，量刑建议程序作为公诉改革的重要举措，涉及情况复杂，各地的试点经验尚处于完善之中，应当立足我国司法现状，循序渐进地稳步推进。量刑建议可重点适用简易程序、普通程序简化审和未成年人犯罪案件。在这些案件中，或是由于量刑幅度有限，量刑严重不当的可能性相对较小；或是由于庭审出现变数的概率较低，人民法院确认宣告刑的幅度相对稳定，这就能够确保量刑建议工作获得较好的效果。对其他类型的案件，如果对事实认定与法律适用无争议的，可以大胆提出量刑建议，对因定性分歧较大、社会影响面广的案件，要在取得经验并经调研论证的基础上，逐步开展量刑建议工作。

3. 量刑建议的形式

目前，我国理论界和实务部门对量刑建议的形式主要有以下几种观点：一是公诉意见。检察机关与其事先提出量刑建议，待遇到情况变化后再变更建议内容，不如当庭通过公诉意见提出量刑建议。[②] 二是起诉书。检察机关应在起诉书

① 胡云腾：“构建我国量刑程序的几个争议问题”，载《法制日报》2009年06月18日，第3版。

② 王顺安、徐明明：“检察机关量刑建议权及其操作”，载《法学杂志》2004年第5期。

中以书面方式提出量刑建议，这样可以受到社会公众的规制。[①] 三是量刑建议书。检察机关制作独立的量刑建议书，其内容应包括量刑情节和具体量刑意见，将其作为一种新的法律文书，连同起诉书一并提交给人民法院、被告人及其辩护人。[②] 四是综合量刑建议书和公诉意见。公诉人出庭的案件，量刑建议应当以公诉意见的形式当庭发表；对于适用简易程序的案件，公诉人不出庭的情况下，应当以量刑建议书的形式单独提出量刑建议。[③] 五是综合起诉书和公诉意见。对于适用简易程序的案件，应在起诉书中提出量刑建议；对于适用普通程序（包括普通程序简易化）审理的案件，应将量刑建议作为公诉意见的一个组成部分，在法庭辩论阶段发表公诉意见时说明。[④]

综合这五种观点来看，量刑建议包括口头提出和书面提出两种形式。口头提出一般是在法庭辩论阶段，由公诉人发表公诉意见时提出，其优点是公诉人可以根据庭审情况及时调整对策，较为灵活，但也存在缺乏规范、效力不足等缺陷。书面提出是通过起诉书或量刑建议书向人民法院提出，其优点是较为正式、规范，缺点是一经提出即较为固定，难以应对案件情况的变化。

我们赞同第五种观点，由于案件类型是复杂多样的，检察机关应根据不同的诉讼程序和阶段，灵活采用多种形式提出量刑建议，使之相辅相成，将量刑建议的效果发挥至最大。具体而言，检察机关应综合起诉书和公诉意见的形式提出量刑建议。一方面，起诉书是检察机关提交人民法院的最权威之法律文书，法律效力较强，社会影响力也更大。同时，我们不赞同在起诉书之外另行制作专门的量刑建议书，这从诉讼经济的角度来考虑似无必要，且不宜将量刑和定罪割裂开来。另一方面，由于我国尚未建立证据开示制度，检察机关在提起公诉时可能没有掌握全案的证据。随着庭审的进行，案件情况亦可能发生变化，这时可采用公诉意见的形式提出量刑建议。

对于适用简易程序审理的案件，由于检察机关一般不派员出席法庭，这时应

---

① 冀祥德：“设置量刑建议权要体现控辩协商的价值”，载《检察日报》2006 年 3 月 1 日，第 3 版；徐清：“小议检察机关量刑建议权”，载《犯罪研究》2005 年第 4 期。

② 徐日丹、段善策：“北京：检察机关首份量刑建议书发出”，载《检察日报》2009 年 7 月 6 日，第 4 版。

③ 朱晓文：“关于赋予检察机关量刑建议权的思考——从许霆盗窃一案说起”，载《政法学刊》2008 年第 3 期。

④ 章强明、沈欢芝：“对检察机关量刑建议权的定位思考”，载《法制与经济》2008 年第 20 期。

通过起诉书提出量刑建议。在此类案件中，公诉人通常对指控的犯罪事实、情节、被告人的态度和证据证明力有充分、全面的了解，可通过起诉书提出较为具体的量刑建议。对于适用普通程序审理的案件，如果检察机关认为证据、定性存在争议，或者庭审情况可能发生变化的，可首先在起诉书中对被告人的定罪量刑予以表述，并由公诉人在发表公诉意见时，对起诉书的建议作更进一步的补充，书记员应在出庭笔录上详细记载量刑建议的发表及辩论情况。此时，起诉书中的量刑建议可以是概括的量刑建议，即指出应适用的法律条、款、项或建议从重、从轻处罚。随着法庭调查、法庭辩论的进行，犯罪事实、量刑情节逐渐清楚以后，公诉人可提出相对确定乃至绝对确定的量刑建议。

4. 量刑建议的时机

量刑建议的时机和形式之间存在密切的联系，但又是两个不同的问题。目前，我国理论界和实务部门对量刑建议提出的时机主要有以下几种观点：一是庭前提出。检察机关应在审查起诉阶段结束、向审判机关提起公诉时提出量刑建议。① 二是当庭提出。有观点认为，检察机关应在法庭调查阶段提出量刑建议；有观点认为，检察机关应在法庭调查结束后法庭辩论开始时提出量刑建议；还有观点认为，检察机关应在法庭辩论结束后，被告人作最后陈述之前时提出量刑建议。② 三是庭后提出。检察机关的量刑建议应当在庭后进行，这样在量刑建议得不到采纳时，可以减少被告人的不服判因素。③ 四是综合提出。在适用简易程序或普通程序简易审的被告人认罪的案件，可以在提起公诉时提出量刑建议；使用普通程序审理的案件，则当庭通过公诉意见提出量刑建议。④

我们认为，第四种观点区分不同的案件情况，是较为合理的，但也需要进一步补充。前三种观点均具有合理之处，但也不够全面，因为每个案件的情况不同，如果固定于某一个特定的阶段进行操作，那样做反而有碍案件办理的效果。就量刑建议的时机而言，既要将其放置于整个量刑程序中来考虑，又要区分案件的不同类型，做到原则性和灵活性相结合。

第一，无论是适用简易程序还是普通程序的案件，检察机关均应在庭前提出

---

① 冀祥德："设置量刑建议权要体现控辩协商的价值"，载《检察日报》2006 年 3 月 1 日，第 3 版。
② 王顺安、徐明明："检察机关量刑建议权及其操作"，载《法学杂志》2004 年第 5 期。
③ 秦奕明："量刑建议存在的必要性及可行性"，载《法治快报》2008 年 5 月 6 日，第 5 版。
④ 密然："公诉人如何提出量刑建议"，载《检察日报》2004 年 1 月 30 日，第 4 版。

量刑建议。至于量刑建议是概括性、相对确定还是绝对确定的，应视案件具体情况而定。① 检察机关的公诉权包括定罪请求权和量刑建议权，在提起公诉时一并行使，能够保持求刑权行使的完整性。从我国刑事诉讼控辩对抗的原理来看，检察机关在庭前提出量刑建议，能够给予辩方一定的准备时间，有利于确保量刑答辩程序的充分性。对于适用简易程序审理的案件，由于检察机关一般不派员出席法庭，检察机关应在庭前提出量刑建议；对于适用普通程序审理的案件，检察机关可在庭前提出概括性的量刑建议，随后根据庭审情况予以修正。

第二，对于适用普通程序的案件，如果存在争议或庭审情况发生变化的，检察机关可以当庭提出量刑建议。具体时机应把握在法庭调查结束后的法庭辩论阶段，经过法庭证据调查，控辩双方对各自出示的证据进行了充分质证后，公诉人对于被告人犯罪事实、量刑情节有了更加清楚的认识，提出的量刑建议也更有针对性和说服力。② 在随后的法庭辩论中，辩方有足够的机会针对量刑建议提出异议，发表意见，有利于法官全面考虑各种情况，公正量刑，实现案件处理的公正性。③

第三，无论适用普通程序还是简易程序的案件，检察机关均不应在庭后提出量刑建议。庭后提出量刑建议，有悖于诉讼公开、公正的原则，被告人及社会公众很难知悉量刑建议的内容和采纳情况，容易引发对司法机关“暗箱操作”的质疑。

5. 量刑建议的内容

量刑建议的内容是指检察机关依据案件事实和刑法规定，在认定行为人构成犯罪的基础上，建议人民法院对犯罪人判处何种刑罚，判处多重的刑罚，以及所判的刑罚是否立即执行等。检察机关在确定量刑建议的内容时，既应考虑刑事程

---

① 当然，我们提出此种观点主要立足于我国的刑事司法现状，如果我国将来建立了有效、公正的庭前证据开示制度，公诉人在庭前对案件证据有全面的了解和把握，就可以在庭审前提出完整的量刑建议。

② 由此，量刑建议的提出时机与最高人民法院发布的《人民法院量刑程序指导意见（试行）》（以下简称《意见》）达成了衔接。根据该《意见》规定：“适用普通程序审理案件时，法庭审理分为三个相对独立的‘两部分’：(1) 在法庭调查阶段，根据情况先调查犯罪事实，后调查量刑事实；(2) 在法庭辩论阶段，根据情况先辩论定罪问题，后辩论量刑问题；(3) 告知被告人可以就定罪和量刑等问题进行最后陈述。适用简易程序和普通程序简化审时，在查明被告人系自愿认罪后，可以简化有罪事实的法庭调查内容，将庭审转化为量刑等问题。刘金林：“量刑规范化：四大争议亟需解决”，载《检察日报》2009 年 6 月 12 日，第 3 版。

③ 王跃凤：“检察机关量刑建议权若干问题探讨”，载《法商论丛》2008 年第 1 期。

序法的相关规定，又应以刑事实体法为依据。总体来看，量刑建议的内容应包括以下部分：

第一，对宣告刑的建议。

宣告刑是审判机关对具体犯罪案件中的犯罪人依法判处并宣告的应当实际执行的刑罚，它着眼于具体犯罪案件及犯罪人的特殊性。检察机关对宣告刑提出建议，其依据主要是法定刑——刑法分则规定的适用于具体犯罪的刑罚种类和量刑幅度。以量刑建议的明确程度为标准，又可将对宣告刑的建议分为概括的量刑建议、相对确定的量刑建议和绝对确定的量刑建议三类。检察机关在审查案件后，对于认为应当适用死刑（包括缓期执行）、无期徒刑、剥夺政治权利、驱逐出境和没收财产（包括全部或部分）的案件，应当提出绝对确定的量刑建议；对于认为应当适用有期徒刑、拘役、管制、罚金的案件，一般根据犯罪情节提出概括的量刑建议或者相对确定的量刑建议，只有在极有把握的情况下，才可提出绝对确定的量刑建议。

（1）概括的量刑建议，是指仅仅指出适用的法律条、款、项，或建议人民法院从重、从轻处罚。检察机关对于疑难、复杂或控辩双方对于定性存在较大争议的案件，可视情况提出概括的量刑建议。例如，我国《刑法》第238条规定，非法拘禁他人或者以其他方法非法剥夺他人人身自由的，处3年以下有期徒刑、拘役、管制或者剥夺政治权利；非法拘禁他人致人重伤的，处3年以上10年以下有期徒刑；致人死亡的，处10年以上有期徒刑。如果检察机关认定被告人非法拘禁他人致其死亡，应建议适用刑法第238条第2款之规定，请求人民法院依法惩处。

（2）相对确定的量刑建议，是指在法定刑幅度内进一步压缩量刑空间，在一个较窄的量刑幅度内获得相对确定的量刑值。对于犯罪事实清楚、证据确实充分、适用法律明确的案件，检察机关可以提出相对确定的量刑建议。在实践中，相对确定的量刑建议应主要适用于应当被判处自由刑的被告人，原则上不适用于应判处罚金刑的被告人。这是因为，罚金刑的数额除了依据基本犯罪情节外，往往还要考虑到其他一些因素，如被告人财产状况等，检察机关很难对此情况进行全面掌握。如果对自由刑提出相对确定的量刑建议，我们建议在法定刑之内再确定一个较小的幅度，如果法定刑在3年以下的，量刑建议的幅度在6个月至1年为宜；法定刑在3年以上的，量刑幅度在1年至3年为宜。此外，适用缓刑的建议是量刑幅度建议的一种特殊形式。检察机关综合分析犯罪情节和悔罪表现，如果认定被告人确实不致再危害社会后，可以向人民法院建议缓期执行，其实质属于刑罚执行方式的建议。

（3）绝对确定的量刑建议，是指向人民法院提出被告人应适用的具体刑罚，包括刑罚种类、刑期以及是否缓期执行等。在案件事实清楚、证据充分的下列情况下，检察机关可提出确定的量刑建议：一是刑法条文为某种犯罪规定了绝对确定的法定刑。在这种情况下，检察机关如果认可被告人的相应犯罪事实，即应提出绝对确定的量刑建议。二是对常见罪名有研究，并制定出量刑建议标准的情形，可以提出绝对确定的量刑建议。在这种情况下，人民法院可适用的刑罚种类较为单一，犯罪的量与对应刑之间有明确的对应关系，按照一般量刑标准可以确定具体的量刑。例如，对罪行极其严重的放火、爆炸、投放危险物品、故意杀人、强奸、抢劫、绑架等严重暴力犯罪、重大毒品犯罪和经济犯罪案件，可以建议适用死刑；如果存在法定、酌定从轻情节、可不立即执行的，可以同时建议适用死刑缓期二年执行。三是对特定犯罪人的案件，可以提出绝对确定的量刑建议。例如，对于犯罪的外国人，检察机关认为其人身危险性较强，不适宜居留于我国境内的，可以建议人民法院适用驱逐出境。

第二，对量刑情节的建议。

就量刑建议的内容而言，对量刑情节的建议是非常重要的组成部分。在我国刑法中，法定量刑情节和酌定量刑情节均有较大的自由裁量余地：法定量刑情节包括“应当型”和“可以型”两种，“应当型”情节是指只要存在该种情节，人民法院就必须根据该情节进行处罚，而没有自由裁量的余地；“可以型”情节是指虽然存在此种情节，但究竟如何适用，由人民法院根据具体情况来决定。酌定量刑情节需要由公诉人依赖于办案经验，对社会危害性、人身危险性的分析，以及对刑事政策的掌握作出评价。无论是法定情节还是酌定情节，检察机关的建议均应当是具体的，即明确建议人民法院从重、从轻、减轻或免除处罚，否则就缺乏实际意义。同时，量刑建议中应全面体现法定、酌定量刑情节，对同时具备多个从严情节和从宽情节的，应在综合考虑案件事实、情节的基础上，选择从重、从轻、减轻或者免除处罚。

数罪并罚是刑法规定的一人犯数罪情况下的一种量刑情节。有学者认为，就数罪并罚提出量刑建议容易使量刑建议复杂化，因而数罪并罚后决定执行的刑期以由人民法院综合裁量为宜。我们不赞同这种观点，鉴于我国刑法确立了以限制加重为主，以吸收和并科为补充的数罪并罚原则，对于数罪并罚的案件，检察机关应先对每一个罪名提出量刑建议，然后区分不同情况，提出合并执行的量刑建议。

第三，对特殊量刑因素的建议。

除法定量刑情节外，我国刑法还规定了若干特殊的量刑因素，直接影响着犯罪人的刑事责任。检察机关在提出量刑建议时，应注意根据案件情况，对这些量刑因素提出相应的建议。例如，根据《刑法》第10条规定，检察机关如果查明被告人在中华人民共和国领域外犯罪，又在外国已经受过刑罚处罚的，可以提出从宽处罚的量刑建议。又如，根据《刑法》第63条规定，检察机关如果认为案件在政治、外交、国防或在犯罪事实等方面具有特殊性，导致其社会危害性发生变化，从而符合刑法规定之“特殊情况”时，可建议原审人民法院报最高人民法院核准，在法定刑以下判处刑罚。

由此可见，量刑建议的内容具有多样性特征，既可以提出从严的建议，又可以提出从宽的建议；既可以提出对主刑的建议，又可以提出对附加刑的建议。应该说，量刑建议除了向人民法院提出对被告人适用刑罚的要求之外，还包括相应的理由和论证。检察机关在提起量刑建议时，应当阐明相应的事实根据和法律根据，包括法律、司法解释和法理等各方面的内容。① 只有在理由充分的情况下，才能与辩方进行抗辩，从而确保量刑的公正。同时，加强说理论证有利于说服人民法院和社会公众接受检察机关的量刑建议，确保公诉改革的顺利进行。

6. 量刑建议的效力

量刑建议的效果是整个量刑建议程序的重要组成部分。作为检察机关的一项法律行为，量刑建议必然产生相应的法律后果，否则在整个刑事诉讼活动中就失去了意义。同时，量刑建议的效果应当限定在法定之检察权范围内，不能侵犯审判权的独立行使。从时空顺序上看，量刑建议应当具有以下效力：

第一，引发控辩双方的量刑辩论。量刑建议是检察机关行使求刑权必然导致的结果，也是为了引发法庭对被告人适用刑罚的公开论辩，增加量刑的公正性和透明度。检察机关发表量刑意见后，被告人及其辩护人不仅对定罪问题提出辩护

① 万龙：“论量刑建议制度的完善”，载《中国检察官》2006年第12期。

意见，在量刑问题上也有了明确的辩驳对象，可以通过对检察机关量刑的意见的有理由的辩驳，来争取审判机关在事实和法律的范围内作出对被告人最为有利的刑罚裁判。[①] 在实践中，如果检察机关提出具体的量刑建议，而被告人不认罪或辩方作无罪辩护，实质上属于“不应追究被告人刑事责任”的答辩，不影响量刑辩论的进行。如果检察机关就疑难案件提出概括的量刑建议，辩方以具体的量刑建议进行反驳，在此情况下，公诉人应根据事实和法律作出回应，也不影响量刑辩论的进行。

第二，作为人民法院判决的重要参考。量刑建议不具有强制力，不影响人民法院刑罚裁量权的独立性和最终决定性，人民法院判决可以不采纳、部分采纳或全部采纳量刑建议。然而，量刑建议作为国家的公诉机关和法律监督机关提出的建议，人民法院在判决时是必须认真对待的。从权力属性上看，检察机关的量刑建议也是一种司法请求权，代表了国家公权力的行使，应当成为人民法院量刑时的重要参考，并在裁判文书中予以体现。有学者认为，为避免侵犯审判权独立原则和审判权终局性原则，不宜将量刑建议写入判决书中。[②] 我们不赞同这种观点，人民法院应在判决书中对是否采纳检察机关的量刑建议作出说明，这有利于加强对刑事审判的法律监督，增强司法程序的透明度。具体而言，如果检察机关提出量刑建议，而人民法院作出了完全一致的判决，应在裁判文书中称为“依公诉机关建议适用××刑罚”并写明理由；如果检察机关提出量刑建议而人民法院没有采纳，也应该在判决书中写明理由。

第三，作为提起抗诉的依据。量刑建议既是检察机关提供给人民法院作为量刑的重要参考，也是对人民法院量刑进行法律监督的重要依据。如果在判决前未提出量刑建议，如何衡量人民法院判处刑罚的适当性就缺乏明确的标准。在提出量刑建议后，检察机关应将其作为“参照物”对人民法院的判决结果进行审查，如果被告人、辩护人没有就检察机关提出的案件事实、定性、量刑提出异议，人民法院原则上应在量刑建议的幅度内进行判决。如果人民法院判决没有采纳量刑建议，则应从判决偏离的程度，以及是否存在正当理由等方面进行考虑，在确定判决结果有误的情况下，检察机关应依法提起抗诉，切实履行审判监督的职责。

---

① 吴孟栓：“检察机关量刑建议的效力”，载《检察日报》2001年9月11日，第3版。

② 袁承东、文明：“判决书中不宜写入量刑建议”，载《人民代表报》2006年7月4日，第7版。

同时，量刑建议也是对检察机关行使抗诉权的一种制约：如果人民法院判决偏离量刑建议幅度较小的，检察机关可视情况是否提起抗诉，对于不符合抗诉条件但属量刑不当的，可以依法提出检察建议；如果人民法院判决偏离量刑建议较大又无正当理由的，检察机关应当提起抗诉；如果人民法院判决采纳了检察机关的量刑建议，检察机关则不宜再以对案件认识发生变化为由提起抗诉。

量刑建议权是公诉权不可分割的组成部分。鉴于公诉权包括变更公诉、撤销公诉等内容，量刑建议的效力也将随之发生变化。如果检察机关追加被告人或变更被告人，补充起诉遗漏的犯罪事实或变更指控的犯罪事实，指控被告人犯有新的罪名或变更指控的罪名，应对相应的量刑建议进行补充完善；如果检察机关发现起诉不当或不宜对被告人提起公诉而撤回起诉的，也应撤回相应的量刑建议。

（三）余论：检察量刑建议程序的贯彻落实

量刑建议程序作为一种具体的制度，是一个国家刑事诉讼制度的有机组成部分，是与刑事立法和其他诉讼制度、机制相互联系、相互衔接的。为确保量刑建议程序的贯彻落实，还应重点开展以下几项工作：一是完善量刑建议的法律依据。我国《刑事诉讼法》等立法并未对检察机关的量刑建议权作出专门、明确的规定，最高人民检察院制定的《人民检察院刑事诉讼规则（试行）》也未要求公诉人提出具体的量刑建议。为进一步明确检察机关的量刑建议权，应当在《刑事诉讼法》及相关立法中明确赋予检察机关量刑建议权，使之成为量刑建议程序的法律依据。二是制定统一的量刑指南。我国现行刑法存在较多的“法律空白”、“法律边缘”地带，对很多罪名没有具体的量刑标准，这是导致法官自由裁量权过大、出现量刑偏差甚至量刑不公的重要原因。在构建量刑建议程序的同时，最高人民法院、最高人民检察院可共同以多发、常见的犯罪为突破口，逐步制定统一的量刑指南，对具体犯罪的量刑幅度、量刑情节和量刑方法进行细化，提出相对具体的标准，以指引检察机关提出合理的量刑建议，这样才容易被人民法院接受而获得实效。三是重视先例判决的指导作用。同案同判要求此后的案件在没有特殊的和特别的案由时，应该比照前例作出判决。[①] 检察机关提出量刑建议，应在案件事实和法律的基础上，综合以往判例的量刑情况而拟定。检察机关

① 张宏杰：“解放思想，构建适合我国国情的量刑建议制度——兼论赋予检察机关量刑建议权的现实可行性及设想”，载《法商论丛》2008 年第 1 期。

可以参照最高人民法院、最高人民检察院公布的判例，同时也可以参照辖区范围内人民法院的生效判决，对类案判决进行统计分析，这可以引导公诉人提出合理、适度的量刑建议，避免出现量刑不公、枉法裁判等情况。四是将量刑建议纳入工作考核。为确保量刑建议工作的规范化，检察机关应将量刑建议的质量确立为工作考核的指标之一。应制定量刑建议案件质量评定标准和考核办法，通过全面系统的考核，促使公诉人更加重视量刑建议工作。

四、《关于规范量刑程序若干问题的意见（试行）》解读①

量刑是一项重要的刑事司法活动，更是刑事诉讼的一项重要的结局性内容，建构相应的量刑程序，则成为刑事诉讼不可缺少的重要载体。但是，长期以来，我国刑事诉讼法确立了定罪与量刑一体化的程序模式，在实务工作中“重定罪轻量刑”、“量刑依附于定罪”的格局，这种违背程序功能和价值的做法，成为人民群众关注和强烈要求改革的一个热点。因此，中央关于深化司法体制的工作机制改革的决定中，把量刑程序的改革作为一项重要的内容。在中央司法改革意见的指导下，各级人民法院和人民检察院，各级公安和司法行政机关，广泛进行实证研究，确立了量刑程序相对独立的诉讼地位，“两高三部”《关于规范量刑程序若干问题的意见（试行）》（以下简称《意见》），自 2010 年 10 月 1 日试行。《意见》的出台是我国司法改革的又一重大成果，它的实施必将推动我国民主与法治的进程。《意见》规范的内容主要是量刑公开、民主的具体程序问题，它凸显了程序的地位、功能和作用。

（一）量刑程序改革的价值目标

在“公开、公正”的价值目标指导下，《意见》的第 2 条要求侦查机关、人民检察院关于证据的收集和运用，应当依照法定程序，收集犯罪情节轻重以及其他与量刑有关的各种证据，即为了实现公正，对证据收集要坚持客观、全面的原则和程序法定原则，因为证据问题也是个程序问题，必须严格依照法定程序收集和移送。《意见》的第 3、第 4、第 5、第 6 等条款，分别规定了控辩双方参与量刑程序，提出量刑意见，充分体现量刑公开、公正的原则。这些规定对化解矛

① 原文发表于《人民法院报》2010 年 10 月 13 日；载《法制资讯》2010 年 Z2 期。

盾、实现诉讼公平正义，保障诉讼人人权都有着十分重要的意义。

司法民主化，首先意味着对当事人参与权的保障，而保障当事人参与权的观念基础是诉讼主体性理念。根据诉讼主体性理念，当事人不再被视为诉讼程序的客体，而被视为积极参与诉讼程序的、享有各种程序权利和义务的主体，诉讼程序的设计和运作必须保障当事人能够富有影响地参与法院解决纠纷的活动”。在近现代刑事诉讼理论和立法中，当事人均被视为推进诉讼的主体。

因此，参与原则首先就意味着当事人对诉讼的参与。纵观《意见》的 18 个条款，多数条款都突出规定了当事人和辩护人、诉讼代理人参与量刑程序的具体内容和程序，这充分说明我国量刑程序的改革已经把诉讼参与、保障当事人的人权，作为一项重要的诉讼原则，当事人和辩护人已经成为量刑程序的主体。这是我国司法改革促进司法民主，在全社会实现公平正义的一项重大的举措。在量刑程序改革中，定罪事实和量刑事实，定罪证据和量刑证据，这两对范畴的正确区分，已经成为量刑程序改革的关键词，只有正确地理解与区分这两对范畴，才能确定和设计定罪程序和量刑程序。

《意见》的出台正是建立在对这两对范畴正确的理解和区分的前提下，设计了我国的量刑程序。《意见》在确立了我国量刑程序的地位之后，第 2 条就规定了量刑证据的收集和移送，要求侦查机关、人民检察院应当依照法定程序客观全面地收集和移送量刑证据材料，它包括能够证明犯罪嫌疑人、被告人犯罪情节轻重和其他与量刑有关的各种证据，即与法定情节和酌定情节有关的种种证据材料。《意见》第 3、第 4 两条对检察机关的量刑建议书和被告一方提出的量刑意见，都要证明其理由和依据。这里讲的理由和依据，其中一项重要的内容就是要找出证明量刑轻重证据。《意见》第 11、第 12、第 13、第 15 条对量刑程序进行中遇到的与量刑证据有关的各种特殊情况的处理程序，作出了明确的规定，诸如对涉及未成年人案件中的社会调查报告的处理程序，对有疑问的量刑证据的调查与核实，对当事人和辩护人、诉讼代理人关于申请调取量刑证据材料的处理程序，关于法庭辩论中出现的新事实、新证据的恢复法庭调查问题，等等。总之，《意见》抓住了量刑程序改革的关键环节，坚持以事实为根据，以法律为准绳的基本原则，以案件事实、证据为核心，夯实了量刑程序改革的基础，为实现量刑程序改革公平正义的价值目标进行了科学的设计。

（二）《意见》的进步之处

1.《意见》确立了量刑程序相对独立的地位

量刑是一项重要的刑事司法活动，更是刑事诉讼的一项重要的结局性内容，建构相应的量刑程序，则成为刑事诉讼不可缺少的重要载体。但是，长期以来，我国刑事诉讼法确立了定罪与量刑一体化的程序模式，在实务工作中形成“重定罪轻量刑”、“量刑依附于定罪”的格局，这种违背程序功能和价值的做法，成为人民群众关注和强烈要求改革的一个热点。因此，中央关于深化司法体制的工作机制改革的决定中，把量刑程序的改革作为一项重要的内容。在中央司法改革意见的指导下，各级人民法院和人民检察院，各级公安和司法行政机关，广泛进行实证研究，确立了量刑程序相对独立的诉讼地位。《意见》第1条规定：“人民法院审理刑事案件，应当保障量刑活动的相对独立性。”这一相对独立地位的确立是针对定罪与量刑程序二者的关系而言的，不能理解为定罪程序独立和公开，量刑程序相对独立与公开。因为这次改革的一个重要目标，就是赋予量刑程序一个公开而又独立的地位。至于在量刑程序与定罪程序的设置上，存有相互分离、混合进行和相对分离三种模式，结合我国现实情况，尤其是同我国的庭审模式、审判组织相适应，我们确立了量刑活动相对独立的做法，这是符合中国国情的。

2.《意见》把量刑公开与公正确定为量刑程序改革的价值目标

在“公开、公正”的价值目标指导下，《意见》的第2条要求侦查机关、人民检察院关于证据的收集和运用，应当依照法定程序，收集犯罪情节轻重以及其他与量刑有关的各种证据，即为了实现公正，对证据收集要坚持客观、全面的原则和程序法定原则，因为证据问题也是个程序问题，必须严格依照法定程序收集和移送。《意见》的第3、第4、第5、第6等条款，分别规定了控辩双方参与量刑程序，提出量刑意见，充分体现量刑公开、公正的原则。这些规定对化解矛盾、实现诉讼公平正义，保障诉讼人人权都有着十分重要的意义。

3.《意见》把当事人和辩护人提升为量刑程序的主体，为实现诉讼公平与正义，创设了良好的诉讼模式

“司法民主化，首先意味着对当事人参与人权的保障，而保障当事人参与权的观念基础是诉讼主体性理念。根据诉讼主体性理念，当事人不再被视为诉讼程序的客体，而被视为积极参与诉讼程序的、享有各种程序权利和义务的主体，诉讼程序的设计和运作必须保障当事人能够富有影响地参与法院解决纠纷的活动”。

在近现代刑事诉讼理论和立法中，当事人均被视为推进诉讼的主体。因此，参与原则首先就意味着当事人对诉讼的参与。《意见》第 3 条在规定人民检察院参与量刑程序，可以提出量刑建议的同时，《意见》的第 4 条就明确规定：“在诉讼过程中，当事人和辩护人、诉讼代理人可以提出量刑意见，并说明理由。”第 5 条还规定：“人民检察院以量刑建议书方式提出量刑建议的，人民法院在送达起诉书副本时，将量刑建议书一并送达被告人。”第 6 条规定：“对于公诉案件，特别是被告人不认罪或者对量刑建议有争议的案件，被告人因经济困难或者其他原因没有委托辩护人的，人民法院可以通过法律援助机构指定律师为其提供辩护。”《意见》的第 7 条、第 16 条还分别规定了当事人和辩护人、诉讼代理人参与量刑的法定调查、法庭辩论、申请量刑证据的调取、发表的量刑意见之采纳，以及二审、再审程序对量刑程序的参与。纵观《意见》的 18 个条款，多数条款都突出规定了当事人和辩护人、诉讼代理人参与量刑程序的具体内容和程序，充分说明，我国量刑程序的改革已经把诉讼参与、保障当事人的人权，作为一项重要的诉讼原则，当事人和辩护人已经成为量刑程序的主体。这是我国司法改革促进司法民主，在全社会实现公平正义的一项重大的举措。

4.《意见》规定了量刑事实和量刑证据的运用，是实现诉讼公平、正义的关键

在量刑程序改革中，定罪事实和量刑事实，定罪证据和量刑证据，这两对范畴的正确区分，已经成为量刑程序改革的关键词，只有正确地理解与区分这两对范畴，才能确定和设计定罪程序和量刑程序。《意见》的出台正是建立在对这两对范畴正确的理解和区分的前提下，设计了我国的量刑程序。《意见》在确立了我国量刑程序的地位之后，第 2 条就规定了量刑证据的收集和移送，要求侦查机关、人民检察院应当依照法定程序客观全面地收集和移送量刑证据材料，它包括能够证明犯罪嫌疑人、被告人犯罪情节轻重和其他与量刑有关的各种证据，即与法定情节和酌定情节有关的种种证据材料。《意见》第 3、第 4 两条对检察机关的量刑建议书，和被告一方提出的量刑意见，都要证明其理由和依据。这里讲的理由和依据，其中一项重要的内容就是要找出证明量刑轻重证据。《意见》第 11、第 12、第 13、第 15 条对量刑程序进行中遇到的与量刑证据有关的各种特殊情况的处理程序，作出了明确的规定，诸如对涉及未成年人案件中的社会调查报告的处理程序，对有疑问的量刑证据的调查与核实，对当事人和辩护人、诉讼代理人关于申请

调取量刑证据材料的处理程序，关于法庭辩论中出现的新事实、新证据的恢复法庭调查问题，等等。总之，《意见》抓住了量刑程序改革的关键环节，坚持以事实为根据，以法律为准绳的基本原则，以案件事实、证据为核心，夯实了量刑程序改革的基础，为实现量刑程序改革公平正义的价值目标进行了科学的设计。

（三）量刑要坚持程序法定原则

程序法定原则，也称为法制国家程序原则，“程序法定原则，其基本含义是指国家刑事司法机关及其追究犯罪、惩罚犯罪的程序，都只能由作为国民代表集合体的立法机关所指定的法律来加以明确规定，刑事诉讼法没有明确赋予的职权，司法机关不得行使，司法机关也不得违背刑事诉讼法所明确设定的程序规则而任意决定诉讼的程序。换言之，刑事诉讼程序的规则只能由立法加以规定，因此只能具有立法的性质，其他任何机关、团体或个人，以其他任何形式对刑事诉讼程序规则作出规定，都只能被视为是对程序法定原则的背离，其合法性都值得质疑”。当然，《意见》的出台属于司法解释性质，在我国司法解释的法律效力同国家的立法机关制定的法律具有同等的法律效力，其合法性毋庸置疑。《意见》的制定与颁布，坚持了程序法定原则，其具体体现有三个方面：一是量刑程序改革有宪法为依据，我国《宪法》第130条规定：“人民法院审理案件，除法律规定的特别情况外，一律公开进行。被告人有权获得辩护。”就刑事诉讼而言，审理公开除了定罪公开，当然也包括量刑公开，此其一。量刑程序改革的第二个宪法依据，就是2004年3月我国第四次修宪确立了“国家尊重和保障人权”的原则，《意见》当中所规定的当事人及其辩护人参与量刑程序，提出量刑意见，正是这一宪法原则的重要体现。二是量刑程序改革有明确的刑事法律依据。在程序法方面，《刑事诉讼法》（1996年修正）第160条规定：“经审判长许可，公诉人、当事人和辩护人、诉讼代理人可以对证据和案件情况发表意见并且可以互相辩论。审判长在宣布辩论终结后，被告人有最后陈述的权利。”尽管现行刑事诉讼法没有绝对明确地规定专门量刑程序，但仅仅依法条来作合法性判断未免过于狭隘与死板，事实上刑事诉讼法亦未规定庭审活动中定罪与量刑必须合一，从而为量刑程序改革留下了可操作的法律空间。在实体法方面，我国《刑法》第61条规定：“对于犯罪分子决定刑罚的时候，应当根据犯罪的事实、犯罪的性质、情节和对社会的危险程度，依照本法的有关规定判处。”刑诉法和刑法的这些规定，虽然对量刑程序未作较为明确的规定，但是，这些规定完全包括和隐含着量刑程序的有关内容，为量刑程序的进一步改革的设计提供了依据和空间。三是《意见》为贯彻程序法定原则，不仅在第2条明确地规定侦查机关和人民检察院应当依照法定程序，收集和移送量刑证据，而且在第4、第5条详细地规定了量刑建议和量刑意见的批准程序；第6、第7、第8、第9、第10条规定了量刑的法定调查程序；第11、第12、第13、第15条规定了量刑证据在法定调查中遇到的种种问题的处理程序；第14条规定了量刑辩论程序；第16条规定了刑事裁判书中的量刑说理的详细内容；第17条规定了二审、再审程序中的量刑程序。总之，《意见》对量刑程序的设计和规范详细、具体，面向实际，易于操作，充分体现了程序法定原则，更凸显了程序的价值。因为实体公正取决于程序公正，只有程序科学、正当、公正，才能保障实体正义。

五、认罪认罚从宽制度的理论反思与改革前瞻①

随着司法体制改革的深入推进，在总结了两年速裁程序试点经验的基础上，全国人大常委会于2016年9月3日授权在我国部分地区开展刑事案件认罪认罚从宽制度试点工作。试点工作开始后不久，2016年11月16日“两高三部”又联合印发了《关于在部分地区开展刑事案件认罪认罚从宽制度试点工作的办法》。从速裁程序的总结到认罪认罚从宽制度试点工作推行至今，采用快速处理机制的案件范围逐步扩大，司法机关“案多人少”的矛盾也得到一定程度的缓解，可以说是一项重大的进步。我国的刑事司法体制经过了立法的修改和不断改革，目前确立了除普通程序外多种程序并存的面貌，但这一制度体系还不能完全适应于刑事案件的难易程度、刑罚轻重的需要，也很难精确贯彻区别对待、繁简分流的诉讼原理，也不利于以审判为中心的诉讼制度的改革。对于这样一项有着深远影响的制度，应当在试点的过程中及时总结与反思，以推动认罪认罚从宽制度朝着更加科学化、合理、民主的方向发展。

（一）认罪认罚从宽制度中的诉讼证明

认罪认罚从宽制度改革试点提出的前后，我国理论界与实务界对该制度的诉讼证明问题进行了较为密集的关注，尤其是在认罪认罚从宽制度的证明标准问题

① 原文发表于《华东政法大学学报》2017年第4期。

上，各种观点不一而足，但主要有三种主张，一是证明标准降低说，认为我国的认罪认罚从宽制度是借鉴英美国家的“辩诉交易”制度而生，而“辩诉交易”制度可以在“案件事实不清、证据不足”解决不确定的因素，获取被告人的认罪答辩，从而简化诉讼程序、极大地提升诉讼效率；[①] 二是证明标准的阶段说，主张侦查、起诉、审判三个诉讼阶段的证明标准应当逐级提高，即应当坚持由低到高的证明标准；三是证明标准的统一说，也是目前刑事诉讼领域的通说，目前理论界基本上能够认同三大诉讼阶段证明标准的统一说，尤其是在以审判为中心诉讼制度的语境中，侦查、起诉阶段的证明标准理应向审判阶段看齐。关于认罪认罚从宽制度的证明标准问题，笔者在2016年发表的“认罪认罚从宽程序中的三个问题”一文中已有论述，坚持“案件事实清楚、证据确实充分”的证明标准，不仅是以审判为中心诉讼制度的必然要求，也是我国刑事诉讼法的明确规定，同时也是我国司法现状实际需要。[②]

但是，笔者在近期带领几名博士进行调研的过程中，有实务部门的同志提出，标准不降，一律采用传统的严格证明的模式和方法，诉讼效率难以提高，“案多人少”的矛盾仍然解决不了。公诉部门的同志反映，法官庭审程序简化了，但证据审查、举证责任、证明过程前移，公诉审查要严格把关，检察机关的负担越来越重，改革的成效甚微！这也引起了笔者的反思，我国近年来的刑事诉讼制度改革，不断地吸收英美法系和大陆法系的有益经验，在对英美法系国家辩诉交易制度进行研究的同时，我们也在关注大陆法系国家中严格证明与自由证明的模式和方法。笔者经过研究后认为，在我国认罪认罚从宽制度证明标准不降的前提下，在证明模式和方法上，无须采用严格证明，可适用自由证明的方法，以真正提高诉讼的效率，满足实践的需要。

何为自由证明，是相对于严格证明而言。严格证明的概念由德国学者迪恩茨于1926年提出，被日本借鉴引进后，日本学者小野清一郎结合构成要件予以发展，并在我国台湾地区广泛适用。德国学者克劳思·罗科信认为，“严格证明应

① 有关“中国版辩诉交易”的提法，参见任重远：“刑事速裁两年试点即将收官中国版‘辩诉交易’：快了，轻了”，载《南方周末》2016年5月26日，第1版；余尘：“‘中国版辩诉交易制度’在路上”，载《法人》2016年第10期；赵复多，朱江：“聚焦中国版‘辩诉交易’”，载《财新周刊》2016年第19期；彭飞：“试水中国版‘辩诉交易’”，载《法人》2016年第10期。

② 樊崇义、李思远：“认罪认罚从宽程序中的三个问题”，载《人民检察》2016第8期。

当同时遵守两种限制，一是有关法定证据的限制，即被告人、证人、鉴定人、勘验及文书证据，二是证据须经法定的调查程序才能够使用”。[①] 日本学者田口守一认为，“用有证据能力的证据并且经过正式的证据调查程序作出的证明，就是‘严格证明’；其他的证明，是‘自由证明’”。[②] 台湾学者杨云骅指出，“所谓严格证明，关键点就是‘严格’两个字，它‘严格’在三大部分，证据种类的决定，调查程序的严格性，有罪判决中心证程度的严格性”。[③] 简而言之，严格证明意味着两个方面的限制：“一是法定证据形式的限制，二是法定调查形式的限制。”[④] 与严格证明所相应的是，自由证明则在多个方面凸显灵活性，日本学者田口守一进一步指出，“自由证明是用某种证据经某种程序的证明；自由证明的证据是否在法庭出示，出示后用什么方式调查，由法院裁量”。[⑤] 具体而言，自由证明的诉讼模式下，裁判者在证据调查的方法和程序上可以不受严格证明中证据程序、规则的约束，拥有较大程度的自由裁量权。

刑事诉讼既要解决被告人定罪的问题，也要解决被告人量刑的问题。一般认为，对于定罪事实，要采用严格证明的方法，对于量刑事实，允许进行自由证明。从程序上来看，严格证明的模式要求法庭对于证据的调查需要严格依照法定程序的要求进行，即应当经历完整的举证、质证、辩论、认证等诉讼环节，并受到证据裁判原则、公开审判原则、直接言词原则、疑罪从无原则以及其他相应证据原则、规则的约束。[⑥] 从这个角度来看，采用简易程序处理被告人认罪认罚的案件已不再符合严格证明的程序性要求，对于简易程序、已经废止的普通程序简易审程序中采用自由证明模式在理论上已经没有太大争议。在有着“简上加简”之称的速裁程序试点的过程中，[⑦] 更是明确提出了可以省略“法庭调查”与“法庭辩论”两个阶段，对于被告人已经认可的证据，也不必再进行质证。如果被告人已经作出了“自认”，承认公诉机关指控的犯罪事实，且对适用的法律没有异

---

① ［德］克劳思·罗科信：《刑事诉讼法》（第24版），吴丽琪译，法律出版社2003年版，第208页。

② ［日］田口守一：《刑事诉讼法》，法律出版社2000年版，第219－221页。

③ 林钰雄等：“严格证明的映射：自由证明法则及其运用”，载《国家检察官学院学报》2007年第5期。

④ 王维：“论严格证明及其相关问题”，载《广东社会科学》2006年第5期。

⑤ ［日］田口守一：《刑事诉讼法》，刘迪等译，法律出版社2000年版，第220页。

⑥ 闵春雷：“严格证明与自由证明新探”，载《中外法学》2010年第5期。

⑦ “简上加简”的提法，参见叶肖华：“简上加简：我国刑事速裁程序研究”，载《浙江工商大学学报》2016年第1期。

议，那是否还需要对定罪事实进行严格证明，答案显然是并无必要的。

有鉴于此，笔者认为，目前的证明标准不能降低，被告人的认罪认罚并不意味着相关的证据可以不再收集，更不意味着案件的事实呈"一团乱麻"的情况下也能定罪处罚。认罪认罚从宽制度的功能之一，在于通过"从宽"这种激励机制，来鼓励被告人承认犯罪事实、主动交代犯罪线索，从而使得侦查机关、检察机关能够按图索骥，而不需要采用大范围摸排、拼命查找相关线索等破案方法，而是直截了当就能查明案件事实，固定案件证据，大大提升了办案效率。在证明标准不降的前提下，认罪认罚从宽处理的案件，可适用自由证明的证明模式或方法，以提高诉讼效率、推动诉讼改革。这是因为，认罪认罚从宽制度的适用前提是被告人"认罪"和"认罚"，因而控辩双方在"定罪"问题上的矛盾已经消除，"有争议必有证明"已经失去了"争议"的前提，如果一味坚持严格证明，将会造成讼累的形成和诉讼效率的低下。但是，在自由证明适用的过程中，应当注意两个方面的问题，一是自由证明之"自由"是相对自由，而并非是完全自由，对该证明模式的运用也应当在我国现有的法律规定和诉讼制度范围内进行，在提高诉讼效率的同时一定要注意对被告人应有权利的保障，不能使公正与效率的天平失衡；二是出现被告人不适用认罪认罚从宽情形的，包括被告人认罪认罚后反悔，以及出现其他非因被告人主观因素所产生的不适用认罪认罚处理的，应当在定罪问题上适用严格证明，对于犯罪行为的时间、地点、方式、过程、原因、结果等各个环节应当严格把握。

（二）认罪认罚从宽中量刑程序的相对独立

证据裁判原则是贯穿于刑事诉讼的基本原则，坚持证据裁判原则，无论事实还是程序都应当以证据为根本依据，不经被告人有罪还是无罪的问题需要证据来证明，被告人能否适用"从简、从快、从宽"的程序，也需要有证据予以佐证。如何在认罪认罚从宽制度中运用证据裁判原则，涉及"定罪"、"量刑"两个阶段中证据运用的问题。根据证据在刑事审判过程中所要证明事实的性质不同，可以将其分为定罪证据和量刑证据。所谓定罪证据就是指证明被告人所被指控的行为是否构成犯罪、构成何种犯罪的证据，而量刑证据则是指在已经认定被告人犯所指控罪行的基础上，对被告人应当科以何种等级的刑罚所依赖的证据。

我国刑事诉讼制度的设计，并没有从程序上将定罪与量刑两个阶段进行明确区分，实践中也经常出现"定罪量刑一体化"或"量刑依附定罪"的情况，法庭审理中的“法庭调查”和“法庭辩论”两大环节也主要是针对被告人罪与非罪的问题展开，因而实务界对于定罪程序的重视要明显多于量刑程序；而在理论界中，有学者从最高人民法院工作报告公布的刑事案件无罪判决率低于1%的基础上，进而认为“定罪问题尽管影响重大，但由于控辩双方在绝大多数案件中对此不存在明显的争议，因此，那些为限制法院定罪权所确立的一系列程序设计，在这些案件中都失去了用武之地”，并且得出结论，“中国刑事审判的核心问题是量刑问题，而不是定罪问题”。[①] 由此可知，定罪程序是庭审中的基本环节，能够受到各方面的重视，因而围绕着定罪证据一般能够进行较为充分的举证、质证、认证和辩论活动，而相比之下，量刑程序却呈现“隐形化”，成为庭审中接近于消失的一个环节，缺少围绕量刑证据进行的举证、质证、认证和辩论等活动，这是需要引起我们重视的。

在认罪认罚从宽的案件中，被告人的“认罪认罚”导致控辩双方在定罪的问题上排除了分歧，争议的焦点自然会转移到被告人量刑的问题上来。因为在犯罪嫌疑人、被告人认罪认罚的前提下，控辩双方对于指控的犯罪事实在庭前就能达成一致意见，这使得案件呈现在法庭上的时候关于定罪事实及证据的争议已经降至最低可能。在刑事速裁程序中，更是可以直接省略法庭调查与法庭辩论阶段，而在刑事简易程序、普通程序中，虽然并不能直接略过这两个阶段，但是那些为被告人定罪问题而设计的理论制度、证据规则，也会因为被告人已经认罪而显得没有那么重要。只是不同于美国的辩诉交易制度的是，我国刑事诉讼中即使被告人作出了认罪的答辩，案件仍旧要开庭审理，这种情况下，开庭审理的焦点就会落到被告人的量刑程序中，由于一般来说对认罪认罚的情况应当进行从宽处理，因而也就可以确切地说，适用了认罪认罚从宽制度进行开庭审理的焦点必将落到对被告人如何从宽上。鉴于量刑程序在实际中的重要性，有人民法院曾针对量刑进行了专门的答辩程序的探索，即在判决作出以前专门听取控辩双方就量刑建议提出的辩论意见，但由于这种量刑答辩设置在法庭辩论的环节，因此其独立性并没有得以明确显现。因此，笔者认为，在下一步改革的过程中，对于被告人庭前已经认罪的案件，应当着重凸显庭审中量刑的作用与功能，推动量刑程序的

---

① 陈瑞华：“论量刑程序的独立性——一种以量刑控制为中心的程序理论”，载《中国法学》2009年第1期。

相对独立，速裁程序中虽然可以不再进行法庭调查与辩论，但也应当就量刑的问题听取控辩双方的意见。在简易、普通程序中，则应当允许控辩双方就量刑的证据进行质证，围绕量刑事实进行辩论，这不仅有利于被告人对即将判处的刑罚更产生合理的心理预期，减少认罚后反悔现象的发生，同时也有利于加强控辩双方对量刑问题的参与，推动庭审的实质化运行。

（三）认罪认罚从宽的自愿性风险及其防范

认罪认罚从宽制度试点开始前的刑事速裁程序的试验，实际上已经是对被告人认罪认罚案件程序性处理的一种“先行先试”。之所以需要对刑事诉讼程序进行“从简、从快、从宽”改革，一来是司法机关“案多人少”的矛盾日益尖锐，二来是与我国犯罪轻刑化的发展趋势有关。在速裁程序的试点中，有的法官在总结经验时就提出，有些事实清楚、被告人认罪认罚且情节轻微的案件，甚至根本就没有开庭的必要，但如果不进行“从简、从快、从宽”的改革，这些案件仍会占用大量的司法资源。然而，效率与公正是司法改革中长存的话题，如何在提高效率的同时降低风险，是关系到认罪认罚从宽制度能否取得公正结果的重要前提。认罪认罚从宽制度中的风险，主要来源于两个主体层面，即认罪认罚一方的犯罪嫌疑人、被告人认罪自愿性中存在的风险，以及办案机关非法取证所带来的风险。对于后者来说，由于认罪认罚从宽制度在平衡较高的证明标准和司法实践中的实际需要面前，能够起到司法激励的作用，通过鼓励、激励犯罪嫌疑人、被告人如实供述自己的犯罪行为，可以在不降低证明标准的前提下，降低办理案件的难度，反而有助于降低刑事案件中非法取证或是刑讯逼供的风险。因此，对于认罪认罚从宽制度中风险防范的重点，应当立足于“认罪”与“认罚”的风险的反思与防范上。

认罪认罚从宽制度要求犯罪嫌疑人、被告人既要“认罪”也要“认罚”，可以在审判阶段既“认罪”又“认罚”，也可以在审前阶段先“认罪”在审判阶段中再“认罚”，虽然从形式上来看“认罪”与“认罚”是捆绑在一起的，但是在实际上二者在实践中有所分离。如果两者保持同步存在的情况下，才给予从宽处理，将大大限制认罪认罚从宽制度适用的范围。① 犯罪嫌疑人、被告人“认罪”

① 陈瑞华：“‘认罪认罚从宽’改革的理论反思——基于刑事速裁程序运行经验的考察”，载《当代法学》2016年第4期。

可以理解为承认自己的罪行，“认罚”则可以视为是与控方提出的量刑建议达成一致意见。在前期关于认罪认罚从宽制度的研究中，谈及犯罪嫌疑人、被告人在该制度中的自愿性问题，一般并不区分是“认罪”的中自愿还是“认罚”中的自愿。但是在试点进行的过程中，理论与实践之间的差距逐渐显现，在理论界及学者的研究中，多关注的“认罪”又“认罚”是否自愿，但在实践中，对犯罪嫌疑人、被告人影响更大的则是“认罚”是否自愿，以及“认罚”后的执行问题等。

关于“认罪”自愿性的问题，可以说是办案机关尤其是审判机关较为关注的一项问题，无论是按照我国认罪认罚从宽制度试点办法中的规定，还是最高人民法院所颁布的量刑指导意见，被告人“认罪”与否都是法庭审查的一项重要内容。我国在2012年刑诉法修改的过程中，增加了“不得强迫任何人证实自己有罪”的规定，通过五条八款确立了非法证据排除规则，通过一系列的司法改革加强了对犯罪嫌疑人、被告人的人权司法保障制度，扩大了法律援助的范围，完善了律师辩护制度等，虽然我国2012年刑诉法仍旧保留着第118条仍然强调“犯罪嫌疑人对侦查人员的提问，应当如实回答”的规定，但毋庸置疑的是，犯罪嫌疑人、被告人在认罪的主动性、自愿性上得到了很大程度的保障。但是实践中如何评价“认罪”自愿，多是从形式上进行审查。有学者在对山东省某一基层人民法院2014年审结的420件刑事案件进行调研后发现，“超过36%的案件的被告人因‘认罪态度好’或‘自愿认罪’被酌情从轻处罚，其中66%以上宣告缓刑，适用了‘认罪从宽’的这些被告人中，部分被告人存在自首、坦白、退赃等情节，而90%以上的被告人仅仅是有认罪的表示，而无其他从轻、减轻情节”。[①] 如果单从犯罪嫌疑人、被告人认罪与否的角度考察，着重考虑的其认罪态度及形式，这种态度或形式可以表现为被告人在开庭前向审前机关表达自愿认罪、审理过程中提出自己认罪的意思表达、向法庭递交“认罪书”等形式，事实上被告人主观方面是否真诚认罪悔罪也很难从客观上进行评价，因此“认罪认罚从宽”在实践中就有可能变成“认罪即可从宽”。

关于“认罚”自愿性的问题，则是犯罪嫌疑人、被告人以及被害人十分关心的一个方面。犯罪嫌疑人、被告人能够同意控方提出的量刑建议，是因为经过

① 王瑞君：“‘认罪从宽’实体法视角的解读及司法适用研究”，载《政治与法律》2016年第5期。

一番衡量后认为这种量刑的程度对自己有利，而在有被害人介入的案件中，犯罪嫌疑人、被告人“认罚”有利于被害人所遭受的损失能够获得更加及时的赔偿。这种“认罚”其实是被告人在判决作出前对可能判处的刑罚的一种认可，但被告人的“认罚”有时并不能产生诉讼各方主体都满意的局面。有的被告人先“认罚”再反悔，在获得宽缓的处罚后，在缓刑考验期内并不在乎，拒不执行应有的缓刑处罚，最终被法官撤销了缓刑；而在有的案件中，被告人认为自己“认罚”后获得的刑罚并不理想，因而一审宣判后提起上诉，一般来说一审人民法院并不愿意看到被告人对认罪认罚后的判决提出上诉的情况，而二审程序的进行，虽然是被告人合法权利的行使，但相对来说司法资源的消耗显然要比未上诉的案件要多。

以上两个方面问题的出现，提醒我们在推行“从简、从快、从宽”改革的时候，切不可一味求快。针对“认罪”自愿性中存在的问题，笔者认为应当从主客观方面加强对被告人认罪态度的审查。在一起“田某某故意伤害案”中，开庭时被告人紧闭双眼一言不发，仅在最后陈述时表示认罪，结果庭审后被告人就跑到被害人家中进行恐吓与骚扰。[①] 对于这种情况，应当重视从被告人客观行为方面的评价，虽有庭审中认罪的意思表示，但是庭外却有与认罪相反的行为，就不足以认定被告人已经认罪，最起码不能认为这种情况下被告人还是“认罪态度良好”，此外，如果被告人的认罪是避重就轻、推卸责任或是“只认小罪”，也不宜视为认罪态度良好。对于“认罚”自愿性的问题，应当加强对被告人从宽处罚后的监督与管理，被告人认罪认罚后获得从宽的处罚，即使是较为轻缓的刑罚，也并不是免除刑罚，对于被告人来说也不意味着宣判结束后就可万事大吉，一方面人民法院在作出从宽判决的时候，应当提出被告人及时接受相关部门的监管，使被告人提高主动执行刑罚的意识，另一方面则需要与社区矫正等制度结合，加强对管制、缓刑、监外执行等人员的监管。

（四）认罪认罚从宽案件中的进一步繁简分流

认罪认罚从宽制度试点的开展，是建立以我国刑事速裁程序试点进行完毕并且对经验进行总结的基础之上，在此之前，我国2012年《刑事诉讼法》对刑事简易程序进行了改革，确立了刑事和解制度，加上实践中部分地区实行轻微刑事

---

① 王瑞君：“‘认罪从宽’实体法视角的解读及司法适用研究”，载《政治与法律》2016年第5期。

案件快速办理机制，我国在刑事普通程序外，确立的多种并存的程序来进行刑事诉讼繁简分流的改革，已经形成了“普通程序——简易程序——速裁程序”三级“递简”的格局。① 由此，笔者认为，刑事诉讼繁简分流的改革在我国已经初具雏形。具体而言，繁简分流在我国可以分为两个步骤，第一步是将认罪认罚案件与不认罪认罚案件进行分流，这在目前理论界基本已经达成共识，第二步是将认罪认罚从宽的案件进行分流，根据案件性质的不同进行三级“递简”的划分。繁简分流改革的好处自然不必赘述，认罪认罚从宽制度试点决定的作出，也被认为是将我国刑事诉讼繁简分流的改革提升到了一个新的高度，要将繁简分流的精神贯穿于整个刑事诉讼当中。但就如何落实“当繁则繁、当简则简”的分流改革，笔者认为应当成为下一步改革的重点，也应当成为认罪认罚从宽制度改革的前瞻。

早在刑事速裁程序试点的过程中，18 个试点城市就曾建议立法应将刑法规定的罪名划分为微罪、轻罪和重罪，在区别对待的基础上，将有限的司法资源集中于主要的案件上。庭审实质化改革是以审判为中心的应有之义，但对庭审进行实质化的改革并不意味着所有的刑事案件必须要经历刑事普通程序，而是应当结合案件的具体情况，进行“该繁则繁、该简则简”的繁简分流。因此，笔者认为，下一步的改革，应当结合刑事实体法的修改，根据案件的实际情况，将其区分为微罪、轻罪和重罪。这在国际上也并不是没有先例可循。例如，1810 年《法国刑法典》首开罪分三类的先河，依据各种犯罪应当判处的刑罚将所有的犯罪分为：重罪、轻罪和违警罪，分别由重罪法院、轻罪法院和违警罪法院管辖，在程序上，重罪与轻罪案件应当由审判法院在庭审过程中并在庭审辩论之后作出判决；而违警罪案件，即使是最重的第五级违警罪案件，也可以适用简易程序，不经事先辩论而作出判决。② 德国最开始借鉴法国的罪分三类的立法形式对罪名进行了划分，但德国 1975 年对刑法进行改革，删除了违警罪，将罪分三类改为罪分两类，即将罪名分为重罪和轻罪。2002 年德国刑法典的修改，进一步确认了该做法，与之相适应的是，在程序法和实体法方面均要根据罪刑不同而区别对待，如对于重罪的未遂一律应处以刑罚，而轻罪的未遂则只有特定情况才会受到

① 魏晓娜：“完善认罪认罚从宽制度：中国语境下的关键词展开”，载《法学研究》2016 年第 4 期。

② 卢建平、叶良芳：“重罪轻罪的划分及其意义”，载《法学杂志》2005 年第 5 期。

刑罚处罚。[①] 除法、德两国以外，世界上许多国家如美国、意大利、俄罗斯等国也都对犯罪进行了分类，并有相应的程序法根据罪刑的轻重进行不同的处理。

在区分了微罪、轻罪、重罪的前提下，笔者认为，可以划定“一年以下为微罪，一至五年为轻罪，五年以上为重罪”的实体标准，同时以“微轻罪案件可不出庭、重罪案件原则上要出庭”为程序标准。在具体的运行过程中，对于轻罪和微罪案件，案件事实已经清楚，证据已经固定充分，且被告人自愿放弃当庭质证权利的，可以不要求证人出庭，对于被告人主动认罪认罚的，也要与“认罪认罚从宽”的改革结合，予以相应宽大的处理；而对于重罪案件，要严格贯彻刑诉法的规定，针对案件的具体情况，该强制出庭的要强制，该保护出庭的要保护，证人有必要出庭的，非法定情况不允许以宣读书面证人证言代替，对于庭审中的质证环节，应当合理利用交叉询问的规则，提高证人出庭后的有效质证率。

认罪认罚从宽制度的试点，也为我国庭审制度的改革提供了契机。从理论上来说，庭审质证与举证和认证来说，是审判的核心环节，对于案件事实的查明以及被告人质证权的实现和保护方面，都有着重要的意义。在我国以往的庭审制度改革研究中，经常会走入提升证人普遍出庭率的误区，随着近年来对庭审实质化改革研究的深入，人们逐渐认识到，在刑事审判中一味强调证人的出庭率并不能解决实际问题。反观大洋彼岸的美国，每年通过辩诉交易解决掉了90%的案件，剩下的有证人出庭作证的不足10%，但却并没有观点认为美国是一个庭审极度虚化的国家。我国的认罪认罚从宽制度试点中，对于被告人认罪认罚、对指控的罪名无异议且放弃了庭审质证权的，应当允许其获得迅速裁决的程序性利益和判决上从宽的实体性利益，而对于被告人并不认罪认罚，或是一些重大、疑难、复杂或是影响较大的案件，应当执行完善的审判程序，加强庭审中的对抗与质证。目前，我国的法律规定中虽然明确了庭审中控辩双方发问的次序，但是还没有就主询问及反询问进行区分，交叉询问规则应有作用的发挥受到了极大的限制。此外，我国立法中虽然明确规定了禁止诱导性的发问方式，但是实践中诱导性的发问还是普遍存在的，且诱导性询问的方式，也有其存在的合理性。因此，借助认罪认罚从宽制度的试点，在下一步的改革中，在一些“当繁则繁”的案件中，应当强化庭审的质证与辩论，完善以反询问为核心的交叉询问规则，对于主询问

① 郑丽萍：“轻罪重罪之法定界分”，载《中国法学》2013年第2期。

与反询问应当明确划分，在此基础上强化控辩双方询问的交叉性。还应当合理地看待交叉询问中诱导性询问的方式，诱导性询问并非如洪水猛兽般可怕，交叉询问之所以是能够查明案件事实最伟大的法律武器，就在于其诱导性询问的作用。“诱导性询问也是保证举证和质证有利于揭示案件真相而不是远离这些真相的一项重要规则”。[①] 应当在主询问中禁止诱导性的发问方式，而在反询问中应当允许这种询问方式的存在。

（五）结语

认罪认罚从宽是一项集合性、综合性的法律制度，既有实体属性也有程序属性，对于该制度的研究需要从实体和程序等视角全面考量。本文从该制度试点至今反映出的几个理论及实践热点问题出发，对于认罪认罚从宽制度的证明标准应当明确坚持，达不到证明标准的要坚决贯彻“疑罪从无”的原则，但在证明模式和方法上，既然控辩双方在定罪问题上的争议已不存在，可采用自由证明的方法，控辩双方关注的重点也应当转移到量刑的问题上。定罪与量刑两道程序，应当分离还是继续合并，是理论界一直以来关注的一个议题。被告人认罪认罚后量刑的程序独立性和重要性应进一步凸显，在量刑阶段也应当贯彻证据裁判原则，维护被告人应有的权益。被告人认罪认罚“自愿性”的问题是认罪认罚从宽制度的一项核心话题，应加强认罪认罚“自愿性”的客观评价，及时进行风险防范。“普通程序——简易程序——速裁程序”的三级“递简”是我国刑事诉讼繁简分流的深化，在将认罪认罚同不认罪认罚案件进行分流的前提下，可将认罪认罚案件进行微罪、轻罪、重罪的区分，从实体和程序两个方面进行繁简分流，配合当前我国庭审的实质化改革，以优化诉讼配置，做到诉讼效率的有效提高。

六、认罪认罚从宽制度与辩诉交易制度的异同及其启示[②]

2016 年 9 月，全国人大常委会通过了《关于授权最高人民法院、最高人民检察院在部分地区开展刑事案件认罪认罚从宽制度试点工作的决定》（以下简称《认罪认罚从宽制度试点工作的决定》），正式明确在北京、天津、上海、郑州、西安等 18 个城市开展刑事案件认罪认罚从宽制度试点工作，相关文献随之大量

① 吴铁刚：“简析美国的诱导性询问”，载《前沿》2007 年第 7 期。

② 原文发表于《中州学刊》2017 年第 3 期。

增加。由于“认罪认罚”与“从宽”之间存在某种“对价”意味，所以很多学者将认罪认罚从宽制度与辩诉交易制度联系到了一起，但并未对此展开深入论述。[①] 笔者认为，分析认罪认罚从宽制度与辩诉交易制度之“异”能为认罪认罚从宽制度明确运行边界，归纳二者之“同”能为认罪认罚从宽制度试点工作提供理念上或操作技术上的启发。

（一）认罪认罚从宽制度与辩诉交易制度的相同点

1. 保障被告人的快速审判权是相同目的，得到快速、及时的审判是犯罪嫌疑人、被告人的一项重要人权

《公民权利和政治权利国际公约》第9条第3款规定：“任何因刑事指控被逮捕或拘禁的人，应被迅速带见审判官或其他经法律授权行使司法权力的官员，并有权在合理的时间内受审判或被释放。”悬而未决的等待会“给犯人带来无益而残酷的折磨”,[②] 而快速审判符合司法认知规律且有助于增强刑罚的警戒作用。正如波斯纳所说，“对公平正义的追求，不能无视代价”。[③] 司法机关在追寻真相的过程中，不可能也不应当像自然科学研究者那样为了探索真相而皓首穷经，因为即使司法系统等得起，被害人、犯罪嫌疑人和被告人、社会也耗不起。刑事审判必须在有限的时间内给被害人、被告人和社会一个明确的结果。被害人渴求救济和心灵安抚，被告人渴求“尘埃落定”的宣判，社会公众渴求对恶行予以及时惩戒，推迟刑罚“造成的印象不像是惩罚，更像是表演”。[④] 但问题是，如何在案件多、司法资源少的情况下保证快速审判权的实现呢?

为了解决这一问题，辩诉交易制度应运而生。通过辩诉交易，被告人可以避免因案件调查而必须接受额外的对人身自由予以限制的审前程序，也可以避免等待审判结果的焦虑和不确定性。[⑤] 与美国实施辩诉交易制度的背景相似，我国刑事司法审判也面临巨大的案件压力。根据2007—2016年《中国法律年鉴》，

---

① 陈瑞华：“认罪认罚从宽制度实质上区别于美国的辩诉交易制度”，法制网，http://www.legaldaily.com.en/fxjy/content/2016－09/02/content_6790419_3.htm? from = timeline&isappinstalled = 0，2016年9月2日；钱冲：“认罪认罚从宽制度建构探析”，正义网，http://www.jcrb.com/procuratorate/theories/academic/201606/120160622_1627427.html，2016年6月22日。

② ［意］贝卡利亚：《论犯罪与刑罚》，黄风译，中国法制出版社2002年版，第65页、第66页。

③ 转引自熊秉元：《正义的成本——当法律遇上经济学》，东方出版社2013年版，第31页。

④ ［意］贝卡利亚：《论犯罪与刑罚》，黄风译，中国法制出版社2002年版，第65页、第66页。

⑤ 张智辉主编：《辩诉交易制度比较研究》，中国方正出版社2009年版，第2页、第3页。

2006—2015 年全国法院一审刑事案件收件数、积案数都大幅增长，2011—2015 年增速尤其显著。在案件增加迅速、司法资源又相对紧张的形势下，如何提升司法效率、保证被追诉人的快速审判权，已成为必须回应的问题。这就是今天为何要强调完善认罪认罚从宽制度。

2. 被害人利益表达制度化是相同缘起

在很长一段时间内，谈及刑事司法，很多学者的反应都是如何保护被告人，却忘了在绝大多数犯罪案件中（除了那些没有直接被害人的犯罪案件）必然存在犯罪人、被害人及其相互关系，忽视被害人或者被害人与犯罪人的关系必然忽略很多影响被告人刑事责任的因素。① 随着西方刑罚民粹主义思潮的兴起，理论界开始重新审视被害人在刑事司法中的重要地位。② 从形成过程来看，辩诉交易制度与认罪认罚从宽制度都是被害人利益表达的制度化。就辩诉交易制度而言，在制度发展之初，被害人之所以愿意接受辩诉交易至少有三个方面原因：一是经济方面。通常情况下被害人必须承担比较昂贵的作证费用，尽管法院在案结后会支付这些费用，但对于很多被害人来说，短期内承担这笔费用也是不小的压力。二是时间方面。即使庭审本身耗时不长，往返法院也耗时较多，被害人因此要承担额外的误工成本。三是如果不接受辩诉交易，被害人就要承受很大的败诉风险。③ 认罪认罚从宽制度也是如此，该制度表面看来是自上而下的刑事政策改革的结果，实际上是国家对民情的一种自下而上的吸纳。我国 1996 年《刑事诉讼法》确定了被害人的诉讼当事人地位，但司法实践中被害人还是常常被有意无意地忽略，公诉案件中被害人除了可以提起附带民事诉讼，其地位几乎等同于证人。为了满足被害人利益表达的需求，刑事和解制度逐渐兴起。认罪认罚从宽作为总领刑事和解等刑事程序的制度，自然而然地吸纳了刑事和解程序的合理性，关注被害人的利益诉求。

3. 实施前提都是被告人自愿

被告人自愿原则被视为辩诉交易的“帝王条款”“合法性源泉”，防范辩诉

① 刘军：《刑法学中的被害人研究》，山东人民出版社 2010 年版，第 1 页。

② 冯卫国、张向东：“被害人参与量刑程序：现状、困境与展望”，载《法律科学》2013 年第 4 期；李奋飞：“刑事被害人的权利保护——以复仇愿望的实现为中心”，载《政法论坛》2013 年第 5 期。

③ ［美］乔治·费希尔：《辩诉交易的胜利——美国辩诉交易史》，郭志媛译，中国政法大学出版社 2012 年版，第 154 页。

交易中国家权力滥用的根本性条款，公正、平等地进行辩诉交易的前提和基础。[①] 我国现行《刑事诉讼法》（2012 年修订，本部分下文中的《刑事诉讼法》均指该法）第 50 条规定“不得强迫任何人证实自己有罪”，该条位于《刑事诉讼法》总则部分，对刑事诉讼的各个环节都有约束力，认罪认罚从宽制度也不例外。《最高人民法院、最高人民检察院、公安部、国家安全部、司法部关于在部分地区开展刑事案件认罪认罚从宽制度试点工作的办法》第 1 条从正面强调了自愿性原则，第 2 条从反面罗列了因不具有自愿性而不能适用认罪认罚从宽制度的情形。据此，公安机关、检察机关既不能通过暴力、威胁、欺骗等方式逼迫犯罪嫌疑人、被告人认罪认罚，也不能通过不认罪认罚就从严的方式逼迫犯罪嫌疑人、被告人认罪认罚。

4．量刑决定权主体都是法院

美国的辩诉交易制度中，法院对是否接受控辩双方关于罪名的协商以及如何量刑拥有最终决定权，法官对接受还是拒绝辩诉双方提交的答辩协议拥有决定权：如果接受，就应当通知被告人其协议中商定的处置意见将在判决和量刑中予以体现；如果拒绝，则应当通知辩诉双方其协议被拒绝并将此情况记录在案。[②] 我国《认罪认罚从宽制度试点工作的决定》中的相关表述与此有异曲同工之妙：“犯罪嫌疑人、刑事被告人自愿如实供述自己的罪行，对指控的犯罪事实没有异议，同意人民检察院量刑建议并签署具结书的案件，可以依法从宽处理”。认罪认罚是否从宽由人民法院决定，这既是对我国《宪法》第 131 条（该条规定“人民法院依照法律规定独立行使审判权，不受行政机关、社会团体和个人的干涉”）的尊重，也是对目前“以审判为中心”司法改革理念的贯彻。人民法院是我国唯一拥有审判权的国家机关，定罪量刑是审判权的组成部分，因此，是否从宽的决定主体只能是人民法院，其他组织和个人均不得干涉人民法院的量刑工作。

---

① 张智辉主编：《辩诉交易制度比较研究》，中国方正出版社 2009 年版，第 2 页、第 3 页。

② 冀祥德：《建立中国控辩协商制度研究》，北京大学出版 2006 年版，第 9－12 页。

（二）认罪认罚从宽制度与辩诉交易制度的明显差异

1．证明标准能否降低不同

2002 年“国内辩诉交易第一案”[①] 引起轩然大波，赞同者有之，反对者亦有之。笔者对司法机关敢于尝试通过妥协来解决疑难案件的勇气和智慧表示欣赏，但仍然认为，辩诉交易制度不适合我国现实情况。在我国经济发展不平衡，经济体制转型尚未彻底完成，政治体制尚不完善，腐败现象仍然多发，民众对司法公正的信任度仍有待提升的情势下，辩诉交易制度所采用的“合意真实”规则是明显不合时宜的。域外辩诉交易中关于“事实”的交易，会给我国社会公众带来“以钱买刑”、“司法不公”等负面感受，从而加剧社会阶层之间的矛盾。[②] 辩诉交易制度在美国能够发展壮大，并不代表其关于“事实”的妥协在我国也能收效良好。虽然我国法律明确规定侦查终结、审查起诉、审理宣判等都要达到“事实清楚，证据确实、充分”的证明标准，但司法实践中还是出现了个别虚置法律条文并最终酿成冤假错案的现象，以致“亡者归来”“真凶再现”时，司法机关在民意面前显得非常被动。在此背景下，如果还对“事实不清，证据不足”的案件适用认罪认罚从宽程序，就等于认可“认罪从轻”的错误做法。[③] 从实践应用的角度看，降低证明标准固然有助于缓解公检法机关的办案压力，但有违追求真实的司法精神，一旦证明标准降低，必将撼动我国刑事司法的正当性。根据我国《刑事诉讼法》的规定，适用简易程序和速裁程序的案件都需要“事实清楚，证据确实、充分”，该法虽对和解程序未作明确规定，但根据该法第 6 条的统领性规定以及第 168 条、第 195 条的规定，可以认为我国刑事诉讼过程中的任何有罪案件，包括认罪认罚从宽案件均需达到“事实清楚，证据确实、充分”的证明标准。

2．罪名定性可否商榷不同

---

① 该案中，孟广虎与王玉杰发生争执，孟广虎打电话叫来五六个人与王玉杰争吵并互殴，导致王玉杰小腿骨折、脾脏破裂。事后，在没能抓到其他同伙，没有查清重伤后果是何人所为的情况下，人民检察院以故意伤害罪起诉孟广虎。鉴于控辩双方意见分歧严重，检察机关建议采用辩诉交易方式审理本案。参见张景义等：“聚焦国内‘辩诉交易’第一案”，http：//www. chinacourt. org/article/detail/2002/08/id/9780. shtml，最后访问日期：2002 年 8 月 8 日。

② 近年来发生的涉及不同阶层的案件如贾敬龙案、药家鑫案、邓玉娇案等，往往引发较大范围的讨论。

③ 樊崇义、李思远：“认罪认罚从宽程序中的三个问题”，载《人民检察》2016 年第 8 期。

在美国，辩诉交易包括控罪交易和判刑交易，在控罪交易中，检察官可以撤销起诉书记载的多项罪状中的一项或多项，控罪和判刑在司法实践中往往同时进行。[①] 在对我国认罪认罚从宽制度展开讨论之前，需要先介绍国内外立法对罪刑法定原则理解的不同。罪刑法定在拉丁文中的表述是 nulluamcrimen，nullapoenasinelege。据此，很多国家的立法只从消极的方面强调“法无明文规定不为罪，法无明文规定不处罚”。例如，日本《宪法》第 31 条规定，“任何人，如果不根据法律规定的程序，其生命或者自由不被剥夺，或者不被科处其他的刑罚”。德国、法国、韩国的立法中也有类似规定。与此不同，我国高度重视罪刑法定原则的消极、积极两个方面内容。我国《刑法》第 3 条除了规定罪刑法定的消极内涵，还格外强调“法律明文规定为犯罪行为的，依照法律定罪处罚”。换言之，什么样的行为构成犯罪，构成什么犯罪，应当判处什么样的刑罚，都必须严格遵循刑事法律的明文规定。即使贯彻宽严相济的刑事政策或者落实认罪认罚从宽制度的精神，也必须在罪刑法定原则的范围之内。“宽不是要法外施恩，严也不是无限加重，而是要严格依照刑法、刑事诉讼法以及相关刑事法律，根据具体的案件情况来惩罚犯罪”。[②]

强调罪刑法定原则的积极内涵还是消极内涵从表面上看并没有什么区别，实则不然。从消极内涵来看，罪刑法定原则的功能是去罪化，旨在防止国家在欠缺法律根据时刑罚擅断、任意追究个人的刑事责任，其服务于刑法的自由保障功能。从积极内涵来看，罪刑法定原则强调刑法惩罚犯罪的积极扩张功能，强调必须严格依照刑法的规定来惩罚犯罪，是对国家本位思想的强化。[③] 可见，罪刑法定原则的积极内涵在某种程度上限制了对罪名进行商榷的余地，我国认罪认罚从宽制度至少在理论上是不能像美国那样秉持实用主义原则来商榷罪名的。至于罪名交易会不会随着人们对“罪刑法定”含义理解的变化而合法化，只能交给时间回答。

3. 从宽标准是否明确不同

域外辩诉交易制度对认罪认罚的时间点和内容、认罪态度对定罪量刑的影

① 陈瑞华：《比较刑事诉讼法》，中国人民大学出版社 2010 年版，第 418 页、第 421 页。

② 张远煌主编：《宽严相济刑事政策与刑法改革研究》，中国人民公安大学出版社 2010 年版，第 165 页、第 172 – 173 页。

③ 劳东燕：《罪刑法定本土化的法治叙事》，北京大学出版社 2010 年版，第 174 页。

响，都有明确规定。例如，英国实行逐级折扣制度，通过区分认罪时间对量刑折扣力度的影响来督促那些明知自己有罪的被告人及早作出有罪答辩，从而节省司法资源。“被告人作出有罪答辩的阶段越早，所能享受到的量刑折扣就越大”。[①]“如果有罪答辩是在最后一刻或审判过程中作出的，或是在被告人意识到定罪是不可避免时才作出的，甚至可以不给予被告人的这种‘策略性’答辩以任何量刑上的优惠”。[②] 我国认罪认罚从宽制度试点工作刚刚起步，关于认罪时间、认罪内容、认罪态度的从宽标准以及相应的从宽量刑幅度的规定还处于相对空白状态。

4. 是否具有合同效力不同

很多学者将辩诉交易理解为控辩双方之间的合同、契约。[③] 认为就像订立民事合同之前合同双方要对合同的权利、义务有充分的了解一样，在达成辩诉交易之前，控辩双方也要对“要价”和“对价”进行充分的了解和商榷。犯罪嫌疑人、被告人在信息掌握上处于明显的弱势，为了保证辩诉交易公平，就要保障犯罪嫌疑人、被告人作有罪答辩的自愿性、明知和理性。“根据美国最高法院判例以及州的规定，被告人应该了解认罪答辩的直接后果，也就是明确的、即时的、多数情况下自动发生的且与量刑的性质或者刑期有关的影响”。[④] 在辩诉交易达成后，控辩双方有依照“合同”内容履行各自职责的义务。如果一方违约，另一方就没有义务履行相关约定。例如，“被告不遵守协商时，检察官亦无须履行协商的约定，若已履行可请求法院恢复原状”，[⑤] 如果“被告人没有享受到对辩诉交易所预期的起诉或判决让步，抑或检察官未能谋求辩诉交易承诺的让步或又对这些让步提出了反对意见”，[⑥] 则被告人有权撤回答辩。美国律师协会对辩诉交易中有罪答辩的撤回规定了两类理由：一是被告人对辩诉交易的性质没有准确

---

① 周欣：《欧美日本刑事诉讼——特色制度与改革动态》，中国人民公安大学出版社 2002 年版，第 60 页。

② 张吉喜：《被告人认罪案件处理程序的比较法考察》，载《时代法学》2009 年第 3 期。

③ See Robert E. Scott，WilliamJ。Stuntz，Plea Bargainingas Contract，Yale Law Journal，Vol101，1992，p. 1.

④ 祁建建：《美国辩诉交易研究》，北京大学出版社 2007 年版，第 47 页、第 151－156 页。

⑤ 王兆鹏：《美国刑事诉讼法》，北京大学出版社 2014 年版，第 678 页、第 676 页。

⑥ See American Bar Association，ASSStandards for Criminal Justice Pleas of Guilty Third Edition，http：//www. americanbar. org/publica－tions/criminal_ justice_ section_ archive/crimjust_ standards_ guiltypleas_ toc. html.

的认知；二是控方违反约定或其他原因导致被告人在辩诉交易中约定的权利不能实现。[①] 与此相比，我国认罪认罚从宽制度的“契约”“合同”意味并不突出。有学者指出，我国认罪认罚从宽制度“并不完全具备（辩诉交易）这种预期利益的明确性，在职权主义的影响下，有时从轻或从宽处理更像国家对被告人一种额外的恩惠，被告人并没有讨价还价的余地，实难称之为‘交易’或是‘合同’”。[②]

（三）对我国认罪认罚从宽制度试点工作的启示

诚如有学者所说，“比较的目的，是为了解决本国法律所面临的问题”。[③] 对认罪认罚从宽制度与辩诉交易制度的比较分析不能为了比较而比较，最终必须落实到推动实际工作上。笔者认为，通过对两种制度的比较研究，至少可以为我国认罪认罚从宽制度试点工作提供以下七个方面启示。

1．注重快速审判，但不能无视基本诉权

如前所述，认罪认罚从宽制度与辩诉交易制度在很大程度上都是为了应对案件多、司法资源少的情况下如何保障犯罪嫌疑人、被告人的快速审判权问题，但辩诉交易制度的发展历史表明：不能矫枉过正，以致刑事审判沦为只为清理积案的快速通道，却忽视被告人的正当程序权利。例如，虽然辩诉交易制度的初衷是为了节省司法资源、加快司法进程，但“为了避免出现错案，法官还是会做很多工作。法官在诉讼程序中会反复询问被告人关于交易中是否存在威胁、是否出于自愿、是否受到不正当影响等问题”。[④] 再如，根据美国《联邦刑事诉讼规则》，法庭即使接受有罪答辩也不能不作调查，不能在查明答辩的事实基础之前仅根据

---

① See American Bar Association, ASSStandards for Criminal Justice Pleas of Guilty Third Edition, http://www. americanbar. org/publica - tions/criminal _ justice _ section _ archive/crimjust _ standards _ guiltypleas _ toc. html.

② 樊崇义、李思远：“认罪认罚从宽程序中的三个问题”，载《人民检察》2016 年第 8 期。

③ 林东茂：《一个知识论上的刑法学思考》（增订 3 版），中国人民大学出版社 2009 年版，第 298 页。

④ 这一例子是笔者根据美国新泽西州地区法院法官凯瑟琳·海登 2016 年 11 月在京都刑事辩护研究中心与耶鲁大学中国中心共同举办的“关于刑事辩护中的‘认罪认罚从宽’制度研讨会”上的发言稿整理而来。相关内容还可参见祁建建：“美国律协‘刑事司法标准’之‘有罪答辩标准’评析”，载《中国刑事法杂志》2016 年第 5 期。

答辩作出判决。[①] 换言之，程序上的简化不能演变为对犯罪嫌疑人、被告人权利保障的简化。我国《刑事诉讼法》第 219 条规定“不服判决的上诉和抗诉的期限为十日”，对此，不能认为被告人认罪认罚后不会上诉，就没必要浪费时间和资源等到上诉期满再将判决交付执行，也不能认为可以在被告人表示不上诉的情况下直接交付执行，否则，都是违反正当程序原则的。[②]

2. 重视被害人意见，但不能一概听取

美国辩诉交易制度中被害人享有知悉权、出庭权、参与诉讼程序权、快速终结诉讼权、财产请求权等广泛的权利，但无权阻止辩诉交易。美国辩诉交易过程中被害人并不参与交易本身，但由于成文法规定被害人享有表达判决意见的权利，所以控方为了避免辩诉交易遭到被害人反对，往往会充分征求被害人意见。被害人如果不满控方在辩诉协议中的承诺，就有权向法官提出独立于检察官的量刑建议，法官在量刑时必须加以考虑。[③] 借鉴美国的经验，我国认罪认罚从宽制度试点中应充分听取被害人及其代理人的意见，并将犯罪嫌疑人、被告人是否取得被害人谅解作为量刑的重要考虑因素，但被害人不享有阻止认罪认罚从宽的权利。此外，对于被害人提出的量刑诉求要进行具体区分。

（1）被害人要求严惩被告人。被害人陈述对量刑产生影响的前提是法官可以通过听取被害人陈述来准确评估犯罪人的人身危险性及其犯罪行为所造成损害的严重程度，如果被害人的陈述或者量刑意见因被复仇情绪所裹挟而失真，法院就不能受制于被害人的量刑意见。因为在刑事案件中，被害人较之司法机关往往带有更加强烈的个人情感，他们对犯罪行为恶性的描述可能因带有更强的主观色彩而有失真实，如果赋予被害人量刑意见的决断性地位，就会导致被害人以量刑意见为筹码向犯罪人提出苛刻的条件。具体到认罪认罚从宽制度的适用，对于被害人反对从宽处理并要求严惩被害人等类似意见，法院要理性区分被害人的表达是复仇意愿的宣泄，是理性的诉求，是对受害事实的控诉，还是为了加大与被追诉人谈判的筹码。对于被害人情感上的宣泄，法官可以予以理解、尊重，但是否

---

① American Federal Rules of Criminal Procedure11（f）. 34 陈瑞华：《比较刑事诉讼法》，中国人民大学出版社 2010 年版，第 418 页、第 421 页。

② 张远煌主编：《宽严相济刑事政策与刑法改革研究》，中国人民公安大学出版社 2010 年版，第 165 页、第 172 - 173 页。

③ 祁建建：《美国辩诉交易研究》，北京大学出版社 2007 年版，第 47 页、第 151 - 156 页。

听取、听取多少，要具体结合被告人的行为恶性、事后悔改态度等因素进行考量。换言之，被害人的“愤怒”不能成为加重刑事处罚的缘由，[①] 如果被告人符合适用认罪认罚从宽制度的条件，则即使被害人对此表示反对，其也无权阻止。

（2）被害人要求从宽处罚被告人。2014 年 1 月 1 日起施行的《最高人民法院关于常见犯罪的量刑指导意见》肯定了被害人谅解对量刑的影响，但实践中不能从一个极端走到另一个极端，不能认为只要被害人谅解，就可以一味地宽纵被告人。尤其是在严重的刑事犯罪案件中，被害人的追求与国家的追求可能存在较大差异，被害人往往从自己的角度出发考虑自己的复仇愿望是否得到满足、经济损失是否得到弥补，而国家还要考虑法律规范的实施、法律尊严的维护以及法的一般预防功能的实现。对此，上述量刑指导意见中特意提出对抢劫、强奸等犯罪的量刑要从严把握，就是明证。

另外，要注意区分被害人的谅解意见是建立在何种基础之上的：被害人是被犯罪嫌疑人、被告人的悔罪态度所打动，还是出于对犯罪嫌疑人、被告人身世、境遇的同情，还是为了换取经济赔偿的无奈选择。在实践中，附带民事诉讼赔偿数额较低且经常难以执行到位，而国家对被害人的救助也可能只是杯水车薪（有时甚至难以兑现），被害人为了获得赔偿——很多时候获得赔偿意味着得到了救命钱，而不得不“谅解”被告人。在意识到被害人拥有决定犯罪人命运的大权后，加害人及其社会关系网络也会想方设法（如采取威胁、引诱、说情等手段）谋求与被害人达成协议。[②] 面对现实，我们不能指责为了获得赔偿而提出谅解意见的被害人，但被害人真诚的谅解与无奈的谅解对量刑幅度的影响应有区分，否则容易导致被告人恃钱傲法、不思悔改，给社会民众造成“花钱买刑”“司法不公”的印象，同时导致国家利益和社会利益受损。[③]

3. 不得强迫任何人认罪认罚

实证研究显示，美国纽约市的被告人经由审判所受的宣告刑通常比接受辩诉交易者所受的宣告刑要重 136%。[④] 如果这仅仅是因为作出有罪答辩的被告人获得了辩诉交易的量刑优惠倒不足为怪，问题是经常有检察官为了迫使被告人同意

---

① 张明偕：《责任刑与预防刑》，北京大学出版社 2015 年版，第 306－307 页。

② 李翔：“重罪案件刑事和解与刑法基本原则的价值冲突及融合”，载《北方法学》2013 年第 5 期。

③ 刘思齐：“论司法正义视角下的被害人量刑意见”，载《甘肃社会科学》2015 年第 6 期。

④ 王兆鹏：《美国刑事诉讼法》，北京大学出版社 2014 年版，第 678 页、第 676 页。

进行辩诉交易而刻意加重控诉的刑罚以给被告人施加压力。换言之，如果被告人拒绝作出有罪答辩，其不仅无法享受辩诉交易所带来的定罪量刑上的宽容，还可能承受检察官在控诉和量刑上的报复。因此，被告人往往处于十分艰难的境地：要么放弃应有的获得法庭审判的宪法权利而选择有罪答辩，要么承担在审判中被判处重刑的风险。① 因此，很多反对辩诉交易的人都认为：在美国，犯罪嫌疑人、被告人在选择适用辩诉交易制度时并不是自愿的。这种对辩诉交易制度的批评是我们在认罪认罚从宽制度试点过程中应引以为戒的。如果想节省司法资源，提高诉讼效率，让更多犯罪嫌疑人、被告人认罪认罚，就应该通过完善激励机制，通过实体法上从宽、程序法上从简来激励行为人作出趋利避害的理性选择，而不能通过量刑上的威逼给犯罪嫌疑人、被告人施加精神压力，从而迫使他们认罪认罚。

4. 坚持审判中心主义下人民法院拥有决定权

为了鼓励更多犯罪嫌疑人、被告人认罪认罚，人民法院在一般情况下要采纳检察院的量刑建议。但是，如果人民法院经过审理认为量刑建议明显不当，笔者认为，这种情况下人民法院应当建议人民检察院与被告人、辩护人重新协商，如果人民检察院不同意调整量刑建议或者调整后人民法院仍然认为量刑明显不当，则人民法院应当依法作出判决。需要说明的是，《认罪认罚从宽制度试点工作的决定》第21条对人民法院量刑决定权的表述是："人民法院经审理认为，人民检察院的量刑建议明显不当，或者被告人、辩护人对量刑建议提出异议的，人民法院可以建议人民检察院调整量刑建议。"笔者建议，认罪认罚从宽制度试点中将这里的"可以建议"调整为"应当建议"。之所以如此，是出于以下考虑：如果是"可以建议"，那么人民法院完全"可以不建议"而径行判决。实践中，很多有利于犯罪嫌疑人、被告人的"可以……"都变成了"可以不……"因为相比于"做"，"不做"明显更省力，在没有利益推动的情况下，很多司法人员都会选择"多一事不如少一事"。将"可以"这类约束性不强的词语改成"原则上""应当"这类强制性更明显的要求，有助于维护犯罪嫌疑人、被告人的合法权益。犯罪嫌疑人、被告人与人民检察院签订具结书，肯定是希望尽可能对人民法院的判决结果有一个准确的预期，判决结果如果比具结书中商定的刑罚轻，被告

① 陈瑞华：《比较刑事诉讼法》，中国人民大学出版社2010年版，第418页、第421页。

人自然喜上眉梢；如果比具结书中商定的刑罚重，被告人就很容易产生落差感继而上诉。虽然一般情况下公安机关、检察机关、人民法院会将具结书的效力向被告人说明，但不排除有的公安机关、检察机关为了鼓励被告人认罪认罚而着重凸显具结书的“有效性”。在此情况下，人民法院先建议检察机关与被告人再次协商，这是对被告人心理预期的尊重和照顾，也是给予检察机关在被告人面前重新树立信用的契机。人民法院认为量刑过重时，如果直接宣判，对被告人而言固然是件喜事，但对检察机关在该案被告人以及潜在被告人心目中的权威形象会造成不小的损毁。因此，笔者认为，人民法院认为量刑不当时，原则上应当建议人民检察院调整量刑建议。

5. 简化质证程序

关于刑事证明标准的高低，学界主要有“证明标准降低说”和“证明对象限定说”两种观点。如前所述，降低刑事证明标准在我国是不可行的。“证明对象限定说”认为证明标准仍然是“事实清楚，证据确实、充分”，但只要“基本事实清楚，基本证据确实、充分”即可，实际上也降低了证明标准，并且，我国《刑事诉讼法》（2012年修正）第53条中“定罪量刑的事实”是指与定罪量刑有关的犯罪构成要件事实，其他事实原本就不需要予以证明，故“证明对象限定说”不可采。那么，如何实现提高办案效率的预设目标呢？笔者认为，可以通过适当简化质证程序来实现该目标。达到“排除合理怀疑”的心证条件，就表明案件达到了“证据确实、充分”的证明标准。无论是降低心证条件还是降低“证据确实、充分”的证明标准，都有突破刑事法治基本底线的嫌疑。[①] 因此，唯一可以放宽标准的是程序上的证据调查程序。“证据调查程序的严格程度之所以可以放宽，并从而导致证明标准的隐性降低，其正当性基础源于被告人的主动弃权”，“就认罪认罚制度而言，‘认罪’、‘认罚’意味着被告人对定罪量刑基础的各项证据放弃质证权”。[②] 简言之，“事实清楚，证据确实、充分”的实体标准不能降低，但可以适当简化证据的调查程序。

6. 明确从宽标准及从宽幅度

笔者认为，认罪时间、认罪内容和认罪态度的不同应在从宽幅度上有所

---

① 孙远：“论认罪认罚案件的证明标准”，载《法律适用》2016年第11期。

② 孙远：“论认罪认罚案件的证明标准”，载《法律适用》2016年第11期。

体现。

（1）认罪时间不同影响从宽幅度。如果认罪认罚的时间对从宽幅度没有影响，犯罪人就会产生“早认罪不如晚认罪”的观望心理，这不利于及早分流案件、节省司法成本。[①] 我国认罪认罚从宽制度试点中应不断摸索，明确“在哪个环节认罪可以减轻处罚，在哪个环节认罪可以从轻处罚，使犯罪嫌疑人在认罪之后产生心理预期，从而由消极抵抗转变为积极配合”。[②] 甚至可以像有学者建议的那样，细化每个阶段可以从宽的幅度，如“犯罪嫌疑人、被告人在侦查阶段如实供述罪行的，减少基准刑的20% ~30%；在审查起诉阶段如实供述的，减少基准刑的10% ~20%；在法庭审判阶段如实供述罪行的，减少基准刑的10%以下”。[③] 我国认罪认罚从宽制度规定只有检察机关才有资格与犯罪嫌疑人、被告人签订认罪认罚从宽具结书，这并不意味着犯罪嫌疑人在侦查阶段认罪认罚就不能获得从宽处理。为了消除犯罪嫌疑人的担忧，公安机关应当明确告知其认罪认罚的法律效力，并将其认罪认罚的情况形成书面记录。

（2）认罪内容不同影响从宽幅度。犯罪嫌疑人、被告人认罪的内容可区分为三种情形：一是只承认犯罪事实，不认同罪名和量刑；二是承认犯罪事实、认同罪名，但不认同量刑；三是承认犯罪事实、认同罪名且认同量刑。笔者认为，对这三种认罪情形在实体量刑上不应有所差别。因为对案件事实的定性，即使是法学专家也会有诸多不同意见，何况是犯罪嫌疑人、被告人。但是，这三种认罪情形可在量刑程序上有所区分。控辩双方的分歧越小，量刑程序可以越简略。

（3）认罪态度不同影响从宽幅度。辩诉交易制度中只要犯罪嫌疑人、被告人承认犯罪事实，则无论其认罪态度为何、悔罪态度为何，就认为其履行了合同责任，控方就要履行对应的责任——在控诉中减轻罪名或量刑。与此不同，在我国，认罪分为客观上承认犯罪事实和主观上真诚悔罪两种情形。笔者认为，只有后者才能体现犯罪行为人预防必要性的降低，因而在确定实体上的从宽幅度时应当对这两种认罪情形有所区分。在行为人真诚悔罪的情况下，其特殊预防的必要

---

① 北京市海淀区人民法院课题组：“关于北京海淀全流程刑事案件速裁程序试点的调研——以认罪认罚为基础的资源配置模式”，载《法律适用》2016年第4期。

② 陈卫东、胡晴晴：“刑事速裁程序改革中的三重关系”，载《法律适用》2016年第10期。

③ 谭世贵：“实体法与程序法双重视角下的认罪认罚从宽制度研究”，载《法学杂志》2016年第8期。

性降低，因而可以予以实体从宽处罚。行为人仅在客观上承认犯罪事实的情形并不能体现其预防必要性下降，因而难以得到实体从宽处罚的奖励。正如有学者指出："犯罪人认识到自己行为的错误，悔过自新，说明该犯罪人的再犯可能性有所减小，人身危险性降低，因而可以得到从宽处罚。但是，如果犯罪人恶意利用认罪认罚从宽制度达到其不当的目的，那么，在实体法上是缺乏从宽的根据的，裁判者不一定要给予其从宽的处罚。"① 简言之，客观上承认犯罪与主观上认识到犯罪的错误是两种不同程度的认罪，量刑规范的设计应当对这两种认罪情形进行区分。只有真诚悔罪，才能说明被告人的人身危险性降低了。

7. 保障被告人的反悔权与上诉权

在签订具结书之前，检察机关有义务告知犯罪嫌疑人、被告人具结书的法律效力及其局限性，保证犯罪嫌疑人、被告人认罪认罚的自愿性，避免犯罪嫌疑人、被告人因误认为具结书对法官有约束力而认罪认罚，事后又不满人民法院的量刑而撤回答辩或上诉，造成司法资源的浪费。

在人民法院判决之前，犯罪嫌疑人、被告人可以行使反悔权，撤回认罪认罚的答辩，原则上不应对此设置前提条件，"即使在认罪认罚从宽协商时有律师参与并对其提供咨询的情形下，被追诉人选择撤回同样应当被允许"。② 因为我国认罪认罚从宽制度的契约、合同性并不如辩诉交易制度那样色彩浓厚，对案件的证明标准还要求达到"事实清楚，证据确实、充分"，即使被追诉人撤回认罪答辩，这对案件审理也不会造成太大障碍，人民法院只要取消实体上从宽、程序上从简的处置即可。犯罪嫌疑人、被告人改变供述是刑事庭审中的常见现象，为了应对这种情形，人民法院应着重收集、固定实物证据，而不能只依赖犯罪嫌疑人、被告人的供述作出判决。改变供述是被告人的诉讼权，被告人撤回认罪答辩时，人民法院虽然不能再按照具结书的约定对其进行实体和程序从宽，但也不能将其撤回认罪答辩的行为视为认罪态度不好的表现而对其加重处罚。

在人民法院判决之后，不应限制被告人的上诉权。在英国，选择认罪程序的被告人只在两种情形下可以上诉：一是没有理解指控的性质或者不是有意要承认

① 王瑞君："'认罪从宽'实体法视角的解读及司法适用研究"，载《政治与法律》2016 年第 5 期。
② 陈卫东："认罪认罚从宽制度研究"，载《中国法学》2016 年第 2 期。

有罪，二是所承认的事实在法律上不可能构成被指控的犯罪。① 在美国，通过辩诉交易作有罪答辩的被告人只能以控诉机关违反“禁止双重危险”的宪法原则或者法院缺乏管辖权为由提起上诉。② 根据我国《刑事诉讼法》（2012 年修正）第 226 条规定，被告人一方上诉的，不得加重被告人的刑罚。有学者担心被告人存在“上诉不加刑”的侥幸心理而选择上诉，浪费司法资源，因而提出借鉴域外经验，在认罪认罚案件中以“一审终审为原则，二审终审为例外”。笔者赞同认罪认罚从宽制度的初衷是为了提高诉讼效率、节约司法资源，动辄启动第二审程序会使司法的效率价值大打折扣，但笔者不赞同“限制上诉因而成为必要的选择”。③ 诚然，美国辩诉交易制度中控方往往在认罪答辩协议中要求被告人放弃上诉权，并将此作为认罪答辩的一个前提条件，但如前所述，美国辩诉交易制度的“合同”“协议”性很强，对控辩双方的约束力较强，而我国认罪认罚从宽制度与此有很大不同。第一，上诉权是我国《刑事诉讼法》（2012 年修正）第 216 条明文赋予被告人的权利，法律条文并未规定例外情形。第二，美国辩诉交易制度中的认罪不仅包括承认犯罪事实，还包括犯罪嫌疑人、被告人要和控方就罪名协商一致，而我国认罪认罚从宽制度中的认罪包括只承认犯罪事实、不认同罪名和量刑的情况，因而不能要求被告人像美国辩诉交易中的被告人那样对罪名和刑罚不存在异议。第三，以速裁程序为例，实践中认罪认罚后又上诉的被告人只是少数，速裁程序试点一年中被告人上诉率仅为 2%。④ 可能有人质疑：速裁程序的上诉率低是因为所适用的案件范围是“危险驾驶、交通肇事、盗窃、诈骗、抢夺、伤害、寻衅滋事等情节较轻，依法可能判处一年以下有期徒刑、拘役、管制的案件，或者依法单处罚金的案件”，这些案件的争议本来就很小，而认罪认罚从宽制度的适用范围是全部刑事案件，其上诉率会远远高于速裁程序的上诉率。笔者认为，这种担忧不能通过否定被告人的上诉权加以消解。首先，假如上诉率很低，则上诉权存而不用，不会带来制度成本。其次，较之修法和否定被告人的上诉权，更为恰当的做法是不断强化认罪认罚从宽制度的正当性，完善相关程序的操作规范。正如有学者指出，司法机关“要在保证法律主体基本权利前提下，

① 孙长永：“探索正当程序——比较刑事诉讼法专论”，中国法制出版社 2005 年版，第 598 页。

② 张吉喜：“被告人认罪案件处理程序的比较法考察”，载《时代法学》2009 年第 3 期。

③ 李建明、陈春来：“认罪认罚案件速裁程序研究”，载《人民检察》2016 年第 7 期。

④ 张建升等：“刑事案件速裁程序的试点探索与理论建构”，载《人民检察》2015 年第 19 期。

本着简化程序而不简化权利的原则来降低司法活动的边际成本，提高司法效率并促进司法公正”。[①] 我们不能为了一味求快而忽略被告人的基本诉权。

七、论中国特色被告人认罪案件诉讼程序的构建[②]

2003 年，最高人民法院、最高人民检察院、司法部颁发的《关于适用普通程序审理“被告人认罪案件”的若干意见（试行）》（以下简称《试行意见》）和《关于适用简易程序审理公诉案件的若干意见》（以下简称《意见》），对被告人认罪案件的诉讼程序作出了进一步规定：一是对被告人认罪的公诉案件的简易程序作了进一步的简化；二是认可了司法实践中的普通程序简易审，在一审普通程序与简易程序之外另设一个被告人认罪案件的诉讼程序，即普通程序简易审程序。但两个规定构建的被告人认罪案件诉讼程序在立法模式和程序构建方面都还存在一些需要进一步完善的问题。

（一）被告人认罪案件诉讼程序的模式选择

被告人认罪的案件，有重罪案件，也有轻罪案件。是否将这两种案件统一适用一个被告人认罪案件的特殊程序，从各国的立法与司法实践来看，有不同的模式选择。

一是单一程序模式。在这种模式中，不管是重罪案件还是轻罪案件，只要被告人认罪，都适用同一种认罪诉讼程序。适用这种模式的国家主要有英国、美国等英美法系国家与俄罗斯。

二是多元程序模式。在这种模式下，被告人认罪的重罪案件适用不同于被告人认罪的轻罪案件的特殊程序。适用这种模式的国家有德国、意大利、日本等国。

从多元程序模式来看，对被告人认罪的重罪案件适用的诉讼程序一般要比轻罪案件适用的诉讼程序规范，程序简化程度较小。因此，对被告人认罪案件的诉讼程序是采取单一程序模式，还是采取多元程序模式，表面上体现了各国对严重犯罪案件的不同重视程度，但实质上体现的是各国不同的刑罚观。就英美法系国

---

① 李本森：“法律中的二八定理——基于被告人认罪案件审理的定量分析”，载《中国社会科学》2013 年第 3 期。

② 原文发表于《人民检察》2008 年第 14 期。

家而言，犯罪被视为一种社会冲突，刑事司法的目的就在于解决冲突，在于教育与矫正，因此在辩诉交易中，不仅刑罚轻重可以作为交易的砝码，甚至犯罪性质也可作为交易的砝码，将被告人认罪案件按犯罪性质严重程度适用不同程序完全没有必要。而且，诉讼程序越规范，也就意味法官将会对案件发挥更大作用。在英美法系国家实行的对抗制诉讼模式中，法官的作用比较消极，诉讼进程基本上是控辩双方负责推进。因此，对于法官的职责来说，是否根据案件性质将被告人认罪案件分别适用不同程序并没有影响。但对德国等大陆法系国家以及具有大陆法系传统的意大利、日本等国来说却不同，刑罚的目的并不仅仅在于教育与矫正，刑事司法的目的并不仅仅在于解决冲突，还在于实现一种社会正义。因此，即使有交易，也只能将量刑作为筹码，犯罪性质不能作筹码，在犯罪性质严重的案件中，对社会公正的实现更具重要意义，为此，对于犯罪性质严重的案件，即使被告人认罪也不能适用与轻罪案件相同的程序，甚至只能适用被告人没有认罪的诉讼程序。另外，在这些国家的刑事诉讼中，由于强调刑事司法公正的实现，实行的是一种审问制诉讼，赋予法官积极的作用，由于轻罪案件在被告人认罪后，处理程序比较简单，判决结果更多地是建立在控诉方的指控之上，如果被告人认罪的重罪案件适用与轻罪案件相同的程序，无异于削弱法官在刑事司法中的作用。因此，从发挥法官的作用角度来看，也不宜将被告人认罪的重罪案件与被告人认罪的轻罪案件适用相同的诉讼程序。

从《试行意见》和《意见》的规定来看，我国在被告人认罪案件诉讼程序的构建上，采取的是多元程序模式。因为根据这两个规定，对于被告人认罪的案件，有两种不同的诉讼程序：一是普通程序简易审程序；二是公诉案件简易程序。这两种程序适用的案件范围是不同的，从我国的刑罚观以及我国法官在刑事司法中的作用来看，我国采取多元程序模式是比较恰当的。因为在我国，犯罪行为并不仅仅被视为对法律秩序的严重违反，更重要的是侵害了他人的权利。而且，我国的刑事审判方式现在虽然吸收了一些对抗制因素，但法官的作用仍然占据重要地位。另外，被告人认罪诉讼程序虽然是在保证公正的前提下对效率的追求，但在某种程度上仍然是一种公正与效率的妥协，因为效率的追求肯定会有牺牲公正的可能性。在重罪案件中，这种牺牲公正的可能性更大，其适用的程序理应不同于轻罪案件，即使在被告人认罪的情况下。

（二）我国被告人认罪案件诉讼程序的现状

根据1998年最高人民法院《关于执行〈中华人民共和国刑事诉讼法〉若干问题的解释》第222条关于不能适用简易程序的情形之一“公诉案件的被告人对于起诉指控的犯罪事实予以否认的”来推论，其实也就是要求简易程序的适用必须是被告人认罪的案件。而且，按规定，简易程序的庭审要比普通程序的庭审简化，不受普通程序中关于证据调查与法庭辩论程序规定的限制。根据《试行意见》和《意见》规定，普通程序简易审程序与审理公诉案件的简易程序属于被告人认罪案件的诉讼程序是没有疑问的。我国目前有关被告人认罪案件的诉讼程序主要就是《试行意见》规定的普通程序简易审程序和刑事诉讼法以及上述《意见》规定的公诉案件简易程序两种。

就程序制度本身而言，我国被告人认罪案件诉讼程序主要存在以下问题。

一是被告人认罪供述自愿性与真实性的保障问题。被告人作有罪供述，是适用被告人认罪案件诉讼程序的前提条件，在公诉案件的简易程序中，如果被告人在法庭作了有罪供述，人民法院甚至可以不经法庭审理而直接判决。由于被告人有罪案件供述的这种重要性，为了保障被告人认罪供述的自愿性，两个规定都要求法官在决定适用被告人认罪案件诉讼程序之前应当进行审查，《试行意见》甚至规定：“应当向被告人讲明有关法律规定、认罪和适用本意见审理可能导致的法律后果，确认被告人自愿同意适用本意见审理。”但是，这里面也存在两个方面的问题：第一，没有辩护律师的帮助，难以保证被告人认罪供述的自愿性。从域外有关规定来看，被告人作出认罪供述的，大多要求咨询辩护律师、有辩护律师的帮助。俄罗斯联邦法律甚至规定只有在辩护人在场的情况下才能提出适用程序申请，如果被告人没有辩护律师的，人民法院应当保证被告人有辩护律师。在我国，由于公检法三机关在上级主管部门的协调下经常性地协作办案，往往使人们形成一种公检法是一家的印象。这样，即使在法庭决定是否适用该程序时要亲自询问被告人认罪的自愿性，但此时的被告人由于各种顾虑也很难作如实的回答。这样就会使被告人的认罪供述成为一种“证据之王”，尤其是在公诉案件的简易程序中。而这反过来又会刺激侦诉机关想尽办法获得被告人的认罪供述，从而形成一种恶性循环。第二，没有口供的补强证据，难以保证被告人认罪供述的真实性。文化传统往往会经过长时间的浸润而渗入人的底层意识而影响人的行为方式。不同的文化传统往往会形成不同的行为方式。刑罚的目的不仅仅在于满足惩罚犯罪的心理，还在于预防与矫正，如果惩罚的对象是错误的，惩罚犯罪的心理可能是满足了，但离预防与矫正的目的却会越来越远。解决这一问题，关键在于对被告人的认罪供述必须有补强证据。在我国的普通程序简易审中，被告人认罪并不能省略法庭审理，从上述原因来看，这个方向是正确的，只是有点形式化。因为根据《试行意见》的规定，只要控辩双方都没有异议的，不管如何关键的证据都不需要再查证了。如果普通程序简易审程序还有点形式的话，被告人认罪的公诉案件的简易程序就连一点形式都没有了，只要被告人认罪的，法院就可以不经审判而直接判决。从这点来看，我国的被告人认罪案件诉讼程序还有很大的完善空间。

二是上诉或抗诉的限制性问题。对于被告人认罪案件人民法院根据其所承认的指控进行判决后，被告人能否提出上诉，检察机关能否提出抗诉，如果能够又是否有限制，国外不少国家法律作了明确规定，我国《试行意见》和《意见》对此问题都没有规定。既然没有规定，按理应当按刑事诉讼法的规定执行，被告人应当可以上诉，检察机关也可以抗诉。如果这样，就可能会产生与被告人认罪案件诉讼程序初衷相违的问题。因为该程序的目的应当在于加快案件的整个诉讼程序，而不仅仅在于加快这些案件的一审程序，如果被告人在人民法院按其认罪作出一审判决后，又以事实错误为由提出上诉，显然与程序的适用目的不相符合。尤其是我国法律对被告人认罪后减轻处罚的幅度没有明确规定，这就可能出现一审判决后，被告人不满意判决减轻处罚的幅度而以事实错误为由提出上诉。

另外，我国被告人认罪案件诉讼程序还存在一个对被害人合法权益保护缺位的问题。在被告人的犯罪行为中，受损害的不仅是国家或社会公共利益，还有被害人的利益，通过被告人认罪案件诉讼程序，被告人通过放弃正式审判或一些诉讼权利，可以获得减轻刑罚的“好处”，国家通过这一诉讼程序，也获得节省司法资源的益处，而被害人作为深受程序结果影响的当事人，却只能作为一个旁观者看着国家与被告人从诉讼程序中获得利益。这对被害人来说，在公平正义上是有缺陷的。而根据我国刑事诉讼法与上述两个规定，不管是普通程序简易审还是公诉案件简易程序的适用，都不需要取得被害人的同意，被害人对被告人认罪案件诉讼程序没有选择权与建议权。

（三）中国特色被告人认罪案件诉讼程序的建构

如何建构具有中国特色的被告人认罪案件诉讼程序，笔者认为，首先得从理论上解决三个方面的问题，深入认识被告人认罪案件诉讼程序构建的重要意义。

一是被告人认罪案件诉讼程序与程序正当的关系问题。我国是一个传统上重实体、轻程序，缺少正当程序传统的国家，加强刑事司法程序的正当化，是我国刑事诉讼法的发展方向。因此，有人可能会提出疑问，被告人认罪案件诉讼程序只要被告人认罪，就可简化庭审程序甚至省略庭审程序，这岂不与我国刑事诉讼程序正当化的发展方向相违背吗？其实，程序正当作为一种对程序构建的要求，本身也具有功能性，是为了满足一种更高的需求。这种需求一方面是公正结果的获得，另一方面是对刑事诉讼主体尤其是当事人主体性的尊重。例如，法官中立这一程序正当的基本要求，就在于避免法官偏向于诉讼一方而出现不公正的实体结果，在于对诉讼双方给予平等的尊重。从这个角度来看，被告人认罪案件诉讼程序不仅没有削弱程序的正当性，反而有利于加强程序的正当性，是程序正当的一种体现。因为被告人的认罪行为，其实也是被告人意愿的一种表达，被告人认罪案件诉讼程序根据被告人的这种意愿调整诉讼程序，使其有别于被告人不认罪案件的诉讼程序，正是尊重了被告人的意愿，是对被告人主体性的一种尊重与保护。如果被告人认罪后，仍然按被告人没有认罪案件的程序来处理，那才是被告人客体化的一种表现，那才是程序缺乏正当性的一种体现。当然，由于被告人认罪也暗含了一种被告人代人受过而产生实体结果不公正的风险，判决结果也不能完全建立在被告人的供述之上，庭审程序并不能完全取消，即照搬英美法系国家的辩诉交易制度并不恰当。

二是被告人认罪案件诉讼程序与宽严相济刑事政策的关系。宽严相济刑事政策的意义并不仅仅体现在实体处理方面，还有程序意义上的。这是因为程序除具有保证诉讼活动顺利有序进行的功能外，其本身还具有一种象征功能，不同程序对当事人具有不同影响。[①] 被告人认罪案件诉讼程序，由于在程序上要较被告人不认罪案件的普通程序简化，判决结果也要比被告人不认罪案件的诉讼程序更具有可预期性，为此，适用被告人认罪案件诉讼程序的被告人与适用普通程序的被告人相比，其受到的不利影响也相对要少。也就是说，适用被告人认罪案件诉讼程序对被告人来说，意味着一种从宽处理。从这个角度来看，被告人认罪案件诉讼程序的合理建构，尤其建构一种重罪与轻罪有别的多元模式的被告人认罪案件

① 樊崇义、吴光升：“宽严相济与刑事诉讼”，载《东方法学》2007 年第 3 期。

诉讼程序，有利于在刑事诉讼程序上充分体现宽严相济的刑事政策。

三是被告人认罪案件诉讼程序与坦白从宽政策的关系。坦白从宽，这历来是我国刑事司法的基本政策。被告人认罪案件诉讼程序不仅在程序上对认罪被告人作了不同于不认罪被告人的处理，而且在刑罚的判处上作了明确规定，将坦白从宽从酌定情节变为一种法定情节，增强了被告人认罪后从宽处罚的可预期性，有利于在刑事司法中真正贯彻我国坦白从宽的政策。

根据以上论述，被告人认罪案件诉讼程序的构建在我国具有重大意义。但是，将理论转化为现实，还需要对我国目前的被告人认罪案件诉讼程序作相应的完善。

首先是完善被告人认罪案件诉讼程序的启动制度。从以上分析可以看出，我国被告人认罪案件诉讼程序在启动程序上，主要存在两个问题：一是被告人认罪前没有获得律师的帮助；二是被告人认罪案件诉讼程序的启动没有经过被害人的同意。对于被告人认罪前的律师帮助问题，笔者认为，可以根据建议的主体分两种方式解决。第一，对于检察机关认为案件符合适用被告人认罪案件诉讼程序的，检察机关应当先征求被告人及其辩护律师的意见；如果被告人没有辩护律师的，应当为其指定辩护律师，并给予辩护律师合理的答复期限。只有被告人及其辩护律师同意的，检察机关才能向人民法院提出建议。人民法院在审查检察机关提出的建议时，应当征求被告人及其辩护律师的意见。如果被告人与辩护律师意见冲突，应当给予被告人与辩护律师充分沟通的时间与机会。如果意见仍不一致，可分两种情况解决：一是被告人要求认罪而辩护律师不同意的，被告人被羁押的，应当以辩护律师的意见为依据，因为在这种情况下被告人人身不自由，难以保证其认罪的自愿性；被告人没有被羁押的，以被告人的意见为依据。二是被告人不愿意认罪而辩护律师同意的，不管被告人是否羁押，都以被告人的意见为依据。第二，对于检察机关没有建议而人民法院认为可以适用被告人认罪案件诉讼程序的，人民法院在向检察机关征求意见的同时，也应当征求被告人及其辩护律师的意见。被告人没有辩护律师的，人民法院应当为其指定辩护律师。当然从审判机关的职责来看，在检察机关没有建议适用被告人认罪案件诉讼程序的情况下，人民法院不宜建议适用被告人认罪案件诉讼程序。因为人民法院是裁判机关，如果其提出适用建议而征求被告人及其辩护律师的意见，辩护方从心理上很难拒绝，否则，往往会产生一种庭审法官会作不利于己方判决的顾忌。因此，宜将这种建议权赋予被告人而不是人民法院，即被告人可以在征求辩护律师意见后向人民法院提出适用被告人认罪案件诉讼程序的建议，再由人民法院征求检察机关意见后决定是否适用。对于被害人利益的保护问题，笔者认为，由于前述原因，为了保障被害人的合法权益，防止被害人在诉讼过程中受到“二次伤害”，宜赋予被害人在是否适用被告人认罪案件诉讼程序上的选择权或同意权，即检察机关在征求被告人及其辩护人的意见时，应当征求被害人及其诉讼代理人的意见；人民法院在决定是否适用被告人认罪案件诉讼程序时，也应当征求被害人的意见。如果被害人提出有合理理由的异议的，人民法院不能适用被告人认罪案件诉讼程序。当然，并不是说只要被害人提出异议就不能适用，为了保障诉讼的顺利进行，被害人的异议必须在规定的期限内提出，并附有合理的理由，而且，这种理由只能是适用这些程序会给被害人造成重大伤害或造成重大不公等。

其次是强化人民法院对案件事实的审查。现实情况决定了我国被告人认罪案件诉讼程序只能简化庭审活动，但不能简化更不能省略人民法院的审判职责，人民法院不能因此推卸守护司法公正的义务。如何才能使审判过程简化而司法公正不打折，关键在于如何处理好被告人的认罪对人民法院职能活动范围的限制。笔者认为，对于这一问题的解决必须坚持证据裁判原则、单一口供不能定罪原则、法官适用法律原则等。具体来讲，首先，法官在决定是否适用被告人认罪案件诉讼程序时，必须对控诉方以及辩护方提出的证据加以审查，核实被告人认罪的自愿性与口供的真实性，对被告人是否有罪有疑问的，坚决不能适用被告人认罪案件诉讼程序；其次，在法庭审理过程中，不仅对双方有异议的证据进行调查，而且对于用以补强被告人口供的证据也必须作必要的审查；第三，对于通过严重违法行为取得的证据必须排除。这是因为法庭不仅是对侦查收集的证据进行审查与确认，也是通过这种审查与确认监督侦查行为。

第三是明确处罚的减轻幅度。我国有关被告人认罪案件诉讼程序的规范性文件规定，对被告人认罪的，应当从轻处罚，这是很合理的，问题在于这一规定比较模糊，不但不能刺激被告人认罪，相反会给司法腐败创造机会。因此，笔者认为，我国宜借鉴英国、俄罗斯等国家的做法，对于被告人认罪后从轻处罚的幅度作比较明确的规定。如何具体化与明确化，从国外的情况来看，不少国家都是规定减轻处罚幅度 1/3 左右。因此，笔者认为，我国可以规定，只要被告人认罪的，减轻刑罚的幅度为 1/3，而且是应当减轻而不是可以减轻。

最后是合理限制上诉理由的范围。如果任由被告人根据任何理由提出上诉，不仅与建立被告人认罪案件诉讼程序的初衷不符，也不利于促使被告人合理行使诉讼权利。因此，应当对被告人上诉理由的范围作必要的限制。如何进行限制，笔者认为，应当根据被告人认罪的范围来确定，因为前述国家之所以对被告人上诉理由作出限制，原因在于被告人对于起诉指控的犯罪事实进行承认，有的甚至对法院判处的刑罚都作了约定，在这种情况下，法院的判决在一定程度上是根据被告人的承认或与检察官的约定来判决，根据承诺应当信守的原则，被告人自然不能违反自己的承诺而对判决提出上诉。我国的被告人认罪案件诉讼程序中，程序的适用是以被告人对指控的基本事实没有异议为前提条件的，尤其是在被告人认罪的公诉案件简易程序中，判决是没有经过法庭审理而根据被告人的认罪陈述直接作出的。因此，在这种情况下，只要人民法院的判决在事实认定上与被告人在法庭的有罪陈述是一致的，被告人就不能再就此提出上诉。检察机关的抗诉与此同理。因为检察机关的指控事实，一旦被被告人认可，应当对自己有约束力。但由于罪名的确定等法律问题不是被告人认罪的内容，而是法官的职权。因此，被告人应当可以法律适用错误为由提出上诉，检察机关也可以提出抗诉。当然，如果被告人有确凿证据证明认罪是控诉方强迫或威胁的结果，也应当可以提出上诉。

八、简易程序新规定的理解与运用①

法律的生命在于贯彻实施。这次包括刑事简易程序在内的刑事诉讼法修改，怎样才能落到实处，正确地加以执行，是摆在我们面前的一项重要任务。本文仅就如何客观、准确地理解简易程序新规定的内容并进而有效地实施略作论述。

（一）对刑事简易程序适用条件及范围规定的理解与运用

新《刑事诉讼法》（2012 年修正）第 208 条规定：“基层人民法院管辖的案件，符合下列条件的，可以适用简易程序审判：（一）案件事实清楚、证据充分的；（二）被告人承认自己所犯罪行，对指控的犯罪事实没有异议的；（三）被告人对适用简易程序没有异议的。人民检察院在提起公诉时，可以建议人民法院

① 原文发表于《国家检察官学院学报》2012 年第 3 期。

适用简易程序。”

1. 适用简易程序的案件范围被大大扩容

考察上述规定，刑事简易程序的案件范围较之现行法律规定无疑是大大扩容了，扩大到由基层人民法院审理的、可能判处无期徒刑（不含）以下刑罚的案件，只要符合适用条件的相应规定，都有可能被纳入简易程序的范围。当然亦有例外规定，如被告人是盲、聋、哑人的；案件有重大社会影响的等等。这一修改将原有简易程序的案件范围从 3 年以下有期徒刑、拘役、管制、单处或者并处罚金的案件扩大到可能判处超过 3 年有期徒刑的案件，实际上涵盖了近年来实行普通程序简化审的案件范围，这也意味着简易程序将涵盖绝大部分的一审刑事案件，这无疑是一次重大变革。普通程序简化审虽然在本质上是属于普通程序，但是从价值领域来判断的话，该程序实际上是在法律规定限度之内寻求的、为弥补现行简易程序适用不足的另一种不规范的“简易程序”。这次修改刑事诉讼法，将运行多年的普通程序简化审予以“扶正”，一方面对统一法律适用和司法实践起到了重要作用，另一方面也对刑事诉讼法典与其司法解释之间的差异进行了弥合，更重要的是，在学理上规范了程序的分类，将程序类型化中出现的不伦不类的“普通程序简化”审纳入了正轨。

新刑事诉讼法将简易程序的范围扩大到基层人民法院审理的有期徒刑及以下的案件，再加上《刑法修正案（八）》已经将有期徒刑的上限提高到 25 年，显然，简易程序的适用范围既多又广，这引起了许多人的担忧。许多学者提出，步子迈大了，担心案件的质量问题，担心效率与公正的矛盾会更加突出。笔者认为，尽管简易程序的范围确实被大大扩容，但其在吸收现行的“普通程序简化审”的基础上排除了原本适用于简化审的无期徒刑的案件，并实际上把适用简易程序的范围集中在基层人民法院，不再包括中级人民法院审理的无期徒刑案件，实现了审理层级的统一，再综合其适用条件、审判组织、诉讼构造等其他规定，仅在适用范围上对于现状的冲击并不是很大，反而是更加规范、更加精确了。与此同时，刑诉法对简易程序的设计，已经考虑到公正和效率的矛盾冲突，考虑到保证案件的质量问题。例如，简易程序立法不仅严格规定了适用条件，而且坚持“程序简化、诉讼职能不减”的原则，这些措施就是为了保证效率与公正的统一。

2. 适用条件彰显对被告人主体地位的尊重

从适用条件来看，新刑事诉讼法吸收了《关于适用简易程序审理公诉案件的若干意见》第1条规定的“被告人认罪”这一条件，规定了适用简易程序需同时具备三个条件：其一，基层人民法院审理的、案件事实清楚、证据充分；其二，被告人承认自己所犯罪行，对起诉书指控的犯罪事实没有异议的；其三，被告人对适用简易程序没有异议的。这与现行刑事诉讼法及司法解释的规定有两点重要的区别：一是把被告人对指控的事实无异议明确作为适用条件，改变了被告人对起诉书指控的犯罪事实予以否认作为该程序的排除性条款这一原有规定；二是强调了被告人对适用简易程序的异议权，也就是说被告人对适用该程序没有异议的情况下才允许适用。这一适用标准也更加接近于法治发达国家的有关规定。这一改变看似简单，其实蕴含了重要的诉讼理念，那就是尊重被告人的诉讼主体地位。

在刑事诉讼文明发展史上，犯罪嫌疑人、被告人的诉讼地位经历了由诉讼客体到诉讼主体的演变过程，这是一个人权保护不断加强、诉讼民主精神不断张扬的动态过程。被告人的权利也是随着其诉讼地位的提升而不断获得保障的。我国刑事诉讼法将被告人列为当事人，就是其诉讼主体地位得到立法确认的表现。特别是在加快诉讼民主进程、注重人权保障的今天，新刑事诉讼法的这一规定无疑是及时和进步的。被告人作为刑事诉讼当事人，对审判将适用的程序拥有话语权，尊重其主体意思表示，只有其对指控的犯罪事实予以认可，并明确表示其对适用简易程序没有异议也就是表示同意时，该程序方可被适用。

（二）对刑事简易程序审判组织规定的理解与运用

新《刑事诉讼法》（2012年修正）第210条第一款规定：“适用简易程序审理案件，对可能判处三年有期徒刑以下刑罚的，可以组成合议庭进行审判，也可以由审判员一人独任审判；对可能判处的有期徒刑超过三年的，应当组成合议庭进行审判。”

1. 审判组织形式明确为两种

1996年《刑事诉讼法》规定的简易程序的审判组织方式是“可以由审判员一人独任审理”，也就是独任制审判组织，是“可以”，而非“应当”，但并未排除合议制审理方式。但是，由于法律的这种规定，司法实践中几乎一律采用了独任审理的方式，鲜少采用合议制来审理简易程序；2012年刑诉法修改则将简易程序审判组织明确为独任制和合议制两种，明确规定了合议制审判组织形式也可以作为简易程序案件的审判形式。

那么，我们就需要厘清合议制审判组织形式下的程序能否算作简易程序。马贵翔在其《刑事简易程序概念的展开》一书中通过对普通程序层次性的分析，探讨了刑事简易程序的相对性问题。这种理论界定具有完善的逻辑性和合理性。根据层次性理论，普通程序由于是否设立了陪审团而区别为完善形态的普通程序和一般形态的普通程序两个层次，[①] 那么与此呼应，简易程序也就存在两个层次，即相对于普通程序完善形态的简易程序和相对于普通程序一般形态的简易程序。首先，没有陪审团参与的一般形态的普通程序，相对于完善形态的普通程序也属于简易程序的范畴。这一层面上的区别，其意义在于要合理使用耗费巨大的陪审团制度，只有那些重大复杂的少数案件中才会提起适用陪审团制度。比如，在美国的死刑案件中，陪审团审判发挥着极为重要的价值，但是在其他案件中陪审团审判不是强制性的，可以根据双方意愿进行选择。[②] 第二，相对于普通程序一般形态的简易程序，也就是对一般形态的普通程序的进一步简化，或者说是相对于合议制审判程序更为简易的审判方式，如独任审判，这是一般形态中审判组织的简化形式。可见，相对于普通程序完善形态的简易程序其实就是一般形态的普通程序，相对于普通程序一般形态的简易程序，就是我们一般意义上理解的简易程序了。

据此理论界定，新刑事诉讼法中适用独任制审理和合议制审理的两种简易程序，恰恰是上述两个层次的简易程序的典型代表，分属简易程序的不同层次。所以，将合议制审判组织形式纳入简易程序的范畴正是以简易程序层次性的科学、合理的界定为基础的。新刑事诉讼法中的这一改变，使我国的刑事简易程序在理论上也表现得更加严谨、更加丰富。

2. 简易程序类型的多元化伊始

根据不同的审判组织形式，新刑事诉讼法将刑事简易程序分为了两种，一种是可能判处 3 年以下有期徒刑刑罚的独任制简易程序，一种是对可能判处的有期徒刑超过 3 年的合议制简易程序。这种分类是从简易程序审判组织形式上对简易程序进行的分类。将简易程序的法定种类增加到两类无疑也是一个重大进步。当

---

① 马贵翔：《刑事简易程序概念的展开》，中国检察出版社 2006 年版，第 26 - 29 页。

② 在 1930 年以前，联邦法院的陪审团审判是不能放弃的，在 Patton v. United States 案例中，最高法院得出结论，双方当事人达成一致的话，可以放弃陪审团审判。

然，也有人对此提出不同的意见。有观点指出，新刑事诉讼法中规定的简易程序并没有完全实现“简单案件简易审”的目的。根据该规定，对可能判处的有期徒刑超过3年的，也可适用简易程序，但应当组成合议庭进行审判。“事实上和普通程序没有本质区别，只是换了个名字而已”。[①] 本文认为，这种观点只看到了表面，未能看到实质。首先，区分简易程序和普通程序仅根据审判组织是独任制还是合议制是不科学的，区分的标准不能仅仅是根据审判组织形式，而是要综合审判组织形式、审理程序、审理重点、证据规则等多方面来全面判断；其次，合议制审判组织形式不是普通程序的特有形式，绝不意味着适用合议制审判组织的审理程序就不简易；再次，我国的普通程序实际上还远未达到“普通”的程度，对于一些重大、复杂案件的普通程序实际上还应当更加复杂化、精细化。

尽管新刑事诉讼法规定了两种简易程序，相比其他国家，如意大利、日本、德国均有三种以上的简易程序，[②] 仍显得种类单薄，但是其可以说是拉开了我国简易程序种类多元化的序幕。

（三）对刑事简易程序公诉人出庭规定的理解与运用

新《刑事诉讼法》（2012年修正）第210条第二款规定：“适用简易程序审理公诉案件，人民检察院应当派员出席法庭。”

1. 明确公诉人出庭，完善诉讼结构一项刑事审判程序

公正是基础，不能因效率而牺牲公正，只有在保障了基本的诉讼公正的基础上才能够追求效率。1996年《刑事诉讼法》规定简易程序中“公诉人可以不出庭”，其一味追求效率、忽视诉讼构造和基本诉讼职能的发挥，可谓是广受学界诟病。公诉案件公诉人不出庭，使得诉讼的最基本的“控—辩—审”三方结构遭到破坏，审判者代为指控、出示证据同时作出裁判，公诉职能和审判职能相互混淆，相互交叉，严重违背了诉讼规律；公诉人不出庭也使得法庭辩论无法开展，严重影响被告人辩护权的实现，使各方诉讼职能无法正常发挥。对此，卞建

① 这是在此次刑事诉讼法（2012年）的修改过程中，参与研讨的朝阳区人民法院刑事审判第二庭庭长助理臧德胜的观点，详见李小健：“优化审判程序：公正与效率兼顾”，载《中国人大》2011年第18期。

② 意大利的刑事简易程序包括快速审判、立即审判、简易审判、依当事人要求适用刑罚和处罚令程序五种；日本的刑事简易程序包括略式程序、简易公审程序、交通案件即决裁判程序和快速裁判程序四种；德国的刑事简易程序在原有处罚令程序和快速审判程序之外，又引入了辩诉交易程序。

林教授指出，“简易程序的适用是公正与效率博弈的结果，是对二种价值的协调与权衡。简易程序本身可能更偏重诉讼效率的追求，但不能以牺牲公正为代价”。[①] 新刑事诉讼法规定了适用简易程序审理公诉案件时，人民检察院应当派公诉人出席法庭，宣读起诉、出示证据、与辩方展开辩论，履行检察机关的公诉职能，从而恢复了简易程序中的“控—辩—审”三方构造，维系了基本的诉讼格局。这一规定，既是尊重刑事审判原理的体现，又践行了“国家尊重和保障人权”的宪法原则，有利于实现简易程序正当化，从而提高刑事司法的权威性。“首先，人民检察院派员出庭支持公诉是履行其追诉职责的重要内容；其次，公诉人出庭是审判构造的要求；再次，公诉人出庭是行使其控诉职能的需要；最后，人民检察院派员出庭是履行审判监督职能的需要”。[②] 至于公诉人在庭上的活动和程序如何简化，那是值得进一步研究和探讨的问题。

2. 合理解决公诉人出庭带来的成本问题

“适用简易程序审理公诉案件，人民检察院应当派员出席法庭”的规定，尽管在理论上有足够的理由，但是在实务界仍然引起了不少的争论。全国人大内务司法委员会委员戴玉忠认为，“检察院没有必要派员出席法庭，简易程序就是想使某些案件程序简单化，有利于提高司法效率，降低成本。对于轻罪、事实清楚、证据充分、认罪的适用简易程序的案件，没有必要让检察机关都必须出庭。本来简易程序是为了减少有关工作量，现在又规定检察机关出庭，这没有减少工作量”。[③] 委员臧德胜也认为此举不利于节约司法资源，“大部分适用简易程序的案件没有实质争议，审理起来时间也很短，如果每起案件都要派员出席，检察院负担会很大，也不利于法院方便快捷地安排开庭时间”。[④] 上述观点是从减少工作量、提高司法效率的角度考虑问题，认为公诉人出席法庭不但没有简化案件，

---

① 卞建林：“扩大适用简易程序：追求效率不牺牲公正”，载《检察日报》2012 年 3 月 29 日，第 003 版。

② 卞建林：“扩大适用简易程序：追求效率不牺牲公正”，载《检察日报》2012 年 3 月 29 日，第 003 版。

③ 这是在此次刑事诉讼法（2012 年）的修改过程中，参与研讨的朝阳区人民法院刑事审判第二庭庭长助理臧德胜的观点，详见李小健：“优化审判程序：公正与效率兼顾”，载《中国人大》2011 年第 18 期。

④ 这是在此次刑事诉讼法（2012 年）的修改过程中，参与研讨的朝阳区人民法院刑事审判第二庭庭长助理臧德胜的观点，详见李小健：“优化审判程序：公正与效率兼顾”，载《中国人大》2011 年第 18 期。

反而增加了工作量。的确，大量的简易案件中，公诉人每一个案件都出庭的话，与现行的简易程序相比，程序上会有所复杂，肯定会增加一定的工作量，是一笔巨大的资源耗费，这种做法必然会影响审判进程，降低诉讼效率。

因此，我们需要通过合理的途径进行解决，如可以通过集中开庭[①]等方式来减少工作量。目前，许多人民法院将一定数量的公诉案件安排在一起进行集中审理，那么与此相对应，人民检察院也可以指派专人负责简易程序并按照人民法院的开庭安排出庭参加诉讼。这种集约式的审理方式无疑能起到减少工作负荷、加速审理进度、提高简易效率的功能。最高人民检察院下发的《关于进一步加强适用简易程序审理公诉案件出庭工作的通知》（以下简称《通知》），《通知》强调，各地检察机关要在确保简易程序案件办理质量的基础上，不断建立和完善相关工作机制，简化工作程序和内容，提高办理简易程序公诉案件的工作效率。要通过加强与侦查机关、审判机关的联系，采取对若干案件相对集中提讯、移送起诉、起诉、开庭等方式，探索建立快速办理机制；积极探索符合实际的办案程序，完善简易程序案件办理机制和工作模式。同时要争取处理好监督、质量、效率、效果的关系，使简易程序公诉案件的办理取得良好的法律效果、社会效果和政治效果。目前，北京市海淀区人民检察院已经联合北京市海淀区人民法院开始了这种对应集约式审理的试点工作，以期在试点中总结经验，探索出一种符合法律规定、科学、合理、高效的审理方法。

九、我国刑事案件速裁程序的运作[②]

刑事案件速裁程序，是指对于案情简单、事实清楚、证据确实充分，犯罪嫌疑人、被告人自愿认罪，适用法律无争议的轻微刑事案件，在遵循基本程序正义底限标准的前提下，简化审判工作流程、缩短办案期限的一种快速审判程序。2014 年 6 月 27 日第十二届全国人民代表大会常务委员会第九次会议通过了《关于授权最高人民法院、最高人民检察院在部分地区开展刑事案件速裁程序试点工作的决定》（以下简称《速裁决定》），授权最高人民法院、最高人民检察院在北

① 集中开庭是北京市海淀区人民法院开创的审理方式，就是将数十起简易程序案件安排在同一天、同一个法庭连续审理，从而实现简易程序的快速化结案。

② 原文发表于《人民司法》2015 年 11 期。

京等18个城市开展刑事案件速裁程序试点工作。2015年2月4日发布的最高人民法院《关于全面深化人民法院改革的意见——人民法院第四个五年改革纲要(2014－2018)》也明确指出:"健全轻微刑事案件快速办理机制。在立法机关的授权和监督下，有序推进刑事案件速裁程序改革。"设立刑事案件速裁程序有利于节约司法资源，提高诉讼效率，节约诉讼成本，对于及时惩治犯罪、促进社会和谐稳定、充分发挥司法为民功能也具有重要意义。当前的重点应是在试点的基础上总结经验，科学构建具有中国特色的刑事案件速裁程序。

（一）刑事案件速裁程序是我国优化司法资源配置的新尝试

自1996年刑诉法首创刑事简易程序以来，司法改革领域就一直在探索如何实现"既要确保公正，又要提高司法效率"的双重目标，围绕"如何在确保公正的前提下优化司法资源配置、提高司法效益"的基本精神而不断创新、不断实践。本次刑事案件速裁程序试点，正是在这一时代背景下进行的有益探索。

1. 1996年刑事诉讼法的简易程序

为提高诉讼效率，节约司法资源，我国1996年刑事诉讼法专门设置了简易程序。根据1996年刑事诉讼法第174条的规定，简易程序主要适用于三类案件:(1)依法可能判处3年以下有期徒刑、拘役、管制、单处罚金的公诉案件，事实清楚、证据充分，人民检察院建议或者同意适用简易程序的;(2)告诉才处理的案件;(3)被害人起诉的有证据证明的轻微刑事案件。然而，修正后的刑事诉讼法实施以来，由于适用案件范围过窄、被告人诉讼权利缺乏保障等原因，诉讼实践中刑事简易程序的适用率一直很低，难以实现其分流案件、节约司法资源的目的。在此背景下，某些人民法院开始尝试刑事公诉案件普通程序简化审改革，最高司法机关也在积极推动普通程序简化审的改革实践工作。

2. 普通程序简化审的司法实践

普通程序简化审的司法实践以最高人民法院、最高人民检察院、司法部2003年3月14日颁布施行《关于适用普通程序审理"被告人认罪案件"的若干意见(试行)》(以下简称《意见》)的颁布实施为标志。根据该《意见》，普通程序简化审的内容主要包括:(一)在审理范围上，除《意见》第2条规定的不适用的案件和1996年刑事诉讼法规定的可适用简易程序的案件外，其余第一审公诉案件均可适用。《意见》第2条规定不适用普通程序简化审的案件是:(1)被告人系盲、聋、哑人的;(2)可能判处死刑的;(3)外国人犯罪的;(4)有重大社会影响的；（5）被告人认罪但经审查可能不构成犯罪的；（6）共同犯罪案件中，有的被告人不认罪或不同意适用普通程序简化审的；（7）其他不宜适用普通程序简化审的。可见，适用普通程序简化审的案件范围非常广泛。（二）在适用的条件上主要包括：（1）案件事实清楚、证据确实充分；（2）被告人对指控的基本犯罪事实无异议，并自愿认罪；（3）被告人同意适用普通程序简化审程序进行审理；（4）对被告人可能判处3年以上有期徒刑、无期徒刑。（三）对具体审理方式作如下简化：（1）被告人可以不再就起诉书指控的犯罪事实进行供述；（2）公诉人、辩护人、审判人员对被告人的讯问、发问可以简化或者省略；（3）控辩双方对无异议的证据，可以仅就证据的名称及所证明的事项作出说明。合议庭经确认公诉人、被告人、辩护人无异议的，可以当庭予以认证；（4）控辩双方主要围绕确定罪名、量刑及其他有争议的问题进行辩论。

最高人民检察院2006年12月28日通过《关于依法快速办理轻微刑事案件的意见》，继续为普通程序简化审积极创造条件。《关于依法快速办理轻微刑事案件的意见》确定了以下内容：（1）依法快速办理轻微刑事案件应当坚持的几项基本原则；（2）适用快速办理机制的轻微刑事案件的条件：案情简单，事实清楚，证据确实、充分；可能判处3年以下有期徒刑、拘役、管制或者单处罚金；犯罪嫌疑人、被告人承认实施了被指控的犯罪；适用法律无争议；（3）区分了应当依法快速办理及不得快速办理的案件类型；（4）明确了检察机关在对轻微刑事案件审查批捕、审查起诉等环节的依法快速办理程序要求。

3. 2012年刑事诉讼法对简易程序的再修改

2012年刑诉法在吸收原有司法实践经验的基础上扩大了简易程序的适用范围，第208条取消了1996年刑诉法“对依法可能判处三年以下有期徒刑、拘役、管制、单处罚金的公诉案件”这一实体限制条件，规定基层人民法院管辖的案件，只要符合下列条件的，都可以适用简易程序审判：案件事实清楚、证据充分的；被告人承认自己所犯罪行，对指控的犯罪事实没有异议的；被告人对适用简易程序没有异议的。人民检察院在提起公诉的时候，可以建议人民法院适用简易程序。

上述规定在提高诉讼效益、实现刑事案件分流方面发挥了重要作用，但根据笔者及相关学者近来的实证调研，刑事简易程序仍然存在适用率不高的问题。从我国东北三省情况来看，个别地区零适用，多数地区在10%－45%的低比率区间运行。特别是对于可能判处有期徒刑超过3年的案件更是很少适用简易程序。比如，黑龙江省的平均适用率仅为45.9%。[①] 2013年1－10月，河北全省公诉部门出庭简易程序案件法庭5884件，仅占基层人民法院办理案件28.48%。[②] 刑诉法修改后，简易程序适用率并无显著上升，显然没有有效实现立法目的。这些问题的出现需要反思现行的制度设计，有必要补充设计更为便捷、适用范围更为广泛的刑事案件速裁程序。

4．民事诉讼小额速裁程序的参考

从学科关联性的角度来看，笔者认为，刑事案件速裁程序还是对民事诉讼小额速裁程序借鉴的结果。2011年3月17日，最高人民法院下发《关于部分基层人民法院开展小额速裁试点工作指导意见》（以下简称《指导意见》），安排部署在全国90个基层人民法院开展小额速裁试点工作。《指导意见》要求各级人民法院积极探索在基层人民法院适用小额速裁程序审理民事案件，进一步合理配置审判资源，最大限度地满足人民群众的司法需求。《指导意见》还规定了适用小额速裁程序的案件类型、标的额、庭审模式、开庭时间、结案期限、异议申请以及诉讼费收取标准等事项。最高人民法院副院长奚晓明强调，小额速裁构造简便，诉讼要件宽松，有利于减轻当事人经济负担，也便于人民群众诉讼。在小额速裁中引入当事人程序选择权，既符合民事诉讼当事人意思自治要求，又能够节省司法资源。小额速裁试点工作，是人民法院民事审判工作科学发展的必然要求，可以为民事诉讼法的修改完善积累实践经验。[③] 最高人民法院审判委员会专职委员杜万华在接受《法制日报》记者采访时也表示，我国每年数百万件民事诉讼中，案情简单的小额诉讼大约占了30%至40%。小额速裁的推广将大大节约审判资源，让法官把更多精力用于对复杂疑难案件的审理。[④] 民事司法实践也充分证明，民事诉讼小额速裁程序有效提高了司法效率，节约了司法成本，及时化解了社会矛盾，促进了社会和谐。

---

① 闵春雷等："东北三省检察机关新刑诉法实施调研报告"，载《国家检察官学院学报》2014年第3期。

② 樊崇义等："河北检察机关新刑诉法实施调研报告"，载《国家检察官学院学报》2014年第3期。

③ 周斌、袁定波："90家基层法院试点小额速裁"，载《法制日报》2011年4月14日，第005版。

④ 周斌："最高法有关部门负责人解读小额速裁试点工作担心独任审理不公不廉大可不必"，http：// www. legal daily. com. cn. zfb / content / 2011－05 / 22 / content_2670939. htm? node＝20608，最后访问日期：2014年12月5日。

2012年8月31日第十一届全国人民代表大会常务委员会第二十八次会议修正通过的民事诉讼法第162条吸收了司法实践中的成功经验，明确规定："基层人民法院和它派出的法庭审理符合本法第一百五十七条第一款规定的简单的民事案件，标的额为各省、自治区、直辖市上年度就业人员年平均工资百分之三十以下的，实行一审终审。"此即民事诉讼法上的小额速裁程序的法律依据，为刑事案件速裁程序司法操作提供了很好的借鉴。

从1996年刑诉法首次确立简易程序到普通程序简化审，再到2012年刑诉法简易程序适用范围的扩容，直至民事诉讼小额速裁程序的合理借鉴，以及十八届三中全会废除劳教制度的新契机，最终促成了本次刑事案件速裁程序试点决定的产生。这一系列探索和实践的过程，既折射了我国司法改革稳步推进的一贯作风，也是我国司法理论在实践中不断检验、创新和发展的生动写照。

（二）刑事案件速裁程序是对域外经验的合理借鉴

各主要国家和地区的刑事案件速裁程序在理论上可以被归纳为三大主要类型：狭义的庭审简化程序、以大陆法系为代表的处罚令程序和以英美法系辩诉交易为代表的被告人认罪程序，[①] 下文作简要介绍。

1. 狭义的庭审简化程序

主要是对部分案件事实清楚、证据充分的轻微案件，在采用普通审判程序基础上简化庭审的某些环节，在庭审中采取更为简易的方式，省略庭审的某些部分，如简化或者省略事实、证据的调查程序而直接进入量刑程序，或者在初步庭审阶段就作出裁判，或者省略了初步庭审程序直接进入审判的简易程序。

德国简易程序的适用范围限于检察官申请、案情简单或者证据清楚且可能判处1年以下监禁或者剥夺驾驶权、适宜立即审理的案件。检察官不必提交起诉书，可以在审判开始时口头起诉，对被告人的传唤时间缩短，中间程序被省略，庭审调查的过程被简化，允许宣读以前的讯问笔录以及宣读书面文件。日本还专门设立了交通案件即决裁判程序，简易法院根据检察官的请求，可以就有关交通的刑事案件，即决裁判50万元以下的罚金、罚款，并处缓刑、没收及其他附加处分。实践中，法官更多采取包括侦查文件、简易命令请求书、简易命令等交通

① 刘根菊、李利君："刑事简易程序比较研究"，载《比较法研究》2009年第5期。

文书和所谓的在厅交易程序以及被告人到场缴纳罚金等程序，当天结案，迅速简易。[①] 为简化诉讼程序、减少诉讼成本、缩短诉讼时间，1988 年意大利刑事诉讼法典在普通刑事诉讼程序之外，又规定了五种特别速裁程序，即简易审判程序、直接审判程序、快速审判程序、处罚令程序和和辩诉协商程序，前面三种与庭审简化程序直接相关。[②]

2. 处罚令程序

处罚令程序是一种对轻微案件适用的书面审理程序。在该程序中，法官根据检察官的书面申请进行案件审查，并据此对被告人处以罚金等轻微刑罚，而不进行正式的直接、言词式审理。处罚令程序是大陆法系国家和地区处理简单轻微刑事犯罪案件的一种书面审理方式，虽然其名称不尽相同，如德国、意大利称之为“处罚令程序”，日本称之为“简易命令程序”，我国台湾地区称之为“简易判决处刑程序”，但其基本内容是一致的。[③]

德国是处罚令程序的发源地国。根据德国刑事诉讼法典第 407 条的规定，处罚令程序的适用范围为单处或者并处以下法律处分：（1）罚金、保留处罚的警告、禁止驾驶、追缴、没收、销毁、废弃、对法人或者联合会宣告有罪判决和罚款；（2）在不超过两年的时间内禁止颁发驾驶执照地剥夺驾驶权；（3）免于处罚。被诉人有辩护人的时候，如果是缓期执行交付考验的，也可以对他判处一年以下的自由刑。[④] 日本刑事诉讼法第 461 条规定简易命令的要件是可处以 50 万元以下罚金或罚款的案件。在意大利的五种刑事特别程序中，处罚令程序是最为简化的一种。意大利刑事诉讼法第 459 条规定处罚令程序只适用于可能判处财产刑的案件或者替代监禁刑而科处财产刑的案件。可见，各国法律都将该程序限定适用于轻微刑事案件。在处罚令程序的启动上，一般都是依检察官申请而启动，被告人不能启动处罚令程序，检察官在提起处罚令申请的同时一般还应提出量刑建议。处罚令程序一般由基层法院予以适用，并由法官一人负责。在处罚令程序的适用上，一般可分为移送卷宗、处罚令申请书的审查和处罚令的签发三个步骤。在处罚令的救济渠道上，被告人可以在处罚令送达后用书状或者用口头方式提起

---

① 艾静：《我国刑事简易程序的改革与完善》，法律出版社 2013 年版，第 35－38 页。

② 刘计划：《刑事公诉案件第一审程序》，中国人民公安大学出版社 2012 年版，第 191 页。

③ 叶肖华：“处罚令程序的比较与借鉴”，载《苏州大学学报》（哲学社会科学版）2010 年第 2 期。

④ 李昌珂译：《德国刑事诉讼法典》，中国政法大学出版社 1995 年版，第 158 页。

异议，并可以只对处罚令的一定部分提出异议。如果在异议期内被告人没有表示异议，那么异议期满后处罚令等同于正式判决；如果被告人提出异议的，则处罚令自动失效，而在将要进行的审判中充当起诉书。

3. 辩诉交易为代表的被告人认罪程序

辩诉交易程序以美国为代表，是指在刑事诉讼中检察官以降低指控等级、减少指控罪名或建议从轻判刑等为条件，换取被告人在罪状认否程序中的有罪答辩，法官审查认可控辩双方的辩诉协议后即可确定被告人罪行的定罪方式。在美国联邦法院系统，辩诉交易程序可以适用于任何种类的案件，无论是性质轻微的犯罪还是性质非常严重的犯罪，联邦法院都可以适用该程序，以至于联邦法院系统以辩诉交易结案的案件数量达到了95%。除了辩诉交易外，美国还有单独的被告人认罪案件速裁程序。如果被告人作有罪答辩，且法官认为该答辩出于自愿，被告人也知道后果和意义，那么一般情况下不再开庭展开法庭调查，而是直接进入量刑听证程序。①

英国治安法院在审理案件时可以适用简易程序，按照此程序审理的案件只能判处六个月的监禁或罚金。治安法院审理简易罪，根据被告人答辩情况作不同处理。如果被告人作出无条件有罪答辩的话，案件将适用认罪处罚程序，治安法官通常会直接进入量刑；若被告人的有罪答辩是经过与控方协商后作出，那么该答辩则是有条件的有罪答辩，案件将适用辩诉交易程序进行处理。

综上可见，无论是域外哪一种刑事案件速裁程序，一般包含着以下共识：(1) 在适用范围和条件上，除了辩诉交易的案件外，一般限于轻微刑事犯罪案件，在刑罚制裁后果上，一般也为财产刑或时间较短的监禁刑；(2) 在具体适用程序上，法庭调查、法庭辩论一般被取消，办案时间大大缩短；(3) 在被告人权利保障方面，一般以被告人知悉并同意适用速裁程序为前提，被告人对裁判结果不服的，有申请进一步救济的权利。以上特点，都是我国刑事案件速裁程序需要认真借鉴的成功做法。

（三）我国刑事案件速裁程序的建构

1. 刑事案件速裁程序的定位

第一，与刑事案件速决程序的关系。在1983年“严打”过程中，为严厉打

① 艾静：《我国刑事简易程序的改革与完善》，法律出版社2013年版，第44－46页。

击严重刑事犯罪活动，及时审判严重危害社会治安的犯罪分子，全国人大常委会通过了《关于迅速审判严重危害社会治安犯罪分子的程序的决定》（以下简称《决定》)，形成了“速决程序”（又称“严打程序”、“从重从快程序”）。按照该《决定》的要求，对杀人、强奸、抢劫、爆炸和其他严重危害公共安全应当判处死刑的犯罪分子，主要犯罪事实清楚，证据确凿，民愤极大的审理期限可不受1979年刑诉法第110条关于相关诉讼期限的规定。在司法实践中，人民法院往往提前介入、先审后判、书面审理，这些做法在当时的历史条件下的确提高了诉讼效率，为确保社会稳定发挥了重要作用，因而也具有一定意义上的合理性。

可见，刑事案件速决程序与刑事案件速裁程序的相同点主要体现在都有从快从速办理刑事案件的特点，在价值取向上都有追求司法效率的客观追求。两者的差异则主要体现为：（1）在适用范围上，刑事案件速决程序主要是针对于刑事重罪、恶性案件，而速裁程序则主要针对轻微犯罪案件；（2）在适用阶段上，速决程序不仅包括审判程序，甚至延伸到侦查和起诉程序，而速裁程序则仅仅限于审判阶段。

第二，与刑事简易程序的关系。两者的相同点在于：其一，在适用范围和对象上，两者都是基层人民法院审理的某些事实清楚、证据充分、情节简单、犯罪轻微的刑事案件；其二，在庭审程序上均比普通程序简化和省略；其三，被告人自愿认罪；其四，程序适用前需要征求被告人的意见。主要差别在于：刑事简易程序的受案范围显然要大于速裁程序，刑事案件速裁程序明确限定了案件类型，只能是“盗窃、危险驾驶等依法可能判处一年以下有期徒刑、拘役、管制的案件或者依法单处罚金的案件”；在诉讼程序上，速裁程序也比简易程序更为简化，“对开庭通知时间不作限制，开庭时可不进行法庭调查和法庭辩论，裁判文书可以简化，并适当缩短办案期限”；速裁程序还特地规定人民法院、看守所要建立法律援助值班律师制度，犯罪嫌疑人、被告人的辩护权得到更为明确的保障。

从全国人大常委会《速裁决定》的实施意图和内在精神来看，凡是在试点地区符合速裁程序条件的案件自然一律优先适用速裁程序而非简易程序，这样才能更充分地发挥速裁程序的提速功能，也为下一步确定是否在全国更大范围内推广适用《速裁决定》而积累经验和创造条件。

2. 刑事案件速裁程序适用的原则

第一，公正优先。实现公正是司法活动的首要目标，也是一切司法活动追求的第一要务，这一点不容置疑。完整意义上的司法公正，既包括实体公正，也包括程序公正。就是说，刑事案件对公正的追求更体现为一种程序公正，一种过程公正。按照正当程序本源意义上的理解，程序公正的最低限度标准至少应该包括程序的诉讼性、程序的及时性和程序的参与性。程序的诉讼性直观地表现为程序的每一个阶段都应该具有完整的控辩审三角诉讼结构。任何一种诉讼程序，只有具有诉讼构造的鲜明表征，才能称得上是一种正当的法律程序。保持程序的诉讼性，是诉讼构造理论的必然要求，是实现司法公正的最基本保障，也是程序正义的形式要求。程序的及时性体现为以下两项要求：首先，诉讼的进程不能过于缓慢。诉讼拖延的时间太长，不仅会损害被追诉者的合法权益，而且会使犯罪真相因长期得不到查明而损害刑事制裁应有的惩戒和教育作用。其次，诉讼的进程也不可过于急促。诉讼过于急促，不仅会导致辩护方无法进行充分有效的对抗和防御，损害刑事诉讼的人权保障机能，而且可能使追诉人员和审判人员无法全面收集证据和冷静、客观地认定案情。程序的参与性的核心思想是指那些权益可能会受到刑事裁判或诉讼结局直接影响的主体，应当有充分的机会富有意义地参与刑事裁判的制作过程，并对裁判结果的形成发挥其有效的影响和作用。

刑事案件速裁程序在实施细则上必须始终坚持公正优先的基本原则，在司法实践中牢固树立公正第一的司法理念，程序的诉讼性要求速裁程序的整个过程应该鲜明地体现控辩裁三方的诉讼形态，具备“裁判中立、控辩平等”的诉讼格局。程序的及时性要求速裁程序应该在确保公正的前提下缩短办案期限，减轻当事人讼累。程序的参与性要求控辩裁三方都能充分地参与到速裁程序中来，尤其是被告人方能有充分表达意见的机会，能够通过知悉权、程序选择权和辩护权等诉讼权利的有效行使，充分参与到速裁程序之中，确保选择速裁程序的自愿性和真实性，能对裁判结果的形成发挥有效的作用和影响。坚持公正优先的价值选择标准，还要求我们在追求刑事案件速裁程序司法效率的同时，一定不能动摇和削弱司法公正的首要目标，必须始终将确保司法公正这一目标贯穿于刑事案件速裁程序全过程。

第二，兼顾效率。刑事案件速裁程序设立的初衷更多是从优化司法资源配置、提高司法效率为出发点的，因此，在确保司法公正的前提下，如何更快提高司法效率、提升司法效益，更是速裁程序的重要关注点和焦点所在，也是其正当性和立足所在。在刑事案件速裁程序中，开庭通知时间不作限制，开庭时可不进行法庭调查和法庭辩论，裁判文书可以简化，这些措施无疑能够有效提高司法效率，更好地实现案件繁简分流，及时惩治犯罪，确保社会和谐稳定。

追求效率并不影响司法公正目标的实现，正所谓“迟来的正义非正义”。刑事案件速裁程序由于在诉讼环节上较普通程序甚至简易程序更为简化或省略，从而能使有限的司法资源集中配置到办理暴恐等重大、恶性刑事案件上来，使得重大疑难案件的审判质量和效果更有保证、人民群众也可能会因此而享受更多的司法救助和救济的机会。在这种宏大的整体司法环境统一协作运转和调配下，司法机关的公信度和社会民众的认可度可能会更高。有资料显示，2013 年，全国人民法院生效判决刑事案件约 105 万件，其中，判处三年以下有期徒刑、拘役、管制、单处罚金的案件合计约 57.7 万件，一年以下有期徒刑、拘役、管制、单处罚金的案件约占刑事案件总量的 38%。① 如果将这些案件通过速裁程序分流出去，我们有理由相信，司法资源的流转和配置会更为合理，司法裁决的科学性和公正性会更受欢迎，整个社会的司法秩序会更为顺畅与和谐。我们也相信，通过这种多元化的司法裁判分流机制，能够更有效、更有针对性、更有差别化地确保个案的司法公正，从而更大程度地实现整个社会司法公正总量的增值。

3．刑事案件速裁程序适用的范围和条件

刑事案件速裁程序旨在构建一种比刑事简易程序更为简洁和便捷的程序，因此，在适用范围和条件上自然也应当比刑事简易程序的门槛更低，限制的条件应该更宽松，这也是目前司法资源紧张、刑事案件严重积压的司法现状所决定的。有专家坦言：“目前，我国盗窃、危险驾驶等轻微刑事案件增长迅速，占到了全部刑事案件的近 4 成。现行刑事简易程序过于繁琐，不能完全适应审理需要。”② 由此，必须建构一种比刑事简易程序更为宽松和灵活的诉讼分流机制来积极应对。

在适用范围上，《速裁决定》提出速裁程序适用的范围是“危险驾驶、交通肇事、盗窃、诈骗、抢夺、伤害、寻衅滋事等情节较轻，依法可能判处一年以下有期徒刑、拘役、管制的案件，或者依法单处罚金的案件”。之所以明确列出以

---

① 郑赫南：“司法领域‘试验性立法’开先河全国人大常委会作出授权在部分地区开展刑事速裁程序试点决定”，载《检察日报》2014 年 6 月 30 日，第 001 版。

② 袁定波：“18 省市以保证公正为前提启动试点　专家称轻微刑案速裁罪责相适避免实报实销”，载《法制日报》2014 年 7 月 1 日，第 005 版。

上具体案件名称，一是因为这些案件在司法实践中往往占据很大一部分比例，如果诉讼分流以上具体案件，将会节约和盘活相当一部分司法资源，有利于集中更主要更优势的司法资源处理重大要案，从更大程度上通过个案公正实现司法的整体公正。二是明确列举罪名有利于司法操作，增强司法的透明度，也便于加强司法机关、社会媒体及普通民众监督，增强司法的教育性、生动性、实践性和感染力。

在适用的条件上，《速裁决定》提出速裁程序适用的条件是“事实清楚，证据充分，被告人自愿认罪，当事人对适用法律没有争议”。这一条件基本沿用2003年普通程序简易审的要素。“事实清楚，证据充分”是从证据的可采性和证明的真实性等角度来阐述的，因为在证据基石和事实认定牢固根基上，才能办成证据扎实、说理充分的铁案。更重要的是，只有“被告人自愿认罪”和“当事人对适用法律没有争议”，方可适用速裁程序，这是确保其意见表达的自愿性、真实性，增强其对与自身利益密切相关判决的认可度和认同感，在当事人心理及程序源头上维护程序的安定性和判决的既判力。

4. 刑事案件速裁程序适用的程序

第一，简化诉讼程序。刑事案件速裁程序设立的出发点就是提高司法效率，在确保公正的前提下尽快结案，实现案结、事了、人和，因此刑事案件速裁程序应该比刑事简易程序更为简化，方能体现出其制度的优越性和科学性。最高人民法院院长周强在对《关于授权在部分地区开展刑事案件速裁程序试点工作的决定草案》(以下简称《速裁草案》)① 说明时表示，适用速裁程序的案件，对开庭通知时间不作限制，开庭时可不进行法庭调查和法庭辩论，但必须听取被告人的最后陈述意见。裁判文书可以简化，并适当缩短办案期限。以上规定，基本上是对现有刑事简易程序的超越和突破，是在现有刑事简易程序基础上的再简化，在提高诉讼效率、及时化解社会矛盾、促进社会和谐稳定方面具有重要意义。

《速裁草案》审议期间，有公众提出，取消法庭调查、法庭辩论，是否会影响被告人的权利？最高人民法院相关人士表示，“取消法庭调查、法庭辩论，不会影响被告人的权利”。法庭调查、法庭辩论的目的是查清事实、证据，查明被

---

① 毛磊、张洋：“推动刑案繁简分流满足司法正义期盼”，载《人民日报》2014年6月24日，第006版。

告人对事实证据、适用法律的意见，而被告人自愿认罪，对法律适用包括量刑建议没有异议，法庭调查和辩论程序就没有设立的必要。在速裁程序中，被告人还有最后陈述的权利，且对被告人认罪的案件，人民法院一般要对其从宽处罚。[①] 笔者同意上述主张，也认为取消法庭调查、法庭辩论不会对案件的公正性产生实质性影响，也不会对被告人的诉讼权利产生实质性的伤害。

第二，增加不公开审理的情形。《速裁草案》指出，人民法院要充分尊重、保护被告人获得公开审判的权利，但是对于被告人以名誉保护、信息安全等正当理由申请不公开审理，公诉机关、辩护人没有异议的，经人民法院院长批准，可以不公开审理。

根据刑诉法（2012 年修正）第 183 条的规定，人民法院审判的涉及国家秘密、商业秘密和个人隐私的案件，可以不公开审理；又据第 274 条的规定，审判的时候被告人不满 18 周岁的案件，也可以不公开审理。《速裁草案》上述规定，是否突破了现行刑事诉讼法典，目前各界争议较大。笔者认为，根据《速裁草案》的规定，被告人以名誉保护、信息安全等正当理由申请不公开审理的仍然属于 2012 年刑诉法不公开审理理由之个人隐私或国家秘密、商业秘密的范畴，依然是在刑诉法现有法律框架下的适当调整。而且，《速裁草案》还明确了此类案件不公开审理的补充限制性条件，即公诉机关、辩护人没有异议的，经人民法院院长批准等，这些都能保证不公开审理程序上的正当性。

第三，切实保障犯罪嫌疑人、被告人各项诉讼权利。从程序正义和诉讼结构理论出发，刑事案件速裁程序的细则办法设计应该始终赋予和强化被告人的各项诉讼权利，尤其是对被告人知悉权、程序选择权、辩护权和救济权的保障。由于刑事案件速裁程序是一种简化的诉讼程序，法庭调查和法庭辩论等庭审环节被省略，由此导致被告人可能会丧失一些在普通程序享有的诉讼权利，这些权利可能直接关系到被告人的切身利益。因此，在对被告人决定是否适用速裁程序之前，应该听取被告人的意见，并将适用速裁程序可能带来的影响与后果告诉被告人，在被告人全面知道和了解速裁程序的基础上，由其决定是否愿意适用速裁程序。这既是对被告人诉讼主体地位的充分尊重，也是减少其对裁判结果不服而上访申

① 郑赫南："司法领域'试验性立法'开先河全国人大常委会作出授权在部分地区开展刑事速裁程序试点决定"，载《检察日报》，2014 年 6 月 30 日，第 001 版。

诉的有效方法。在保障被告人程序选择权的其他方面，《速裁草案》还规定被告人有选择接受是否公开审判的权利；有决定是否上诉的权利等。为了保证被告人充分行使程序选择权，这次改革还在法庭、看守所等地设立法律援助值班律师制度，对提出申请的犯罪嫌疑人、被告人提供法律帮助和咨询服务。这是保障被告人充分行使辩护权和知悉权的前提条件，通过律师的介入和帮助，能更加有效地保证被告人有机会充分了解适用速裁程序的法律后果，帮助被告人进行程序选择，确保他们程序选择的真实性和自愿性，发挥刑事案件速裁程序的真正意义和效果。

“有权利必有救济”、“无救济则无权利”，这是一条法律公理。从权利诞生的那一刻起，权利就与救济密不可分，共同构成权利实体的两个不可分割的部分。正是因为权利和救济有如此粘连与伴生的关系，在英国 1703 年的阿什比诉怀特案中，首席大法官宣称：“一个人得到救济，也就得到了权利；失去救济，也就失去了权利。”在刑事案件速裁程序实施过程中，也应该为当事人增设程序性救济的权利，为速裁程序可能导致的司法错误增加弥补和纠错的机会，这是司法公正和程序正义的当然要求，也符合程序法治和程序价值的内在机理。由此，需要科学构建刑事案件速裁程序、刑事案件简易程序、刑事案件普通程序三者之间的关联和畅通渠道，为速裁程序在合适的条件下过渡和转换到后两种程序创造条件、提供便利。就是说，如果被告人因为司法机关没有履行相关程序告知义务、没有完全保证其享有法律规定的法律援助，或使其未能行使庭审最后陈述等相关诉讼权利的，法律应该允许其将自身涉诉案件提起转化为刑事简易程序、普通程序以及上诉的权利。试点刑事案件速裁程序，既要充分保障犯罪嫌疑人、被告人的诉讼权利，也要充分保障被害人及其他当事人的诉讼权利。因此，对于被害人及其法定代理人不服刑事案件速裁程序判决，又有合理和正当根据的，应该允许其自收到判决书后 5 日以内，有权请求人民检察院提出抗诉。人民检察院自收到被害人及其法定代理人的请求后 5 日以内，应当作出是否抗诉的决定并且答复请求人，以上程序细则均需要在试点办法中予以明确，积极探索实践并将合理成分在以后的司法改革和立法活动中进行推广。

十、新刑诉法从五个方面完善审判监督程序[①]

新刑事诉讼法（2012 年修正）从五个方面对审判监督程序进行了补充完善，使该程序法条从原来的 5 条增加到 7 条，这有利于解决司法实践中反映突出的申诉难、申诉滥、再审程序不规范、裁判结果缺乏公信力等突出问题，具有重要的理论和实践意义。这五个方面包括：

（一）细化、补充申诉案件重新审判的条件，进一步保障申诉权的行使

根据刑事诉讼法学原理，申诉本身不是诉，它仅是当事人及其法定代理人、近亲属的一项诉讼权利，而且还不是法律意义上的一种完整诉权，并不必然引起再审。根据 1996 年刑事诉讼法第 204 条规定，申诉只有符合该条规定的四种情形之一，人民法院才能再审。而这四种申请再审理由存在不确定性，对于第（一）、（二）项规定有新的证据证明原判决、裁定认定的事实确有错误的，据以定罪量刑的证据不确实、不充分或者证明案件事实的主要证据之间存在矛盾的，相关司法解释又没有对此予以细化，对于什么是“新的证据”，据以定罪量刑的证据不确定、不充分或者证明案件事实的主要证据之间存在矛盾如何理解等都没有规范，导致司法实践中操作困难、执行混乱。此外，这四种情形都仅仅将实体错误作为重新审理的范围，而将程序错误排除在外。该法第 205 条规定的各级人民法院院长“发现在认定事实或者适用法律上确有错误，必须提交审判委员会处理”，也是指实体违法，不包括程序违法。这是立法“重实体轻程序”的一种典型表现。最高人民法院在 2001 年 9 月全国审判监督工作座谈会上形成的《关于当前审判监督工作若干问题的纪要》曾明确提出将违反法定程序纳入再审范围。为此，2012 年新刑事诉讼法第 242 条细化、补充了第（一）、（二）项规定，明确规定如果有新的证据证明原判决、裁定认定的事实确有错误，达到“可能影响定罪量刑的”程度，“据以定罪量刑的证据不确实、不充分，依法应当予以排除或者证明案件事实的主要证据之间存在矛盾的”，人民法院就应当再审。这些修改规定既与该法第 53 条规定的“证据确实、充分”的定罪量刑证明标准的条件相协调，又与该法第 54 条至第 58 条规定的非法证据排除规则相配套，有利于司

① 原文发表于《检察日报》2012 年 4 月 18 日。

法实践理解和把握。同时，2012 年刑事诉讼法第 242 条还专门增加一项将程序违法作为人民法院应当重新审判的条件，即“违反法律规定的诉讼程序，可能影响公正审判的”。笔者认为，该项规定与 2012 年刑事诉讼法第 227 条（该条规定：“第二审人民法院发现第一审人民法院的审理有下列违反法律规定的诉讼程序的情形之一的，应当裁定撤销原判，发回原审人民法院重新审判：（一）违反本法有关公开审判的规定的；（二）违反回避制度的；（三）剥夺或者限制了当事人的法定诉讼权利，可能影响公正审判的；（四）审判组织的组成不合法的；（五）其他违反法律规定的诉讼程序，可能影响公正审判的”）共同构成了我国刑事诉讼中的程序性制裁机制，凸显了刑事程序的独立价值，有利于保障当事人诉讼权利的行使和程序公正的实现，是很有必要的。

（二）增加规定指令原审人民法院以外的下级人民法院再审

根据现行刑事诉讼法规定，上级人民法院对下级人民法院已经发生效力的判决和裁定，如果发现确有错误，有权提审或者指令下级人民法院（一般是指原审人民法院）再审。但从回避制度原理来看，原审人民法院作出的生效裁判再自行提起再审纠正原裁判的错误，存在一系列局限性。一般情况下，当事人在申诉或申请再审的同时，就已经对原审人民法院产生了不信任感，而案件如果仍然由原审人民法院再审，只会加重这种不信任感，从而影响裁判的公信力。况且，由于上级人民法院指令下级人民法院再审的前提是发现生效裁判确有错误，所以下级人民法院再审时也就必须予以纠正。这实际上是在上下级人民法院之间形成了一种业务上的领导与被领导关系，违反了宪法规定的监督与被监督之关系。况且上级人民法院这种行为是一种典型的提前介入、定调再审的行为，从实质上剥夺了当事人的上诉权和向上级人民法院的申诉权。为此，新刑事诉讼法（2012 年修正）增加第 244 条规定：“上级人民法院指令下级人民法院再审的，应当指令原审人民法院以外的下级人民法院审理；由原审人民法院审理更为适宜的，也可以指令原审人民法院审理。”该规定总结司法实践经验，吸收学界呼声，并适当借鉴域外做法，确立了指令再审以原审人民法院以外的下级人民法院再审为原则，以原审人民法院审理作补充的再审制度。也就是说，上级人民法院根据新刑事诉讼法（2012 年修正）第 243 条第二款、第四款规定指令下级人民法院再审时，原则上应当指令与原审人民法院同级的其他下级人民法院审理，使原审人民法院整体回避，从而确保再审审理的公正性和裁判的权威性；但在特殊情况下，如果由原审人民法院审理更为适宜的，也可以指令原审人民法院审理。这些情况包括该案件当事人都同意在原审人民法院审理，或者双方当事人和主要证据都在原审人民法院管辖地区，由原审人民法院审理不至于影响公正审判的，或者存在其他由原审人民法院审理更为适宜的情形，而且由原审人民法院审理不至于影响公正审判的。此外，根据新刑事诉讼法（2012 年修正）第 245 条规定，如果再审案件由原审人民法院审理，原审人民法院必须另行组成合议庭进行，原来曾经参与该案处理的审判人员都应当回避。换言之，如果原审人民法院由于各种原因确实无法另行组成合议庭，也应当申请上级人民法院指令与其同级的其他人民法院审理。域外立法规定典型的就是法国 2000 年 6 月 15 日“关于加强保障无罪推定和被害人权利的法律”增设的重罪案件上诉制度，如果被告人、检察长对重罪法庭作出的一审判决不服，可以向最高法院指定的另一重罪法庭提出上诉。受理重罪上诉案件的法庭按照《法国刑事诉讼法典》有关审理一审重罪案件的程序，对案件进行审理，而且同样适用上诉不加刑原则。

（三）增加规定人民检察院派员出席再审法庭

在司法实践中，对于那些非抗诉的再审案件，由于法律没有明文规定，检察机关往往不派人出庭，从而造成再审法庭诉讼构造不全的局面。而有些再审的刑事案件发现了新的证据，又必须开庭进行质证，需要控诉方参与。对于抗诉案件，如果检察机关不派员出庭，人民法院是否可以按撤诉处理，法律也缺乏相应规定。为此，2012 年刑事诉讼法第 245 条增加第二款规定：“人民法院开庭审理的再审案件，同级人民检察院应当派员出席法庭。”这样，无论再审程序是否由人民检察院抗诉启动，人民法院开庭审理再审案件，同级人民检察院都应当派员作为控诉方出席法庭，从而维持再审法庭控、辩、裁三方组合的诉讼构造，保证审判的公正进行。同时，人民法院在开庭审理前应当按照法律规定向同级人民检察院送达相关诉讼文书或通知其查阅案卷。

（四）对再审案件强制措施的决定主体作出规定

由于审判监督程序的适用对象是已经生效的判决、裁定，许多被告人刑满释放成了自由公民，他们可能在再审过程中实施各种行为，妨碍再审程序的顺利进行。1996 年刑事诉讼法并没有对再审案件强制措施的决定程序和决定主体作出任何规定，使得再审程序的进行往往面临许多障碍。为此，2012 年刑事诉讼法增加第 246 条第一款规定：“人民法院决定再审的案件，需要对被告人采取强制措施的，由人民法院依法决定；人民检察院提出抗诉的再审案件，需要对被告人采取强制措施的，由人民检察院依法决定。”这样根据决定启动再审案件的主体——人民法院或人民检察院的不同，如果在再审程序中需要对被告人采取强制措施时，分别由人民法院或人民检察院依法作出决定，从而保障再审程序的顺利进行。这既是程序法定原则的要求，也是刑事诉讼法实现其尊重和保障人权任务的需要。当然，无论人民法院还是人民检察院决定采取强制措施，都必须符合刑事诉讼法总则第六章规定的适用相应的强制措施的条件和程序。

（五）增加规定审判监督程序中原判决、裁定的中止执行制度

1996 年刑事诉讼法第 203 条（2012 年刑事诉讼法第 241 条）赋予当事人及其法定代理人、近亲属申诉权，同时规定申诉不能停止判决、裁定的执行，以维护生效裁判的既判力。但对于人民法院按照审判监督程序决定重新审判的案件，是否可以决定中止原判决、裁定的执行，立法没有明确。司法实践中有各种做法，学者们也存在不同看法。因此，2012 年刑事诉讼法增加第 246 条第二款规定：“人民法院按照审判监督程序审判的案件，可以决定中止原判决、裁定的执行。”这可以有效避免确有错误生效裁判的执行给当事人和其他利益攸关者造成更大的损失，避免给国家带来更多的司法赔偿；避免因执行死刑而剥夺无辜者的生命，造成无可挽回的严重后果。该款规定赋予人民法院一定的自由裁量权，允许它们根据个案具体情况决定是否中止原判决、裁定的执行，这与民事诉讼法第 185 条规定的“按照审判监督程序决定再审的案件，裁定中止原判决的执行”，也即一律中止原判决执行存在区别。立法者显然考虑到了刑事案件与民事案件的差异。此外，该款适用对象是人民法院对申诉进行审查后决定按照审判监督程序审判的案件，仅仅适用于再审的审判阶段，而且只是暂时“中止”原判决、裁定的执行，不是完全“终止”。这种中止执行决定既可以由当事人申请作出，也可以由人民法院依职权作出。

刑事诉讼法（2012 年修正）虽然从上述五个方面对刑事审判监督程序进行了一定的补充完善，但其中还有许多问题值得深入研究，包括立法是否应当确立一事不再理（或禁止双重危险）原则、是否应取消人民法院依职权启动再审的权力、是否需要区分有利于被告人的再审和不利于被告人的再审、是否应当限制提起申诉的时间，以及是否需要明确再审法院、再审次数、再审不加刑等，这些都有待学者们继续研究从而推动立法完善。

十一、从聂树斌案纠正看刑事诉讼中再审程序的创新①

2016年12月2日，在我国第三个国家宪法日来临之前，最高人民法院第二巡回法庭对聂树斌案宣告撤销原审判决，改判聂树斌无罪。由最高人民法院主导的这一再审程序，在刑事错案的纠正上，开创了许多程序性的创新，对于指导全国人民法院办案以及刑事错案的防范和纠正上，都具有指导性的意义。

（一）异地复查破解申诉难

对于已经生效的判决进行申诉，我国规定的是逐级申诉制度，申诉必须要到原审人民法院进行，但出于种种原因，原审人民法院有时缺乏纠正错案的积极性与动力，另外，按照现行规定，申诉立案之后律师才能阅卷，而河北省高级人民法院以申诉人没有聂树斌案判决书为由拒绝立案，律师也就无法阅卷，申诉一时陷入僵局。但纵观全案程序上的进展过程，最高人民法院指定山东省高级人民法院进行异地复查成为“聂案”的重要转折点。在异地复查决定作出之前，聂树斌案的复查工作在河北已经徘徊了十年之久，但却一直没有新进展，引发了社会各界的种种议论。异地复查的优点在于，由更加中立的第三方介入，有利于排除原有地方保护主义的干扰。党的十八届三中、四中全会以来，无论是建立跨行政区划的巡回法庭，还是进行人财物的省级统管，其中一个重要的目的，就是要打破司法的地方保护，从而实现司法的公平、公正。先是指定异地进行复查，根据复查结果的建议，指令第二巡回法庭按照二审程序进行重新审理，这在我国探索跨区的人民法院审理案件进程中有着重要的意义，有利于摆脱原有地域各种因素的干扰。

（二）听证程序实现公开透明

如果说聂树斌案的再审是一起全民参与的案件，这一点也不过分，阳光是最好的防腐剂，将聂树斌案的前前后后、来龙去脉公之于众，有利于司法的公开公正。“聂案”再审的全民审理，离不开广大网民的积极参与，离不开舆论的全方位报道，当然，就司法领域而言，最离不开的是山东省高级人民法院在复查过程中的及时公开。为实现案件复查的公开透明，山东省高级人民法院举行了长达

---

① 原文发表于《人民法院报》2017年1月26日。

11 个多小时的听证会，这在我国刑事诉讼当中尚属首次。我国刑事诉讼法及相关司法解释中并未规定对于再审案件的复查必须要进行听证，但山东省高级人民法院主动公开，将申诉人、媒体和专家请进来，以积极主动的态度，来应对全民参与和监督，取得了良好的效果，极大地提升了司法公信力。这对于审判机关办理大案、要案履行公开审判职责，有着重要的指导性意义。

（三）提级审判彰显司法敢于担当

面对错误、承认错误，并且纠正错误，这需要一种勇气，而面对司法审判中的错误，尤其是这种全国人民高度关注的案件，来进行错案纠正工作，在勇气之外还需要一种担当。按照我国法律的规定，对于上级人民法院再审的案件，可以指令下级人民法院再审，也可以提审。在以往的审判监督案件中，我们看到的大都是审理后的发回重审，虽然从程序来说，这种发回重审的方式并无不妥，但却容易将案件推向申诉的起点。但是，聂树斌案最终得以纠错，最为关键是最高人民法院的提级再审后的直接改判，这不仅彰显了最高人民法院在司法面前敢于担当的勇气，也给司法审判工作带来了新的启示，面对大案、要案时要敢于担当，而不是来回推。

（四）申诉人的权利得到了全面的实现与保障

聂树斌案的纠正，虽然经历了申诉过程的步履弥艰，但在最高人民法院指定山东省高级人民法院异地审查后，申诉人的相关权利得到了比以往更为全面的实现和保障。在山东省高级人民法院的许可下，不仅聂树斌案的卷宗可以查阅、拍照，与该案相关的王书金案的卷宗也可以查阅。不仅与聂树斌案、王书金案直接相关的卷宗可以查阅，河北省高级人民法院、河北省公安厅的复查卷宗，也可以查阅。这种允许申诉人阅卷范围之广，在其他刑事案件的审理、审查过程中都是十分少见的。司法机关以更加透明、坦诚的态度对待申诉人的阅卷请求，这对于我们刑事诉讼中，无论是保障辩护律师阅卷权，还是申诉人的阅卷请求来说，都是具有指导性意义的。

（五）复查再审深刻诠释了证据裁判原则

证据裁判原则是刑事诉讼中的基本原则，也是核心原则，党的十八届四中全会在提到以审判为中心诉讼制度改革中，也要求应当坚持证据裁判原则，但究竟该如何贯彻证据裁判原则，最高人民法院通过对“聂案”的再审进行了诠释。在最高人民法院公布的聂树斌案再审判决书中，曾经六十多次提到与案件事实有关的“证据”二字，全案复查、再审过程中更是多次提到了“客观证据”。对于刑事诉讼中的八种证据，笔者认为根据证据内容的稳定性与可靠性程度之差异，将证据分为客观性证据与主观性证据，但长期以来实践中都存在着“重主观性证据、轻客观性证据”的倾向和思维，要想让案件经得起人民的监督和历史的检验，必须要重视主观性证据的同时更加注重客观性证据，使两大类证据有机互动，用主观性证据挖掘客观性证据，用客观性证据检验主观性证据，才能最终夯实证明体系，提升案件的办理质量。

证据裁判原则不是一项“纸面上的原则”，坚持证据裁判原则，还应当重程序、重调查研究，在最高人民法院依法对聂树斌案履行审判监督程序的过程中，法官们专门去案发地核查证据、现场勘查、死者的租住地上下班路线等，这种深入现场、实地考察的态度，正是刑事案件尤其是命案调查研究所需要的。这种重走访、重调查研究的办案方式，也是具有指导性意义的。在河南赵作海冤案中，如果办案人员重视现场调查，就有可能发现三块压在尸体上的石磙一个人基本不可能弄得动，错判的情况有可能也就因此得以避免。

（六）“疑罪从无”正在获得越来越多的认可

我国刑事诉讼法规定对被告人判处有罪的证明标准是“案件事实清楚、证据确实充分”，并更加细致地规定在内心确信上应当达到“排除合理怀疑”的标准。但是刑事诉讼中难免会出现一些未达到以上证明标准的疑案，对于疑案，摆在面前的只有两条路，第一条路是努力查明案情，夯实全案的证明体系，使案件达到法定的证明标准并宣告被告人有罪；第二条路就是在案情无法查清，达不到证明标准的情况下坚持“次优选择”理论，依法宣告被告人无罪。对于聂树斌案这一二十多年前的旧案，重新审视原案的案件事实、证据材料等，最终得以平反，正是坚持“次优选择”理论后“疑罪从无”的结果。在我国刑事诉讼“无罪推定”和“疑罪从无”理念的推行中，最高人民法院通过对聂树斌案纠正让我们看到，这两大制度正在得到更加深刻的认识与普及，如果在法定期限内经过最大的努力，疑案仍旧是疑案，那么及时进行“疑罪从无”的宣判，无疑是民主与法治的进步。聂树斌案对“无罪推定”和“疑罪从无”的运用，标志着我国近现代诉讼文化的形成，并且已经进入一个新的历史阶段。

十二、守住产权保护的最后关卡再审程序大有可为①

2017年12月28日，最高人民法院发布消息：人民法院将依法再审三起重大涉产权案件。其中，张文中一案将由最高人民法院直接提审，顾雏军一案将由最高人民法院第一巡回法庭提审，李美兰一案则由最高人民法院指定江苏省南京市中级人民法院重审。虽然，再审程序的启动并不意味着审判结论的尘埃落定，但对这三起在社会上有巨大反响的涉产权案件再审的行为本身就彰显了国家保护产权、贯彻“尊重和保障人权原则”和“平等原则”、畅通权利救济渠道的决心与魄力。

产权保护制度是社会主义市场经济的基石，是坚持社会主义基本经济制度的必然要求。在过去的三十多年里，我国一直在推进产权保护，但在转型时期，由于法律法规的不完善、实践操作过程中对政策的曲解等众多原因，产权保护方面还是出现了一些问题。甚至由此导致一些企业家和企业如履薄冰，以至于企业投资意愿不足、投资力度不够甚至出现了企业家转移资产的现象。有鉴于此，我国近年来在法律政策方面大刀阔斧地出台了一系列的产权保障规定：宪法重申了非公有制经济在社会主义市场经济中的地位以及对公民合法私有财产的保护；物权法则不仅明文规定了对公民私有财产的平等保护和公民合法私有财产不受侵犯，还针对历史和现实中严重侵犯公民私有财产的违法行为，创设了各种法律对策；2016年《中共中央国务院关于完善产权保护制度依法保护产权的意见》则进一步指出“要妥善处理历史形成的产权案件，坚持有错必纠，抓紧甄别纠正一批社会反映强烈的产权纠纷申诉案件，剖析一批侵害产权的案例”。

最高人民法院此次对三起重大涉产权案件再审，正是人民法院对国家立法和政策精神的贯彻和践行。正如中央领导同志所指出的那样，一个案例的影响力可能丝毫不亚于一沓文件，甄别、纠正产权纠纷案件具有重要意义！具体而言，案件再审过程本身就是对法治理念、法律规则的生动阐释。如果案件确有错误，法院秉持依法纠错原则，对案件坚决依法予以纠正，可以彰显国家保护产权的决心与魄力，能够给予民众尤其是企业家以信心与安全感，给恒产者以恒心；如果此

① 原文发表于《人民法院报》2017年12月29日。

前人民法院判决确无错误，再审法院则在事实调查和法律解释清楚的前提下，坚决依法维护司法的既判力，既能消除当事人不满与社会上的疑问，又能宣传法律政策规定，提升司法公信和司法权威。

此外，此次涉产权案件的再审彰显了“尊重和保障人权”原则和“平等保护”原则。宪法和刑事诉讼法均规定了“尊重和保障人权”原则。刑事诉讼法是一部规范公权力运行，保障私权利的法律。刑事诉讼过程中加强对“私权”的保护，不仅体现在要保护犯罪嫌疑人、被告人、被害人等诉讼参与人的辩护权、诉权等诉讼权利上，还体现在保护公有制经济和非公有制经济主体的财产权方面。在当前依法治国的大环境中，非公有制经济的保护已经提到了议事日程，在此前背景下，尤其要强调、突出对非公有制经济发展的保护。如果说刑法在保护市场经济方面所担负的责任是在认定罪与非罪时严格遵循罪刑法定原则，摒除“公”“私”偏见，并以谦抑性的精神处理民刑交叉案件的话，那么刑事诉讼法在保护涉产权案件时，则发挥着规范涉罪人员的强制措施、涉罪财产处置、涉案企业的处理等方面。具体而言，在决定是否对涉罪人员采取强制措施以及采取何种强制措施时，要严格依法进行，进一步细化涉嫌违法的企业和人员财产处置规则，依法慎重决定是否采取相关强制措施。可采取、可不采取的强制措施坚决不采取；如果必须采取的，尽量为企业预留必要的流动资金和往来账户，让资金链尽量不断裂，最大限度地降低对企业正常生产经营活动的不利影响；企业家涉及刑事案件的，区别民营企业家的合法财产和非法财产，不能罚没个人财产；划清民营企业家的个人财产和企业法人财产，个人涉案时不能殃及企业财产；企业涉案时不殃及股东个人财产；要区分企业家个人和其家庭成员的个人财产。人民法院在办理涉产权案件时，尤其是在办理涉及非公有制企业案件时，应当坚决防止发生不讲方式方法、随意性司法、选择性司法等问题；应当认真听取非公有制企业对法律服务的意见，依法打击诈骗、盗窃、职务侵占等破坏非公有制企业生产经营的犯罪，应当敢于纠正一些公权力机关违法插手经济纠纷的做法，坚决惩治国家工作人员利用市场监管、社会管理和公共服务等职务之便侵害非公有制企业合法权益的职务犯罪案件；在当事人申诉时，应当畅通申诉案件的立案渠道，规范适用再审审理程序，通过对一些重大涉产权案件的再审宣示国家对非公有制经济的平等保护和重视。从这个角度来说，人民法院在保障市场经济健康良好发展方面大有可为！各级人民法院还应当通过案件审判，包括再审，落实平等保护的要求，营造出一个公平公正的法治环境。在审判过程中，应当更加注重落实以公平为核心的产权保护制度，确保不同产权主体的诉讼地位平等、诉讼权利平等和法律适用平等，毫不动摇地巩固和发展公有制经济，同时毫不动摇地鼓励、支持、引导非公有制经济发展。

还有，此次涉产权案件再审的意义不止于个案得到公正审判，更在于通过再审程序倒逼此类案件依法审判，统一司法适用的标准和防范冤假错案的发生。《中共中央关于全面推进依法治国若干重大问题的决定》指出：推进依法治国，必须“保证公正司法，提高司法公信力……落实终审和诉讼终结制度，实行诉访分离，保障当事人依法行使申诉权利。”我国长期存在再审程序启动难的问题，2013 年，全国所有的人民法院刑事再审案件的总数只有 2785 件，再审率只有 0.29%。此次最高人民法院一次性宣告三件案件的再审，显示了我国法律保障公民诉讼权利，畅通申诉渠道，充分尊重和依法保障当事人的申请权、申诉权、知情权、陈述权、辩护辩论权和处分权的决心。此外，此三件案件中的两件由最高人民法院提审，显示了最高人民法院在依法纠正涉产权案件过程中的敢于担当精神，这一做法也给予以后的再审案件一个重要的启示，即案件可以由上级人民法院提审的，上级人民法院应当主动作为，依法提审，不要再像过去那样，再审往往都发回下级人民法院重审。因此，最高人民法院对刑事再审案件从过去的发回重审到现在越来越多的直接提审，充分体现了最高人民法院司法改革的不断深化，也充分说明最高人民法院对通过个案审判监督指导下级人民法院公正司法的导向。这样做对于最高人民法院强化对下级人民法院办理产权案件的监督和指导，依法及时审结再审案件，加强人权法制保障，减轻当事人的讼累和节省司法程序，都具有标志性意义。

第四章　刑事和解程序

一、关于刑事和解的若干问题探讨①

当前，建构和谐社会已经成为我国的政治目标。和谐社会要求通过各种方法，包括法律手段，化解各种社会矛盾，疏通各种社会怨愤，由此而获得社会的长治久安。和谐社会并不是一个没有矛盾和纠纷的社会，更不是一个没有犯罪的社会。和谐社会是指在一个社会中，矛盾和纠纷能够得到及时的调解，犯罪能够得到有效的控制，而法律就是各种社会关系的调节器，各种社会矛盾的化解器。

近年来，许多国家和地区都在探索如何在刑事领域中实施恢复性司法，以化解矛盾，恢复关系，维护稳定，促进和谐。随着我国依法治国进程的加快，刑事和解也在我国司法机关中普遍进行着有益的尝试。最高人民检察院《关于在检察工作中贯彻宽严相济刑事司法政策的若干意见》中明确规定："对于轻微刑事案件中犯罪嫌疑人认罪悔过、赔礼道歉、积极赔偿损失并得到被害人谅解或者双方达成和解并切实履行，社会危害性不大的，可以依法不予逮捕或者不起诉。"由此可见，刑事和解已在检察机关中明确适用。但这种尝试是极具部门化和地区化的。截至目前，在各司法机关中仍没有一个统一的尺度和标准。为了充分发挥刑事和解的积极作用，减少其负面影响，对刑事和解进行理论层面的分析，形成一整套对司法实践具有指导意义的运行机制，已成为法学工作者和法律实务人员的当务之急。

① 原文发表于《中国司法》2009 年第 1 期。

（一）刑事和解的含义及现实价值

1. 刑事和解的基本含义

刑事和解，又称加害人与被害人的和解，或加害人与被害人的调解，指在刑事诉讼过程中，犯罪嫌疑人（加害人）能积极主动地向被害人认罪、道歉，并愿意对被害人给予经济赔偿。在取得被害人谅解后，在国家专门机关或者专业法律人员主持下，与被害人达成和解协议，国家专门机关不再追究其刑事责任，或者给予其从宽处罚的一种案件处理方法。其目的是弥补被害人受到的伤害、恢复被加害人所破坏的社会关系并使加害人悔过自新、重返社会。

2. 刑事和解的现实价值

从各地的实践看，在刑事案件中引入和解的办案方式已相当普遍。其功能和作用，社会价值不断地显现出来。

一是有利于促进和谐社会的构建。刑事犯罪就其本质而言是对社会秩序的一种冲击和破坏，和谐社会的核心需求就是要将被冲突或犯罪行为破坏的社会关系予以恢复。刑事和解程序顺应了这一需求，它以保护被害人的利益为核心，注重发挥被害人与加害人在解决刑事矛盾中的能动作用，努力为双方营造对话的氛围和空间，促进双方的谅解，在相互磨合中化解矛盾，从而减少社会冲突，达到社会和谐。而从保护被害人权益角度来审视，刑事和解也是中西方文化相互借鉴与融合的体现，符合刑事诉讼的发展规律。西方刑事诉讼的发展过程就是一个从强调被告人权利保护到强调被害人权利保护的过程，比较有典型代表意义的是国家被害人学的兴起和《法国刑事诉讼法典》中对于被告人和被害人权利平衡的特别强调。而中国从古代孔子的“和为贵”到墨家的“兼爱”，再到孟子的“人和”都体现了“和合”的一贯思想，“和合”思想是一个以和谐为核心的综合性概念，是中国传统文化所认为的所有关系的最佳状态。[①] 由此可以看出，刑事和解不仅在我国有着深厚的文化基础，而且也符合世界刑事诉讼的发展规律。

二是有利于宽严相济刑事政策的贯彻。2005 年 12 月，全国政法工作会议上，时任中共中央政治局常委、政法委书记罗干提出了宽严相济的刑事政策，指出宽严相济是我国在维护社会治安的长期实践中形成的基本刑事政策。2006 年 3 月的

---

① 樊崇义、陈惊天：“和合思想与刑事和解制度的构建”，http：//china. findlaw. cn，最后访问日期：2019 年 3 月 7 日。

全国人大会议上，时任最高人民法院院长肖扬、时任最高人民检察院检察长贾春旺在工作报告中都相继表态，要在各自的工作中充分贯彻这一刑事政策。2006年10月11日，十六届六中全会的《决定》在“加强社会治安综合治理，增强人民群众安全感”一节中指出：“实施宽严相济的刑事司法政策”。2007年2月1日，最高人民检察院召开新闻发布会，发布三个专门文件落实宽严相济刑事政策，即《关于在检察工作中贯彻宽严相济刑事司法政策的若干意见》、修订后的《人民检察院办理未成年人刑事案件的规定》和《关于依法快速办理轻微刑事案件的意见》。由此可见，宽严相济刑事政策已成为我国现阶段适用的基本的刑事司法政策，各司法机关应当积极探索，全面落实宽严相济刑事政策。而以上这些正是刑事和解的理论基础，它体现了宽松的刑事政策，体现了刑法有所为有所不为、有所多为有所少为的价值品位，体现了以人为本与公平正义的司法理念，对于有效地打击和预防犯罪、化解矛盾、维护稳定具有重要意义。

三是有利于犯罪人的再社会化。如果对刑事案件的加害人不予区分，一律予以关押，并处以较严厉刑罚，不但起不到教育、改造的作用，反而使其易于感染，从而再次犯罪，如轻微刑事案件的加害人。因为从实践看，轻微刑事案件加害人虽然被判处的刑期较短，但毕竟被判有罪，能保住原有职业的人所占比例较小，而我国社会现状是对被判处刑罚的公民再就业存在一定歧视。因此，公民在被判处刑罚后，其职业、地位、名誉、自尊心均受到伤害，极易产生自暴自弃心理，不利于其重新社会化。刑事和解的实施可使加害人有了向被害人忏悔和主动承担责任的机会，同时也使其避免了被羁押，有利于其重新生活和工作。

四是有利于促进加害人悔罪，使其悔过自新和回归社会。

五是有利于提高纠纷解决的满意度。满意是指各方的满意，包括犯罪人与被害人，加害人的亲属、被害人的亲属的满意，这样有利于被害人心理创伤的恢复和物质损失的弥补。

六是有利于提高诉讼效率。无论从人员配备上，还是从时间、精力、资金上，刑事和解都极大地节约了司法资源，提高了诉讼效率。由此我们可以说，刑事和解是在坚持公正第一的基础上，兼顾了效率，是人权、公正、效率等多元价值观相互平衡的体现。

（二）刑事和解的基本内容

从刑事和解的探索与实践运行来看，其基本内容大体可归纳为：适用案件范围、适用前提条件、适用阶段（主持机关）以及和解的内容与结案方式等。

1. 适用案件范围

目前，在刑法理论界和实务界对刑事和解有扩大化的倾向和趋势，我们认为，刑事和解只适用于轻微刑事案件和轻罪刑事案件。具体说来，刑事和解适用案件的范围即在法律上明确规定为可以“不予追究、免于追究刑事责任”的犯罪行为，且根据具体情况认为确实“不致再危害社会”的中止犯、初犯、偶犯、过失犯、未成年犯、老年犯等主观恶性、客观危害较轻微的犯罪，以及可能判处3年以下有期徒刑、管制、拘役或者缓刑，单处罚金、资格刑的轻微刑事犯罪和3年以上5年以下的轻罪。其理由是：（1）有国外的立法例可以借鉴。世界上不少国家都规定了对轻罪案件适用刑事和解。联合国大会第56届会议“执行《关于犯罪与司法迎接二十一世纪的挑战的维也纳宣言》的行动计划”中在“关于恢复性司法的行动”的问题讨论中，也强调恢复性司法应当适用轻罪。比如，“按照恢复性司法方面现在的和适当的习惯做法处理违法行为，特别是轻罪，但这样做须符合人权要求并为所涉及各方同意”，“利用本国法律规定的合意手段处理违法行为，特别是轻罪，例如采用调解、赔偿或罪犯补偿被害人的协议等手段”。（2）5年以上的重罪，所涉及的矛盾和法律关系绝不仅仅是当事人双方的矛盾，还关系到国家、社会的利益。对这些犯罪必须适用公权力解决，所以国家理所当然地应该予以干预。（3）扩大刑事和解的范围会改变案件的性质。例如，公安机关撤回起诉将会变成民事案件，变成社会治安案件，改变了案件的性质。（4）会导致当事人要价过高，漫天要价。

在我国当下的司法实践中，适用刑事和解比较普遍的是轻微的刑事案件。例如，邻里关系之间因民事纠纷而引发的轻微伤害案件、未成年人犯罪、在校生犯罪、怀孕哺乳期妇女犯罪、社会弱势群体因合法权益受侵害而引发的犯罪以及其他轻微犯罪，以上这些正是目前各司法机关在刑事和解实践中大量适用的案件类型，同时，这也是宽严相济刑事司法政策相关规定中需“从宽”处理的案件类型。

在宽严相济的语境中谈刑事和解，就不能只强调“从宽”的一面，而忽视“从重”的一面、“从严”的一面。下列案件就不应适用和解：（1）危害国家安全罪，危害公共安全罪中的故意犯罪，危害国防利益罪等。（2）公职人员的职务犯罪案件。（3）该重而重（对于惯犯、累犯，应当重刑惩处）的案件。由于这三类犯罪严重侵害了公众利益和国家利益，社会危害性极大，所以不宜适用刑事和解程序办理。

2．适用前提条件

包括七个方面：一是有明确具体的被害人；二是加害人认罪悔过；三是案件双方对案件事实无争议；四是加害人积极赔偿损失、赔礼道歉，并且已经切实履行；五是被害人一方对加害人予以谅解，并且要求或者同意对加害人依法从宽处理；六是双方自愿原则，双方当事人同意和解并出自真实意愿；七是符合法律允许的刑事和解范围。刑事和解的范围应当由法律加以明确，一旦被法律明确即应遵守。

3．适用阶段及主体

在选择哪个诉讼阶段及由谁来主持和解的问题上，理论界和实务界有不同的理解和说法，存在争议。第一种观点，也是目前我国大多数学者和司法实务界的司法官的观点。他们认为，刑事和解在检察阶段由检察官来主持最合适；第二种观点是有的学者认为，刑事和解在侦查、起诉、审判各个诉讼阶段都可以进行，可分别由警官、检察官和法官来主持；第三种观点是个别学者认为，刑事和解运用于审判阶段由法官来主持比较合适；第四种观点是个别学者及部分实务界人士认为，应该由独立于司法机关以外的中立调解机构来主持更为合适；第五种观点提出由人民调解组织来主持。笔者以为刑事和解是司法制度，属于公权力，既然是公权力就应由国家赋予职能的公、检、法三机关来行使，其他任何机关都不能行使。无论在哪个阶段由哪个主体进行刑事和解，关键要视案件具体情况而定。实践中，各类刑事案件的表现形式千差万别，那么处理方式上就不能千篇一律，如果一概由检察机关进行调解显然不妥，至少没有考虑到基层人民检察院的办案工作实际。首先，本来可以在公安机关和解处理的轻伤害案件和交通肇事案件，大量进入检察机关进行重复性审查，不利于快速办理轻微刑事案件，也有违诉讼经济原则；其次，和解需要一定的精力和时间，在基层人民检察院人少案多的情况下，不能很好地保证和解的效果；另外，如果所有案件皆由检察机关进行和解，难免遭致既当运动员又当裁判员的质疑，陷入谁来监督监督者的悖论，况且现行刑诉法并没有明确赋予检察机关对刑事案件的和解权。鉴于此，笔者认为，目前情况下刑事和解在侦查、起诉、审判各个诉讼阶段都可以进行，且由诉讼各个阶段的办案人来主持是合适的选择。

4. 刑事和解的基本内容

刑事和解的内容应以书面协议的方式来体现，主要应包括以下几项内容：加害人向被害人道歉、加害人立悔过书、加害人向被害人支付因犯罪行为造成的损失（物质的和非物质的）、被害人同意终止对加害人的刑事追究，或同意对加害人从宽处罚，包括从轻或减轻处罚、加害人保护被害人安全的义务、加害人预防再犯所为的义务。

5. 刑事和解的结案方式

其一，案件在侦查阶段。公安机关立案侦查前，当事人已自愿就民事赔偿问题达成和解协议，被害人要求不追究加害人刑事责任的，由公安机关和解处理，检察机关对案件进行监督；公安机关立案侦查后，双方当事人自愿提出和解的情况下，由公安机关对和解协议的内容进行审查后，视案件具体情节，可直接撤案，或移送检察机关，并书面提出从宽处理建议。其二，案件在检察阶段。加害人和被害人自愿和解并达成协议，如果案件处于批捕环节，检察机关可以作出不批准逮捕的决定，建议公安机关撤案；如果案件处于起诉环节，加害人和被害人在律师的主持下达成和解协议，经检察机关认可，加害人确有悔罪表现，社会危害性已经消除，不需要判处刑罚的，既可由公安机关撤案，也可由检察机关作出相对不起诉决定。其三，案件在审判阶段。调解制度作为我国的一项传统制度，普遍适用于民事纠纷的解决，在这方面审判机关具有调解优势，况且于法有据。因此，可由审判机关的法官来主持加害人和被害人就损害赔偿问题进行的民事调解，以民事调解来促成刑事和解，对于和解的案件，审判机关可对加害人作出从轻、减轻处罚或免予刑事处罚的判决。另外，如果审判机关在审理过程中，加害人与被害人自愿达成和解协议，且属于轻微刑事案件或轻罪案件而不需要判处刑罚的，公诉机关可以撤回起诉。

（三）刑事和解的基本程序

1. 刑事和解的启动程序

公、检、法机关办案人员如果发现可以适用刑事和解的案件，要主动征询犯罪嫌疑人（被告人）和被害人的意见，双方作出同意的真实意思表示或者出于自愿主动要求司法机关对案件主持和解。司法机关在审查符合刑事和解的有关条件时，经严格履行内部审批程序后，方可启动刑事和解程序。亦即司法机关、犯罪嫌疑人（被告人）和被害人都可以提出适用刑事和解程序。

2. 争议解决程序

该程序是刑事和解的关键。刑事和解程序启动后，司法机关应当召集犯罪嫌疑人（被告人）和被害人双方召开协商会议，双方在简要陈述案情的基础上，就争议的焦点互相阐述各自观点。也可以采取类似于听证的方式，由案件的主办人员主持，加害人及其代理人、监护人和亲属，受害人及其代理人、监护人、亲属，加害人生活社区或就读学校人员、工作单位人员参与，通过听取被害人陈述和加害人认错与道歉以及相关司法机关的意见，然后进行协商。司法机关要根据证据对双方阐述的事实进行评述，进而利用法律知识对双方进行引导，以鼓励双方消除争议，接受对方的争议解决方案，并达成和解协议。

3. 刑事和解的执行程序

司法机关在争议解决程序终结后，应当促成犯罪嫌疑人（被告人）和被害人达成书面的刑事和解协议书，经和解双方签字后，刑事和解协议书具有强制执行的法律效力。制作刑事和解协议书的目的是为了明确犯罪嫌疑人（被告人）和被害人之间的权利义务关系，同时也表明检察机关对双方之间协议的认可，赋予协议可执行的效力。法律应规定刑事和解协议书一旦生成，犯罪嫌疑人和被害人不得就同一事实和理由再行起诉，也不得对刑事和解书上诉，如果一方认为刑事和解协议书确实有错可以通过审判监督程序修正。①

（四）刑事和解须正确处理的几个关系

1. 正确处理和解与处罚的关系

司法机关办理刑事和解案件时必须注重和解的原则，对于可以和解的案件，应尽量和解，而对于没有和解必要性的案件或和解后会产生严重社会影响的案件，必须持慎重态度，不能不加区分地一律适用和解。比如，破坏军婚案件，由于这类犯罪不仅侵害了被害人的合法权益，而且严重侵害了国家和社会利益，按照宽严相济的刑事司法政策，此类犯罪属于“从严”的案件类型，因此，一般不适用和解。

2. 正确处理教育与惩戒的关系

刑事案件和解中，应自始至终贯穿着教育和疏导工作。可以说，除了案件性质、情节、危害后果等客观因素外，教育疏导的效果往往可以决定和解的成败。

① 简言、韩建祥：“宽严相济刑事政策在检察工作中的运用”，载《河北法学》2007年第9期。

因此，要注意摸透当事人双方的矛盾根源，深入分析其思想症结，有的放矢地做好批评、说服、劝导工作，把教育疏导贯穿在刑事案件办理与刑事和解的全过程。注意工作方法，因势利导，坚持耐心细致，力戒简单粗暴，争取使激化的矛盾得到缓解，强烈的对立情绪得以消除，从而促进刑事和解。

3. 正确处理原则性与灵活性的关系

和解协议尽管是双方当事人的意思表示，但必须经司法机关认可，和解的内容必须符合法律和政策。在和解中必须严格依法，坚持宽严相济等原则，既不能使必须定罪处罚的加害人逃避法律制裁，又不能过于迁就被害人的过高要求，特别是不能支持被害人的无理要求；对当事人提出的违反法律、规避法律以及显失公平的和解条件不应支持，对内容含糊不清，有可能产生歧义的条款应予澄清；对于赔偿数额的标准及合理性等方面为当事人双方提供法律咨询帮助；当事人不得再另行就同一内容私下达成与刑事和解及宽严相济刑事司法政策不符的协议，以规避司法机关的审查。

4. 正确处理以司法机关为主与争取有关人员参加的关系

刑事案件和解不同于自行和解，必须由司法机关的人员主持进行，而不能由当事人自发地协商。当事人的和解请求，必须向司法人员提出，和解内容也必须经司法人员审查。在和解中，司法人员应牢牢把握工作的主动权，积极地开展工作，努力沟通双方当事人的思想。同时，司法机关也应尽力争取外界人员协助开展和解工作。实践证明，由当事人的亲友、单位或基层组织负责人协助和解，对当事人进行教育，共同协商和解条件，往往比仅由司法人员主持参与的和解效果要好。

5. 正确处理刑事和解与“花钱买刑”的关系

在实践中，人们对于刑事和解制度还存在误解，认为刑事和解是加害人与被害人之间就刑事责任而进行的和解，是“花钱买刑”。事实上，在我国目前情况下，刑事和解应该仅指加害人与被害人之间就精神抚慰达成的和解，范围主要涉及精神抚慰和民事赔偿。而社会危害性极大的一些案件则不适用刑事和解。

（五）刑事和解的监督与检察权的行使

刑事和解的恰当适用有利于实现具体的个案公正，但是如果不当运用则会造成司法不公，破坏社会和谐，并容易导致司法腐败。为了防止负面效应，应当建立和完善刑事和解过程中相应的监督制约机制，以防止双方在和解过程中存在威胁、利诱、弄虚作假、非法交易等行为以及违反宽严相济刑事司法政策的情况。

1. 建立内部监督制约机制

第一，强化本部门内部的监督。一是强化审批机制。司法机关在办案过程中，对适用刑事和解程序的案件应严格审批程序，必须报经单位领导批准或提请领导集体讨论决定后，方可进入刑事和解程序。要落实领导督办、承办人员具体负责的工作机制，定期对适用刑事和解程序的案件进行检查，对有关人员提出异议需进行复核的，应当更换承办人进行复核审查，发现问题及时纠正。二是完善督察机制。由纪检部门或者督察部门负责对和解工作的全过程实施监督，如果当事人发现办案过程中有与宽严相济刑事司法政策的适用原则不相符合的不公平、不公正之处，或存在徇私枉法情况的，可直接向纪检、监察部门以及检察机关的渎检部门反映。

第二，接受上级机关的监督。上级司法机关应当加强对下级机关适用刑事和解方面的业务指导，并根据实际确定对下级机关相应的监督方式。

2. 建立外部监督制约机制

第一，公、检、法三机关的监督与制约。一是建立备案审查制度。公安机关对刑事案件适用刑事和解程序，应将案件材料报送检察机关，接受审查监督。二是建立复议复核制度。公安机关对检察阶段适用刑事和解后不诉或者作撤案处理的案件存有异议的，可以申请复议复核。三是建立抗诉制度。检察机关对于审判机关适用刑事和解的案件有异议的，可以采用发检察建议或抗诉等方式予以监督。

第二，接受社会的监督。一是建立刑事和解案件的公开听证制度。司法机关在对案件进行刑事和解时，应公开听取加害人、被害人、代理人及相关部门等人员的意见，并允许关注案件的群众进行旁听和监督，以增加刑事和解程序的公开性和透明度。二是建立长效的监督制约机制。公安机关的刑事和解应将人民调解员纳入其中，检察机关的刑事和解应将人民监督员纳入其中，审判机关的刑事和解应将人民陪审员纳入其中，这是刑事和解得以健康发展而不被人诟病的理想建构。

第三，接受纪检监察机关的监督。各级党委纪检监察机关和政法委的纪检监察部门，对公、检、法三机关适用刑事和解中存在违反宽严相济刑事司法政策，导致违法违纪问题的出现进行有权监督，且应加大监督力度，对违法违纪人员要予以必要的纪律处分，以儆效尤。

3. 刑事和解中检察权的正确行使

检察机关是国家法律监督机关，具有监督刑事和解制度统一正确实施的宪法职权。检察机关的法律监督将有利于刑事和解的规范动作，更加符合宽严相济刑事司法政策，实现社会公平公正的目标。

第一，检察机关在受理案件上的监督。在对纳入和解的刑事案件进行法律监督过程中，检察机关首先要对刑事和解的案件进行适时监督，即具体的刑事案件是否符合刑事和解调处案件范围的要求，防止不符合受理条件的刑事案件被纳入到和解程序中来。其次是在刑事和解过程中还必须考虑到受害人的意愿，对被害人和解的意愿是否真实等方面进行监督，防止出现加害人威逼被害人等情况的发生。

第二，检察机关在和解过程中的监督。在刑事和解过程中，并不要求司法机关直接介入到双方当事人的实际谈判中，但要给予一些必要的引导。刑事和解作为一种选择性机制，双方当事人只要在和解允许的范围内进行谈判，司法机关就不宜过多干涉，应当给予当事人充分的权利，让他们能够考虑对方的实际情况尽可能以达成一致为目的。因此，检察机关一方面应当对刑事和解进行形式上的监督，审查双方是否按照刑事和解的要求履行了必要的法律程序，如自愿签订和解协议书、加害人道歉书、受害人原谅书，以及与案件相关的法律文书。另一方面，检察机关也需要对刑事和解的主持者进行监督，确保在整个和解过程中没有出现违反法律、侵犯个人合法权益以及违反宽严相济刑事司法政策的情况。

第三，检察机关在和解后的监督。检察机关的法律监督职能，还应当在刑事和解的执行过程中得到体现。按照宽严相济的刑事司法政策，刑事和解协议达成后，加害人一般被撤案、不起诉或者得到人民法院的从轻处理。但是为了保障刑事和解的实现，检察机关应当对加害人的改造、矫正情况进行法律监督，对于不能按照和解协议履行赔偿义务的加害人，以及其他违反刑事和解协议的加害人，应撤销或建议撤销对其作出的从轻处罚。

（六）刑事和解存在的问题

刑事和解对于迅速解决刑事案件，节约司法成本，促进和谐社会构建具有重要作用。但是，在司法实践中，也难免产生一些负面影响，成为刑事和解工作健康开展的制约因素。

1. 国家和社会公众利益受到忽视

任何犯罪都具有社会危害性，但刑事和解使加害人和受害人之间在司法机关的参与下实现“私了”，个人利益得到平衡，而社会利益受到忽视。

2. 没有明确的法律规定，与罪刑法定原则有冲突

刑事和解与否成为同类案件同类情节在量刑上不同的关键，违反罪刑法定原则。由此在实践中出现了下列问题：对刑事和解的认识不统一；适用和解的案件比例偏低；适用和解在地区分布及处理方式上不均衡；和解程序不规范；赔偿缺乏标准；复杂案件的和解问题（如案件中出现多个加害人或多个被害人，如果被害人只同意与其中部分加害人和解，或只有部分被害人同意和解的情况怎样处理）及自诉与公诉的协调问题（已经和解处理的轻伤害案件，被害人有可能反悔。如果被害人以和解受到司法机关的压力或受到欺骗而反悔，之后另行提起刑事自诉或民事赔偿诉讼应该如何处理）无法律解释，这也是司法人员在适用宽严相济刑事司法政策时畏首畏尾的主要原因。

3. 容易出现权力的被滥用

一是司法机关权力的滥用。刑事和解使司法人员手中的权力扩大，个别司法人员可能利用刑事和解权，收受当事人贿赂，以案谋私，曲解法律，强迫和解，或以刑罚代替和解相威胁，也可能出现利用安排和解谋取私利的司法掮客。二是被害人权利的被滥用。被害人可能会利用加害人急于刑事和解的心理而漫天要价。宽严相济刑事司法政策的相关配套措施不完善是产生上述问题的根源之一。

（七）刑事和解需配套完善的制度

为有效解决目前尚存的上述诸多问题，应进一步完善立法，建立健全相关的配套机制，从而推动刑事和解及宽严相济刑事司法政策向纵深发展。

1. 尽快完善立法

随着经济社会的快速发展，立法上的滞后性已越来越明显，修订法律的呼声也越来越强烈，完善立法的要求也越来越迫切。目前，宽严相济的刑事司法政策在我国现行的刑事司法制度中还缺乏必要的法律依据，而刑事和解更是于法无据，除了自诉案件的法官调解以及自诉人同被告人的自行和解具有了刑事和解的雏形，蕴含了刑事和解的一些价值理念外，公诉案件的和解在我国目前的刑事法律制度中还找不到法律依据。笔者认为，应在立法层面考虑将刑事和解制度和罪刑法定原则予以补充和完善，并制定司法机关适用刑事和解的实施细则，使刑事

和解制度有法可依。

2. 进一步落实量刑建议权

量刑建议权是检察机关公诉权的一部分，但如何使量刑建议权落到实处，仍是困扰司法实践的一个难题。如果在审查起诉阶段加害人与被害人达成和解协议，并已实际履行，检察机关在公诉时提出从轻、减轻处罚的量刑建议，但审判机关不予充分考虑，则使此制度形同虚设，达不到预期效果。笔者建议，可效仿被告人认罪案件简化审的做法，检、法两院联合出台相关司法解释，按照宽严相济的刑事司法政策，将加害人履行刑事和解协议作为法定从轻、减轻或者免除处罚的情节，在量刑时给予充分考虑。

3. 在法律上对加害人与被害人的相关权益作出明确规定

为遏制加害人“以钱买刑”不良动机的产生，防止加害人通过种种不当途径，强迫被害人“自愿”和解情况的出现，预防加害人不履行（或不完全履行）和解协议的情况，笔者建议，按照宽严相济的刑事司法政策，可在法律上明确规定，加害人如有上述行为，应当从重处罚。同时，将被害人签订和解协议作为阻却其反悔而再次提起诉讼的必要条件。

4. 建立公益机构，设立援助基金，提供国家补偿机制

被害人补偿制度由于符合和谐社会的构建及刑事和解制度的整体推进，已经被纳入到国家的立法层面。它的主旨是，在一些符合刑事和解条件的案件中，由于加害人家庭条件较差，一些被害人不能获得完全的赔偿，此时为了保证刑事和解的平等性，可由国家提供补偿。这部分援助基金来源可由三个部分组成：一是可从刑事和解节约的司法成本中获得；二是从其他加害人向公益机构支付的赔偿金中获得；三是可由社会各界人士自愿捐款募集。

5. 建立刑事和解的宣传教育机制

在社会上，要大力宣传宽严相济刑事司法政策以及刑事和解在构建社会主义和谐社会中的重要意义和积极作用，使广大群众认清刑事和解与案件“私了”的本质区别。在司法人员中，要强化刑事和解的执行能力，严格刑事和解的适用范围、条件和程序，避免因刑事和解不当而产生负面的社会影响。在加害人方面，要对其进行法律警告威慑教育，使其真正认罪服法，真诚悔过，避免加害人出现轻易即可被免除刑罚的心理而促成其重新犯罪。在被害人方面，要对其进行必要的精神抚慰，了解其同意和解的真正原因，避免因种种因素使其被动接受和

解而产生对司法机关或加害人的仇视和怨恨，从而实施报复性犯罪。

综上所述，笔者认为，既然和谐社会是大家一致认同的人类社会的理想图景、美好目标，那么对这一宏伟目标将具有极大推动作用的宽严相济刑事政策以及刑事和解制度，我们就应该大张旗鼓地宣扬、理直气壮地坚持，而不应该畏首畏尾、半遮半掩、犹抱琵琶半遮面。笔者认为，随着我国刑事和解制度的科学构建、法治进程的加快及宽严相济刑事司法政策的贯彻落实，刑事和解这一符合宽严相济刑事政策的司法制度，必将向更广的范围和更高的层次迈进！

二、刑事和解管见和实证考量①

刑事和解已经不是一个新兴的概念，二十世纪七十年代，西方的法改革者就已经提出了令人瞩目的“西方刑事和解”理论，并被美、英、德等国在司法实践中推广适用，并在立法中得到确认。直至目前，西方学者对刑事和解的探讨方兴未艾。而具有“和合”思想传统的中华民族，无论是民事纠纷还是刑事案件和解，调解已是“东方司法文化”之传统做法。虽然目前刑事和解仍然处于法律规制不足的状态，但却充满实践活力，其理论和实践做法也在不断地丰富和发展。特别是在“和谐社会、和谐司法”的大语境下新一轮司法改革启动之时，再次探讨这一问题，则更加具有与时俱进的现实意义。

（一）刑事和解的概念界定

对于刑事和解的概念问题，我国学者的观点并不完全一致，经笔者不完全梳理，主要有以下三类不同的界定。

第一类观点是将西方刑事和解也即“恢复性司法”的概念引入我国。刑事和解又称加害人与被害人的和解（VICTIM - OFFENDER - RECONCILIATION，简称 VOR），是指在犯罪后，经由调停人使加害人和被害人直接洽谈、协商，解决纠纷冲突，其目的是为了恢复被破坏的社会关系，弥补被害人所受到的伤害，以及恢复加害人与被害人的关系，并使加害人改过自新、复归社会。

第二类观点则是在西方恢复性司法的基础上，与我国长期存在的司法实践等相结合，总结出相对中国式的刑事和解概念——在刑事诉讼中，加害人以认罪、

① 原文发表于《中国司法》2010 年第 2 期。

赔偿、道歉等形式与被害人达成和解后，国家专门机关对加害人不追究刑事责任、免除处罚或者从轻处罚的一种制度。

第三类观点则将刑事和解视为刑事案件中涉及民事部分的和解，其刑事责任部分并不涉及和解的内容，而是国家行使刑罚权的范畴，民事部分的和解仅对法官量刑起着参考作用，并不直接、必然地导致刑事责任的减轻。

笔者认为，第一类观点是将西方的“恢复性司法”与我国的刑事和解等同起来，二者在表现形式上确有相似之处，但是其产生的理念基础是不同的。虽然当下二者在理念上出现了交汇点，诸如对被害人权利的保护、对社会秩序的恢复等，但是二者源头上的差异难以抹杀，而且恢复性司法注重社区的参与，刑事和解则更加关注被害人的参与。第二类观点中则暗含了刑事案件中民事责任和刑事责任都可以和解的意义。笔者认为，刑事和解至少在目前还应当以民事和解为主，刑事部分的和解涉及公权问题，它是未来立法可能会考虑和规制的问题。

因此，笔者主张将第二类和第三类观点予以融合，更有助于形成我国刑事和解的指导概念。在我国，刑事和解是指在刑事诉讼中，加害人以赔偿、道歉等方式与被害人在因其犯罪行为所导致的民事赔偿问题上达成和解，国家专门机关可以据此情节对加害人不追究刑事责任、免除处罚或者从轻、减轻处罚的一种制度。首先，刑事和解在刑事诉讼中的三大阶段都可以适用；其次，刑事和解的内容是因犯罪行为而引起民事问题部分，涉及赔偿损失、赔礼道歉等，加害人得到被害人一定程度的谅解；再次，加害人与被害人之间的和解作为国家专门机关即公检法机关处理案件需要考量的情节之一；最后，由于双方和解，社会矛盾也得到缓解，这一情节理应对刑事责任产生影响，因此和解引起的后果是宽缓处理，如不予追究刑事责任、免除处罚或者从轻、减轻处罚。

（二）刑事和解理论所带来的挑战

首先，刑事和解挑战了犯罪与侵权的严格划分。近代以来，刑法学、刑事诉讼法学建立的理论根基是犯罪与侵权的严格区分，认为犯罪是对国家和社会的挑战，具有社会危害性，而侵权具有私人的违法性、侵权性。在犯罪与侵权这种区分的基础上，产生了刑事诉讼中的国家追诉主义、实体真实主义的理念，民事诉讼中产生了当事人处分原则、意思自治原则。然而，刑事和高级人民法院解的出现却对这一划分带来了挑战，具体表现有三点：一是犯罪与侵权概念的逐渐模糊，轻微犯罪侵权化。国家放弃追诉轻微犯罪，让位于被害人和被告人和解协商，实际上是突出了侵权性一面。二是刑诉民诉化。在轻微刑事诉讼案件中，按照民事诉讼法的方法处理，尊重当事人的意思自由，采取处分原则。三是被害人诉讼权利和地位的保障。可以说，刑事和解的出现使被害人的诉权达到了最高境界，被害人可以直接参与实体结果的决定，这点与民事诉讼中的和解、调解有很大的相似性，使得刑事司法模式从以国家与被告人的关系为中心，转向以国家和被害人、被告人的关系为中心。

其次，刑事和解挑战了对抗性司法模式与合作性司法模式的二元化。传统的刑事诉讼理论建立在国家追诉主义基础之上，强调国家对犯罪者的有效治罪和刑罚权的统一行使，将国家公诉机构与被告人置于完全对立的地位，要求法院作为“中立的裁判者”，在保证控辩双方“平等对抗”的宗旨下，在控辩双方之间维持公正的审判和公平的游戏，这便是对抗性司法。很明显，刑事诉讼并不都包含着“控辩双方的平等对抗”过程，只要被告人自愿放弃无罪辩护的机会，对指控表示认同，控辩双方就可能进行各种形式的合作。这种国家公诉机构与被告方放弃对抗后所采取的合作模式，体现了国家与被告人个人的合作和妥协。我们可以称之为“合作性司法”。然而，刑事和解的出现，打破了这种诉讼模式二元结构，因为，刑事和解是通过加害人与被害人的和解而进行的，并不包含着国家与嫌疑人、被告人的“平等对抗”过程。相反，司法机关对于冲突双方和解协议的接受，恰恰标志着国家放弃了对加害人的定罪量刑。刑事和解程序也不同于国家与被告人直接达成妥协性协议的“公力合作模式”，因为无论是检察机关、人民法院还是公安机关，都并不是直接与嫌疑人、被告人进行“讨价还价”的一方，而要么是冲突双方和解协议的接受者，要么是居中促成和解的调解人。正因为如此，我们将其称为独立于对抗性和合作性司法模式的第三种模式——“私力合作模式”。

第三，第三法律价值的出现。传统的打击犯罪与保障人权、惩罚犯罪与正当程序、实体真实与正当程序等法律价值，无一能绕开程序的公平和结果的公平两大法律价值。而自党的十六大提出“构建社会主义和谐社会理论”以来，该理论成果已经对我国的司法理念产生了巨大影响。从构建和谐社会、化解社会矛盾、解决社会纠纷、最大限度地减少不和谐因素的角度出发，刑事诉讼还应当担当起修复社会关系带来的和谐价值的任务。我们称之为“司法和谐价值”，即所谓的第三法律价值。对于中国这样一个有着数千年儒家文化传统，奉行“冤家宜解不宜结”的古老信条的社会，这种倡导社会和谐和社会关系修复的司法价值，更容易为人民群众所接受。在某些案件中适用刑事和解，使国家刑罚权退出这一民间纠纷领域，放弃对那种无益于任何一方的抽象正义的追求，保证社会和谐和安宁的回归，确实是一个明智的选择，也是刑事和解制度对刑事诉讼理论的丰富和发展。

在中国刑事司法实践中，根据笔者在司法实务部门工作的经验，在侦查阶段作有罪供述的嫌疑人通常都在90%以上，在法庭上放弃无罪辩护的被告人一般也不低于80%。所以，那种建立在国家与被告人两者对抗基础上的理想司法模式，在绝大多数刑事案件中已不再适用。以国家和被害人、被告人的关系为中心的私立合作模式以及对司法和谐价值的追求将指引我国的刑事诉讼走向一个更加广阔、更加成熟的境界。

（三）刑事和解的西方模式

虽然我国的刑事和解不同于西方的恢复性司法，二者至少在产生的背景、运行的模式等方面存在不同。但是，近年来的发展使得二者在很多方面产生了交汇点，如对被害人的权利保护，如对社会关系的修复等。因此，研究探讨西方恢复性司法的模式，必将对进一步深化和建立我国的刑事和解程序有所助益。为了表述的方便，我们将恢复性司法称为“刑事和解的西方模式”。目前，西方国家已经建立起大致四种较为成熟的和解运作模式。

一是社区调停模式（community model）。这种模式是在犯罪发生后，犯罪人逮捕以前由社区进行调解，其特点是与刑事司法无关。在英美法系国家，这一模式仅适用于非可逮捕罪，即某些严重犯罪及大量性质较轻、其刑罚不超过5年监禁的犯罪。在大陆法系国家则主要适用于少年犯罪案件。

二是转处模式（diversion model）。这种模式是在罪犯被逮捕后起诉前由和解中介机构进行调解。与前一模式不同，它在很大程度上要依赖刑事司法机关提供逮捕的或审判前的案件，适用对象是犯罪情节轻微、不需要起诉的案件。英美国家适用较多，另外，在采取起诉便宜主义的法国也适用这一模式。

三是替代模式（alternative model）。这种模式通常是由司法官员在量刑和执行中适用，替代监禁刑。该模式的法律依据是各国的刑法、刑事诉讼法、少年法、被害人保护法、被害人赔偿法等。目前，明文规定和解制度的是德国。其他国家如瑞士、奥地利、法国等虽然没有明文规定这一制度，但其刑事诉讼法和刑法中都有相应规定。例如，瑞士刑法规定，如果犯罪者努力恢复损害的，对于18个月以下的判刑可以暂缓宣告。替代模式是欧陆国家普遍采用的一种模式。

四是司法模式（justice model）。这种模式重视被害人的利益，把刑事和解作为提高犯罪人责任的一种手段，即向被害人赔偿是公正合理的。它适用于一切罪犯，需要在一定的环境中实施。例如，罪犯和他的被害人或被害人的代理人在社区里相见。这种模式被认为是一种附加的惩罚。对于以上模式目前还无优劣的评价。因为它们都可以体现刑事和解的最终目的。

刑事和解理论自二十世纪七十年代在西方国家司法实践中适用以来，对世界刑法发展的影响是深远的。联合国和欧洲议会已经承认将罪犯补偿作为一种单独的刑事处分，并认识到了协商和调解程序的重要意义。英国的司法部门自二十世纪八十年代后期开始对和解制度的可行性进行考察。德国的步伐则迈得更大，正式将和解制度引入少年法和刑法。目前，刑事和解的观念已成为国际思潮，被许多国家和地区所接受，如日本法务省正拟制定犯罪被害恢复制度。我国台湾不少学者也提出了在“刑法”中构建刑事和解的设想。我国学者储槐植先生在谈到世界刑罚的变迁时说，从过去到未来，有五种刑罚结构类型：死刑占主导地位；死刑和监禁刑占主导地位；监禁刑占主导地位；监禁刑和罚金占主导地位；监禁替代措施占主导地位。刑事和解恰恰体现了刑罚发展的方向。

（四）我国刑事和解的实践考察

在我国的刑事司法实践中，刑事和解的运用正处于越来越广泛的状态，越来越多的地方检察机关、人民法院、公安机关对于那些加害人与被害人达成和解的轻微刑事案件，或者作出不起诉、撤销案件等放弃追究刑事责任的决定，或者免除刑事处罚、判处缓刑或科以较为轻缓的非监禁刑。特别是近年来，北京、浙江、安徽、上海、海南等地的省级政法、司法部门相继发布了有关办理轻伤害案件适用和解程序的规范性文件。刑事和解已从主要在轻微刑事案件中逐步扩展到未成年人犯罪案件、过失犯罪案件以及在校大学生涉嫌犯罪的案件之中，所涉及的刑事案件类型也从最初的轻伤害案件扩展为交通肇事、盗窃、抢劫、重伤等案件。各地对刑事和解制度的适用，普遍收到了积极的效果，并有人大代表向最高立法部门提出将刑事和解纳入国家刑事法律体系的建议。笔者对北京市海淀区人民法院刑事和解情况进行了调研，总结如下：

1. 有关刑事和解数量情况

目前，海淀区人民法院的刑事和解主要应用于各类有人身伤害赔偿要求的案件，主要以故意伤害、寻衅滋事、抢劫、妨害公务、交通肇事等为多，还包括自诉案件。2005 年，海淀法院共审理各类有民事赔偿要求的刑事案件共计 600 余件，其中达成调解协议的有近 350 件，约占 50%；2006 年，各类有民事赔偿要求的刑事案件共计 600 余件，其中达成调解协议的有 400 余件，约占近 70%；2007 年，共调解刑事附带民事诉讼案件 450 余件，调解率近 80%，实现执行 600 余万元；2008 年，共调解刑事附带民事诉讼案件 550 余件，调解率近 90%，实际执行近 800 万元。

调解案件数量大量增长，在为受害人挽回了巨额经济损失、得到了实际补偿的同时，还使被害人与被告人双方达成了谅解，有效地缓和了人民内部矛盾，修补了同学、亲属、邻里之间的关系，成为创建和谐社会、实现和谐司法的重要途径之一。

2. 实践中的两种模式

目前我们的刑事和解主要存在两种形式：

一种是法庭认可形式，就是说案件起诉到人民法院以前，在侦查或者审查起诉阶段，犯罪嫌疑人和被害人已经达成调解协议，相关材料移送到人民法院以后，承办法官予以认可，并考虑赔偿情况和被害人谅解程度对被告人予以从轻处罚。

另一种是法庭主持形式，即案件起诉到人民法院以后，被害人有赔偿要求或者已经提起刑事附带民事诉讼的，由承办法官主持双方调解，达成调解协议后，承办法官根据赔偿情况、被告人认罪悔罪态度和被害人的谅解情况对被告人从轻处罚。

上述两种模式，是以审判为中心从程序视角对刑事和解所作的分类。双方达成调解协议后，被告人可以得到从轻处罚，但是并不能够免除刑罚或者减轻刑罚。无论是实践还是现行立法都表明，刑事和解其实本质上依然是附带民事部分的和解。刑诉法规定判决结果只能是无罪、有罪两类，凡是有罪的案件，就应当对被告人予以处罚，至少也是定罪免刑，不可能有其他方式。因此，人民法院处理案件时刑事责任是不能通过和解的方式化解的，刑事和解依然属于民事调解的范畴，只是调解的结果对于法官量刑起着重要的作用。

3．刑事和解的案件范围及处理方式

目前，海淀区人民法院的刑事和解案件主要是自诉案件和涉及人身伤害的案件（如致被害人轻伤、轻微伤的抢劫、寻衅滋事、故意伤害、妨害公务等）、过失犯罪案件（以交通肇事案件为主）、未成年人犯罪案件和在校大学生犯罪等四大类公诉案件。北京市于2003年7月由北京市政法委下发了《关于北京市政法机关办理轻伤害案件工作研讨会纪要》，对公检法三家办理轻伤害案件进行规范。其中，明确规定：对确因民间纠纷引起的轻伤害案件，犯罪嫌疑人、被告人的犯罪情节轻微，有悔罪表现，已全部或部分承担被害人医疗、误工等合理赔偿费用，被害人不要求追究其刑事责任，双方自愿协商解决的，可由双方自行协商并达成书面赔偿协议。此类案件，在被害人向司法机关出具书面请求之后，可以按照规定在侦查起诉阶段作出撤销案件、不起诉，在人民法院审理阶段作出免于刑事处罚或判处非监禁刑等从宽处理。那么，对于上述四类案件能够达成调解协议、被害人充分谅解并建议法庭从轻处理的，一般都能够予以从轻处罚，其中未成年人犯罪、在校大学生犯罪等绝大多数判处了非监禁刑。

另外，海淀区人民法院在一些未成年人或在校大学生犯罪导致被害人重伤害的案件中也尝试了刑事和解，并取得了很好的效果。案例A：一名17岁河南籍来京打工的少年，父母离异，与同在饭店做服务员的另一名打工者因口角发生争执，便用桌上的啤酒瓶打了被害人，瓶子碎后又在被害人腹部扎了一下，导致被害人重伤。受理该案后，法官考虑到被害人的家庭很贫困，支付医药费很困难，而被告人是未成年人，且系初次犯罪，平时表现良好，认罪悔罪态度也很好，便主动主持了双方的调解，最后达成了9000元的调解协议，对被告人判处了缓刑。案例B：两名某大学学生（均为少数民族）在饭店就餐时，酒后因琐事将被害人打成重伤。案件受理后，法官主持双方进行了调解，一名被告人赔偿了被害人5万余元，另一名被告人赔偿了5千余元，因此法官分别对两名被告人作出不同程度的处罚。对于赔偿数额较大并得到被告人谅解的被告人判处有期徒刑4年6个月；对于赔偿数额较小的被告人判处了有期徒刑5年6个月。被告人没有上诉，被害人也表示愿意接受判决结果。

2006年9月至2007年4月，“恢复性司法与中国刑事诉讼法改革实证研究”课题组就我国司法实践中以刑事和解的方式处理刑事案件的情况进行了调研。考察地区涵盖九省、自治区、直辖市中部分有代表性的市、县，经考察，刑事和解的案件范围主要限定在：可能判处3年以上有期徒刑的过失犯罪案件、故意伤害案件、过失致人重伤案件、未成年人、在校大学生犯罪案件以及可能判处3年以下有期徒刑、拘役、管制、单处罚金等刑罚的其他轻微刑事案件。适用条件一般包括以下几个方面：（1）犯罪嫌疑人主动承认犯罪事实，且未作无罪答辩的；（2）犯罪嫌疑人在当地有固定居所或者稳定的社会关系；（3）有明确的被害人或者被害单位、组织；（4）双方或者一方有和解意向。在达成和解后主要有以下三种处理方式：（1）非监禁化处理方式。一是在侦查阶段，对于公安机关报请批准逮捕的犯罪嫌疑人，通过适用和解能够达成和解协议的，由检察机关作出不批捕的决定；二是在审查起诉阶段和审判阶段，通过适用和解，对提起公诉的案件向审判机关提出量刑建议，由人民法院对被告人适用缓刑、管制、单处罚金或者免于刑事处罚等非监禁刑罚方法。（2）非刑罚化处理方式。包括达成和解的案件公安机关作出不予立案的决定，或者对已经立案的案件建议检察机关撤销案件；检察机关以退查的方式建议公安机关作撤案处理或者作出不起诉的决定。（3）轻刑化处理方式。主要是检察机关以量刑建议形式，向人民法院提出量刑建议，或者人民法院直接根据和解结果作出对被告人的宽缓处理。

但是，适用刑事和解最大的问题还在于并没有相应的法律依据，因此，各地在司法实践中存在诸多差异，当事人对于刑事和解的期待值也存在很大的迥异。特别是在适用刑事和解的案件范围、条件等方面如果不进行统一，各地依旧我行我素，待时间久已务必会造成社会公众对适用刑事和解公平性的质疑，从而破坏司法的权威性。所以，在修改《刑事诉讼法》的契机之下，我们应当依据实践状态和实践需求首先在理论上对刑事和解进行大致统一，构建一个相对科学合理的模式，以期对未来修法或立法提供依据。

（五）刑事和解制度的构建

第一，适用的阶段。刑事和解适用于刑事诉讼的任何阶段，包括侦查、起诉和审判阶段。这一点争议不大。首先，矛盾产生之后，双方的情绪会有一个发展变化的过程，矛盾所带来的对立情绪特别是被害人的受伤情感会随着时间的推迟而逐渐减弱，因此，要给予双方这样一个机会，也即在刑事诉讼的整个阶段都能够有机会参与调解；其次，调解本身也需要一定的时间，因为调解本身就意味着选择与放弃，调解结果应当是在价值平衡当中当事人作出的一种抉择。因此，在选择和取舍的判断上人们可能会出现犹豫，所以，给与其一定的时间范围是符合思维规律的；第三，三大诉讼阶段都能够调解也意味着司法机关在追求司法和谐价值道路上所作的不懈努力。因此，刑事和解应当贯穿刑事诉讼三大诉讼阶段。

第二，案件范围。在案件范围上理论界是存在不同看法的，分歧主要在于重罪和死刑案件能否和解。笔者认为，由于我们将刑事和解的概念定位为刑事案件中所涉及民事赔偿问题的和解，也就意味着无论罪行轻重，凡是存在民事赔偿问题的刑案均存在和解的可能，但是和解的达成并不是从轻或减轻刑罚的唯一、决定性因素。在严重犯罪如死刑犯罪案件中，被告人能够积极赔偿被害人的，我们主张要力求民事部分调解的达成，为被害人寻求最大限度的弥补，但是在刑罚考量的时候，仍然要全面考虑其社会危害性和犯罪后果。这是因为严重犯罪行为除了给被害人造成巨大损失外，其社会危害性是极其严重的，应遵循宽严相济原则，当严则严，否则将不利于社会转型时期的社会稳定，不利于社会公众对法律权威的信赖。所以，我们认为，刑事和解的效果应当更广泛、更鲜明地体现在轻微刑事案件以及未成年人犯罪案件和过失重伤害案件。具体为：自诉案件和可能判处 3 年以下有期徒刑、拘役、管制、单处罚金等刑罚的轻微刑事案件，未成年人犯罪案件，在校大学生犯罪等以及可能判处 3 年以上有期徒刑的过失犯罪案件（以交通肇事案件为主），故意伤害案件，过失致人重伤案件等公诉案件。而对于罪行极其严重的可能被判处无期徒刑、死刑的刑事案件，刑事和解所带来的效果并不明显。

第三，适用条件。包括：（1）犯罪嫌疑人、被告人认罪悔罪；（2）有明确的被害人或者被害单位、组织；（3）双方主动提出和解或者具有同意和解的意向。

第四，和解模式及相应后果。笔者认为可以归纳为以下三种模式：

第一种模式，加害人——被害人自行和解模式。该模式是嫌疑人、被告人在认罪悔过的前提下，与被害人经过自行协商，就经济赔偿达成书面协议，被害人不再追究加害人刑事责任的纠纷解决方式。检察机关经过审查后，可以接受双方的协议，对嫌疑人、被告人不起诉或建议公安机关撤销案件。这种自行和解模式，可以成为刑事和解的一种独立模式。这种模式只适用于自诉案件和轻微的刑事案件。

第二种模式，人民调解委员会调解模式。该模式是指公检法机关对于那些加害人与被害人具有和解意愿的轻伤害案件，委托基层人民调解委员会进行调解，若能达成协议，可不再追究加害人的刑事责任。公检法主要负责遴选适当的案件，委托适合的人民调解委员会调解，并在调解成功后作出非刑事化的处理。该模式类似于西方的社区调停和转处模式，只不过将社区和中介机构替换成中国特有的“人民调解委员会”，主要针对那些因民间纠纷而引发的轻伤害案件，双方自愿接受是前提，对于那些人民调解委员会调解成功的案件，公安机关可以撤销案件，检察机关则可以作出不起诉决定。

第三种模式，司法调解模式。该模式是指司法人员通过与加害人、被害人的沟通、交流、劝解工作，说服双方就经济赔偿标准、赔礼道歉等事项达成协议。司法机关在对双方分别进行单独劝导说服工作的基础上，对于符合条件的案件，召集双方及有关单位代表参加和解会议。会议中，加害人给被害人赔礼道歉，并表达提供经济赔偿的愿望；被害人可以倾诉自己受到的伤害和心理创伤，对加害人进行谴责，并提出本方的赔偿要求。协议内容应当作为对被告人作出不起诉决定、从轻或减轻量刑的依据。

第一、第二种模式因其渗入了更多的社会力量，具有较为明显的“私立救济性质”，因此适用范围上应当有所限制。笔者认为，应当适用于被害人为单位或自然人的轻微刑事案件和部分未成年人犯罪案件为宜，当然还要制定更加具体的标准；第三种模式则可以适用于被害人为单位或个人的、除罪行极其严重的案件之外的大部分刑事案件，凡是调解成功的案件，赔偿情况应当作为对被告人量刑的重要依据之一。

对于已经进入审判阶段的案件，目前司法解释和《人民法院量刑指导意见(试行)》(已失效）都规定对积极赔偿被害人损失并取得被害人谅解或者赔偿部分经济损失的，可以对被告人从轻处罚。实践中我们发现，很多案件犯罪情节较轻，被告人能够积极赔偿被害人损失并得到谅解，而这类被告人又往往是认罪悔罪态度较好、主观恶性并不深、因年轻气盛或者不懂法律而初次犯罪者，如果仅仅是从轻处罚，比如说致人重伤的案件，可能被告人得到的刑罚还是很重，这种结果一方面降低被告人自愿和解的积极性，另一方面也不能充分体现社会的和谐、宽容。因此，笔者认为，应在一定程度上对于这类被告人从轻或者减轻处罚，以这样大幅度的从宽，换取更多被告人积极的赔偿，平复被害人的损失，促进双方彻底解决矛盾，实现更大范围的和谐，同时也将在一定程度上减少强制执行的数量和难度。

第五章　刑事诉讼执行程序

一、减刑假释程序的理性思考①

当前，随着司法体制和机制改革的不断稳步推进，减刑、假释工作，乃至整个监狱工作面临着许多新情况和新问题，历史的发展对减刑、假释工作提出了新要求。因为整个监狱的执行工作面临着管理思想由人治型向法治型的转变，管理模式由自主型向标准型的转变，管理方法由经验型向科学型转变，罪犯管理由管束型向教育型转变，监狱管理活动由执行型向创新型转变；监狱职能由多重型向单一型转变。② 这就迫切要求我们以科学发展观为指导，理清工作思路，强化创新管理。特别是减刑、假释工作更为复杂，它不仅是监狱工作的重要组成部分，还涉及刑事诉讼制度的改革，更是人民法院审判工作的一项重要职责，这项工作做得好坏，直接关系到预防和减少犯罪、维护社会和谐稳定的重大政治责任和重要的历史使命。因此，我们必须更加理性地思考和对待这项工作，使它沿着科学、健康的轨道发展。针对减刑、假释工作当前面临的新形势，笔者认为必须从以下几个方面进行思考。

（一）正视矛盾，抓住特征

转型时期的现实中国社会，出现了阶段性特征，社会矛盾凸显，利益分配的格局呈多元化状态，刑事犯罪案件在不断攀升，导致减刑、假释工作也面临着新的形势。存在决定意识，矛盾与问题决定着对策，我们必须理性思考，正视问题，正视矛盾，抓住特征，决定对策。现实中国社会面临的阶段性特征，给减

① 原文发表于《河南社会科学》2010 年第 4 期。

② 刘秉国：“坚持首要标准，强化主业意识”，载《中国司法》2009 年第 11 期。

刑、假释工作带来的新问题有六个方面。

第一，由于刑事犯罪案件的攀升，全国每年需要减刑、假释的数量也在逐年增加，给监狱和人民法院带来的工作量居高不下。

第二，减刑、假释罪犯回到社会后再犯罪情形时有发生，侵害人民群众生命、健康和财产的犯罪案件逐年攀升，反映出司法机关对减刑、假释的适用效果不佳，人民群众反映强烈，人称“放虎归山，百姓遭殃”。

第三，已经被判处无期徒刑和死刑缓期二年执行的罪犯，在监狱执行时间不长，不严格依法减刑的案例时有发生，群众反映强烈。我国 1997 年《刑法》第 78 条第二款规定：“减刑后实际执行的刑期，判处管制、拘役、有期徒刑的，不能少于原判刑期的二分之一；判处无期徒刑的，不能少于十年。”《刑法》第 50 条规定：“判处死刑缓期执行的，在死刑缓期执行期间，如果没有故意犯罪，二年期满以后，减为无期徒刑；如果确有重大立功表现，二年期满以后，减为十五年以上二十年以下有期徒刑；如果故意犯罪，查证属实的，由最高人民法院核准，执行死刑。”但是，对于我国《刑法》的这些规定，在执行中，有法不依，执行不严，个别被判处无期徒刑和死缓罪犯的减刑，在监狱的实际执行期不长，使一些罪犯没有得到真正的改造，回归社会后重新犯罪的不乏其例。

第四，职务犯罪的罪犯不仅被判处缓刑的数量在逐年增加，而且对职务犯罪的罪犯减刑次数多，减刑幅度大，对腐败分子打击不力，群众对此的反映已经成为一个热点。

第五，减刑、假释工作中滋生的司法腐败更是令人发指，成为社会热点问题之一。仅从舆论报道出的多起钱权交易，违法减刑、假释的案件，在社会上就已经引起强烈的不满和批评。需要特别注意的是，这类腐败案件的一个重大特点是监狱管教干警与人民法院法官相互勾结，集体受贿，徇私舞弊。例如，某省先后为 206 名罪犯违规办理减刑、假释和保外就医，共有 46 名管教干警和 6 名中级人民法院的法官卷入此案。这种令人痛心的案例在全国各省时有发生，必须引起我们高度重视。

第六，监所法律监督不力。根据《宪法》第 134 条的规定，我国人民检察院是国家的法律监督机关。检察机关对监狱的法律监督是人民检察院的一项重要的职责。这方面的权力制衡和制约，已经取得一定的成绩。例如，据最高人民检察院的工作报告显示，全国检察机关对监管活动中的违法情况提出的纠正意见每年都在万件次以上。但是，监督不力的情况还十分严重，尤其是减刑、假释监督不到位，程序不明确，对违法的制约、纠正、救济措施不具体等，这一问题已经成为当前司法改革的重要课题。以上六大问题是中国现实社会阶段性特征在减刑、假释工作中的反映，更是减刑、假释工作中的新问题、新情况、新矛盾，我们只有审时度势、转换思维、理清思路，保持清醒的头脑，才能确定减刑、假释工作新的工作方针。

（二）区别对待，宽严有度

我国刑罚的执行工作，从立法到实务，充分地贯彻和体现了我党一贯坚持的宽严相济的刑事政策，尤其是我国刑法关于减刑、假释的有关规定，就是在执行工作中实行区别对待宽严相济的刑事政策。我国 1997 年《刑法》第 78 条规定了减刑的适用条件及限度："被判处管制、拘役、有期徒刑、无期徒刑的犯罪分子，在执行期间，如果认真遵守监规，接受教育改造，确有悔改表现的，或者有立功表现的，可以减刑；有下列重大立功表现之一的，应当减刑：（一）阻止他人重大犯罪活动的；（二）检举监狱内外重大犯罪活动，经查证属实的；（三）有发明创造或者重大技术革新的；（四）在日常生产、生活中舍己救人的；（五）在抗御自然灾害或者排除重大事故中，有突出表现的；（六）对国家和社会有其他重大贡献的。减刑以后实际执行的刑期，判处管制、拘役、有期徒刑的，不能少于原判刑期的二分之一；判处无期徒刑的，不能少于十年。"我国 1997 年《刑法》第 81 条规定了假释的适用条件："被判处有期徒刑的犯罪分子，执行原判刑期二分之一以上，被判处无期徒刑的犯罪分子，实际执行十年以上，如果认真遵守监规，接受教育改造，确有悔改表现，假释后不致再危害社会的，可以假释。如果有特殊情况，经最高人民法院核准，可以不受上述执行刑期的限制。对累犯以及因杀人、爆炸、抢劫、强奸、绑架等暴力性犯罪被判处十年以上有期徒刑、无期徒刑的犯罪分子，不得假释。"我国刑法关于减刑、假释适用条件及限度的规定，自实施以来已经证明，充分发挥了刑罚的功能和作用，区别对待，分化瓦解，预防犯罪，充分地彰显了"刑罚以人为本的核心理念，表现了具有中国特色刑罚执行工作的本质特征"。但是，在执行的过程中，人们对法定条件的理解和限度的把握，仍然存在裁量不均，或者越限减刑、假释的情况。针对这种情况，最高人民法院于 1997 年 10 月 28 日又对上述条件和限度颁发了《关于办理减刑、假释案件具体应用法律若干问题的规定》（已失效），该规定对于减刑条件的理解和减刑限度的适用又进一步作了明确的司法解释。

关于减刑条件的理解、内涵和适用，“解释”的第一条规定：“根据刑法第七十八条第一款的规定，被判处管制、拘役、有期徒刑、无期徒刑的犯罪分子，在执行期间，如果认真遵守监规，接受教育改造，确有悔改表现的，或者有立功表现的，可以减刑；有重大立功表现的，应当减刑。”

第一，“确有悔改表现”是指同时具备以下四个方面情形：（1）认罪服法；（2）认真遵守监规，接受教育改造；（3）积极参加政治、文化、技术学习；（4）积极参加劳动，完成生产任务。对罪犯在刑罚执行期间提出申诉的，要依法保护其申诉权利。对罪犯申诉应当具体情况具体分析，不应当一概认为是不认罪服法。

第二，“立功表现”是指具有下列情形之一的：（1）检举、揭发监内外犯罪活动，或者提供重要的破案线索，经查证属实的；（2）阻止他人犯罪活动的；（3）在生产、科研中进行技术革新，成绩突出的；（4）在抢险救灾或者排除重大事故中表现积极的；（5）有其他有利于国家和社会的突出事迹。

第三，“重大立功表现”是指具有1997年《刑法》第78条规定的应当减刑的六种表现之一的情形。关于减刑的限度问题，最高人民法院在同一个司法解释中也作了具体的解释和规定。例如，对有期徒刑在执行期间符合上述减刑条件的减刑幅度为：如果确有悔改表现的，或者有立功表现的，一般一次减刑不超过一年有期徒刑；如果确有悔改表现并有立功表现的，或者有重大立功表现的，一般一次减刑不超过两年有期徒刑。被判处十年以上有期徒刑的罪犯，如果悔改表现突出的，或者有立功表现的，一次减刑不得超过两年有期徒刑；如果悔改表现突出并有立功表现，或者有重大立功表现的，一次减刑不得超过三年有期徒刑，并同时规定了减刑的起始时间和间隔的时间。这一司法解释的第三条规定：“有期徒刑罪犯的减刑起始时间和间隔时间为：被判处五年以上有期徒刑的罪犯，一般在执行一年半以上方可减刑；两次减刑之间一般应当间隔一年以上。被判处十年以上有期徒刑的罪犯，一次减二年至三年有期徒刑之后，再减刑时，其间隔时间一般不得少于二年。被判处不满五年有期徒刑的罪犯，可以比照上述规定，适当缩短起始和间隔时间。”“确有重大立功表现的可以不受上述减刑起始和间隔时间的限制。”另外，在这一司法解释中对其他法定可以适用减刑的各个刑种的适用条件及减刑幅度都作了详尽规定，这里不再一一列举。从这些规定和司法解释中，不难看出，我国关于减刑和假释的适用，充分地体现了区别对待、宽严有度的理念和精神，它是我党的“宽严相济”刑事政策的具体化和法典化。摆在我们面前的任务是能否有法必依、严格依法执行的问题，对于执行中的违法行为如何纠正、如何制裁的问题，对于利用减刑、假释进行权钱交易，大搞司法腐败，如何严加惩处的问题。

（三）透明公开，彰显正义

司法透明是诉讼活动的一项准则，它的目的在于保持司法制度运作的完美性和司法活动过程及结果的公正性。这是人们对国家法制的依赖感和司法公信力的来源。① 减刑、假释工作应当是刑事诉讼活动的重要组成部分，它是执行程序中诉讼变更问题。因此，理应遵守诉讼透明原则。

司法的透明公开、公正是产生公信力的基础。因为只有公开、公正、公平，才能产生公信。正如有论者指出的：公信力是人们对社会现象和事物的认同感，归根到底它是一种心理现象，它反映的是认识主体的心理感受，其感受如何，是认识主体的心理因素在起作用。当一定数量的多数人对某一社会现象或事物具有认同感时，我们说这一社会现象或事物取得了公信力。反之，产生认同感的主体数量未达到一定的多数时，该社会现象和事物则不具有公信力。②

司法透明公开原则在减刑和假释工作中的体现和运用，就我国的立法和司法而言，立法的缺位及司法的差距还相当严重。因此，当前我国正在深入进行的司法改革，已经把它列为专项。特别是减刑、假释的程序改革，是我们执行程序改革的一个重点。我国《刑事诉讼法》（1996 年修正）第 221 条和第 222 条关于减刑的程序规定：“被判处管制、拘役、有期徒刑、无期徒刑的犯罪分子，在执行期间确有悔改或者立功表现，应当依法予以减刑、假释的时候，由执行机关提出建议书，报请人民法院审核裁定。”“人民检察院认为人民法院减刑、假释的裁定不当，应当在收到裁定书副本后二十日以内，向人民法院提出书面纠正意见。人民法院应当在收到纠正意见后一个月以内重新组成合议庭进行审理，作出最终裁定。”除此之外，最高人民法院《关于执行〈刑事诉讼法〉若干问题的解释》中对减刑、假释适用的法律文本、审判管辖、审理期限、审查材料、审判组织等

① 樊崇义：《诉讼原理》，法律出版社 2003 年版，第 424 页。

② 曹建明主编：《公正与效率的法理研究》，人民法院出版社 2002 年版，第 157 页。

作了原则性的规定，而且这些原则性的规定，都由监狱和人民法院内部掌握执行，其透明性、公开性极差。在2010年的改革中，一些地区和人民法院，虽然也创建了减刑和假释工作的听证公开程序，但是多数还是在内部进行，其公开度仍有相当差距。长期以来，审判人员只是坐在办公室内，逐一审核执行机关报送的减刑、假释建议书，生效裁判文书，执行通知书，罪犯计分考核情况汇总表，罪犯改造表现鉴定表，罪犯奖惩审批表，罪犯减刑、假释审核表等书面材料，并据此作出减刑、假释裁定或不予减刑、假释决定。笔者认为，公开是刑事司法工作的基本价值追求，是公平、公正的基础。司法不公开，就容易削弱司法公平、公正的价值，更谈不上在全社会实现公平和正义。为此，减刑、假释工作由封闭走向透明，必须做到以下几点。

第一，牢固树立透明公开的工作理念。刑事诉讼透明公开是一项重要的诉讼原理，更是一项重要的刑事司法国际准则，它为世界各国宪法所规定。我国《宪法》（2004年修正）第125条规定："人民法院审理案件，除法律规定的特别情况外，一律公开进行。"根据宪法精神，《刑事诉讼法》（1996年修正）第11条规定："人民法院审判案件，除本法另有规定的以外，一律公开进行。"审判公开是指人民法院审理案件和宣告判决都必须公开进行，既要允许公民到法庭旁听，又要允许记者采访和报道。我国政府1998年10月5日签署加入了联合国《公民权利和政治权利国际公约》。该公约第14条第一款规定："所有的人在法庭和裁判所前一律平等。在判定对任何人提出的任何刑事指控或确定他在一件诉讼案中的权利和义务时，人人有资格由一个依法设立的合格的、独立的和无偏倚的法庭进行公正的和公开的审讯。由于民主社会中的道德的、公共秩序的或国家安全的理由，或当诉讼当事人的私生活的利益有此需要时，或在特殊情况下法庭认为公开审判会损害司法利益因而严格需要的限度下，可不使记者和公众出席全部或部分审判；但对刑事案件或者法律诉讼的任何判决应公开宣布，除非少年的利益另有要求或者诉讼系有关儿童监护权的婚姻争端。"本规定不仅规定了案件审理公开，还规定了裁判公开和审判公开的例外。只有公开才能彰显正义。因为"'正义不但要伸张，而且必须眼见着被伸张'，这并不是说，眼不见则不能接受，而是说，'没有公开则无所谓正义'"。[①] 马克思曾指出："有人把怕见天日的

① ［美］伯尔曼著：《法律与宗教》，梁治平译，生活·读书·新知三联书店1991年版，第48页。

私人利益运进我们的法里，就必须赋予这种内容以相应的形式，即秘密的诉讼程序的形式。”① “黑暗是滋生腐败与非正义的温床，阳光是最好的防腐剂。公开则使法律摄取正义的阳光。审判公开的意义集中体现在：通过公开，将审判程序置于当事人、其他诉讼参与人和社会的监督之下，遏制司法专横与司法腐败，增强程序与案件处理结果的可接受性，强化制度的权威性。”② 正如黑格尔所说的：“根据正直的常识可以看出，审判公开是正当的、正确的——，公民对于法的信任应属于法的一部分，正是这一方面才要求审判必须公开。公开的依据在于，首先，法官的目的是法，作为一种普遍性，它就应当让普遍的人闻悉其事；其次，通过审判公开，公民才能信服法院的判决确实表达了法。”③

近年，随着我国民主与法制的深入展开，审判公开、检务公开、侦查公开的问题，已经在刑事诉讼中迈开了步伐，并取得了很大的成绩，但是执行公开的问题，尤其是减刑、假释、监外执行等工作的公开问题，仍存在很大差距。解决这一问题，首先要转变观念，保证减刑、假释在阳光下进行。

第二，明确减刑、假释公开的标准。根据诉讼透明公开的要求，审判公开原则要做到“两公开”，一是必须对当事人公开，二是必须向社会公开。这两项标准是审判公开的起码要求。按照这一减刑、假释公开的标准各地做法不一，重要的是在立法上，减刑、假释的公开审理问题，更没有明确规定。在司法改革的过程中，各地创新研究，创新做法，打破了封闭式的工作方法，创设了听证审理程序，2010 年 2 月 8 日最高人民法院发布了《关于贯彻宽严相济刑事政策的若干规定》，要求对减刑、假释案件实行开庭审理，从听证审理转向开庭审理，其公开的标准当然要发生重大的变化。因此，关于减刑、假释公开的标准问题，是当前司法改革中需要进一步研究并要进行实证试验的问题，而且公开标准的形成也要有一个循序渐进、逐步认识、逐步理解、逐步完善的过程，在哲理上就是一个“实践——认识——再实践——再认识”的过程。因为，就目前的听证审理的平台，各地做法尚不统一，何况开庭审理的平台今年刚刚提出，更重要的是，不断攀升的刑事犯罪，使年年需要减刑、假释的数量在不断增加，无论是监狱还是人

① 《马克思恩格斯全集》（第 1 卷），人民出版社 1995 年版，第 178 页。

② 陈光中：《“公民权利和政治权利国际公约”与我国刑事诉讼》，商务印书馆 2005 年版，第 194 页。

③ ［德］黑格尔著：《法哲学原理》，张企泰译，商务印书馆 1995 年版，第 232 页。

民法院的监管和审判力量都显示出人数不足，工作量大，再加上审理时间短，在这种情况下，完全按照公开的严格标准去做确有困难。但是，强化公开规范意识，明确公开标准，确保权力在阳光下运用是我们永远的追求，只有公开才能实现公平公正的价值追求。为此，笔者认为减刑、假释公开的标准与要求，要从两个环节上去理解。其一，提请减刑、假释程序，在监狱内必须向罪犯公开。例如，河南省监狱系统总结的“两公示、三公开、五评审”程序：一是公布符合减刑条件的罪犯名单、减刑指标和减刑方案；二是由分监区集体评审；三是由监区长办公会审核，对于拟提出减刑建议的罪犯名单和减刑条件公示2日；四是刑罚执行部门审查；五是由监狱提请减刑评审委员会评审，并邀请驻监狱检察室的检察人员同现场监督，对于提请减刑的罪犯名单公示2日；六是由监狱长办公会决定，并将减刑建议书书面通报驻狱检察室。在提请减刑、假释的环节上实行公开，不仅对罪犯的教育改造工作能起到重大的促进作用，重要的是为审理公开打下了良好基础，应当把这一环节的公开纳入执行中的诉讼变更程序的重要组成部分，有人把它称为“减刑、假释工作的司法审查程序”，当然这种说法的科学性、正当性是值得研究的。其二，人民法院的公开审理程序的公开标准。笔者认为，应当按照公开审判原则的要求，一要坚持向当事人公开，二要坚持向社会公开，包括向新闻媒体公开。依法不应当公开审理的案件，如未成年人犯罪的，不能向社会（包括公众）公开，新闻媒体不得报道，但是审理的内容必须向当事人公开，这是当事人应当享有的诉讼权利。至于开庭审理是否向在押罪犯公开的问题，笔者认为应以庭审的地点选择为转移，如果在狱外开庭，可能由于押解监管不便，可以不吸收在押人员旁听；如果是在狱内开庭，尽可能吸收在押人员旁听，以促进其改造，激励其早日回归社会。对于减刑、假释裁定的宣告在狱内进行时，应当尽可能多地吸收在押人员参加。

第三，尽快构建减刑、假释公开审理的程序。关于减刑、假释的程序问题，我国《刑事诉讼法》（1996年修正）仅有第221条第二款规定：“被判处管制、拘役、有期徒刑、无期徒刑的犯罪分子，在执行期间确有悔改或者立功表现，应当依法予以减刑、假释的时候，由执行机关提出建议书，报请人民法院审核裁定。”第222条规定：“人民检察院认为人民法院减刑、假释的裁定不当，应当在收到裁定书副本后二十日以内，向人民法院提出书面纠正意见。人民法院应当在收到纠正意见后一个月以内重新组成合议庭进行审理，作出最终裁定。”至于执行机关建议书的产生程序，以及人民法院裁定的产生程序，尤其是法律把减刑、假释定位为“审核”而不是“审理”，笔者认为这些规定很明显已不适应我国民主与法制发展了的形势，它为暗箱操作、秘密裁定提供了根据。1996 年刑诉法修正案公布以来，全国各地创新设计的减刑、假释听证程序，就是对这种法律缺位的回应。因此，当前的任务是，认真总结听证程序的经验，把听证审理转向开庭审理。改革呼唤着法律程序的确立和产生。

（四）同步监督，权力制衡

人们公认世界上没有绝对的权力，失去制约制衡的权力必然走向腐败，公平正义就会毁于一旦。因此，对减刑、假释的监督、制衡问题，我们在建构诉讼程序时，必须给予高度重视。对减刑、假释的同步监督机制应该是减刑、假释程序的重要组成部分。我国《刑事诉讼法》对这个问题虽然作了一些规定，但仍不完善，不仅力度不够，而且措施缺位。我国《刑事诉讼法》（1996 年修正）第 222 条只规定了以书面形式对减刑、假释裁定不当的事后纠正措施，并没有同步监督的内容。就司法实践而言，人民检察院虽派员进驻监所，但是人们思想重视不足，而且人力单薄、监督措施不力，所以，在监狱内发生的由减刑、假释所引发的错误裁定以及腐败问题时有发生，有的地方严重失控，出现的问题的严重性令人震惊。为此，中央在关于当前全国司法改革的决定中明确指出，要“改革和完善人民检察院对刑罚执行的法律监督制度。完善对减刑、假释、暂予监外执行的法律规定，严格重大刑事罪犯减刑、假释、暂予监外执行的适用条件，建立检察机关同步监督制度”。所谓检察机关同步监督制度，是这次中央关于司法改革在司法权力的优化配置方面所出台的一项重大举措，它是强化法律监督的一项重要内容。就减刑、假释程序而言，笔者认为当务之急必须做到以下几点：

第一，落实监所检察派驻机构，加强派驻检察人员。长期以来无论从机构还是派驻人员都呈弱化状态，尤其是派驻人员数量少，在素质方面专业化程度不高。随着刑罚执行程序的加强，特别是执行中的诉讼变更的任务量不断增加，必须强化机构、增加人员、提高专业化程度，以适应改革的需要。

第二，积极参与减刑、假释建议的提起程序。各个执行部门关于减刑、假释所实行的“两公示、三公开、五评审”等各个环节，有条件的可以参与其中，人力不足的要监督、检查（或抽查）是否合法，有无错误提起，有无宽严不当，有无权钱交易，更要注意在狱内接受来信来访，把矛盾和不同意见处理在狱中，把矛盾化解在狱中。

第三，参加减刑、假释庭审程序，力争做到庭审不缺位，案案有监督，人人都有检察机关发表的检察监督意见。检察监督意见要做到客观、公正、合法，确保从刑法的适用到减刑、假释程序的合法，甚至对包括案件的减刑、假释的事实、情节、证据的合法性，全面进行论证，作出公正的评价。

第四，尽力变事后监督为事中监督。对减刑、假释程序中的违法行为及时提出纠正意见，实行口头与书面相结合的监督形式，发现问题及时提出、及时化解，改变传统的事后监督，避免日积月累，矛盾激化。

第五，对于减刑、假释工作中的权钱交易、大搞腐败的行为，要在管区内深入调查，发现线索，接待来信来访，收集证据，会同司法行政部门纪检机构，积极地立案、侦查，及时移送司法处理。总之，检察机关的法律监督工作，要从机构设置、人员配备、程序参与等各个环节，体现出同步进行，监督到位，建构一种新型的减刑、假释工作模式，以体现权力的制约、制衡，彰显减刑、假释的公正、公平和正义。

二、加强“减假保”程序监督重塑司法公信与权威①

中央政法委于2014年1月21日出台的《关于严格规范减刑、假释、暂予监外执行，切实防止司法腐败的指导意见》中，要求在刑法、刑事诉讼法规定的框架内，对减刑、假释、暂予监外执行充分体现从严精神，从严规定实体条件，从严规范程序，从重追究违法违规办理减刑、假释、暂予监外执行的法律、纪律责任。中央政法委的这一文件针对时弊，是解决当前“减刑、假释、暂予监外执行（主要指保外就医）”程序（以下简称“减假保”程序）中司法腐败、监督失灵的有力举措。

（一）破解规范“减假保”难题的基本方向

近年来，因“假立功”等造假行为撕开司法体系减刑“黑洞”的司法腐败案件频频曝光。尽管这些年来我们在规范“减假保”程序的执行问题上做了大量的工作，但是“减假保”程序的违法案例仍时有发生。笔者认为，出现这种

① 原文发表于《人民检察》2014年第6期。

情况的最大原因在于“减假保”程序的监督制度缺失，致使该程序的运作存在不少漏洞，“减假保”程序执法人员缺乏一种对司法公正、司法权威的最基本的信仰和敬畏。笔者甚至认为，相比较学者们对“减假保”程序的诸如诉讼化模式及新兴的公示听证模式改造等种种制度设计和研究，如何加强对“减假保”程序的监督，增强对违法执法人员的震慑和惩罚力度应该是纠正该程序司法腐败弊病，规范该程序良性健康发展的首要选择和当务之急。

有必要说明的是，笔者在此提及的“程序监督”，是指包括人民检察院在内的所有国家机关、社会组织、公民和媒体、网络等对减刑、假释、暂予监外执行的整个执行过程中各种法律活动的合法性所进行的监察和督促。在具体外延上，是以人民检察院的法律监督为主体，其他社会组织、公民、媒体、网络等其他监督主体密切配合，用正当途径所进行的各项监督活动。笔者在此没有使用“检察监督”的概念，是因为仅仅依靠单一的人民检察院的法律监督显然不够，要达到最大的监督效果，更大程度地发现“减假保”程序所可能存在的一切违法行为，必须也只能调动一切能够发挥监督作用的各种力量。

（二）“减假保”程序监督的基本原则

1. 公开公示原则

司法的透明公开、公正是产生公信力的基础。因为只有公开、公正、公平，人们才会相信程序的力量，依赖司法的尊严。所有程序的公开公示，才能彻底消除腐败滋生的土壤环境，让一切公平正义的元素自由流淌、平等竞争、有序对抗。这种境界和秩序，正是司法的荣光所在、程序的价值所在、公正的灵魂所在。要实现对“减假保”程序的有效监管，首先的任务和原则就是要放开司法程序、封闭狭隘的利益空间，让一切可能存在的丑恶交易毫无藏身之处。

公开公示原则要求“减假保”程序尽可能贯彻开庭审理原则，人民法院在审理结果方面一般要贯彻公示原则，该原则在最高人民法院的司法解释中也得到了相应的规定。最高人民法院《关于贯彻宽严相济刑事政策的若干意见》43 条以及最高人民法院《关于办理减刑、假释案件具体应用法律若干问题的规定》第 25 条，均对“减假保”程序的审理方式作出了相应规定，现在的关键问题是如何贯彻落实。

2. 全程同步监督原则

全程同步监督原则是指检察机关依法对刑罚执行机关（主要是监狱）提请

“减假保”程序和人民法院裁定“减假保”程序的全过程是否合法所进行的及时性监督。从监督内容来看，全程同步监督原则包括实体监督与程序监督两方面。实体方面，主要监督那些被提请“减假保”程序的服刑人员是否符合法定条件，服刑人员减刑的幅度、起始时间、间隔时间或者减刑后又假释的间隔时间、服刑人员被减刑后实际执行的刑期，或者假释考验期是否符合法律规定；程序方面，主要监督监狱的提请减刑、假释和人民法院的裁定减刑、假释的全过程是否严格依照法定程序进行。从监督范围来看，全程同步监督原则包括事前监督、事中监督和事后监督。事前监督是指检察人员通过深入服刑人员三大活动现场，开启检察信箱、个别谈话、约见检察官等方式，了解服刑人员日常计分考核、奖惩记录等改造表现情况，及时对执行机关的计分考核、奖惩工作进行监督；事中监督是指检察机关通过对监狱报送的拟提请减刑、假释、保外就医材料作书面审查、个案调查、列席监狱案件评审委员发表检察意见、派员出席法庭等方式，监督减刑、假释、保外就医提请和裁定活动是否合法；事后监督包括对人民法院是否在法定时限内送达裁定以及裁定内容是否合法等进行监督。① 通过全程同步监督原则，保证监督的触角伸及到“减假保”程序的方方面面，不留死角、不留隐患，尽一切最大可能发现整个“减假保”程序可能存在的任何违法行为，确保监督效果的最大化。

“减假保”程序的全程同步监督原则在国家机关的文件和司法解释中也逐步得到确立。2007 年 11 月，最高人民检察院、公安部、司法部联合制定了《关于建立和完善人民检察院派出机构与监狱、看守所、劳教所工作联系制度的意见》(以下简称《意见》)，将减刑、假释、暂予监外执行作为“特定通报”的内容，要求监狱、看守所在报请罪犯减刑、假释、暂予监外执行的同时，应当依照相关规定将罪犯奖惩情况、病残鉴定等有关材料通报人民检察院派出机构。人民检察院派出机构应当逐案进行检察并及时反馈意见。虽然《意见》中并未出现“同步监督”的文字，但“逐案检察”并“反馈意见”表述显然属于同步监督的程序。可以认为，这是我国最高公安机关、检察机关、司法机关在现有的法律框架内，对减刑假释同步监督在现实必要性和程序规范性上所达成的最大共识。②

---

① 季军：“对减刑、假释同步监督的思考”，载《重庆科技学院学报》2013 年第 12 期。

② 张玉清：“完善减刑假释同步检察程序规范的思考”，载《犯罪研究》2009 年第 2 期。

3. 实质性原则

此处的实质性原则是指“减假保”程序的程序监督必须达到实质效果，不走过场、不做样子、不流于形式等。

实践表明，当前监督虚化的主要特征在于检察监督难有作为，与宪法所规定的国家法律监督机关地位不大相称。集中表现在缺乏刚性监督、监督效果难以实现，具体体现在两个方面：一是事中监督的“检察意见”和“检察建议”不具有监狱等执行机关必须采纳的约束效力。无论是刑事诉讼法、监狱法，还是相关司法解释，均无执行机关必须采纳检察机关“检察意见”和“检察建议”的规定，这样造成的一个尴尬局面是，如果执行机关拒绝履行“检察意见”和“检察建议”时，那么这些检察文书的效力如何，是否会沦落成为“一纸空文”。二是事后监督环节滞后，“书面纠正意见”难以对人民法院的裁定产生实质性影响。根据最高人民法院《关于适用〈中华人民共和国刑事诉讼法〉的解释》454条规定，“人民法院作出减刑、假释裁定后，应当在七日内送达提请减刑、假释的执行机关、同级人民检察院以及罪犯本人”。换言之，减刑、假释的裁定是在及时送达执行机关以及罪犯本人的同时送达检察机关，这就决定了检察机关只有在减刑、假释裁定作出后才能以审查裁定书的方式对裁定结果进行监督，而无法对裁决过程进行监督。这样带来的问题是，人民法院一经裁定，即送达监狱执行，服刑人员得到释放，此时检察机关尚未发现违法事实；等到检察机关发现问题并提出纠正意见时，原来的服刑人员通常已不见踪影甚至逃到国外。

要解决以上问题，必须在解决监督的实效性上下功夫，充分发挥监督效果，确保“减假保”程序的规范化、合法化运行。要充分发挥检察监督在事前监督和事中监督的重要作用，尽力克服检察机关事后监督滞后性的弊端；同时，要积极推动信息公开，充分发挥社会组织、媒体和网络的监督作用，壮大各方面的监督力量，形成监督合力，多主体、多方位、多环节确保程序监督的实际效果。

正确处理和实践好以上三个原则，是加强“减假保”程序监督的重要方向，就三个原则的关系而言，公开公示原则是形式，全程同步监督原则是方法，达到实质效果是最终归宿。或者说，三个原则是“一体两翼”的关系，达到实质效果是“机体”，公开公示原则和全程同步监督原则是“两翼”。三者之间缺一不可，不可偏废。

（三）加强“减假保”程序监督的主要手段

1. 充分发挥检察机关在“减假保”程序中的监督作用

检察机关作为宪法法律规定的专门监督机关，自身具有任何社会组织和个人所不可比拟的优势，因此，理应成为“减假保”程序监督的主力军和有生力量。现行刑事诉讼法和监狱法及相关司法解释对检察机关在“减假保”程序中的监督方法、程序和角色定位都作出了一些细致的规定。在很大程度上来说，检察机关在“减假保”程序中的监督成效，如何直接影响和决定了整个“减假保”程序合法、健康、有序发展的成败。

检察机关在“减假保”程序监督中的重要使命就是贯彻好检察机关全程同步监督原则。检察机关全程同步监督制度是中央关于司法改革在司法权力的优化配置方面所出台的一项重大举措，它是强化法律监督的一项重要内容。就“减假保”程序的检察监督而言，笔者认为当务之急必须做到以下几点：第一，落实监所检察派驻机构，加强派驻检察人员。长期以来，无论从机构还是派驻人员都呈弱化状态，尤其是派驻人员数量少，在素质方面专业化程度不高。随着刑罚执行程序的加强，特别是执行中的诉讼变更的任务量不断增加，必须强化机构、增加人员、提高专业化程度，以适应改革的需要。第二，积极参与减刑、假释、保外就医建议的提起程序。各个执行部门关于“减假保”程序所实行的“两公示、三公开、五评审”等各个环节，有条件的可以参与其中，人力不足的要监督、检查（或抽查）是否合法，有无错误提起，有无宽严不当，有无权钱交易，更要注意在狱中接受来信来访，把矛盾和不同意见处理在狱中，把矛盾化解在狱中。第三，参加减刑、假释、保外就医庭审程序，力争做到庭审不缺位，案案有监督，每案都有检察机关发表的检察监督意见。检察监督意见要做到客观、公正、合法，确保从刑法的适用到“减假保”程序的合法，甚至对包括案件的减刑、假释、保外就医的事实、情节、证据的合法性，全面地进行论证而作出公正的评价。第四，尽力变事后监督为事中监督。对“减假保”程序中的违法行为及时提出纠正意见，实行口头与书面相结合的监督形式，发现问题及时提出、及时化解，改变传统的事后监督，避免日积月累，矛盾激化。第五，对于“减假保”程序工作中的权钱交易、大搞腐败的行为，要在管区内深入调查，发现线索，接待来信来访，收集证据，会同司法行政部门纪检机构，积极地立案、侦查，及时移送司法处理。总之，检察机关的法律监督工作，要从机构设置、人员配备、程序参与等各个环节，体现出同步进行，监督到位，建构一种新型的“减假保”程序工作模式，以体现权力的制约、制衡，彰显“减假保”程序的公正、公平和正义。

2. 确保“减假保”程序的公开与透明

关于减刑、假释的程序问题，我国刑事诉讼法（2012 年修正）第 262 条第二款规定：“被判处管制、拘役、有期徒刑或者无期徒刑的罪犯，在执行期间确有悔改或者立功表现，应当依法予以减刑、假释的时候，由执行机关提出建议书，报请人民法院审核裁定，并将建议书副本抄送人民检察院。人民检察院可以向人民法院提出书面意见。”第 263 条规定：“人民检察院认为人民法院减刑、假释的裁定不当，应当在收到裁定书副本后二十日以内，向人民法院提出书面纠正意见。人民法院应当在收到纠正意见后一个月以内重新组成合议庭进行审理，作出最终裁定。”至于执行机关建议书的产生程序，以及人民法院裁定的产生程序，尤其是法律把减刑、假释定位为“审核”而不是“审理”。笔者认为，这些规定很明显已不适应我国民主与法制发展的形势，它为暗箱操作、秘密裁定提供了可能。近年来，全国各地创新设计的减刑、假释听证程序，就是对这种法律缺位的回应。因此，当前的任务是，认真总结听证程序的经验，把听证审理转向开庭审理。

笔者认为，“减假保”程序的改革应包括两部分内容：一是提请程序。执行部门的提请程序，按照公开透明的原则，许多执行机关创造的“两公示、三公开、五评审”程序，很有参考价值，经过总结规范之后，完全可以为下次立法所吸收；二是人民法院的庭审程序，应当包括审理的范围、审理的法庭组织和庭审过程。庭审的程序设计：（1）审判长核查减刑罪犯基本情况（身份、所犯罪名、所判刑罚及历次减刑情况）；（2）宣布合议庭组成人员、执行机关提请人、法律监督机关参加人并交待是否申请回避等诉讼权利；（3）由执行机关提请人宣读提起减刑或者假释的建议书，并重点阐明提起减刑、假释的事实、依据和理由，尤其是附带民事诉讼的履行情况；（4）出示证据材料并进行质证，如已聘律师参加的，由被减刑人和律师对证据材料发表质证意见；（5）驻狱检察人员当庭询问有关情况；（6）被减刑、假释人员作最后陈述；（7）检察人员发表人民检察院监督意见；（8）宣布休庭，合议庭进行评议；（9）评议后宣布审理结果；（10）公示人民法院裁定书。

为了增加透明度，庭审可以安排其他在押人员旁听，还应当邀请人大代表、政协委员、廉政监督员、新闻记者旁听，还要充分利用新闻媒体宣传报道，以增加工作的透明度。为了保证减刑、假释、暂予监外执行能够公平、公正地实施，本次中央政法委文件的指导意见着眼于提高透明度、强化监督制约，明确规定了对案件的公示、公示和开庭审理。这些规定对于更大程度的遏制司法腐败，提高“减假保”程序透明度、增强司法公信力和权威性具有重要意义。

3. 加大对“减假保”程序司法腐败行为的打击力度

纵观近些年来的“减假保”程序违法案例，分析其发生的原因，一个重要的因素就是缺乏对相关执法人员有效的惩戒，无法形成一种强大的震慑效用。可以预见，如果能在“减假保”程序上增强打击司法腐败的力度，明确案件承办责任，形成强有力的高压震慑态势，“减假保”程序一定会更为规范，那些违法乱纪、敢于以身试法的执法人员肯定会有所收敛，对“减假保”程序的敬畏感也会明显增强。

为了强化责任、从严惩处腐败，本次中央政法委的指导意见明确规定，对减刑、假释、暂予监外执行各个环节的承办人、批准人，实行“谁承办谁负责、谁主管谁负责、谁签字谁负责”的执法办案质量终身负责制；对执法司法人员在减刑、假释、暂予监外执行中捏造事实、伪造材料、收受财物或者接受吃请的，一律清除出执法司法队伍；徇私舞弊、权钱交易、失职渎职构成犯罪的，一律依法从重追究刑事责任，而且原则上不适用缓刑或者免予刑事处罚。同时，指导意见要求，对单位和个人为罪犯减刑、假释、暂予监外执行出具虚假病情诊断等证明材料的，或者在罪犯减刑、假释、暂予监外执行中搞权钱交易的，应当依法依纪追究责任，构成犯罪的还要依法追究刑事责任。

三、服刑人员申诉权保障探析——以诉冤机制构建为视角①

申诉权是公民进行自我救济的一种最基本的权利，作为被剥夺自由的服刑人员，赋予其充分的申诉权是对其人文关怀的集中体现，也是有效发现和纠正冤假错案的有效手段。在现有的刑事执行体制和检察监督机制下，如何充分保障服刑

① 原文发表于《内蒙古社会科学（汉文版）》2014 年第 4 期。

人员这一特殊群体的申诉权，充分赋予其诉冤的机会，有效防范、发现和纠正可能潜在的冤假错案，是我们当前应该认真思考的一个现实问题。

（一）服刑人员申诉权的概念

广义的服刑人员是指被人民法院判处刑罚并被交付执行的自然人，既包括被判处死刑缓期二年执行、无期徒刑、有期徒刑等在监狱服刑的自然人，也包括因法定原因被暂予监外执行和假释的自然人，还包括被判处死刑立即执行、管制、拘役以及单处附加刑等刑罚的自然人。狭义的服刑人员专指在监狱内被执行剥夺自由刑的被判处死刑缓期二年执行、无期徒刑、有期徒刑的自然人。本文所指服刑人员指代狭义上的服刑人员。服刑人员的申诉权则是指在监狱内被执行剥夺自由刑的被判处死刑缓期二年执行、无期徒刑、有期徒刑的自然人对已发生法律效力的判决和裁定不服，依法向审判机关、检察机关提出重新处理的权利。

服刑人员申诉权具有以下主要特征。其一，服刑人员申诉权是服刑人员整个权利体系中的重要部分。依据我国现有法律的规定，服刑人员的具体权利包括申诉权、控告权、检举权、辩护权、不受刑讯权、人格尊严不受侵犯权、劳动权、获得物质帮助权、财产权等众多权利。申诉权作为一种救济权、一种监督权、一种程序意义上的权利，对服刑人员整个权利体系起着重要的巩固和保障作用。其二，服刑人员申诉权的客体主要表现为对生效判决或裁定的申诉，属于一种狭义上的申诉权。其主要内容是指被监禁的服刑人员对人民法院作出的生效判决或裁定不服，向审判机关、检察机关提出重新处理的权利。其三，服刑人员申诉权的行使目的在于变更或撤销原来的刑事判决或裁定。服刑人员希望通过申诉权能有效地反映和表达服刑人员可能面临的不公正待遇，尽可能否定现行裁判的不合理性，试图全面弥补自己损失的权利。

（二）服刑人员申诉权的正当性分析

1. 彻底实现救济

“有权利必有救济，无救济则无权利”，这是法律人耳熟能详的法律公理。从权利诞生的那一刻起，权利就与救济密不可分，共同构成了权利实体的两个不可分割的部分。一方面，权利的实现必须依靠救济。如果权利受到侵害时却缺乏一种有效的弥补、纠正机制，那些规定得再多，设计得再完善的各项权利也无非就是一纸空文，失去了权利设计者、制定者预想的成效和意义，其实践操作性自然也就大打折扣。另一方面，救济在本质上也是一种权利，是权利的另一种表达方式和形式。具体体现在，当实体权利受到损害时，法律会自然派生出一种自行解决或请求司法机关及其他机关给予解决的权利，这种权利就是救济权。可见，救济权的产生必须以原有实体权利受到侵害为基础，如果原权利没有纠纷或冲突就不会产生救济权，救济权是相对于主权利的助权。正是因为权利和救济是如此粘连与相互伴生的关系，所以，在英国1703年的“阿什比诉怀特案”中，首席大法官宣称：“一个人得到救济，也就得到了权利；失去救济，也就失去了权利。”

权利必须救济，救济也必然弥补缺损的权利。那么，救济是如何弥补、矫正权利的呢？一般认为，救济主要是通过私力救济、公力救济、公助救济三种方法来弥补权利。服刑人员的申诉权为什么能够引发救济呢，笔者认为，正是通过服刑人员申诉权的赋予和设置，可以启动对服刑人员所受刑罚是否合理、对审前程序、审判程序、执行程序等一系列诉讼程序是否公正的重新审查。从这个意义上说，“申诉权”在形式上看似“微不足道”，但其背后可能带来的积极效应却是巨大的。服刑人员能够以“申诉权”这一微小的“突破口”为契机，实现对权利的保护和救济。

2. 竭尽发现真实

发现真实曾经是诉讼法学界在诉讼认识论和证明标准观上学术争鸣的主流阵地。经过这些年学术思想的积淀与冷静，越来越多的学者认为，对于“真实”的解读应该秉持一种客观、科学、理性的认识。一方面，绝对地、客观地、教条地坚持“必须千方百计、尽一切可能的手段”发现案件真实是不现实、不科学，甚至是不必要的。另一方面，我们必须承认也必须认同，无论是哪种证明标准观，无论是在什么诉讼模式支配下的诉讼制度，无论是处于什么时代与社会潮流，最大程度地发现案件真实、破解案件真相，仍然是司法机关甚至当事人一直追求的目标和任务。

为什么说服刑人员的申诉权能够助推自身案件真相的发现呢，基本的依据在于任何诉讼认识活动都很难以完全做到“发现绝对真实、主观完全符合客观”，服刑人员的案件也存在被错误裁判的可能。

由于受到诉讼认识活动主体、时间、手段和方法的限制，我们对任何一个案件的诉讼认识活动都不可能达到绝对客观的认识，都无法达到绝对真实的认识，而只能是一种尽最大努力或尽最大可能接近于案件真实的一种相对意义上的认识。由此推导出的一个我们不得不接受的观点是，各种客观条件的制约、办案人员主观能动性和素质差异带来的局限性，导致了每一个案件都存在认定事实不完整的风险，每一个案件的裁判都是在特定的某一个时间范围内对某一段事实的认定和重现，因此难免就存在裁判错误的隐患。既然如此，秉承有利于被告和保障人权的诉讼理念，就应当允许服刑人员对自己认为错误且与自己有关的裁判提出申诉，通过申诉权来审视、纠正已经生效的裁判，让裁判事实更彻底地接近于案件事实，实现司法最大程度、最大范围意义上的公平。

3. 防范冤假错案

服刑人员申诉权带来的对冤假错案的纠正作用甚为直观，也容易让人理解。“由于囚犯被剥夺了自由的特殊地位及其生活在封闭的监狱里面这一特殊环境，其合法权利容易受到侵害，而且即使其权利受到侵害也不容易为外界所知，因此有必要为囚犯建立适当的诉冤程序”。

服刑人员作为冤假错案事实上的被害人，是冤狱的直接受害者，是整个冤案中的中心角色，完整又痛苦地参与了案件诉讼的全过程，这些角色和身份的混同决定了他最清楚冤狱发生的整个流程和原因。这样一种特殊的身份和经历，也在客观上决定了其申诉愿望的真实性、迫切性和利害性。赋予服刑人员充分的申诉权，使其获得有效对抗生效刑事裁判的权利与机会。这样一种权利上的救济、这样一种或许可能带来重启案件审查或再审的机会，对每一个被剥夺自由、身处监狱的服刑人员来说弥足珍贵，任何人也没有理由剥夺、没有理由去反对。

（三）比较法视野下的服刑人员申诉权考察

1. 国际刑事司法准则的规定

1955 年 8 月，第一届联合国预防犯罪和罪犯待遇大会在瑞士日内瓦召开。这次大会通过了《联合国囚犯待遇最低限度标准规则》（United Nations Standard Minimum Rules For The Treatment Of Prisoners 以下简称 SMR）。SMR 是联合国刑事司法准则建立初期最重要的成果。1957 年联合国经社理事会批准了 SMR。1984 年经社理事会又通过了《切实执行〈囚犯待遇最低限度标准规则〉的程序》的决议及其附件。SMR 是国际上第一个规范监狱工作、为囚犯规定最低待遇的国际法律文书。它的规定适用于各类囚犯，其目的是“为了防止虐待行为”，而《切实执行〈囚犯待遇最低限度标准规则〉的程序》是将前者的适用范围扩大到“未经指控而被逮捕或监禁的人应享有的那些与被逮捕的或候审的人和被判刑的囚犯同样的保护”。SMR 旨在阐明在囚犯待遇和监狱管理问题上普遍认为正确的原则和做法，并对联合国承认为合适的最低条件加以规定。1988 年 12 月 9 日，联合国大会第 43/173 号决议通过《保护所有遭受任何形式拘留或监禁的人的原则》。1990 年，联合国大会通过了《囚犯待遇基本原则》的决议及其附件，对特殊囚犯（如青少年和外国人等）施以监禁刑，也通过了一系列规则。《囚犯待遇基本原则》第 5 条规定：“除了监禁显然所需的那些限制以外，所有囚犯应保有《世界人权宣言》与《经济、社会和文化权利国际公约》、《公民权利和政治权利国际公约》及其《任择议定书》所规定的人权和基本自由，以及联合国其他公约所规定的其他权利。”1990 年，联合国大会又通过了《联合国保护被剥夺自由少年规则》。在诸多专门性法律文件中，最重要的、影响最大的当属 SMR。上述规则全面规定了各会员国在执行监禁刑时应遵守的原则和制度、罪犯享有的基本权利、禁止酷刑行为、罪犯待遇的最低限度标准等基本内容，这些都是加强服刑人员的人权保障的基本国际法依据。①

根据联合国有关监狱管理规范的规定，监狱中的诉冤程序包括以下几个方面的内容：②

第一，服刑人员有权通过不同渠道提出自己的冤情。囚犯了解了与其有关的监狱信息之后，如果在服刑期间其合法权益受到侵害，他有权通过各种渠道进行投诉，要求保护自己的合法权益。对此，《联合国囚犯待遇最低限度标准规则》第 36 条第 1 款至第 3 款作出了具体规定。第 1 款：“囚犯应该在每周工作日都有机会向监狱长或奉派代表监狱长的官员提出请求或申诉。”第 2 款：“监狱检查员检查监狱时，囚犯也得向他提出请求或申诉。囚犯应有机会同检查员或其他检查官员谈话，监狱长或其他工作人员不得在场。”第 3 款：“囚犯应可按照核定的渠道，向中央监狱管理局、司法当局或其他适当机关提出请求或申诉，内容不受检查，但须符合格式。”

按照这些条款的规定，囚犯可以投诉的渠道包括监狱长或其代表、监狱检查员或其他监狱检查官员和中央监狱管理当局、司法当局或其他适当的机关。向监狱长及其代表投诉，囚犯应当在每周的每个工作日都有机会。向监狱检查员投

---

① 杨帆：“我国监狱服刑人员权利研究”，武汉大学 2012 年博士论文。

② 郭建安：《联合国监狱管理规范概述》，法律出版社 2001 年版，第 172－174 页。

诉，囚犯应当等到监狱检查员检查监狱时。在囚犯与监狱检查员或其他检查官员谈话时，监狱长或其他工作人员应当不在场，以免囚犯在投诉时有所顾虑，担心日后受到报复。囚犯可以随时通过书信的形式向中央监狱管理当局、司法当局和其他适当的机关提出投诉，在符合规定格式的情况下，其信件的内容不受监狱检查，以防因信件内容暴露而在日后受到报复。

《联合国保护被剥夺自由少年规则》对少年犯在这方面的权利也作出了适当的规定，其第75条规定："每一少年应随时有机会向拘留所所长及其授权的代表提出请求或投诉。"第76条规定："每一少年应有权通过核准的渠道，向少年拘留所的中央管理部门、司法部门或其他适当的部门提出请求或投诉，其内容不受检查，而且应及时得到答复。"第77条规定："应作出努力，设立独立的监察部门，接受和调查被剥夺自由的少年的投诉，并协助达致公平的解决。"第78条规定："每一少年应有权请求家人、法律顾问，人道主义团体和可能时请求其他人提供帮助，以便提出投诉。如文盲少年需要利用提供法律顾问的或有权接受投诉的公私机构和组织的服务，应向他们提供协助。"

根据这些规定，与成年犯相比，联合国监狱管理规范对少年犯的这一权利更为重视。除了成年犯享有的渠道之外，《联合国保护被剥夺自由少年规则》还要求各国建立独立的调查官员办公室，专门处理少年犯的投诉事项。少年犯还可以在必要时提请家人、法律顾问和其他有关机构在这方面提供协助，进行投诉。

第二，服刑人员有权获得对其投诉的答复。《联合国囚犯待遇最低限度标准规则》第36条第4款规定："除非请求或申诉显然过于琐碎或毫无根据，应迅速加以处理并予答复，不得无理稽延。"《联合国保护被剥夺自由少年规则》在上述第76条的规定中也提出了对少年犯的请求和投诉应当及时作出答复的要求。

第三，服刑人员有权获得律师的帮助。[①]《保护所有遭受任何形式拘留或监禁的人的原则》第18条规定：（1）被拘留人或被监禁人应有权与其法律顾问联络和磋商；（2）应允许被拘留人或被监禁人有充分的时间和便利与其法律顾问进行磋商。

2. 西方主要法治国家的要求

在监狱机关的执法过程中，监狱机关虽然严格按照法定程序执行刑罚，但对

① 郭建安：《联合国监狱管理规范概述》，法律出版社2001年版，第187页。

遵循正义程序情形下所做的决定，罪犯如仍认为侵犯了其服刑期间合法权益，他有权通过各种渠道进行投诉，要求保护自己的合法权益。其中，既包括监狱内部的权利救济机制，也包括监狱外部的诉冤机制。[①]

在美国，根据马里兰州的情况，州里设立了专门的行政补救程序和罪犯诉冤办公室。该州每个监狱都设立一个行政补救协调员，负责协助罪犯处理这类事宜。罪犯觉得有冤屈时，可以向监狱长要求启动行政补救程序。罪犯可以就监狱长的任何惩戒决定向矫正局长上诉；对于局长的决定不服，可以向罪犯诉冤办公室上诉；对于诉冤办公室的决定依然不服，最后可以向法院提出控告。[②] 美国法律还明确了服刑人员获得法律帮助的权利。具体包括：（1）接触法庭权（right to access to the courts）。这是指犯人直接向法院提起诉讼或者请愿（petition）的权利。（2）获得律师帮助权，又称为“获得律师代理权”。这是指犯人通过律师解决法律问题的权利，具体包括下列三种权利：接受律师来访权、与律师通信权、公费聘请律师权。其中，公费聘请律师权是指贫穷犯人无钱自己聘请律师时由政府委托律师为其辩护的权利。（3）与法律帮助组织通信权。这是指犯人通过信件请求法律帮助组织为自己提供法律帮助的权利。（4）获得犯人律师法律帮助权，又称为“向犯人律师咨询权”。这是指犯人从熟悉法律事务的其他犯人中获得法律帮助的权利。在1969年的约翰逊诉艾夫里（Johnson v. Avery）案件中，美国最高法院第一次肯定了监狱犯人享有获得犯人律师法律帮助权。[③] 在美国，犯人的律师可以在任何时候会见犯人。[④]

在英国，除了在监狱中普遍建立了犯人诉冤程序（投诉程序）外，共有三个外部监督机构对监狱进行监督，实现对服刑人员权利的保障与救济。它们分别是：皇家监狱检察署、监狱及缓刑服务渎职调查机构、独立监督委员会。[⑤]

《英国监狱法》还规定：国务大臣必须为每个监狱任命一个视察委员会。“委员会成员必须经常视察监狱听取囚犯的申诉，将委员会认为应当报告的任何

① 孔祥鑫：“行政法律关系主体与罪犯权利保障研究”，吉林大学2007年硕士论文。

② 郭建安主编：《西方监狱制度概论》，法律出版社2003年3月第1版，第147页，转引自孔祥鑫“行政法律关系主体与罪犯权利保障研究”，吉林大学2007年硕士论文。

③ 吴宗宪：“论美国犯人的法律权利”，载《中国刑事法杂志》2007年第6期。

④ 吴宗宪：《当代西方监狱学》，法律出版社2005年版，第273页。

⑤ 叶旺春：“英国监狱社会监督制度及对我国的借鉴价值”，载《中国监狱学刊》2011年第2期。

情况向国务大臣报告。委员会的任何成员可以随时进入监狱，随意进入监狱任何部分，会见每一名囚犯，并且不需监狱官员的监视和监听，随时可以查阅监狱案卷。委员会必须就监狱的状况与管理向国务大臣提交年度报告，可提出他们认为合适的任何意见和建议。委员会每月必须在监狱中召开一次会议。”① 在英国，监狱部门中的任何人都不得阅读或者扣押犯人与律师之间的信件，但是，如果监狱认为这些信件威胁监狱的安全，或者认为这些信件具有犯罪性质的除外。如果发生这种情况的话，要告诉犯人。② 在国务大臣有指示的情况下，犯人的法律顾问可以就其他法律事务与犯人进行谈话，监狱官员不得监听，但是可以监视这种谈话。③

在法国，规定“每个高等法院任命刑罚执行的法官，每月至少巡查一次监狱，共和国检察官每季度到各监狱视察一次。并分别向司法部长、总检察长提交报告”。“任何囚犯均可以要求负责检查或视察监狱的官员在无监狱工作人员在场监听的情况下，听取他们的意见”。④ 在与外界联系方面，犯人有权与律师通信，信件不得被检查。⑤ 在法国，尽管调查法官可以在一定时间内禁止押候犯人进行某些会见，但是，犯人律师的会见不在被禁止之列，犯人律师每天都可以会见犯人，没有任何时间限制。⑥

在德国，在国家行为中保证犯人的正当权利是法治国家原则。依据其《基本法》第 17 条规定，任何犯人对有关部门作出的裁定不服，都可向主管部门提出请求和申诉。⑦ “根据《刑罚执行法》第 162 条和第 164 条规定，在司法执行机关组建顾问委员会，其成员可接受申请、建议和控诉，可了解有关关押、劳动、职业培训，膳食、医疗和改造情况。犯人与委员会成员的通话不受监督。在委员会成员探访监房时，犯人也可不受监督地与他们自由交谈，直接反映自己的愿望

---

① 司法部编：《外国监狱法规汇编》（二），社会科学文献出版社 1988 年版，第 142 页。转引自武延平主编：《中外监狱法比较研究》，中国政法大学出版社 1999 年版，第 105 页。

② 吴宗宪：《当代西方监狱学》，法律出版社 2005 年版，第 449 页。

③ 吴宗宪：《当代西方监狱学》，法律出版社 2005 年版，第 288 页。

④ 王明迪：“监狱法比较研究”，载《中国监狱学刊》1996 年第 2 期。转引自武延平主编：《中外监狱法比较研究》，中国政法大学出版社 1999 年版，第 106 页。

⑤ 赵运恒：《罪犯权利保障论》，法律出版社 2008 年版，第 116 页。

⑥ 吴宗宪：《当代西方监狱学》，法律出版社 2005 年版，第 273 页。

⑦ 孔祥鑫：“行刑法律关系主体与罪犯权利保障研究”，吉林大学 2007 年硕士论文。

和请求。《刑罚执行法》在第165条还特别规定了监狱顾问委员会成员的保密义务；除非履行职务，顾问委员会成员对秘密的事项，特别是犯人的姓名和身份情况有保密义务，本规定亦适用于完成职务活动后。”① 德国矫正法典还规定，罪犯与自己律师的通信不受检查。②

西班牙实行监视法官制度。“监视法官属于独立的司法体系，人事、经费不受监狱制约，监视法官定期到监狱巡视，对执法情况进行检查，评估与监督，接受申诉及对监狱的投诉，如果罪犯对分级不服，就可以直接向监狱法官提出异议，由监视法官裁决。”③

根据韩国《关于刑事执行与收容者待遇的法律》的规定，对服刑人员申诉权的保障制度包括：（1）权利救济告知事项的扩大。新《刑事执行法》第17条第3款规定了通过国家人权委员会的申请以及其他管理救济事项应需书面或口头告知。管理救济事项在监狱生活中为必要事项，追加在新入者或转移者的告知事项中。（2）监狱巡回监察的目的的明确化与义务化。法务部长官为了把握监狱运作、监狱工作人员的服务、待遇等事情，每年安排一次公务员巡回监察，即明确了罪犯的待遇及人权事情的巡回监察，而且规定每年安排一次以上巡回。（3）设置监狱所长面谈制度。监狱所长在接受面谈申请后原则上应跟申请者面谈，但是有特殊情况时可以让所属工作人员代理面谈。面谈结果由所长通知。④

在西方国家还规定了罪犯求助于诉冤机构而不会产生任何消极后果的制度。在加拿大，监狱中普遍建立了犯人诉冤制度。许多监狱都设立了犯人诉冤委员会，由相同数量的工作人员和犯人组成，负责审查犯人提出的诉冤请求与控告，向监狱长提出解决建议。⑤ 加拿大《矫正与有条件释放法》第90条明确规定，矫正局应当设立公正和及时解决罪犯就局长权限范围内事项诉冤的程序，每个罪

---

① 李豫铃、张高平、赵洪奎：“西班牙加拿大监狱管理体制及刑罚执行制度概况”（二），载《中国监狱》2006年第2期。转引自孔祥鑫：“行刑法律关系主体与罪犯权利保障研究”，吉林大学2007年硕士论文。

② 赵运恒：《罪犯权利保障论》，法律出版社2008年版，第119页。

③ 司法部编：《外国监狱法规汇编》（二），社会科学文献出版社1988年版，第256页。转引自孔祥鑫：“行刑法律关系主体与罪犯权利保障研究”，吉林大学2007年硕士论文。

④ 金明月：“罪犯权利救济的韩中比较研究”，中国政法大学2011年硕士论文。

⑤ 武延平主编：《中外监狱法比较研究》，中国政法大学出版社1999年版，第111页。

犯都应当完全能够求助于诉冤程序而不会产生任何后果。[1]

西方国家监狱系统大多还规定有关人员和机构对于囚犯的投诉应当予以答复。加拿大《矫正与有条件释放法》第115条规定，矫正调查员决定就控诉进行调查或者在结束调查之前，终止调查时应当通知控诉人其作出的决定，并且在适当的情况下告知其作出决定的理由。[2]

3. 我国服刑人员申诉权的司法保障

我国现行法律、法规、规章和司法解释中与服刑人员申诉权相关的规定主要包括：1979年7月1日通过、2012年3月14日第二次修正的《中华人民共和国刑事诉讼法》；1994年12月29日通过、2012年10月26日修正的《中华人民共和国监狱法》；1998年6月16日实施的《最高人民检察院复查刑事申诉案件规定》；2001年10月12日实施的《司法部关于在监狱系统推行狱务公开的实施意见》；2003年4月11日实施的《最高人民检察院关于调整服刑人员刑事申诉案件管辖的通知》；2003年7月1日实施的《人民检察院控告、申诉首办责任制实施办法（试行）》；2003年8月1日实施的《监狱教育改造工作规定》；2004年3月19日实施的《司法部关于印发〈律师会见监狱在押罪犯暂行规定〉的通知》；2007年3月6日实施的《最高人民检察院关于加强和改进监所检察工作的决定》；2007年3月26日实施的《人民检察院信访工作规定》；2007年9月5日实施的《最高人民检察院关于办理服刑人员刑事申诉案件有关问题的通知》；2008年7月1日起实施的《看守所留所执行刑罚罪犯管理办法》；2012年1月11日实施的《人民检察院刑事申诉案件公开审查程序规定》；2012年1月19日实施的《最高人民检察院关于办理不服人民法院生效刑事裁判申诉案件若干问题的规定》等。以上规定主要包括了以下信息：

第一，充分肯定了服刑人员申诉权的合法地位。

《中华人民共和国监狱法》第7条规定，“罪犯的人格不受侮辱，其人身安全、合法财产和辩护、申诉、控告、检举以及其他未被依法剥夺或者限制的权利不受侵犯”。该法第21条规定：“罪犯对生效的判决不服的，可以提出申诉。对于罪犯的申诉，人民检察院或者人民法院应当及时处理。”第23条还规定：“罪

① 孔祥鑫：“行刑法律关系主体与罪犯权利保障研究”，吉林大学2007年硕士论文。
② 孔祥鑫：“行刑法律关系主体与罪犯权利保障研究”，吉林大学2007年硕士论文。

犯的申诉、控告、检举材料，监狱应当及时转递，不得扣压。”

第二，明确了刑事申诉的管辖范围与级别。

《最高人民检察院关于调整服刑人员刑事申诉案件管辖的通知》规定：“一、原由检察机关监所检察部门负责办理的服刑人员及其法定代理人、近亲属的刑事申诉案件，划归刑事申诉检察部门办理（未单设刑事申诉检察部门的，由控告申诉检察部门负责办理）。二、派驻监管单位的检察人员接到服刑人员及其法定代理人、近亲属向人民检察院提出的刑事申诉案件后，移送本院控告申诉检察部门统一受理，由该部门转原审人民法院所在地的人民检察院刑事申诉检察部门办理。”

第三，明确了监所检察部门在保障服刑人员申诉权中的职责范围和处理程序。

《最高人民检察院关于办理服刑人员刑事申诉案件有关问题的通知》规定：“人民检察院监所检察部门及派出检察院接到服刑人员及其法定代理人、近亲属提出的刑事申诉后，应当认真审查，提出审查意见，并分别情况予以处理：（一）原审判决或者裁定正确，申诉理由不成立的，应当将审查结果答复申诉人，并做好息诉工作；（二）原审判决或者裁定有错误可能，需要人民检察院立案复查的，应当将申诉材料及审查意见一并移送作出原生效判决或者裁定的人民法院的同级人民检察院，由刑事申诉检察部门办理；（三）对于反映违法扣押当事人款物不还、刑期折抵有误以及不服刑罚执行变更决定的申诉，由监所检察部门依法处理。”

第四，健全服刑人员申诉权的配套制度。

（1）服刑人员享有充分的知情权。《司法部关于在监狱系统推行狱务公开的实施意见》明确规定了狱务公开的主要内容，其中就包括要告知服刑人员“罪犯法定的权利和义务”和“罪犯申诉、控告、检举的处理”。公开的主要方式上包括借助新闻媒体、运用狱内宣传手段、开展狱务咨询、印发《狱务公开手册》。这样的规定为服刑人员申诉权提供了必要的知情权保障基础。（2）服刑人员具有通信与会见权。《中华人民共和国监狱法》第47条规定，罪犯在服刑期间可以与他人通信，但是来往信件应当经过监狱检查。罪犯写给监狱的上级机关和司法机关的信件，不受检查。该法第48条规定：“罪犯在监狱服刑期间，按照规定，可以会见亲属、监护人。”（3）服刑人员可以获得律师的法律帮助。司法部

《律师会见监狱在押罪犯暂行规定》第4条规定："有下列情形之一的，律师可以会见在押罪犯：（一）在刑事诉讼程序中，接受在押罪犯委托或者人民法院的指定，提供法律咨询，担任辩护人或者代理人的；（二）在民事、行政诉讼程序中，接受在押罪犯委托，担任代理人的；（三）接受在押罪犯委托，代理调解、仲裁的；（四）其他需要会见在押罪犯的情形。"《监狱教育改造工作规定》第42条规定："监狱应当为罪犯获得法律援助提供帮助，联系、协调当地法律援助机构为罪犯提供法律援助服务。"（4）初步设置了监狱内与监狱外的申诉和监督渠道。《司法部关于在监狱系统推行狱务公开的实施意见》规定："监狱要在监区和会见室设置监狱长信箱，接受罪犯及其亲属的投诉、举报，由专人负责开启处理。各监狱要建立监狱长接待日制度，定期接待来访者，及时处理投诉或反映的问题。"《司法部关于在监狱系统推行狱务公开的实施意见》中的附件《监狱狱务公开内容》也规定："监狱应当在狱内设立专门信箱，接受罪犯的申诉、检举、控告材料，并指定专人开启，负责处理。"该规定还要求"各省、自治区、直辖市监狱管理局及各监狱均要设立并公布监督举报电话，设专人值班接听登记，并按规定及时处理。监狱管理机关和监狱可以在党政机关、社会团体、知名人士和监狱机关离退休人员中聘请执法监督员，请他们检查和监督监狱机关的执法情况，听取他们的意见和建议。"

通过比较发现，在西方法治国家，服刑人员有权与律师通信和会见，可以在与律师的通信中，讨论法院对其作出的判决是否合法，是否合理；也可以讨论监狱的条件、监狱工作人员的行为是否违反法律等问题。在申诉权等救济手段上，联合国刑事司法准则和西方法治国家一般都规定了服刑人员充分、完整的申诉救济权，除了可以向监狱机关内部申诉、司法机关的司法救济外，还可以向司法机关以外的专门机构或团体寻求权利救济。西方法治国家还普遍建立了巡视法官或检察官的巡查制度，可以随时随地、经常性地巡视监狱情况，而且可以在避开监狱官员监视和监听的情况下查阅监狱案卷、听取服刑人员的申诉意见。明确权利救济和告知制度被确立并运用，服刑人员还有便利的机会直接面见监狱首长或其他官员，也有机会直接向上级主管部门甚至更高级别部门申诉。某些国家还建立了服刑人员诉冤办公室，配备专门的办公场所和工作人员满足服刑人员申诉的需要，尽可能切实保障他们申诉权的彻底实现。

近年来，我国服刑人员申诉权的整体保障情况有所好转，尤其是2004年司法部关于印发《律师会见监狱在押罪犯暂行规定》的通知，赋予了监狱在押罪犯会见律师的权利，相比较于司法部劳改局1986年《关于犯人委托律师代理受刑人申诉问题的批复》规定的“劳改单位对犯人委托律师代理申诉活动一般不予接待”是一个巨大的进步。但是，不能忽视的是，我国服刑人员申诉权保障的机制建设还很不完备，集中体现在法律规范零散、不成系统、位阶较低，检察监督的力度和效果还不尽人意，律师的有效帮助缺失，监狱内救济与监狱外的社会团体、民间组织、专业人士等救济力量还无法有效互补与互动，服刑人员申诉权救济过程中相关部门职责分工不明，某些机关或部门不作为的程序性后果更没有任何规定等。

（四）我国服刑人员申诉权保障机制的建构

1. 开放的救济机制

一是权利意识的开放。从实践意义上说，充分尊重和保障服刑人员的申诉权，是贯彻落实刑罚执行工作人员权利意识的最生动实践，是考验他们权利思维是否渗透于思想深处的最直接方式，也是促进服刑人员民主权利意识教育最好的法制教材。对于每一个参与刑罚执行尤其是监禁刑执行的工作人员来说，必须树立充分尊重服刑人员的申诉权这样一种最基本的权利保护价值观。必须解放思想观念，牢固树立服刑人员申诉是其作为一个普通意义上的“自然人”所应该享有的基本权利这一正确理念。我们要正确认识到，服刑人员不完全就是罪犯，申诉与不认罪服法不能划等号，多次申诉也不一定是盲目缠诉。关键是要看申诉的理由、事实和各项证据材料。只有澄清以上混淆视听、禁锢心灵的各种错误认识，服刑人员申诉权才有更大的生存和发展的空间。

二是申诉渠道的开放。西方主要法治国家为服刑人员申诉提供了广阔的申诉救济渠道，这一点值得我们借鉴。从宏观的设计层面来说，我们应该为服刑人员申诉权的实现开创一种多渠道、互补式的立体化格局。这种格局既有监狱内申诉，又有监狱外申诉；既能向刑罚执行人员申诉，又能向巡视官员、专业人士等群体申诉；既能向诉冤办公室等专门的申诉受理部门申诉，又能向其他社会团体、司法机关申诉。只有为服刑人员开通多条申诉的渠道，才更有可能洗刷服刑人员蒙受的冤屈，废除服刑人员所遭受的不正当待遇，重振服刑人员对法治的信心，维持整个社会每个公民申诉表达的社会秩序。

2. 网状的监督机制

为更好地保障服刑人员申诉权的实现，增强监督与跟踪效果，有必要按照“尊重和保障人权、促进司法公正和推动社会和谐稳定”的价值取向。[①] 建立以下三个层级的监督跟踪网络。

一是监所检察部门的横向网络。组成成员包括最高人民检察院及其所属申诉和监所检察部门，各省、自治区、直辖市人民检察院及其辖区人民检察院的申诉、监所检察部门。主要做法是在最高人民检察院及其相关部门的统一指导下，构建起各省、自治区、直辖市人民检察院及其辖区人民检察院申诉、监所检察部门的一个横向信息沟通平台，主要目的就是为那些跨地区作案、羁押、审判、执行的服刑人员申诉提供便利。这一网络能够调动一切可以调动的资源，以最快的效率和最完整的信息为服刑人员申诉创造条件。为建构这一完整网络，需要全国各级人民检察院的申诉和监所检察部门经常互通信息、加强业务沟通与往来，形成定期业务交流制度、信息共享制度、案件跟踪留痕制度。

二是监所检察部门的纵向监督。这是指以最高人民检察院申诉和监所检察部门为首的，各省、自治区、直辖市检察机关申诉和监所检察部门对本辖区下级申诉和监所检察部门的一种垂直领导和监督。在这种上级申诉和监所检察部门对下级申诉和监所检察部门的领导和监督关系中，通过对服刑人员申诉材料的深入调查和论证等活动，发现申诉事实和材料是否属实。对于属实的申诉材料，要充分发挥上级监所检察部门对下级监所检察部门的领导和监督作用，给申诉的服刑人员一个满意的处理和回复。对于不属实的申诉，则要做好服刑人员的说理息诉工作。

三是其他机关、团体和个人的监督。前面两项监督可以说是申诉、监所检察体制内的监督，其他机关、团体和个人的监督是一种体制外的监督。这种监督方式主要体现在党政机关、社会团体、知名人士、专业人士等通过一定的聘任程序进入监狱机关接受服刑人员申诉、不定期巡查监狱，随时倾听服刑人员申诉，发现申诉案件可能存在的事实认定或法律适用方面存在的问题，尤其是对于重大、疑难、复杂、有特别严重非法刑讯逼供行为、可能存在冤狱情节的申诉案件，要

① 宋伟卫：《价值取向、原则：诉讼监督制度探析》，载《内蒙古社会科学》（汉文版）2011 年第 5 期。

更加细心对待，切实保障服刑人员申诉权的实现。

3．完善的法律机制

一是理顺监狱与监所检察机关的关系。为了切实保障服刑人员的申诉效果，必须建立监狱向监所检察机关定期汇报的制度，明确监狱在保障服刑人员申诉权方面的具体职责、业务范围，与监所检察机关的权限划分与配合程序。监狱工作人员应树立正确的人权保障和权利维护等正当程序理念，充分尊重每一位服刑人员的申诉权行使，增强工作的主动性和积极性，全面、客观地受理服刑人员申诉并向监所检察机关汇报，发挥监狱在服刑人员申诉整个流程中的重要作用。

二是整合法律及司法解释的相关规定。从法律层面来说，我国目前明确规定服刑人员申诉权的只有《刑事诉讼法》和《监狱法》。《监狱法》规定了与服刑人员申诉权相关的通信会见制度，但2012年修正的《监狱法》仍然没有规定服刑人员与律师的通信、会见与法律援助制度。司法部2004年发布的《律师会见监狱在押罪犯暂行规定》第4条虽然有关于服刑人员会见律师的规定，但是这一部门规章的效力级别明显不够，应该将其吸纳进以后修正的《监狱法》之中。同样，2012年修正后的《律师法》第28条关于律师业务范围的规定也没有明确监狱服刑人员有获得律师会见、通信和提供法律援助的内容。建议在《律师法》的修改过程中，应该明确监狱服刑人员享有聘请律师提供法律咨询、代理申诉、提供法律援助的权利，从而在国家法律层面为服刑人员申诉权的实现提供更多专业上的帮助。

三是增设程序的细节性规定。第一个问题就是当前缺乏一整套特别调整服刑人员申诉权的完整程序。比如，服刑人员申诉权如何启动、启动的条件、受理的条件、对申诉处理结果不服如何救济等规定付之阙如。因此，监狱服刑人员申诉具有极大的偶然性与随意性。某些监狱、监所检察机关、人民法院等司法部门对监狱服刑人员申诉不重视，服刑人员申诉达不到预期效果，不断缠诉等乱象恶性循环，既不利于服刑人员安心改造，又给监狱的正常秩序带来一定隐患。因此，从理论上说，有必要扩充和完善前述专门针对服刑人员申诉的三个司法解释性文件，制定出一个服刑人员申诉整个流程的操作细则，至少在司法解释的层面上能够让服刑人员申诉有章可循。在条件成熟的时候，应该将该司法解释中关于服刑人员申诉权的具体细节性规定吸纳进《监狱法》当中，以确保监狱服刑人员申诉的整个过程能在法制的轨道上运行。

程序细节要求的第二方面就是在服刑人员申诉权的实现过程中，必须针对国家专门机关那些应该作为而不作为的诉讼行为设置一系列制裁性后果。当前，服刑人员申诉权保障实践中一个很突出的问题就是当监所监察部门在调查核实监狱服刑人员申诉材料的时候，某些部门尤其是没有直接隶属关系的单位和部门不配合、不作为、不回复的问题比较严重，现行法律和司法解释对此没有作出任何正面规定，更不可能提及违反程序性规定的法律后果。在目前的司法条件和环境下，建议最高人民检察院在制定服刑人员申诉权实施细则司法解释的同时，必须规定相关单位和部门的支持配合义务，明确要求回复的，对方单位或部门务必在三个月内回复。对于不予以支持和回复的单位或部门，发出调查申请的申诉和监所检察机关可请示彼此双方的上一级检察机关，对不予以支持和回复的单位或部门发放纠正违法通知书。这部分的司法解释实施成熟之后，也可以将相关条款吸纳进《监狱法》中进行规定，形成法律层面在保障服刑人员申诉权能得到具体落实的震慑效果。

四、社区矫正立法势在必行①

社区矫正已成为一项重要的刑罚执行方式，也是进一步整合社会力量，加强和创新社会管理，维护基层社会稳定，构建社会主义和谐社会重要的基础工程，加快社区矫正立法是不断完善具有中国特色社会主义法制体系的迫切需要，也是全面贯彻落实国家刑事政策，不断改革和完善具有中国特色的刑罚执行制度的需求。

我国刑事诉讼法是关于刑事诉讼活动的基本法律。1996 年八届全国人大四次会议对 1979 年制定的刑事诉讼法进行了修改，进一步完善了我国的刑事诉讼制度。总结 1996 年以来刑事诉讼活动的实践经验，落实中央司法体制机制改革精神和要求，对刑事诉讼法作出适当修改，对贯彻宽严相济的刑事政策，进一步完善刑事司法制度，进一步完善中国特色社会主义法律体系，加快建设社会主义法治国家，具有重要意义。

近些年来，全国人大代表、有关部门、社会各方面根据实践情况，陆续提出

---

① 原文发表于《法制日报》2011 年 8 月 17 日。

了一些修改刑事诉讼法的意见和建议，立法机关做了大量调查研究工作，为刑事诉讼法的修改作了充分准备。在刑事诉讼法再修改即将提上立法议程之际，我们邀请一批知名专家学者，对健全完善诉讼职能机关、完善司法鉴定等证据制度、完善辩护制度、完善法律援助制度、完善监狱刑罚执行和社区矫正制度等问题提出了自己的观点，敬请读者关注。

为进一步依法规范社区矫正工作，必须加强社区矫正工作的制度化、规范化和法制化建设，必须设定全国统一严格的法律规则，否则各地在矫正过程中的随意性、差异性过大，执行中的效果与价值也不能得以体现。加快社区矫正立法是不断完善具有中国特色社会主义法制体系的迫切需要，也是全面贯彻落实国家刑事政策，不断改革和完善具有中国特色的刑罚执行制度的需求。

（一）试点工作成效显著

自2003年社区矫正试点工作开展至今，试点地区各级人民法院、人民检察院、公安机关、司法行政机关等有关部门相互配合、相互支持，广大社区矫正工作者积极探索、努力实践，做了大量富有成效的工作，逐步建立了社区矫正工作协调机制和工作制度。试点工作取得了显著成效，积累了丰富经验。

一是各地在试点工作中针对存在的问题积累了很多案例和经验，出台了一些办法，建立了一套符合地方实际、具有可操作性的社区矫正制度和工作体系，逐步建立了社区矫正配套法规体系，积累了较为具体、明确的立法模式和内容。

二是随着社区矫正工作已在全国铺开，各地在试点工作中确立了领导机构和工作队伍，形成了社区矫正运行机制和程序规范。各试点地区在对社区服刑人员加强日常监管的基础上，积极探索各种帮困扶助、教育矫正等方法，探索总结了很多成功经验和有效做法，矫正成果显著，具备了实践基础。

八年的实践充分证明，中央关于开展社区矫正的决策是完全正确的。社区矫正符合现阶段我国经济社会发展要求，符合人民群众对社会和谐稳定的需要，是一项符合我国国情的法律制度。

（二）社区矫正立法的理论基础

其一，社区矫正理论的根源在于教育与改造为目的的刑罚指导思想、轻缓宽和的刑罚人道化理念。刑罚过于残酷，会使人们认为法律是非正义和非理性的。实行社区矫正，救助、矫正犯罪和教育改造罪犯，使其置身于由各种社会关系构成的社区中，可以达到教育改造的目的，为罪犯提供了一个与社会接触、适应的机会。同时，可以有效消除罪犯内心的不良记忆，逐步使他们重新参与社会、顺利回归社会，改善社会控制力，减少重新犯罪，最大限度地化消极因素为积极因素，从而实现刑罚轻缓化、行刑社会化。

其二，社区矫正符合依靠人民群众的原则。解放初期，我国曾专群结合，充分发挥群众、社会力量的优势对罪犯进行社会改造，这是国内社区矫正的雏形。社区矫正既是对国外先进经验的充分借鉴，又是我国多年来非监禁刑罚执行经验的总结。实践证明，发动人民群众，依靠人民群众参与社区矫正，不仅有利于培养公民内心对于法律制度的信仰，也有利于培养社会共同法治观念和法治心理，从而形成良好的法治文化氛围。

其三，社区矫正符合宽严相济的刑事政策。加快社区矫正立法是贯彻落实宽严相济的刑事政策的具体体现。宽严相济刑事政策是现代法治理念的重要内容，其主张重点在宽、在轻。以适当有利于行为人为出发点，贯彻宽严相济的刑事政策，可以丰富发展民族精神、民族文化，为民族和文化复兴提供法律理念与制度层面的条件。加快社区矫正立法有利于我国的刑事政策在新的历史条件下的发展完善。

其四，社区矫正是社会管理创新的必然要求。社区矫正既是我国刑罚制度的重要组成部分，也是加强社会建设、创新社会管理的一项重要内容。完善社区矫正立法，对于加强和创新社会管理，降低刑罚执行成本、提高刑罚执行效率，最大限度地增加和谐因素，维护社会和谐稳定，都具有重要的现实意义。

（三）刑诉法修改与社区矫正

社区矫正立法应本着“立足现实，循序渐进”的原则，突出重点，分步实施：一是社区矫正属于刑罚执行工作，为了体现法治精神和充分保障公民人权的要求，社区矫正的立法必须通过对刑法、刑事诉讼法的重新修改、补充乃至建立专门法律才能实现。在制定一部完整的社区矫正法还需时日的情况下，修改与完善现行的刑法、刑事诉讼法和监狱法来缓解社区矫正的立法困境是较为可行的办法。刑法修正案（八）明确规定了对判处管制、缓刑以及假释的罪犯依法实行社区矫正，在《刑事诉讼法》中也应当规定社区矫正的重大问题，为制定行政法规、部门规章以及地方性法规等提供相应的法律依据。

二是随着社区矫正试行工作的逐步深入，社区矫正实践对刑罚制度的改革和完善提出了更新更高的要求。根据最高人民检察院、最高人民法院、公安部、司法部《关于开展社区矫正试点工作的通知》规定，司法行政部门是具体组织实施单位，公安部门是社区矫正工作执法单位。下一步，要通过修改《刑事诉讼法》确定司法行政机关为社区矫正工作的法律主体，明确规定非监禁刑的执行由司法行政部门来履行。

从刑罚权合理配置的角度看，应该由司法行政机关作为社区矫正的执行机关。在侦查、起诉、审判程序过程中，公安机关、人民检察院和人民法院都有自己的特定职责和使命，根据分权和制衡的原理，三机关都不适宜承担刑罚执行职能。赋予司法行政部门非监禁刑罚执行的职能，有利于形成侦查、检察、审判和执行机关分工负责、互相配合、互相制约的工作体制，切实维护刑罚执行的统一性、权威性和严肃性。从刑罚执行主体一体化的角度看，司法行政部门应当成为社区矫正工作的法律主体。由此可以实现非监禁刑执行主体与监禁刑执行主体的统一。在刑罚执行方面，司法行政部门主管监禁刑执行机关积累了许多宝贵的经验，形成了一系列行之有效的管理方法。司法行政部门成为专门执行刑罚的部门，便于统一执法、统一管理，有利于提高行刑效率，达到最佳的行刑效果。

三是在刑法和刑诉法修改后，各省市可结合实际制定地方性法规，进一步规范社区矫正试点工作，为全国建立社区矫正专门法律提供实践经验。在社区矫正法建立后，可根据实际再制定社区矫正实施条例，进一步增强社区矫正法的可操作性，最终形成以刑法和刑诉法为基础，以社区矫正法为保障，以社区矫正实施条例为准则，以行政法规、规章为补充的中国社区矫正法律体系，不断推进我国社区矫正工作的制度化、规范化、程序化，使社区矫正工作在落实宽严相济的刑事政策，维护社会和谐稳定方面发挥应有的积极作用。